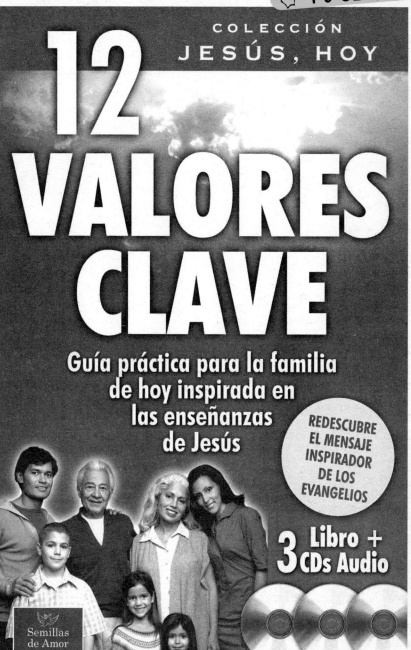

COLECCIÓN
JESÚS, HOY

# 12 VALORES CLAVE

Guía práctica para la familia
de hoy inspirada en
las enseñanzas
de Jesús

REDESCUBRE
EL MENSAJE
INSPIRADOR
DE LOS
EVANGELIOS

3 Libro +
CDs Audio

Semillas
de Amor

Título Original: 12 VALORES CLAVE
2008 © TRIALTEA USA

Textos: Gloria Rodriguez / Apóstoles de Jesús

De esta edición:
Derechos Reservados © Semillas de Amor
2121 SW 27th Ave
MIAMI, FL 33145

Semillas de Amor es un sello editorial de TriAltea USA, LLC

Fotografías de cubierta: Getty Images

ISBN-13 : 978-0-9796067-6-2

Esta edición se compone de un libro más tres CDs.

Primera edición: Febrero 2008

# Indice

# Indice

# Introducción

La Biblia dice que Dios es Amor. No que Dios es como el amor, o que Dios se parece al amor. La definición es directa e inconfundible, Dios ES amor. Es la personificación de la palabra, por lo tanto, cada vez que amamos, estamos imitando a Dios, comportándonos como Él lo haría; y esa es precisamente la clave no solo para la paz y la felicidad terrenal, sino también, para la salvación del mundo.

Pero Dios es un espíritu invisible. Entonces, ¿cómo podemos imitar a algo que no se ve?

La respuesta está en Jesucristo. El Mesías traería no solo la eterna salvación espiritual, sino también se convertiría en el modelo humano, tangible y visible de cómo vivir y convivir aquí en la tierra.

## ( Juan 5:19 )

JESÚS     De cierto, de cierto os digo: No puede el Hijo hacer nada de sí mismo, sino lo que viere hacer al Padre: porque todo lo que él hace, esto también hace el Hijo juntamente.

Por lo tanto, los 12 Valores Clave tienen que ver, de una forma u otra, con el Amor; bien sea el Amor al Padre, el Amor Propio o el Amor al Prójimo; y en cada uno de ellos presentaremos ejemplos no sólo de lo que dijo Jesús acerca de cada valor, sino también, de ser posible, lo que hizo Jesús para afirmar con actos cada una de sus palabras.

# Redescubre los Evangelios

# El Amor al Prójimo, a través de la Amistad y la Familia

La palabra «amistad», deriva del latín *amicus*, el cual posiblemente a su vez también se derivó del verbo *amore*, que significa «amar». Un amigo es descrito en los Proverbios del Antiguo Testamento como «más unido que un hermano». Por eso, sin duda, la amistad es una de las relaciones más importantes que pueda tener un ser humano con su prójimo, independientemente de que existan o no lazos de sangre.

## ( Juan 15:12-14 )

JESÚS — Este es mi mandamiento: Que os améis los unos a los otros, como yo os he amado. Nadie tiene mayor amor que este, que ponga alguno su vida por sus amigos. Vosotros sois mis amigos, si hiciereis las cosas que yo os mando.

La Biblia nos muestra que Jesús amaba a sus discípulos y a su familia, en especial a su madre, pero fuera del círculo de los doce que él había escogido... ¿tenía Jesús otros amigos?

## ( Juan 11:1-53 )

NARRADOR — Estaba entonces enfermo uno llamado Lázaro, de Betania, de la aldea de María y de Marta, sus hermanas.

Y María era la que ungió al Señor con perfume y limpió sus pies con sus cabellos. Enviaron, pues, sus hermanas a decirle a Jesús:

**MARIA**     Señor, he aquí, el que amas está enfermo.

**NARRADOR**     Y oyéndolo Jesús, dijo:

**JESÚS**     Esta enfermedad no es para muerte, mas para la gloria de Dios, para que el Hijo de Dios sea glorificado por ella.

**NARRADOR**     Y amaba Jesús a Marta, y a su hermana, y a Lázaro. Cuando oyó pues que estaba enfermo, se quedó aún dos días en aquel lugar donde estaba. Luego, después de esto, dijo a los discípulos:

**JESÚS**     Vamos a Judea otra vez.

**NARRADOR**     Le dicen los discípulos:

**DISCÍPULO 1**     Rabí, hace poco procuraban los Judíos apedrearte, ¿y otra vez vas allá?

**NARRADOR**     Respondió Jesús:

**JESÚS**     ¿Acaso no tiene el día doce horas? El que anda de día, no tropieza, porque ve la luz de este mundo, mas el que anda de noche, tropieza, porque no hay luz en él.

**NARRADOR**     Dicho esto, les dice después:

**JESÚS**     Lázaro nuestro amigo duerme; mas voy a despertarle del sueño.

**NARRADOR**     Dijeron entonces sus discípulos:

**DISCÍPULO 1**     Señor, si duerme, salvo estará.

**NARRADOR**     Mas esto decía Jesús de la muerte de él: y ellos pensaron que hablaba del reposar del sueño. Entonces, pues, Jesús les dijo claramente:

**JESÚS**     Lázaro está muerto; Y me alegro por vosotros, que yo no haya estado allí, para que creáis... mas vamos a él.

| NARRADOR | Dijo entonces Tomás, el que se dice el Dídimo, a sus condiscípulos: |
|---|---|
| TOMÁS | Vamos también nosotros, para que muramos con él. |
| NARRADOR | Vino pues Jesús, y halló que hacía ya cuatro días que estaba Lázaro en el sepulcro. Y Betania estaba cerca de Jerusalén, como quince estadios; Y muchos de los Judíos habían venido a Marta y a María, a consolarlas de la muerte de su hermano. Entonces Marta, como oyó que Jesús venía, salió a encontrarle; mas María se quedó en casa. Y Marta dijo a Jesús: |
| MARTA | Señor, si hubieses estado aquí, mi hermano no hubiera muerto; Mas también sé ahora, que todo lo que pidieres de Dios, te dará Dios. |
| NARRADOR | Le dice Jesús: |
| JESÚS | Tu hermano resucitará. |
| NARRADOR | Marta le contesta: |
| MARTA | Yo sé que resucitará en la resurrección, en el día postrero. |
| NARRADOR | Le dice Jesús: |
| JESÚS | Yo soy la resurrección y la vida: el que cree en mí, aunque esté muerto, vivirá. Y todo aquel que vive y cree en mí, no morirá eternamente. ¿Crees esto? |
| NARRADOR | Ella le contesta: |
| MARTA | Sí Señor; yo he creído que tú eres el Cristo, el Hijo de Dios, que has venido al mundo. |
| NARRADOR | Y esto dicho, se fue y llamó en secreto a María su hermana, diciendo: |
| MARTA | El Maestro está aquí y te llama. |
| NARRADOR | Ella, cuando lo oyó, se levantó de prisa y vino a él. (Ya que aun no había llegado Jesús a la aldea, mas estaba en aquel lugar donde Marta le había encontrado.) Entonces los Judíos que estaban en casa con ella, y la |

consolaban, como vieron que María se había levantado de prisa y había salido, la siguieron, diciendo:

**VOZ DE LA MULTITUD**
Va al sepulcro a llorar allí.

**NARRADOR** Mas María, cuando vino donde estaba Jesús, al verle, se derribó a sus pies, diciéndole:

**MARIA** Señor, si hubieras estado aquí, no hubiera muerto mi hermano.

**NARRADOR** Jesús entonces, cuando la vio llorando y a los Judíos que habían venido juntamente con ella también llorando, se conmovió en espíritu... y se turbó. Y dijo:

**JESÚS** ¿Dónde le pusisteis?

**NARRADOR** Le dijeron:

**MARIA** Señor, ven, y ve.

**NARRADOR** Y lloró Jesús. Dijeron entonces los Judíos:

**VOZ DE LA MULTITUD**
Mirad cómo le amaba.

**NARRADOR** Y algunos de ellos dijeron:

**VOZ DE LA MULTITUD**
¿No podía éste que abrió los ojos al ciego, hacer que éste no muriera?

**NARRADOR** Y Jesús, conmoviéndose otra vez en sí mismo, vino al sepulcro. Era una cueva, la cual tenía una piedra encima. Y dice Jesús:

**JESÚS** Quitad la piedra.

**NARRADOR** Marta, la hermana del que se había muerto, le dice:

**MARTA** Señor, hiede ya, porque hace ya cuatro días.

**NARRADOR** Jesús le dice:

| | |
|---|---|
| JESÚS | ¿No te he dicho que, si creyeres, verás la gloria de Dios? |
| NARRADOR | Entonces quitaron la piedra de donde el muerto había sido puesto. Y Jesús, alzando los ojos arriba, dijo: |
| JESÚS | Padre, gracias te doy que me has oído. Yo ya sabía que siempre me oyes; mas por causa de la compañía que está alrededor, lo dije, para que crean que tú me has enviado. |
| NARRADOR | Y habiendo dicho estas cosas, clamó a gran voz: |
| JESÚS | Lázaro, ven fuera. |
| NARRADOR | Y el que había estado muerto, salió... estaba atado de las manos y los pies con vendas; y su rostro estaba envuelto en un sudario. Les dice Jesús: |
| JESÚS | Desatadle, y dejadle ir. |
| NARRADOR | Entonces muchos de los Judíos que habían venido a María, y habían visto lo que había hecho Jesús, creyeron en él. Mas algunos de ellos fueron a los Fariseos, y les dijeron lo que Jesús había hecho. Entonces los pontífices y los Fariseos juntaron concilio, y decían: |
| FARISEO 1 | ¿Qué hacemos? porque este hombre hace muchas señales. Si le dejamos así, todos creerán en él: y vendrán los Romanos, y quitarán nuestro lugar y la nación. |
| NARRADOR | Y Caifás, uno de ellos, sumo pontífice de aquel año, les dijo: |
| CAIFÁS | Vosotros no sabéis nada; Ni pensáis que nos conviene que un hombre muera por el pueblo, y no que toda la nación se pierda. |
| NARRADOR | Mas esto no lo dijo de sí mismo; sino que, como era el sumo pontífice de aquel año, profetizó que Jesús había de morir por la nación: Y no solamente por aquella nación, mas también para congregar y unir a los hijos de Dios que estaban dispersos. Así que, desde aquel día consultaban juntos... para matarle. |

Jesús, prediciendo aún que levantaría a Lázaro de entre los muertos, sabiendo aún, allí frente a su tumba que podía alzar a Lázaro cuando quisiese, vio el sufrimiento de Marta y María... *«y lloró Jesús»*. Esas tres últimas palabras constituyen el versículo más corto de toda la Biblia, y en ellas se encierra un profundo sentir.

Demostró Jesús, entonces, que para que nazcan la compasión, la bondad, la tolerancia, y el resto de los valores fraternales del cual hablaremos, primeramente debe existir un *auténtico* amor al prójimo.

Pero como suele pasar en muchas de nuestras propias culturas hoy en día, para un hebreo en los tiempos de Jesús el «prójimo» era simplemente otro hebreo. Por lo tanto, los samaritanos, por haberse mezclado con los gentiles en Samaria, se les consideraban como judíos inferiores... no dignos de ser llamados «prójimo» y mucho menos «amigo».

### ( Lucas 10:25-37 )

NARRADOR   Y he aquí, un doctor de la ley se levantó, tentándole y diciendo:

DOCTOR DE LA LEY
   Maestro, ¿haciendo qué cosa poseeré la vida eterna?

NARRADOR   Y él dijo:

JESÚS   ¿Qué está escrito de la ley? ¿Cómo la interpretas?

NARRADOR   Y él respondiendo, dijo:

DOCTOR DE LA LEY
   Amarás al Señor tu Dios con todo tu corazón, y con toda tu alma, y con todas tus fuerzas, y con todo tu entendimiento; y a tu prójimo como a ti mismo.

NARRADOR   Y le dijo:

JESÚS   Bien has respondido: haz esto, y vivirás.

NARRADOR   Mas él, queriéndose justificar a sí mismo, dijo a Jesús:

**DOCTOR DE LA LEY**
¿Y quién es mi prójimo?

**NARRADOR** Y respondiendo Jesús, dijo:

**JESÚS** Un hombre descendía de Jerusalén a Jericó, y cayó en manos de ladrones, quienes los despojaron; e hiriéndole, se fueron, dejándole medio muerto.
Y aconteció, que descendió un sacerdote por aquel camino, y viéndole, se pasó de un lado. Y asimismo un Levita, llegando cerca de aquel lugar, le vio y se pasó de un lado.
Mas un Samaritano que iba de camino, viniendo cerca de él y viéndole, fue movido a misericordia; Y llegándose, vendó sus heridas, echándoles aceite y vino; y poniéndole sobre su cabalgadura, le llevó al mesón, y cuidó de él. Y al otro día al partir, sacó dos denarios, y los dio al huésped, y le dijo:

**SAMARITANO** Cuídamele; y todo lo que gastes de más, yo cuando vuelva te lo pagaré.

**JESÚS** ¿Quién, pues, de estos tres te parece que fue el prójimo de aquél que cayó en manos de los ladrones?

**NARRADOR** Y él doctor de la ley dijo:

**DOCTOR DE LA LEY**
El... que usó con él de misericordia.

**NARRADOR** Entonces Jesús le dijo:

**JESÚS** Ve, y haz tú lo mismo.

En la parábola del Buen Samaritano, Jesús se atreve a exponer la práctica correcta de la ley «ama a tu prójimo», de acuerdo a la interpretación divina. De tal forma, no solo saca a la luz la hipocresía de aquellos que le atacaban, sino también, le quita exclusividad a la propia palabra.

El prójimo, entonces, no habla sólo de una cultura o raza, la palabra abarca *todas* las razas, credos y naciones.

Pero aún esta definición no es suficientemente amplia para Dios. ¿Acaso pueden existir otras barreras mayores que estas?

## ( Marcos 3:31-35, Lucas 8:19 )

**NARRADOR**     Vinieron después sus hermanos y su madre, y estando fuera, enviaron a él llamándole porque no podían llegar a él por causa de la multitud[1]. Y la gente estaba sentada alrededor de él, y le dijeron:

**VOZ DE LA MULTITUD**
    He aquí, tu madre y tus hermanos te buscan fuera.

**NARRADOR**     Y él les respondió, diciendo:

**JESÚS**     ¿Quién es mi madre y mis hermanos?

**NARRADOR**     Y mirando a los que estaban sentados alrededor de él, dijo:

**JESÚS**     He aquí mi madre y hermanos. Porque cualquiera que hiciere la voluntad de Dios, éste es mi hermano, y mi hermana, y mi madre.

La Biblia no dice que él no salió a verlos, simplemente transcribe lo que dijo, probablemente antes de ir a atenderlos. Por lo tanto, Jesús no estaba hablando de excluir a su familia, sino de abrirla para incluir a otras personas.

De tal forma, «amar al prójimo» no sólo traspasaría las fronteras y las clases sociales, sino también las barreras genéticas y emocionales.

Pero es fácil amar a nuestras familias y amigos, y hasta llegar a ser cariñosos con personas que no conocemos.

¿Pero qué pasa entonces, cuando el «prójimo»... no nos ama a nosotros por igual?

El concepto fue tan revolucionario que aún hoy en día, es causa de gran controversia y confusión.

## ( Mateo 5:43-48 )

JESÚS      Oísteis que fue dicho: Amarás a tu prójimo, y aborrecerás a tu enemigo.

Mas yo os digo: Amad a vuestros enemigos, bendecid a los que os maldicen, haced bien a los que os aborrecen, y orad por los que os ultrajan y os persiguen; Para que seáis hijos de vuestro Padre que está en los cielos: que hace que su sol salga sobre malos y buenos... y llueve sobre justos e injustos.

Porque si amareis a los que os aman, ¿qué recompensa tendréis? ¿No hacen también lo mismo los publicanos? Y si abrazareis a vuestros hermanos solamente, ¿qué hacéis de más? ¿No hacen también así los Gentiles?

Sed, pues, vosotros perfectos, como vuestro Padre que está en los cielos es perfecto.

La palabra «perfectos» del griego *teleioi*, significa «maduro, adulto, completamente crecidos». Por lo tanto Jesús no estaba pidiendo una perfección inalcanzable; hablaba aquí de la madurez o «perfección» que obtiene un discípulo cuando logra ser como su Maestro.

Jesús les pedía que salieran más allá de lo que era cómodo, de su círculo social y familiar, para alcanzar a amar hasta sus propios enemigos. Amar al «prójimo» entonces, no depende de lo que el «prójimo» pueda sentir hacia nosotros.

En fin, despojado de todo tipo de prejuicios, el «prójimo», en su definición más amplia, incluye a toda la humanidad; y no sólo eso, para Jesús, el mandamiento de «amar al prójimo como a ti mismo» era pasar de ser más que un amigo, para llegar a convertirse en su «hermano»; no por vínculos biológicos, sino divinos.

De acuerdo a Jesús, el Reino de Dios estaría compuesto de una «familia» completamente inclusiva de cualquiera que quisiera participar de ella, sin importar religión, genética o precondición. Una hermandad de prójimos y amigos, la verdadera «familia de la humanidad». El único requisito era desear entrar, y lo mejor de todo, es que *cualquiera* sin importar quién sea, podría hacerlo.

## ¿Por qué?

Porque Dios ama a todos como a si mismo.

Él ama hasta el que no lo ama, hasta el que lo aborrece y lo persigue; él hace salir su sol «sobre malos y buenos, y llueve sobre justos e injustos».

Ese, es el verdadero amor hacía el prójimo: imitar el amor incondicional de Dios hacia *todos* los hombres.

## Conversemos en Familia

1. Si entendemos bien el concepto divino de «amar al prójimo», Dios nos mandaría a amar hasta los asesinos y terroristas. ¿Cómo es esto posible?

2. ¿Crees que el concepto de amar «a nuestro enemigo» es demasiado inalcanzable? ¿Cómo se le podría demostrar cariño a alguien que no quiere tu cariño, con quien no te llevas, o peor, que te quiere hacer daño?

3. ¿Y tu familia? ¿Te sientes suficientemente amado por las personas de tu familia? Sé honesto y explícales el porqué de tu respuesta.

4. Piensa en las personas que te rodean... ¿quién es el más rebelde, el que más daño hace? Escribe sus nombres en un papel.

5. Ahora, ve nombre por nombre y pregúntate: ¿tiene esa persona suficiente amor en su vida? ¿Cómo creció, quién cuidó de él o ella, quién lo amó? ¿Quién se interesó en él?

*¿Te sorprenden las respuestas?*

---

[1] Línea tomada de Lucas 8:19, versículo que cuenta el mismo relato.

# La Tolerancia, a través del amor incondicional

La palabra tolerancia, del latín *tolerare* que significa sostener y soportar, hoy en día se entiende como el respeto o la aceptación de las creencias, prácticas e ideas de los demás, aunque estas sean diferentes o hasta contrarias a las de uno.

Y si bien leyeron o escucharon sobre el primer valor, el Amor al Prójimo, ya saben entonces, que el prójimo es toda la humanidad, más allá de la amistad, de nuestras propias familias e inclusive, ¡hasta de aquellos con quién tenemos problemas!

¿Por qué? Porque Dios ama a *todos* los hombres incondicionalmente. Por lo tanto, el verdadero amor tolera y acepta a las personas tal y como son.

## ( Lucas 19:1-10 )

NARRADOR　Y habiendo entrado Jesús, iba pasando por Jericó; Y he aquí que un varón llamado Zaqueo, el cual era el principal de los publicanos y era rico; procuraba ver quién era Jesús; mas no podía a causa de la multitud, porque era pequeño de estatura.

Y corriendo delante, se subió a un árbol sicómoro para verle; porque había de pasar por allí. Y cuando vino a aquel lugar Jesús, mirando hacia arriba, le vio, y le dijo:

| | |
|---|---|
| JESÚS | Zaqueo, date prisa, desciende, porque hoy es necesario que pose en tu casa. |
| NARRADOR | Entonces él descendió de prisa, y le recibió gozoso. Y viendo esto, todos murmuraban, diciendo que había entrado a posar con un hombre pecador. Entonces Zaqueo, puesto en pie, dijo al Señor: |
| ZAQUEO | He aquí, Señor... la mitad de mis bienes doy a los pobres; y si en algo he defraudado a alguno, se lo devuelvo a él cuadruplicado. |
| NARRADOR | Y Jesús le dijo: |
| JESÚS | Hoy ha venido la salvación a esta casa; por cuanto él también es hijo de Abraham. Porque el Hijo del hombre vino a buscar y a salvar lo que se había perdido. |

Jesús no esperó que Zaqueo se arrepintiera para llamarle. No esperó que Zaqueo se convirtiera en un hombre justo para compartir con el. El aceptó a Zaqueo tal y como era, aún sabiendo que era un recaudador de impuestos para los romanos. Lo cual no significaba que Jesús estuviera de acuerdo con la manera en que vivía Zaqueo, simplemente lo aceptó y le amó sin condición.

Es irónico que esta actitud de amor ofendiera a otros, ya que los judíos consideraban a estos «publicanos» como impuros y pecadores. Hasta hoy en día, a veces los que profesan ser seguidoras de Cristo se conviertan en las personas más intolerantes; rápidas para juzgar el valor de una persona por la cantidad de sus «pecados».

Sin embargo, allí estaba Jesús, no sólo comiendo y bebiendo con ellos, sino disfrutando genuinamente de su compañía. Y como para que no quedase ninguna duda de que él apreciaba compartir con estos «publicanos y pecadores», lo hizo una y otra vez, escogiendo de entre ellos a sus discípulos.

Mateo, el escritor del primer libro de los evangelios y uno de los doce discípulos escogidos, fue primero... un publicano.

## ( Juan 4:1-44 )

**NARRADOR**  De manera que como Jesús entendió que los Fariseos habían oído que él hacía y bautizaba más discípulos que Juan, (aunque Jesús no bautizaba, sino sus discípulos), dejó a Judea, y se fue otra vez a Galilea. Y era necesario que pasase por Samaria.
Vino, pues, a una ciudad de Samaria que se llamaba Sicar, junto al terreno que Jacob dio a José, su hijo. Y estaba allí la fuente de Jacob.
Entonces Jesús, cansado del camino, se sentó junto a la fuente. Y era como la hora sexta. Vino una mujer de Samaria a sacar agua: y Jesús le dice:

**JESÚS**  Dame de beber.

**NARRADOR**  Porque sus discípulos habían ido a la ciudad a comprar de comer. Y la mujer Samaritana le dice:

**SAMARITANA**  ¿Cómo tú, siendo Judío, me pides a mí de beber que soy mujer Samaritana?

**NARRADOR**  Porque los Judíos no se tratan con los Samaritanos. Respondió Jesús y le dijo:

**JESÚS**  Si conocieses el don de Dios, y quién es el que te dice: Dame de beber: tú pedirías de él, y él te daría agua viva.

**NARRADOR**  La mujer le dice:

**SAMARITANA**  Señor, no tienes con qué sacarla, y el pozo es hondo: ¿de dónde, pues, tienes el agua viva? ¿Acaso eres tú mayor que nuestro padre Jacob, que nos dio este pozo, del cual él bebió, y sus hijos, y sus ganados?

**NARRADOR**  Respondió Jesús y le dijo:

**JESÚS**  Cualquiera que bebiere de esta agua, volverá a tener sed; mas el que bebiere del agua que yo le daré, no tendrá sed jamás: sino que dentro de él el agua que yo le daré, se convertirá en una fuente de agua que brota para vida eterna.

**NARRADOR**  La mujer le dice:

**SAMARITANA**    Señor, dame esta agua, para que no tenga sed, ni venga acá a sacarla.

**NARRADOR**    Jesús le dice:

**JESÚS**    Ve, llama a tu marido, y ven acá.

**NARRADOR**    Respondió la mujer, y dijo:

**SAMARITANA**    No tengo marido.

**NARRADOR**    Le dijo Jesús:

**JESÚS**    Bien has dicho, «No tengo marido;» Porque cinco maridos has tenido: y el que ahora tienes no es tu marido; esto has dicho con verdad.

**NARRADOR**    Le dijo la mujer:

**SAMARITANA**    Señor, me parece que tú eres profeta. Nuestros padres adoraron en este monte, y vosotros los judíos decís que en Jerusalén es el lugar donde es necesario adorar...

**NARRADOR**    Le dijo Jesús:

**JESÚS**    Mujer, créeme, que la hora viene, cuando ni en este monte, ni en Jerusalén adoraréis al Padre.
Vosotros adoráis lo que no sabéis; nosotros adoramos lo que sabemos: porque la salvación proviene de los Judíos. Mas la hora viene, y ahora es ya, cuando los verdaderos adoradores adorarán al Padre en espíritu y en verdad; porque también el Padre tales adoradores busca que le adoren.
Dios es Espíritu; y los que le adoran, es necesario que le adoren en espíritu y en verdad.

**NARRADOR**    Le dijo la mujer:

**SAMARITANA**    Sé que el Mesías ha de venir, el cual se dice el Cristo: cuando él viniere nos declarará todas las cosas.

**NARRADOR**    Le dijo Jesús:

**JESÚS**    Yo soy, el que habla contigo.

**NARRADOR**    Y en esto vinieron sus discípulos, y se maravillaron de que hablaba con una mujer; mas ninguno dijo: ¿Qué preguntas? O, ¿Qué hablas con ella? Entonces la mujer dejó su cántaro, y fue a la ciudad, y dijo a aquellos hombres:

**SAMARITANA**    Venid, ved un hombre que me ha dicho todo lo que he hecho: ¿y si quizás es éste el Cristo?

**NARRADOR**    Entonces salieron de la ciudad, y vinieron a él. Entre tanto los discípulos le rogaban, diciendo:

**DISCÍPULO**    Rabí, come.

**NARRADOR**    Y él les dijo:

**JESÚS**    Yo tengo una comida que comer, que vosotros no sabéis.

**NARRADOR**    Entonces los discípulos decían el uno al otro:

**DISCÍPULO**    ¿Y si le habrá traído alguien algo de comer?

**NARRADOR**    Les dijo Jesús:

**JESÚS**    Mi comida es que haga la voluntad del que me envió... y que acabe su obra.
¿No decís vosotros: Aun faltan cuatro meses hasta que llegue la cosecha? He aquí os digo: Alzad vuestros ojos, y mirad las regiones, porque ya están blancas para la siega.
Y el que siega, recibe salario, y recoge fruto para vida eterna; para que el que siembra también goce juntamente con el que siega. Porque en esto es el dicho verdadero: Que uno es el que siembra, y otro es el que siega.
Yo os he enviado a cosechar lo que vosotros no labrasteis: otros labraron, y vosotros habéis entrado en sus labores.

**NARRADOR**    Y muchos de los Samaritanos de aquella ciudad creyeron en él por la palabra de la mujer, que daba testimonio, diciendo:

**SAMARITANA**    ¡Me dijo todo lo que he hecho!

**NARRADOR**    Viniendo pues los Samaritanos a él, le rogaron que se quedase allí: y se quedó allí dos días. Y creyeron muchos más por su palabra. Y decían a la mujer:

**VOZ DE MULTITUD**
Ya no creemos por tu dicho; porque nosotros mismos hemos oído, y sabemos que verdaderamente éste es el Salvador del mundo, el Cristo.

**NARRADOR**
Y dos días después, salió de allí, y fuese a Galilea. Porque el mismo Jesús dio testimonio de que el profeta en su tierra... no tiene honra.

Jesús tenía un don poco usual: parecía saber la vida de todos los hombres mucho antes de conocerlos en persona; y cuando les decía o preguntaba algo, sus palabras usualmente sacaban a luz las verdades ocultas en su corazón.

En el relato de la samaritana, a Jesús no le importó su pasado, ni su raza, ni sus creencias religiosas, ni tampoco tomó en cuenta algo que sorprendió en gran manera a sus discípulos... su sexo.

Es difícil apreciar la increíble verdad del amor incondicional de Dios, sin primero entender que Dios nos ama *aún* conociendo nuestras vidas a fondo. Él conoce nuestros errores, nuestras victorias, nuestras virtudes y nuestros defectos.

Es un poco irónico, entonces, que a veces mientras más conocemos a una persona, menos tolerantes seamos con ellas; queriendo cambiarlas y amoldarlas a lo que pensamos que ellas deberían ser. Si es verdad que la intolerancia en el mundo es injusta, la intolerancia dentro de nuestras propias familias es aún peor.

### ( Lucas 4:14-30, Marcos 6:2-5 )

**NARRADOR**
Jesús volvió en virtud del Espíritu a Galilea, y salió la fama de él por toda la tierra de alrededor; enseñaba en las sinagogas de ellos, y era glorificado de todos. Y vino a Nazaret, donde había sido criado; y conforme a su costumbre, entró el día del sábado en la sinagoga, y se levantó a leer. Y le fue  dado el libro del profeta Isaías; y cuando abrió el libro, halló el lugar donde estaba escrito:

| | |
|---|---|
| **JESÚS** | El Espíritu del Señor es sobre mí... Por cuanto me ha ungido para dar buenas nuevas a los pobres: Me ha enviado para sanar a los quebrantados de corazón; Para pregonar a los cautivos libertad, y a los ciegos vista; Para poner en libertad a los oprimidos: y para predicar el año agradable del Señor. |
| **NARRADOR** | Y enrollando el libro, lo dio al ministro, y se sentó: y los ojos de todos en la sinagoga estaban fijos en él. Y comenzó a decirles: |
| **JESÚS** | Hoy se ha cumplido esta Escritura en vuestros oídos. |
| **NARRADOR** | Y muchos oyéndole, estaban atónitos y maravillados de las palabras de gracia que salían de su boca, y decían: |
| **FARISEO 1** | ¿No es éste el hijo de José? ¿De dónde sacó éste estas cosas? ¿Y qué sabiduría es ésta que le es dada, y tales maravillas que por sus manos son hechas? |
| **FARISEO 2** | ¿Y no es éste el carpintero, hijo de María, hermano de Jacobo, y de José, y de Judas, y de Simón? ¿No están también aquí con nosotros, sus hermanas? |
| **NARRADOR** | Y se escandalizaban en él; mas Jesús les decía: |
| **JESÚS** | No hay profeta deshonrado sino en su tierra, y entre sus parientes, y en su casa. Pero sin duda me diréis este refrán: Médico, cúrate a ti mismo: de tantas cosas que hemos oído que fueron hechas en Capernaúm, haz también aquí en tu tierra. |
| **NARRADOR** | Y les dijo: |
| **JESÚS** | De cierto os digo, que ningún profeta es aceptado en su propia tierra. Mas en verdad os digo, que muchas viudas había en Israel en los días de Elías, cuando el cielo fue cerrado por tres años y seis meses, y hubo una gran hambre en toda la tierra; Pero a ninguna de ellas fue enviado Elías, sino a una mujer viuda de Sarepta de Sidón, Y muchos leprosos había en Israel en tiempo del profeta Eliseo; mas ninguno de ellos fue limpio, sino Naamán el Siro. |
| **NARRADOR** | Entonces todos en la sinagoga fueron llenos de ira, oyendo estas cosas; Y levantándose, le echaron fuera de |

la ciudad, y le llevaron hasta la cumbre del monte sobre el cual la ciudad de ellos estaba edificada, para lanzarle. Mas él, pasando por medio de ellos... se fue.
Y no pudo hacer allí alguna maravilla; solamente sanó unos pocos enfermos, poniendo sobre ellos las manos. Y estaba maravillado por su incredulidad.

¿Qué más podemos esperar de los hombres, si a veces, con los seres que más amamos somos un poco intolerantes?

¿Quieres hacer qué? No vas a poder, eres demasiado joven, demasiado viejo.... demasiado alto, demasiado gordo. ¿Qué sabes tú de eso! No sabes nada. Tú no sabes *nada*. ¡Tienes que cambiar! ¡Tienes que ser mejor! Tienes... ¡que convertirte en otro!

Las palabras son como espadas invisibles. Hieren profundamente sin dejar heridas. Pero no hay palabras que hieran más que aquellas dichas por alguien a quién amamos.

Jesús sabía en carne propia la intolerancia de algunos de sus familiares, y hasta las personas de su misma ciudad. Afortunadamente, al contrario de los hombres, Dios no hace distinción entre sus hijos.
Los ama y cree en su valor por igual.

## ( Lucas 5:27-32 )

| | |
|---|---|
| NARRADOR | Y después de estas cosas salió, y vio a un publicano llamado Leví, sentado al banco de los públicos tributos, y le dijo: |
| JESÚS | Sígueme. |
| NARRADOR | Y dejadas todas las cosas, levantándose, le siguió. E hizo Leví gran banquete en su casa; y había mucha compañía de publicanos y de otros, los cuales estaban a la mesa con ellos. Y los escribas y los Fariseos murmuraban contra sus discípulos, diciendo: |
| FARISEO 1 | ¿Por qué coméis y bebéis con los publicanos y pecadores? |

NARRADOR   Y respondiendo Jesús, les dijo:

JESÚS      Los que están sanos no necesitan médico, sino los que están enfermos. No he venido a llamar justos, sino pecadores a arrepentimiento.

Leví le recibió gozoso e hizo un gran banquete. ¡Muy pocos de sus compatriotas y mucho menos los de la elite religiosa se les hubiese ocurrido entrar en su casa! ¿Comer con *él*? ¿El que nos roba el dinero para entregárselo a los romanos?

Y he aquí el gran poder del amor incondicional de Dios y el secreto del misterioso Reino del cual Jesús predicaba.

Para ser aceptado por Jesús, que era sinónimo de entrar en esa gran «familia» divina, no requería primero de arrepentimiento. La tolerancia y la aceptación incondicional de Jesús generaban arrepentimiento.

Entender esto es entenderlo todo.

Porque el amor incondicional y generoso cobija y cambia el corazón del hombre, al igual que la falta de amor hace mucho más daño al corazón que cualquier arma mortal.

Igual que a Jesús, no tienes que ser bueno para que Dios te ame y te acepte, sino que al amarte Dios tal y como eres, es motivación suficiente para hacer el bien y aceptar a otros en imitación a aquel que primero te amó.

## ( Lucas 7:31-50 )

NARRADOR   Y dice el Señor:

JESÚS      ¿A quién, pues, compararé los hombres de esta generación, y a qué son semejantes?
           Semejantes son a los muchachos sentados en la plaza, y que dan voces los unos a los otros, y dicen: Os tañimos con flautas, y no bailasteis: os cantamos cantos fúnebres, y no llorasteis.
           Porque vino Juan el Bautista, que ni comía pan, ni bebía vino, y decís: Demonio tiene. Vino el Hijo del hombre,

que come y bebe, y decís: He aquí un hombre comilón, y bebedor de vino, amigo de publicanos y de pecadores.
Mas la sabiduría es justificada por todos sus hijos.

NARRADOR Y le rogó uno de los Fariseos, que comiese con él. Y entrado en casa del Fariseo, se sentó a la mesa. Y he aquí una mujer que había sido pecadora en la ciudad, como entendió que estaba a la mesa en casa de aquel Fariseo, trajo un alabastro de ungüento...
Y estando detrás a sus pies, comenzó llorando a regar con lágrimas sus pies, y los limpiaba con los cabellos de su cabeza; y besaba sus pies, y los ungía con el ungüento.
Y como vio esto el Fariseo que le había convidado, habló entre sí, diciendo:

SIMÓN EL FARISEO
Este, si fuera profeta, conocería quién y qué clase de mujer es la que le toca, que es pecadora.

NARRADOR Entonces respondiendo Jesús, le dijo:

JESÚS Simón, una cosa tengo que decirte.

NARRADOR Y él dice:

SIMÓN EL FARISEO
Di, Maestro.

JESÚS Un acreedor tenía dos deudores: el uno le debía quinientos denarios, y el otro cincuenta; Y no teniendo ellos con qué pagar, perdonó a ambos.
Di, pues, ¿cuál de éstos le amará más?

NARRADOR Y respondiendo Simón, dijo:

SIMÓN EL FARISEO
Pienso que aquél al cual perdonó más.

NARRADOR Y él le dijo:

JESÚS Rectamente has juzgado.

NARRADOR Y vuelto a la mujer, dijo a Simón:

| | |
|---|---|
| JESÚS | ¿Ves esta mujer? Entré en tu casa, no diste agua para mis pies; mas ésta ha regado mis pies con lágrimas, y los ha limpiado con los cabellos. No me diste beso, mas ésta, desde que entré, no ha cesado de besar mis pies. No ungiste mi cabeza con óleo; mas ésta ha ungido con ungüento mis pies.<br>Por lo cual te digo que sus muchos pecados son perdonados, porque amó mucho; mas al que se perdona poco, poco ama. |
| NARRADOR | Y a ella dijo: |
| JESÚS | Los pecados te son perdonados. |
| NARRADOR | Y los que estaban juntamente sentados a la mesa, comenzaron a decir entre sí: |
| HOMBRE | ¿Quién es éste, que también perdona pecados? |
| NARRADOR | Y dijo a la mujer: |
| JESÚS | Tu fe te ha salvado, ve en paz. |

«Comilón y bebedor de vino, amigo de publicanos y de pecadores» que descripción más terrenal para un ser... divino.

Simón el Fariseo no podía entender como un supuesto Mesías, enviado de un Dios santísimo, pudiera enfangarse las manos con el pecado, y por lo tanto, estaba ciego a la verdadera misión del Cristo: el perdón.

Después de todo, aprender a aceptar a las personas tal y como son, es aprender también a aceptar y perdonar sus faltas.

## Conversemos en Familia

1. Hoy en día, ¿quiénes son iguales a los samaritanos y los publicanos del tiempo de Jesús? ¿Existe un grupo de personas que sean rechazadas por lo que son, como viven, o simplemente por ser diferentes?

2. Como hispanos, ¿quién tiene poca tolerancia para con nosotros? ¿Esa intolerancia a qué se debe?

3. Y tu familia... ¿saben ellos que tú les amas y le aceptas sin condición?

4. Piensa bien en las personas que te rodean... ¿existen aquellas con quienes no estás de acuerdo, bien sea, como se visten, como piensan, o simplemente como son? Escribe sus nombres.

5. Ahora, ve nombre por nombre y piensa: ¿cómo puedo aprender a ser más tolerante hacia ellas?

REDESCUBRE
LOS EVANGELIOS

# El Perdón

Es interesante notar lo difícil que es encontrar una fuente etimológica a la palabra perdón ya que esta, en su definición moderna, no existía antes del Cristianismo. Los Romanos no tenían una palabra que se pareciere, por lo tanto la palabra fue creada totalmente nueva usando dos palabras del antiguo latín: *per-donare*, que significa dar totalmente, en este caso, regalar por completo la deuda.

Por lo tanto, si la misión de Jesús se pudiera resumir en solo dos palabras serían: amor y perdón.

## ( Marcos 11:25-26 )

JESÚS      Y cuando estuviereis orando, perdonad, si tenéis algo contra alguno, para que vuestro Padre que está en los cielos os perdone también a vosotros vuestras ofensas. Porque si vosotros no perdonareis, tampoco vuestro Padre que está en los cielos os perdonará vuestras ofensas.

En la mayoría de los versículos donde se habla sobre el perdón en la versión original de los evangelios, se usa la palabra griega *afesis* y su verbo *afiemi*, que se traducen, dejar, despedir, remitir o libertar; dándole así al perdón un sentido de liberación.

Más allá de borrarse la deuda, el nuevo «perdón» de Jesús era como recibir una *Tabula Rasa* o un «tablero vacío», en otras palabras, era comenzar de nuevo en blanco.

Ahora entendemos por qué esta idea frustró tanto a los fariseos quienes estaban acostumbrados a la antigua ley del «ojo por ojo» y «diente por diente».

## ( Lucas 15:1-32 )

| | |
|---|---|
| NARRADOR | Y se llegaban a él todos los publicanos y pecadores a oírle. Y murmuraban los Fariseos y los escribas, diciendo: |
| FARISEO 1 | Este a los pecadores recibe... |
| FARISEO 2 | ...y con ellos come. |
| NARRADOR | Y Jesús les propuso esta parábola, diciendo: ¿Qué hombre de vosotros, teniendo cien ovejas, si perdiere una de ellas, no deja las noventa y nueve en el desierto, y va a la que se perdió, hasta que la halle? Y hallada, la pone sobre sus hombros gozoso; Y viniendo a casa, junta a los amigos y a los vecinos, diciéndoles: Gozaos conmigo porque he hallado mi oveja que se había perdido. Os digo, que así habrá más gozo en el cielo de un pecador que se arrepiente, que de noventa y nueve justos, que no necesitan arrepentimiento. ¿O qué mujer que tiene diez dracmas, si perdiere una dracma, no enciende la lámpara, y barre la casa, y busca con diligencia hasta hallarla? Y cuando la hubiere hallado, junta las amigas y las vecinas, diciendo: Gozaos conmigo porque he hallado la dracma que había perdido. Así os digo que hay gozo delante de los ángeles de Dios por un pecador que se arrepiente. |
| NARRADOR | Y dijo Jesús: |
| JESÚS | Un hombre tenía dos hijos; Y el menor de ellos dijo a su padre: Padre, dame la parte de la hacienda que me pertenece. Y el Padre repartió la hacienda. No muchos días después, juntándolo todo, el hijo menor partió lejos a una provincia apartada; y allí desperdició su hacienda viviendo perdidamente. |

Y cuando todo lo hubo malgastado, vino una grande hambre en aquella provincia, y le comenzó a faltar. Y fue y se llegó a uno de los ciudadanos de aquella tierra, el cual le envió a su hacienda para que apacentase los puercos.

¡Como deseaba henchir su vientre de las algarrobas que comían los puercos! Mas nadie se las daba. Y volviendo en sí, dijo: ¡Cuántos jornaleros en casa de mi padre tienen abundancia de pan, y yo aquí perezco de hambre! Me levantaré, e iré a mi padre, y le diré: Padre, he pecado contra el cielo y contra ti; Ya no soy digno de ser llamado tu hijo; hazme como a uno de tus jornaleros.

Y levantándose, vino a su padre. Y cuando aún estuvo lejos, lo vio su padre... y fue movido a misericordia, y corrió, y se echó sobre su cuello, y le besó.

Y el hijo le dijo:

## HIJO PRÓDIGO

Padre, he pecado contra el cielo, y contra ti, y ya no soy digno de ser llamado tu hijo.

## JESÚS

Mas el padre dijo a sus siervos:

## PADRE DE HIJO PRÓDIGO

¡Sacad el principal vestido, y vestidle; y poned un anillo en su mano, y zapatos en sus pies! Y traed el becerro gordo, y matadlo, y comamos, ¡y hagamos fiesta!

Porque este mi hijo estaba muerto, y ha revivido; se había perdido, y es hallado.

## JESÚS

¡Y comenzaron a regocijarse! Mas su hijo mayor estaba en el campo; él cual cuando vino, llegó cerca de casa, y oyó la sinfonía y las danzas; Llamó a uno de los criados, y le preguntó qué era aquello.

Y el criado le dijo: Tu hermano ha venido; y tu padre ha matado el becerro gordo, por haberle recibido salvo. Entonces se enojó, y no quería entrar. Salió por tanto su padre, y le rogaba que entrase.

Mas él respondiendo, dijo al padre:

He aquí tantos años te sirvo, no habiendo traspasado jamás tu mandamiento, y nunca me has dado un cabrito para gozarme con mis amigos: Mas cuando vino éste tu hijo, que ha consumido tu hacienda con rameras... ¿has matado para él el becerro gordo!?

Él padre entonces le dijo:

PADRE DE HIJO PRÓDIGO
Hijo, tú siempre estás conmigo, y todas mis cosas son tuyas. Mas era necesario hacer fiesta y alegrarnos, porque este tu hermano estaba muerto, y ha revivido; se había perdido, ¡y es hallado!

Indoctrinados al sistema de recompensas o castigos dependiendo en su comportamiento, la mayoría de los jóvenes reaccionan igual al escuchar la parábola del Hijo Pródigo. Lo primero que dicen es: *«it's not fair!»* No es justo que el hijo que se portó bien por tantos años no reciba recompensa mientras que al hijo desobediente se le haga una fiesta.

Jesús estaba comparando la reacción de celos y envidia del hermano mayor a los fariseos, como jóvenes sin experiencia e inmadurez.

¿Acaso el hermano mayor no amaba también a su hermano menor? ¿Acaso no lo extrañó, no se preocupó por él? ¿No se alegró al saber que había regresado vivo y salvo?

Jesús comparaba el amor incondicional de Dios al padre de la parábola del Hijo Pródigo; que sin importar que su hijo estuviera entre el lodo y los puercos, sin importar la angustia y gasto financiero que le causó, él le recibe a casa... y le perdona todo.

Por lo tanto, el amor es la raíz del verdadero perdón.

La pregunta que queda, entonces, es esta: ¿era el hijo digno de tal perdón?

## ( Mateo 18:21-35 )

NARRADOR   Entonces Pedro, llegándose a él, dijo:

SIMÓN PEDRO Señor, ¿cuántas veces perdonaré a mi hermano que pecare contra mí? ¿Hasta siete?

NARRADOR   Jesús le dice:

JESÚS   No te digo hasta siete, mas aun hasta setenta veces siete.

Por lo cual, el reino de los cielos es semejante a un hombre rey, que quiso hacer cuentas con sus siervos. Y comenzando a hacer cuentas, le fue presentado uno que le debía diez mil talentos. Mas a éste, no pudiendo pagar, mandó su señor venderle, y a su mujer e hijos, con todo lo que tenía, para que se le pagase. Entonces aquel siervo, postrado, le adoraba, diciendo: Señor, ten paciencia conmigo, y yo te lo pagaré todo.

El señor, movido a misericordia de aquel siervo, le soltó y le perdonó la deuda.

Y saliendo aquel siervo, halló a uno de sus consiervos, que le debía cien denarios; y agarrándolo, le ahogaba, diciendo: ¡Págame lo que debes!

Entonces su consiervo, postrándose a sus pies, le rogaba, diciendo: Ten paciencia conmigo, y yo te lo pagaré todo.

Mas él no quiso; sino fue, y le echó en la cárcel hasta que pagase la deuda. Y viendo sus consiervos lo que pasaba, se entristecieron mucho, y viniendo, declararon a su señor todo lo que había pasado.

Entonces llamándole su señor, le dice: ¡Siervo malvado! Toda aquella deuda te perdoné, porque me rogaste: ¿No te convenía también a ti tener misericordia de tu consiervo, como también yo tuve misericordia de ti?

Entonces su señor, enojado, le entregó a los verdugos, hasta que pagase *todo* lo que le debía. Así también hará con vosotros mi Padre celestial, si no perdonareis de todo corazón cada uno a su hermano sus ofensas.

---

He aquí también la clave del perdón: El arrepentimiento.

Para Jesús, el *verdadero* arrepentimiento era digno de regalarle una nueva oportunidad, las veces que fuera necesario.

Hoy en día, hay personas que dicen perdonar pero en verdad sólo guardan en una bolsa una por una las ofensas de las otras, listas para sacárselas en cara en cuanto tengan oportunidad. Ese no es el auténtico perdón, es una imitación falsa del verdadero.

Y quizás por eso, el perdón es uno de los valores más difícil de practicar correctamente.

## ( Lucas 17:3-5 )

JESÚS       Mirad por vosotros: si pecare contra ti tu hermano, repréndele; y si se arrepintiere, perdónale. Y si siete veces al día pecare contra ti, y siete veces al día se volviere a ti, diciendo, pésame, perdónale.

NARRADOR    Y dijeron los apóstoles al Señor:

SIMÓN PEDRO Auméntanos la fe.

Sin embargo, no importa lo mucho que amemos a alguien o lo mucho que desearíamos perdonarle, si esa persona no se arrepiente por la ofensa que nos hizo, no podemos perdonarla. Ella misma no nos lo permite.

¿Entonces, para qué intentarlo?

Jesús entendía que el verdadero arrepentimiento por lo general resultaba en dejar atrás la ofensa y no volverla a hacer, por lo tanto lo de siete veces siete es una hipérbola o exageración para demostrar la importancia del concepto.

Porque he aquí el secreto del perdón y por lo cual Jesús manda a hacerlo las veces que fuera necesario: el verdadero perdón cura de igual manera al ofendido que al ofensor.

El perdón sana las heridas, toma tiempo y mucho amor, pero las sana. De otra forma, la falta de perdón deja cicatrices tan profundas que aunque pasen los años, aún queda el dolor.

Si mal hizo alguien en herirnos alguna vez, igual de mal hacemos nosotros en no otorgarle el perdón cuando nos lo piden.

¿O acaso existe alguien que no necesite de arrepentimiento?

## ( Lucas 22:63-71, Lucas 23:1-47, Mateo 27:46, 51-54 )

NARRADOR    Y los hombres que tenían a Jesús, se burlaban de él hiriéndole; Y cubriéndole, herían su rostro, y le preguntaban, diciendo:

| | |
|---|---|
| HOMBRE | Profetiza quién es el que te hirió. |
| NARRADOR | Y decían otras muchas cosas injuriándole. Y cuando fue de día, se juntaron los ancianos del pueblo, y los príncipes de los sacerdotes, y los escribas, y le trajeron a su concilio, Diciendo: |
| FARISEO 1 | ¿Eres tú el Cristo? dínoslo. |
| NARRADOR | Y les dijo: |
| JESÚS | Si os lo dijere, no creeréis; Y también si os preguntare, no me responderéis, ni me soltaréis: Mas después de ahora el Hijo del hombre se sentará a la diestra de la potencia de Dios. |
| NARRADOR | Y dijeron todos: |
| FARISEO 1 | ¿Luego tú eres Hijo de Dios? |
| NARRADOR | Y él les dijo: |
| JESÚS | Vosotros mismos lo dicen. |
| NARRADOR | Entonces ellos dijeron: |
| FARISEO 2 | ¿Qué más testimonio deseamos? porque nosotros lo hemos oído de su boca. |
| NARRADOR | Levantándose entonces toda la multitud de ellos, le llevaron a Pilato. Y comenzaron a acusarle, diciendo: |
| VOZ DE MULTITUD | A éste hemos hallado que pervierte la nación, y que prohíbe dar tributo a César, diciendo que él es el Cristo, el rey. |
| NARRADOR | Entonces Pilato le preguntó, diciendo: |
| PILATO | ¿Eres tú el Rey de los Judíos? |
| NARRADOR | Y respondiendo él, dijo: |
| JESÚS | Tú lo dices. |
| NARRADOR | Y Pilato dijo a los príncipes de los sacerdotes, y a las gentes: |

PILATO        Ninguna culpa hallo en este hombre.

NARRADOR      Mas ellos porfiaban, diciendo:

FARISEO       Alborota al pueblo, enseñando por toda Judea, comenzando desde Galilea hasta aquí.

NARRADOR      Entonces Pilato, oyendo de Galilea, preguntó si el hombre era Galileo. Y como entendió que era de la jurisdicción de Herodes, le remitió a Herodes, el cual también estaba en Jerusalén en aquellos días. Y Herodes, viendo a Jesús, se alegró mucho, porque hacía mucho que deseaba verle; porque había oído de él muchas cosas, y tenía esperanza que le vería hacer alguna señal. Y le preguntaba con muchas palabras; mas él nada le respondió: Y estaban los príncipes de los sacerdotes y los escribas acusándole con gran porfía. Mas Herodes con su corte le menospreció, y escarneció, vistiéndole de una ropa rica; y le volvió a enviar a Pilato. Y fueron hechos amigos entre sí, Pilato y Herodes, en el mismo día; porque antes eran enemigos. Entonces Pilato, convocando los príncipes de los sacerdotes, y los magistrados, y el pueblo, Les dijo:

PILATO        Me habéis presentado a éste por hombre que desvía al pueblo: y he aquí, preguntando yo delante de vosotros, no he hallado culpa alguna en este hombre de aquéllas de que le acusáis. Y ni aun Herodes; porque os remití a él, y he aquí, ninguna cosa digna de muerte ha hecho. Le soltaré, pues, castigado.

NARRADOR      Y tenía necesidad de soltarles uno en cada fiesta. Mas toda la multitud dio voces a una, diciendo:

VOZ DE MULTITUD
              ¡Quita a éste, y suéltanos a Barrabás!

NARRADOR      (El cual había sido echado en la cárcel por una sedición hecha en la ciudad, y una muerte.) Y les habló otra vez Pilato, queriendo soltar a Jesús. Pero ellos volvieron a dar voces, diciendo:

VOZ DE MULTITUD
              ¡Crucifícale, crucifícale!

| | |
|---|---|
| NARRADOR | Y él les dijo la tercera vez: |
| PILATO | ¿Pues qué mal ha hecho éste? Ninguna culpa de muerte he hallado en él: le castigaré, pues, y le soltaré. |
| NARRADOR | Mas ellos instaban a grandes voces, pidiendo que fuese crucificado. Y las voces de ellos y de los príncipes de los sacerdotes crecían. |
| NARRADOR | Entonces Pilato juzgó que se hiciese lo que ellos pedían; Y les soltó a aquél que había sido echado en la cárcel por sedición y una muerte, Y llevándole, tomaron a un Simón Cireneo, que venía del campo, y le pusieron encima la cruz para que la llevase tras Jesús. Y le seguía una grande multitud de pueblo, y de mujeres, las cuales le lloraban y lamentaban. Mas Jesús, vuelto a ellas, les dice: |
| JESÚS | Hijas de Jerusalén, no me lloréis a mí, mas llorad por vosotras mismas, y por vuestros hijos. Porque he aquí vendrán días en que dirán: Bienaventuradas las estériles, y los vientres que no engendraron, y los pechos que no criaron. Entonces comenzarán a decir a los montes: Caed sobre nosotros: y a los collados: Cubridnos. Porque si en el árbol verde hacen estas cosas, ¿en el seco, qué se hará? |
| NARRADOR | Y llevaban también con él otros dos malhechores, a ser muertos. Y cuando vinieron al lugar que se llama de la Calavera, le crucificaron allí, y a los malhechores, uno a la derecha, y otro a la izquierda. Y Jesús decía: |
| JESÚS | Padre… perdónalos, porque no saben lo que hacen. |
| NARRADOR | Y partiendo sus vestidos, echaron suertes. Y el pueblo estaba mirando; y se burlaban de él los príncipes con ellos, diciendo: |
| PRÍNCIPE | A otros hizo salvos: sálvese a sí, si éste es el Mesías, el escogido de Dios. |
| NARRADOR | Escarnecían de él también los soldados, llegándose y presentándole vinagre, Y diciendo: |
| SOLDADO | Si tú eres el Rey de los Judíos, sálvate a ti mismo. |

NARRADOR    Y había también sobre él un título escrito con letras griegas, y latinas, y hebraicas: ESTE ES EL REY DE LOS JUDIOS. Y uno de los malhechores que estaban colgados, le injuriaba, diciendo:

LADRÓN 1    Si tú eres el Cristo, sálvate a ti mismo y a nosotros.

NARRADOR    Y respondiendo el otro, le reprendió, diciendo:

LADRÓN 2    ¿Ni aun tú temes a Dios, estando en la misma condenación? Y nosotros, a la verdad, justamente padecemos; porque recibimos lo que merecieron nuestros hechos: mas éste ningún mal hizo.

NARRADOR    Y dijo a Jesús:

LADRÓN 2    Acuérdate de mí cuando vinieres a tu reino.

NARRADOR    Entonces Jesús le dijo:

JESÚS    De cierto te digo, que hoy estarás conmigo en el paraíso.

NARRADOR    Y cuando era como la hora sexta, fueron hechas tinieblas sobre toda la tierra hasta la hora nona. Y cerca de la hora nona, Jesús exclamó con grande voz, diciendo:

JESÚS    *Eli, Eli , ¿lama sabactani?*

NARRADOR    Esto es: Dios mío, Dios mío, ¿por qué me has desamparado? Entonces Jesús, dijo:

JESÚS    Padre... en tus manos encomiendo mi espíritu.

NARRADOR    Y habiendo dicho esto... espiró.
Y he aquí, el velo del templo se rompió en dos, de alto a bajo y la tierra tembló, y las piedras se partieron; Y se abrieron los sepulcros, y muchos cuerpos de santos que habían dormido, ¡se levantaron!
Y salidos de los sepulcros, después de su resurrección, vinieron a la santa ciudad, y aparecieron a muchos.
Y el centurión, y los que estaban con él guardando a Jesús, visto el terremoto, y las cosas que habían sido hechas, temieron en gran manera, diciendo:

CENTURIÓN    Verdaderamente Hijo de Dios era éste.

Sólo una persona que lo ha perdido todo, que se encuentra esclavizado por algo dañino o vergonzoso, un vicio o una adicción; y que haya herido tantas veces a los que ama que ahora le niegan su perdón... sólo esa persona puede apreciar en su totalidad la verdadera misión del Cristo: el Perdón y la liberación.

Para una persona así, poder dejar lo viejo atrás y empezar de nuevo...

No hay palabras que puedan describir el agradecimiento.

## ( Mateo 27:3-8 )

NARRADOR    Entonces Judas, el que le había entregado, viendo que era condenado, devolvió arrepentido las treinta piezas de plata a los príncipes de los sacerdotes y a los ancianos, diciendo:

JUDAS    Yo he pecado entregando la sangre inocente.

NARRADOR    Mas ellos dijeron:

FARISEO 1    ¿Qué nos importa eso a nosotros? Allá tú.

NARRADOR    Y arrojando las piezas de plata en el templo, salió; y fue... y se ahorcó. Y los príncipes de los sacerdotes, tomando las piezas de plata, dijeron:

PRÍNCIPE    No es lícito echarlas en el tesoro de los dones, porque es precio de sangre.

NARRADOR    Mas habido consejo, compraron con ellas el campo del alfarero, para dar sepultura a los extranjeros. Por lo cual fue llamado aquel campo, Campo de Sangre, hasta el día de hoy.

Perdonar por completo la deuda sin pedir nada cambio y volver a empezar era un concepto completamente nuevo, tanto así, que requirió de una nueva palabra. ¿Ahora entienden porque el mensaje de amor de Jesús cambió por completo la humanidad?

El concepto moderno del perdón nació con la vida
y muerte de un humilde carpintero.

Y sí, hasta Judas hubiera merecido el perdón
por su arrepentimiento; si sólo hubiera esperado
unos dos días más...

Es sorprendente saber que el suicidio es la primera
causa de muerte en el *mundo* entero[1]. Se suicidan
aproximadamente ¡un millón de personas al año!
Eso es mucho más que cualquier desastre natural.

Tanta gente que muere pensando que nadie les ama, que
no son dignos de ser perdonados y de empezar de nuevo.
Si solo hubieran sabido cuánto los amaba Dios. Que no hay
nada, *escuchen esto*, *nada* que puedan hacer que les haga
perder el amor y el perdón de su Padre.

Ni quebrantar cada uno de sus mandamientos,
ni violar todas las leyes del universo, puede hacer
que Dios les ame menos.

¿O acaso se deja de amar a un hijo... porque desobedece?

Escuchen la siguiente historia:

Un juez, después de oír el testimonio en contra de la joven
nerviosa, sentada en la silla de los acusados, no tuvo otra
opción que declararla culpable de varias infracciones de
tráfico y montarle una cantidad de acuerdo a los daños que
había causado: estos incluían una boca de incendios rota,
dos árboles desmochados y una cerca ahora en pedazos.

Inmediatamente después de dictar sentencia, se bajó,
se quitó su bata negra y, tomando a la joven de la mano,
fue al cajero y pago el monto completo.

«Espero,» le dijo él, «que hayas aprendido la lección y no
vuelvas a manejar otra vez con tus pantuflas de cama.»

«Sí,» le contestó ella, añadiendo: «gracias, papá.»

Así hizo Dios con nosotros.

## ( Juan 3:16-17 )

NARRADOR  Porque de tal manera amó Dios al mundo, que ha dado a su Hijo unigénito, para que todo aquel que en él cree, no se pierda, mas tenga vida eterna.
Porque no envió Dios a su Hijo al mundo, para que condene al mundo, mas para que el mundo sea salvo por él.

«Porque de tal manera amó Dios al mundo»... y «Padre, perdónalos, porque no saben lo que hacen».

Dos frases que constituyen el comienzo de la gracia de Dios para con los hombres y el principio de una nueva era de compasión y misericordia.

### Conversemos en Familia

1.  ¿Crees que es justo el concepto de perdonarlo todo y darles una segunda oportunidad a personas que han hecho mucho daño?

2.  ¿Cuál es la diferencia entre el castigo y la disciplina? ¿Se puede perdonar genuinamente y disciplinar al mismo tiempo?

3.  ¿Y tu familia? ¿Te han perdonado honestamente tus errores o te lo siguen sacando cada vez que pueden? ¿O serás tú el que no ha perdonado y pasas la cuenta en cada oportunidad?

4.  Piensa en las personas que te rodean... ¿quién te ha pedido perdón y no lo has querido perdonar? Escribe sus nombres en un papel y al lado, lo que te hicieron. ¿Te sorprende sentir cuánto duele aún esa herida?

5.  Ahora, toma un nuevo papel y piensa en todos aquellos a quienes tuviste que pedirle perdón. Escribe a un lado los que te perdonaron y al otro lado los que no quisieron hacerlo. ¿Cuál de los dos lados contiene más nombres?

*Ahora compara los dos papeles. ¿Qué es lo que ves?*

---

[1] La Organización Mundial de la Salud (OMS) declaró en el año 2000 que el suicidio se había registrado como la primera causa de muerte en el mundo entero. Sin embargo, las cifras fluctúan anualmente ya que aún existen países que reportan menos cantidades por considerar el tema como tabú.

# La Compasión y la Misericordia

La palabra griega frecuentemente usada para describir la compasión de Cristo hacia las personas es *splagcnizomai*, que significa ser movido hasta las entrañas o anhelar con compasión. Esta es la misma palabra usada en la parábola del hijo pródigo cuando el padre ve al hijo y es «movido a misericordia».

Sin duda, Jesús era «conmovido» a compasión y misericordia por el amor genuino que sentía hacia las personas. Demostrando una vez más que el amor, en todas sus facetas y versiones, es la verdadera clave del bien.

## ( Mateo 20:29-34 )

| | |
|---|---|
| NARRADOR | Entonces saliendo ellos de Jericó, le seguía gran compañía. Y he aquí dos ciegos sentados junto al camino, como oyeron que Jesús pasaba, clamaron, diciendo: |
| CIEGO | ¡Señor, Hijo de David, ten misericordia de nosotros! |
| NARRADOR | Y la gente les reprendía para que callasen; mas ellos clamaban más, diciendo: |
| CIEGO | ¡Señor, Hijo de David, ten misericordia de nosotros! |
| NARRADOR | Y parándose Jesús, los llamó, y dijo: |
| JESÚS | ¿Qué queréis que haga por vosotros? |

| NARRADOR | Ellos le dicen: |
|---|---|
| CIEGO | Señor, que sean abiertos nuestros ojos. |
| NARRADOR | Entonces Jesús, teniendo misericordia de ellos, les tocó los ojos, y luego sus ojos recibieron la vista; y le siguieron. |

La compasión o misericordia generalmente se da del ofendido al ofensor o del más afortunado al más necesitado. En el caso de este valor, hay un dicho que resulta muy cierto: es mucho mejor dar... que recibir.

## ( Lucas 5:1-26 )

| NARRADOR | Y aconteció, que estando él junto al lago de Genesaret, las gentes se agolpaban sobre él para oír la palabra de Dios. Y vio dos barcos que estaban cerca de la orilla del lago. Y los pescadores, habiendo descendido de ellos, lavaban sus redes.<br>Y entrado en uno de estos barcos, el cual era de Simón, le rogó que lo desviase de tierra un poco; y sentándose, enseñaba desde el barco a las gentes. Y cuando cesó de hablar, dijo a Simón: |
|---|---|
| JESÚS | Tira a alta mar, y echad vuestras redes para pescar. |
| NARRADOR | Y respondiendo Simón, le dijo: |
| SIMÓN PEDRO | Maestro, hemos trabajado toda la noche, y nada hemos pescado; mas en tu palabra echaré la red. |
| NARRADOR | Y habiéndolo hecho, encerraron gran multitud de pescado, tanto así que su red se rompía. E hicieron señas a los compañeros que estaban en el otro barco, que viniesen a ayudarles; y vinieron, y llenaron ambos barcos, de tal manera que se hundían.<br>Lo cual viendo esto Simón Pedro, se derribó de rodillas frente a Jesús, diciendo: |
| SIMÓN PEDRO | Apártate de mí, Señor, porque soy hombre pecador. |
| NARRADOR | Porque por la pesca que habían tomado, temor le había rodeado a él y a todos los que estaban con él; Y |

asimismo a Jacobo y a Juan, hijos de Zebedeo, que eran compañeros de Simón. Y Jesús dijo a Simón:

**JESÚS**     No temas: desde ahora serás pescador de hombres.

**NARRADOR**     Y cuando llegaron a tierra los barcos, dejándolo todo, le siguieron.

Y aconteció que estando en una ciudad, he aquí un hombre lleno de lepra, el cual viendo a Jesús, postrándose sobre su rostro, le rogó, diciendo:

**LEPROSO**     Señor, si quieres... puedes limpiarme.

**NARRADOR**     Entonces, extendiendo la mano, le tocó Jesús, diciendo:

**JESÚS**     Quiero: sé limpio.

**NARRADOR**     Y luego la lepra se fue de él. Y él le mandó que no lo dijese a nadie: mas le dijo...

**JESÚS**     Ve, muéstrate al sacerdote, y ofrece por tu limpieza, como mandó Moisés, para testimonio a ellos.

**NARRADOR**     Pero más se extendía su fama: y se juntaban mucha gente a oírle y ser sanadas de sus enfermedades. Mas él se apartaba a los desiertos, y oraba.

Y aconteció un día, que él estaba enseñando, y los Fariseos y doctores de la ley estaban sentados, los cuales habían venido de todas las aldeas de Galilea, y de Judea y Jerusalén: y la virtud del Señor estaba allí para sanarlos.

Y he aquí unos hombres, que traían sobre un lecho un hombre que estaba paralítico; buscaban meterle, y ponerle delante de él. Y no hallando por donde meterle a causa de la multitud, subieron encima de la casa, y por el tejado le bajaron con el lecho en medio, delante de Jesús; El cual, viendo la fe de ellos, le dice:

**JESÚS**     Hombre, tus pecados te son perdonados.

**NARRADOR**     Entonces los escribas y los Fariseos comenzaron a pensar, diciendo:

**FARISEO**     ¿Quién es éste que habla blasfemias? ¿Quién puede perdonar pecados sino sólo Dios?

NARRADOR    Jesús entonces, conociendo los pensamientos de ellos, respondiendo les dijo:

JESÚS    ¿Qué pensáis en vuestros corazones?
¿Qué es más fácil, decir: Tus pecados te son perdonados, o decir: Levántate y anda? Pues para que sepáis que el Hijo del hombre tiene potestad en la tierra de perdonar pecados...

NARRADOR    Le (dice al paralítico):

JESÚS    A ti digo, levántate, toma tu lecho, y vete a tu casa.

NARRADOR    Y luego, levantándose en presencia de ellos, y tomando aquel en que estaba echado, se fue a su casa, glorificando a Dios.
Y tomó espanto a todos, y glorificaban a Dios; y fueron llenos del temor, diciendo:

VOZ DE MULTITUD
Hemos visto maravillas hoy.

El perdón y la misericordia parecían estar unidas, no podía haber perdón sin misericordia ni misericordia sin perdón, bien sea a extraños o dentro de nuestras propias familias.

Sin embargo, muchas veces somos testigos de eventos globales que nos inquietan: un terremoto, un maremoto, eventos catastróficos que nos sacuden; y por un breve tiempo, vemos al mundo desde el punto de vista de Dios...

Y nos conmueve tanto sufrimiento.

## ( Mateo 9:35-38 )

NARRADOR    Y rodeaba Jesús por todas las ciudades y aldeas, enseñando en las sinagogas de ellos, y predicando el evangelio del reino, y sanando toda enfermedad y todo achaque en el pueblo. Y viendo las gentes, tuvo compasión de ellas; porque estaban derramadas y esparcidas como ovejas que no tienen pastor.
Entonces dice a sus discípulos:

| | |
|---|---|
| JESÚS | A la verdad la cosecha es mucha, mas los obreros pocos. Rogad, pues, al Señor de la cosecha, que envíe obreros a su mies. |

Tantos milagros, tanta bondad... cuatro evangelios llenos de su compasión con todos y para todos. Páginas y páginas de misericordia, las cuales nos dan a entender la importancia de ser compasivos con nuestras familias y el mundo.

Sólo existió una persona al que le fue negada su compasión...

### ( Mateo 16:21-27 )

| | |
|---|---|
| NARRADOR | Desde aquel tiempo comenzó Jesús a declarar a sus discípulos que le convenía ir a Jerusalén, y padecer mucho de los ancianos, y de los príncipes de los sacerdotes, y de los escribas; y ser muerto, y resucitar al tercer día. Y Pedro, tomándolo aparte, comenzó a reprenderle, diciendo: |
| SIMÓN PEDRO | Señor, ten compasión de ti: de ninguna manera que esto te acontezca. |
| NARRADOR | Entonces él, volviéndose, dijo a Pedro: |
| JESÚS | Quítate de delante de mí, Satanás; me quieres hacer tropezar; porque no entiendes lo que es de Dios sino lo que es de los hombres. |
| NARRADOR | Entonces Jesús dijo a sus discípulos: |
| JESÚS | Si alguno quiere venir en pos de mí, niéguese a sí mismo, y tome su cruz, y sígame. Porque cualquiera que quisiere salvar su vida, la perderá, y cualquiera que perdiere su vida por causa de mí, la hallará. Porque ¿de qué aprovecha al hombre, si ganare todo el mundo, y perdiere su alma? O ¿qué recompensa dará el hombre por su alma? Porque el Hijo del hombre vendrá en la gloria de su Padre con sus ángeles, y entonces pagará a cada uno conforme a sus obras. |

La compasión, entonces no es más fuerte que la obediencia y la sabiduría. Jesús tenía un propósito que cumplir y sabía que su deber era hacerlo para el bien de muchos.
Tener compasión del hijo y no mandarlo al dentista porque sufrirá, o no aplicarle un castigo porque llorará, o no mandarlo a la escuela porque le aflige ir, no es compasión. ¿O acaso atarías un ciego a una mesa y no le dejarías moverse por temor a que tropiece?

La verdadera compasión siempre quiere lo mejor para la otra persona, aunque eso signifique llorar en el dentista o tropezar en el camino.

El amor egoísta encarcela, mas el amor verdadero nos hace libres.

En imitación al amor incondicional del Padre, Jesús quería hacernos libres hasta de la misma muerte.

## ( Lucas 7:11-17 )

NARRADOR    Y aconteció después, que él iba a la ciudad que se llama Naín, e iban con él muchos de sus discípulos, y gran compañía. Y como llegó cerca de la puerta de la ciudad, he aquí que sacaban fuera a un difunto, unigénito de su madre, la cual también era viuda: y había con ella grande compañía de la ciudad.
Y como el Señor la vio, se compadeció de ella, y le dice:

JESÚS    No llores.

NARRADOR    Y acercándose, tocó el féretro: y los que lo llevaban, pararon. Y dice:

JESÚS    Joven, a ti digo, levántate.

NARRADOR    Entonces se incorporó el que había muerto, y comenzó a hablar; Y Jesús se lo dio a su madre; Y todos tuvieron miedo, y glorificaban a Dios, diciendo:

VOZ DE MULTITUD
Un gran profeta se ha levantado entre nosotros; y Dios ha visitado a su pueblo.

NARRADOR    Y salió esta fama de él por toda Judea, y por toda la tierra de alrededor.

La compasión de Jesús era independiente de que recibiera o no agradecimiento. ¿Cuantas veces no dejamos de hacer algo porque sentimos que no nos están agradeciendo lo suficiente el sacrificio?

Un sacrificio que espera ser recompensado... no es sacrificio.

## ( Lucas 17:11-19 )

NARRADOR    Y aconteció que yendo él a Jerusalén, pasaba por medio de Samaria y de Galilea. Y entrando en una aldea, le vinieron al encuentro diez hombres leprosos, los cuales se pararon de lejos, Y alzaron la voz, diciendo:

LEPROSO    Jesús, Maestro, ten misericordia de nosotros.

NARRADOR    Y cuando él los vio, les dijo:

JESÚS    Id, mostraos a los sacerdotes.

NARRADOR    Y aconteció, que yendo ellos, fueron limpios. Entonces uno de ellos, como se vio que estaba limpio, volvió, glorificando a Dios a gran voz; Y se postró rostro en tierra a sus pies, dándole gracias: y éste era Samaritano. Y respondiendo Jesús, dijo:

JESÚS    ¿No son diez los que fueron limpios? ¿Y los nueve dónde están? ¿No hubo quien volviese y diese gloria a Dios sino este extranjero?

NARRADOR    Y le dijo:

JESÚS    Levántate, vete; tu fe te ha salvado.

Jesús supo tener misericordia con los pecadores al igual que los príncipes; con los agradecidos al igual que los ingratos. Con los que le amaban, al igual que con sus enemigos.

¿O acaso piensan que el ruego desde la cruz de «padre perdónalos» hacía alguna excepción de personas?

## ( Marcos 6:31-44 )

**NARRADOR**    Y él les dijo a sus discípulos:

**JESÚS**    Venid vosotros aparte a un lugar desierto, y reposad un poco.

**NARRADOR**    Porque eran muchos los que iban y venían, que ni aun tenían lugar donde comer. Y se fueron en un barco al lugar desierto y aparte. Pero los vieron ir muchos, y le reconocieron; y concurrieron allá muchos a pie de las ciudades, y llegaron antes que ellos, y se juntaron a él. Y saliendo Jesús vio grande multitud, y tuvo compasión de ellos, porque eran como ovejas que no tenían pastor; y les comenzó a enseñar muchas cosas.
Y como ya fuese el día muy entrado, sus discípulos llegaron a él, diciendo:

**DISCÍPULO**    El lugar es desierto, y el día ya muy avanzado; Envíalos para que vayan a los campos y aldeas de alrededor, y compren para sí pan; porque no tienen qué comer.

**NARRADOR**    Y respondiendo él, les dijo:

**JESÚS**    Dadles de comer vosotros.

**NARRADOR**    Y le dijeron:

**DISCÍPULO**    ¿Que vayamos y compremos pan por doscientos denarios, y les demos de comer?

**NARRADOR**    Y él les dice:

**JESÚS**    ¿Cuántos panes tenéis? Id, y vedlo.

**NARRADOR**    Y sabiéndolo, dijeron:

**DISCÍPULO 1**    Cinco, y dos peces.

**NARRADOR**    Y les mandó que hiciesen recostar a todos por grupos sobre la hierba verde. Y se recostaron repartidos de ciento en ciento, y de cincuenta en cincuenta.
Y tomados los cinco panes y los dos peces, mirando al cielo, bendijo, y partió los panes, y dio a sus discípulos para que los pusiesen delante: y repartió a todos los dos peces. Y comieron todos, y se hartaron.
Y sobraron de los pedazos doce cestas llenas, y de los peces. Y los que comieron eran cinco mil hombres.

Son tantos los ejemplos de compasión y misericordia dentro de los evangelios que de tratar y exponerlos todos, necesitaríamos muchos más que 3 discos de audio.

Al igual que Jesús, nuestra compasión y misericordia deben ir más allá que simple empatía, ya que además de sentir el dolor y sufrimiento ajeno, debemos ser impulsados a actuar por ello, buscándole una solución.

Bien sea dentro de nuestras familias, de nuestras comunidades o en una escala aún mayor.

Nuestro deseo de aliviar o reducir el sufrimiento de aquellos menos desafortunados nos va moldando el corazón en uno bondadoso y lleno de generosidad, dando así más allá de lo que la gente espera recibir.

## Conversemos en Familia

1. Si entendemos bien el concepto divino de la compasión, Dios nos mandaría a tener compasión aunque no nos lo agradezcan. ¿Crees que esto es justo?

2. ¿Hoy en día, existe alguna ley que ponga el dogma humano sobre la compasión y misericordia? ¿Y los castigos que se le dan a los que quebrantan dichas leyes, son compasivos y misericordiosos?

3. ¿Y tu familia? ¿Tienen ellos compasión y misericordia cuando cometes errores? ¿Las tienes tú?

4. Piensa en las personas que te rodean... ¿existen personas que estén pasando por una necesidad o algún problema? Escribe sus nombres en un papel.

5. Ahora, mira tu lista, ¿son pocos los nombres que escribiste? ¿Será que necesitas abrir más los ojos para ver el sufrimiento que está ocurriendo a tu alrededor?

# La Bondad y la Generosidad

La bondad, del griego *agathosune*, es la cualidad moral del adjetivo *agathos*, que significa benéfico, bueno en actos y útil. Sin embargo, la bondad se entiende comúnmente como el acto o cualidad de dar más de lo que se recibe. La generosidad, igualmente, se entiende como la caridad bondadosa; asociándose entonces con la nobleza de corazón.

## ( Lucas 18:15-17, Marcos 10:16 )

**NARRADOR**    Y traían a él los niños para que los tocase; lo cual viendo los discípulos les reñían. Mas Jesús llamándolos, dijo:

**JESÚS**    Dejad los niños venir a mí, y no los impidáis; porque de tales es el reino de Dios.
De cierto os digo, que cualquiera que no recibiere el reino de Dios como un niño, no entrará en él.

**NARRADOR**    Y tomándolos en los brazos, poniendo las manos sobre ellos, los bendecía.

Jesús parecía disfrutar de la compañía de los niños, los tomaba en sus brazos y los bendecía, que es sinónimo de pedirle al Padre que fuera bondadoso y generoso con ellos.

Por lo tanto, la bondad y la generosidad son independientes de las riquezas económicas. No tienes que ser rico para poder ser generoso. La bondad no exige más de lo que puedas ofrecer.

## ( Lucas 21:1-4 )

NARRADOR     Y mirando, vio a los ricos que echaban sus ofrendas en la alcancía del templo. Y vio también una viuda pobrecilla, que echaba allí dos blancas. Y dijo:

JESÚS     De verdad os digo, que esta pobre viuda echó más que todos: Porque todos estos, de lo que les sobra echaron para las ofrendas de Dios; mas ésta de su pobreza echó todo el sustento que tenía.

Jesús sabía que aunque la viuda no tenía mucho, aún así, quiso ser bondadosa. La comparación está en que los ricos echaron de su abundancia, pero la viuda, ¿qué abundancia podría tener? La viuda supo serle fiel a Dios aún con lo poco que tenía.

Y aunque Jesús insistía que amar a las riquezas más que a Dios era contradictorio a poder disfrutar de su Reino, nunca dijo que poseer dinero fuera malo. Al contrario, exigía cierta responsabilidad de aquellos que eran más afortunados.

## ( Mateo 25:14-46 )

JESÚS     Porque el reino de los cielos es como un hombre que partiéndose lejos llamó a sus siervos, y les entregó sus bienes. Y a éste dio cinco talentos, y al otro dos, y al otro uno: a cada uno conforme a su facultad; y luego partió lejos. Y el que había recibido cinco talentos se fue, y negoció con ellos, e hizo otros cinco talentos. Asimismo el que había recibido dos, ganó también él otros dos.
Mas el que había recibido uno, fue y cavó en la tierra, y escondió el dinero de su señor.
Y después de mucho tiempo, vino el señor de aquellos siervos, e hizo cuentas con ellos. Y llegando el que había recibido cinco talentos, trajo otros cinco talentos, diciendo:

Señor, cinco talentos me entregaste; he aquí otros cinco talentos he ganado sobre ellos. Y su señor le dijo: Bien, buen siervo y fiel; sobre poco has sido fiel, sobre mucho te pondré: entra en el gozo de tu señor. Y llegando también el que había recibido dos talentos, dijo: Señor, dos talentos me entregaste; he aquí otros dos talentos he ganado sobre ellos. Su señor le dijo: Bien, buen siervo y fiel; sobre poco has sido fiel, sobre mucho te pondré: entra en el gozo de tu señor. Y llegando también el que había recibido un talento, dijo:

**SIERVO INFIEL** Señor, te conocía que eres hombre duro, que siegas donde no sembraste, y recoges donde no esparciste; Y tuve miedo, y fui, y escondí tu talento en la tierra: he aquí tienes lo que es tuyo.

**JESÚS** Y respondiendo su señor, le dijo: Malo y negligente siervo, sabías que siego donde no sembré y que recojo donde no esparcí; Por tanto te convenía dar mi dinero a los banqueros, y viniendo yo, hubiera recibido lo que es mío con intereses. ¡Quitadle pues el talento, y dadlo al que tiene diez talentos!

Porque a cualquiera que tuviere, le será dado, y tendrá más; y al que no tuviere, aun lo que tiene le será quitado. Y al siervo inútil echadle en las tinieblas de afuera: allí será el llanto y el crujir de dientes.

Y cuando el Hijo del hombre venga en su gloria, y todos los santos ángeles con él, entonces se sentará sobre el trono de su gloria. Y serán reunidas delante de él todas las gentes: y los apartará los unos de los otros, como aparta el pastor las ovejas de los cabritos.

Y pondrá las ovejas a su derecha, y los cabritos a la izquierda. Entonces el Rey dirá a los que estarán a su derecha: Venid, benditos de mi Padre, heredad el reino preparado para vosotros desde la fundación del mundo. Porque tuve hambre, y me disteis de comer; tuve sed, y me disteis de beber; fui huésped, y me recogisteis; Desnudo, y me cubristeis; enfermo, y me visitasteis; estuve en la cárcel, y vinisteis a mí.

Entonces los justos le responderán, diciendo:

**UN JUSTO** Señor, ¿cuándo te vimos hambriento, y te sustentamos? ¿ó sediento, y te dimos de beber? ¿Y cuándo te vimos huésped, y te recogimos? ¿ó desnudo, y te cubrimos? ¿O cuándo te vimos enfermo, o en la cárcel, y vinimos a ti?

**JESÚS**       Y respondiendo el Rey, les dirá: De cierto os digo que en cuanto lo hicisteis a uno de estos mis hermanos pequeñitos, a mí lo hicisteis.

Entonces dirá también a los que estarán a la izquierda: Apartaos de mí, malditos, al fuego eterno preparado para el diablo y para sus ángeles:

Porque tuve hambre, y no me disteis de comer; tuve sed, y no me disteis de beber;

Fui huésped, y no me recogisteis; desnudo, y no me cubristeis; enfermo, y en la cárcel, y no me visitasteis.

Entonces también ellos le responderán, diciendo:

**UN INJUSTO**    Señor, ¿cuándo te vimos hambriento, o sediento, o huésped, o desnudo, o enfermo, o en la cárcel, y no te servimos?

**JESÚS**       Entonces les responderá, diciendo: De cierto os digo que en cuanto no lo hicisteis a uno de estos pequeñitos, ni a mí lo hicisteis. E irán éstos al tormento eterno, y los justos a la vida eterna.

Las parábolas de los siervos fieles, por lo general siempre las decía al elite religioso, como insinuando que sus puestos estaban en riesgo, si no aprendían a administrar mejor el oficio que Dios les había encargado.

Pero aquí se esconde otra lección que bien se puede aplicar al resto de nosotros.

Jesús parecía insistir con parábolas como esta que Dios juzgaba la generosidad y la bondad del hombre. Si sobre lo poco le eras fiel, como la viuda, podría entonces bendecirte o ascenderte de puesto, para ponerte sobre cosas mayores.

En el Sermón del Monte, Jesús alabó en especial la caridad secreta o, como se le conoce hoy en día, el altruismo anónimo. Este ocurre cuando las personas donan sus servicios, su tiempo o su dinero de forma anónima, sin esperar nada a cambio... ni siquiera agradecimiento.

Por lo tanto, no solamente son la bondad y la generosidad independientes de nuestro estatus económico, sino que tampoco dependen de nuestro criterio al escoger quienes son merecedores de ellas.

## ( Marcos 5:1-20 )

**NARRADOR**   Y vinieron de la otra parte de la mar a la provincia de los Gadarenos. Y salido él del barco, luego le salió al encuentro, de los sepulcros, un hombre con un espíritu inmundo que tenía domicilio en los sepulcros, y ni aun con cadenas le podía alguien atar; Porque muchas veces había sido atado con grillos y cadenas, mas las cadenas habían sido hechas pedazos por él, y los grillos desmenuzados; y nadie le podía domar.
Y siempre, de día y de noche, andaba dando voces en los montes y en los sepulcros, e hiriéndose con las piedras. Y cuando vio a Jesús de lejos, corrió, y le adoró. Y clamando a gran voz, dijo:

**LEGIÓN**   ¿Qué tienes conmigo, Jesús, Hijo del Dios Altísimo? Te conjuro por Dios que no me atormentes.

**NARRADOR**   Porque Jesús le decía:

**JESÚS**   Sal de este hombre, espíritu inmundo.

**NARRADOR**   Y le preguntó:

**JESÚS**   ¿Cómo te llamas?

**NARRADOR**   Y respondió diciendo:

**LEGIÓN**   Legión me llamo; porque somos muchos.

**NARRADOR**   Y le rogaba mucho que no le enviase fuera de aquella provincia. Y estaba allí cerca del monte una grande manada de puercos paciendo.

**NARRADOR**   Y le rogaron todos los demonios, diciendo:

**LEGIÓN**   Envíanos a los puercos para que entremos en ellos.

**NARRADOR**   Y luego Jesús se lo permitió.
Y saliendo aquellos espíritus inmundos, entraron en los puercos, y la manada cayó por un despeñadero en la mar; los cuales eran como dos mil; y en la mar se ahogaron.
Y los que apacentaban los puercos huyeron, y dieron aviso en la ciudad y en los campos. Y salieron para ver qué era aquello que había acontecido. Y vinieron a Jesús, y vieron al que había sido atormentado del

demonio, y que había tenido la legión, ahora sentado y vestido, y en su juicio cabal; y tuvieron miedo.

Y les contaron los que lo habían visto, cómo había sido sanado el que había tenido el demonio, y lo de los puercos. Y comenzaron a rogarle que se fuese de los términos de ellos.

Y entrando él en el barco, le rogaba el que había sido atormentado por el demonio, para estar con él. Mas Jesús no le permitió, sino le dijo:

JESÚS        Vete a tu casa, a los tuyos, y cuéntales cuán grandes cosas el Señor ha hecho contigo, y cómo ha tenido misericordia de ti.

NARRADOR     Y se fue, y comenzó a publicar en Decápolis cuan grandes cosas Jesús había hecho con él: y todos se maravillaban.

●

¿Recuerdan el primer valor, el Amar al Prójimo? Jesús insistía que debíamos de amar hasta nuestros enemigos.

En este relato, Jesús muestra bondad y hasta cierta misericordia cuando le otorga la petición de los demonios. ¡Y eran demonios! ¡Enemigos del bien! ¡Sirvientes del mal dedicados a atormentar a los hombres!

Y he ahí la clave para la bondad genuina. Si verdaderamente existe en el corazón, existe igual que el amor... de forma incondicional para todos.

No se puede ser bondadosos con unos y crueles con otros, porque la crueldad anula la bondad, de tal forma que es mejor no ser ni uno ni el otro.

─────( Lucas 16:1-16 )─────

NARRADOR     Y dijo también a sus discípulos:

JESÚS        Había un hombre rico, el cual tenía un mayordomo, y éste fue acusado delante de él como disipador de sus bienes. Y le llamó, y le dijo: ¿Qué es esto que oigo de ti? Da cuenta de tu mayordomía, porque ya no podrás más ser mayordomo.

NARRADOR  Entonces el mayordomo dijo dentro de sí:

MAYORDOMO  ¿Qué haré? que mi señor me quita la mayordomía. Cavar, no puedo; mendigar, tengo vergüenza. Yo sé lo que haré para que cuando fuere quitado de la mayordomía, me reciban en sus casas.

JESÚS  Y llamando a cada uno de los deudores de su señor, dijo al primero:

MAYORDOMO  ¿Cuánto debes a mi señor?

JESÚS  Y él dijo: Cien barriles de aceite. Y le dijo:

MAYORDOMO  Toma tu obligación, y siéntate presto, y escribe cincuenta

JESÚS  Después dijo a otro:

MAYORDOMO  ¿Y tú, cuánto debes?

JESÚS  Y él dijo: Cien coros de trigo. Y él le dijo:

MAYORDOMO  Toma tu obligación, y escribe ochenta.

JESÚS  Y alabó el señor al mayordomo malo por haber hecho discretamente; porque los hijos de este siglo son en su generación más sagaces que los hijos de luz.
Y yo os digo: Haceos amigos a través de las riquezas injustas, para que cuando faltareis, os reciban en las moradas eternas. Porque el que es fiel en lo muy poco, también en lo más es fiel: y el que en lo muy poco es injusto, también en lo más es injusto.
Pues si en las malas riquezas no fuisteis fieles. ¿Quién os confiará lo verdadero? Y si en lo ajeno no fuisteis fieles, ¿quién os dará lo que es vuestro? Ningún siervo puede servir a dos señores; porque o aborrecerá al uno y amará al otro, o se allegará al uno y menospreciará al otro. No podéis servir a Dios y a las riquezas.

NARRADOR  Y oían también todas estas cosas los Fariseos, los cuales eran avaros, y se burlaban de él. Y les dijo:

JESÚS  Vosotros sois los que os justificáis a vosotros mismos delante de los hombres; mas Dios conoce vuestros corazones; porque lo que los hombres tienen por sublime, delante de Dios es abominación.

La ley y los profetas eran hasta Juan: desde entonces el reino de Dios es anunciado, y quien quiera se esfuerza por entrar en él.

Jesús entendía que a veces las personas astutas, a través de engaños, ganaban más influencias y amigos que los hombres sinceros.

Esta idea apoya una vez más las parábolas del siervo fiel. Si con las cosas malas de este mundo aprendías a serle fiel a Dios, ¡cuánto más te podía dar Dios de las cosas celestiales!

Y con esto, Jesús hablaba más allá del Reino de los cielos... se refería al Reino de Dios que, a través de él, había llegado aquí en la tierra.

Por lo tanto la astucia, también es una cualidad divina. Como bien demostró Jesús, una y otra vez, cuando le trataban de engañar.

## ( Mateo 20:1-16 )

JESÚS

Porque el reino de los cielos es semejante a un hombre, padre de familia, que salió por la mañana a ajustar obreros para su viña. Y habiéndose puesto de acuerdo con los obreros en un denario al día, los envió a su viña. Y saliendo cerca de la hora de las tres, vio otros que estaban en la plaza ociosos; Y les dijo: Id también vosotros a mi viña, y os daré lo que fuere justo.

Y ellos fueron. Salió otra vez cerca de las horas sexta y nona, e hizo lo mismo. Y saliendo cerca de la hora undécima, halló otros que estaban ociosos; y les dijo: ¿Por qué estáis aquí todo el día ociosos?

Le dijeron: Porque nadie nos ha contratado.

Les dijo: Id también vosotros a la viña, y recibiréis lo que fuere justo. Y cuando fue la tarde del día, el señor de la viña dijo a su mayordomo: Llama a los obreros y págales el jornal, comenzando desde los postreros hasta los primeros.

Y viniendo los que habían ido cerca de la hora undécima, recibieron cada uno un denario. Y viniendo también los primeros, pensaron que habían de recibir más; pero también ellos recibieron cada uno un denario.

Y tomándolo, murmuraban contra el padre de la familia, Diciendo: Estos postreros sólo han trabajado una hora y los has hecho iguales a nosotros, que hemos llevado la carga y el calor del día.

Y él respondiendo, dijo a uno de ellos:

Amigo, no te hago ninguna injusticia; ¿no te pusiste de acuerdo conmigo por un denario? Toma lo que es tuyo, y vete; yo quiero dar a este postrero, como a ti. ¿No me es lícito a mi hacer lo que quiero con lo mío? o ¿tienes envidia porque yo soy bueno?

Así los primeros serán postreros, y los postreros primeros: porque muchos son llamados, mas pocos escogidos.

En otras traducciones de esta parábola, el hombre le pregunta si le tienen envidia porque es «generoso».

En este caso, el concepto humano de ser generoso les pareció injusto a los trabajadores. Por lo tanto, a veces lo que parece justo o injusto para los hombres, no es necesariamente el mismo concepto que Dios tiene sobre la Equidad y la Justicia.

## Conversemos en Familia

1. Si entendemos bien, el concepto divino de la bondad y la generosidad, Dios nos mandaría a ser bondadosos y generosos hasta con los que no lo merecen. ¿Cómo es esto posible?

2. ¿Entiendes la parábola del Mayordomo Malo? ¿Cómo se puede usar las «riquezas malas» para el bien?

3. ¿Y tu familia? ¿Haces más de lo que esperan de ti, o te comportas más bondadoso con les de afuera que con los tuyos?

4. Piensa en las personas que te rodean... ¿quién es el más bondadoso o el que da a otros con más generosidad? Escribe sus nombres en un papel.

5. Ahora, ve nombre por nombre y pregúntate: ¿cuando ellos estuvieron necesitados, hubieron personas que les ayudaron de igual manera? ¿O fueron defraudados?

# La Equidad y la Justicia

La palabra equidad, del latín *aequitas*, que a su vez derive de *aequus*, que significa igual, se asocia con la justicia y la igualdad social. Es el equilibrio entre la responsabilidad y la valoración de la individualidad. La equidad, entonces es lo justo en plenitud.

## ( Juan 8:1-11 )

**NARRADOR**    Y Jesús se fue al monte de las Olivas. Y por la mañana volvió al templo, y todo el pueblo vino a él: y sentado él, los enseñaba. Entonces los escribas y los Fariseos le traen una mujer tomada en adulterio; y poniéndola en medio, Le dijeron:

**FARISEO**    Maestro, esta mujer ha sido sorprendida en el mismo acto, adulterando; Y en la ley Moisés nos mandó apedrear a las tales: tú pues, ¿qué dices?

**NARRADOR**    Mas esto decían tentándole, para poder acusarle. Pero Jesús, inclinado hacia abajo, escribía en tierra con el dedo. Y como perseverasen preguntándole, se enderezó, y les dijo:

**JESÚS**    El que de vosotros esté sin pecado, arroje contra ella la primera piedra.

NARRADOR    Y volviéndose a inclinar hacia abajo, escribía en tierra. Oyendo, pues, ellos, redargüidos por la conciencia, se salían uno a uno, comenzando desde los más viejos hasta los postreros: y quedó solo Jesús, y la mujer que estaba en medio. Y enderezándose Jesús, y no viendo a nadie más que a la mujer, le dijo:

JESÚS    ¿Mujer, dónde están los que te acusaban? ¿Ninguno te ha condenado?

NARRADOR    Y ella dijo:

MUJER ADULTERA
Señor, ninguno.

NARRADOR    Entonces Jesús le dijo:

JESÚS    Ni yo te condeno: vete, y no peques más.

Esta escena, quizás una de las más famosas del Nuevo Testamento, demuestran el verdadero significado de la Equidad y de la Justicia de acuerdo a las leyes divinas y no las de los hombres.

El pecado, en los tiempos de Jesús, a veces desfiguraba la cara de la justicia, ya que muchos creían que las desgracias venían solo a aquellos que merecían castigo por pecados escondidos.

## ( Lucas 13:1-19 )

NARRADOR    Y en este mismo tiempo estaban allí unos que le contaban acerca de los Galileos, cuya sangre Pilato había mezclado con sus sacrificios. Y respondiendo Jesús, les dijo:

JESÚS    ¿Pensáis que estos Galileos, porque han padecido tales cosas, hayan sido más pecadores que todos los Galileos? No, os digo; antes si no os arrepintiereis, todos pereceréis igualmente.
O aquellos dieciocho, sobre los cuales cayó la torre en Siloé, y los mató, ¿pensáis que ellos fueron más deudores que todos los hombres que habitan en

Jerusalén? No, os digo; antes si no os arrepintiereis, todos pereceréis asimismo.

**NARRADOR**   Y dijo esta parábola:

**JESÚS**   Tenía uno una higuera plantada en su viña, y vino a buscar fruto en ella, y no lo halló. Y dijo al viñero: He aquí hace tres años que vengo a buscar fruto en esta higuera, y no lo hallo; córtala, ¿por qué ocupará aún la tierra? El entonces respondiendo, le dijo: Señor, déjala aún este año, hasta que la excave, y estercole. Y si hiciere fruto, bien; y si no, la cortarás después.

**NARRADOR**   Y enseñaba en una sinagoga en sábado. Y he aquí estaba una mujer que tenía espíritu de enfermedad dieciocho años, y andaba encorvada y de ninguna manera se podía enderezar. Y cuando Jesús la vio, la llamó, y le dijo:

**JESÚS**   Mujer, libre eres de tu enfermedad.

**NARRADOR**   Y puso las manos sobre ella; y luego se enderezó, y glorificaba a Dios. Y respondiendo el príncipe de la sinagoga, enojado de que Jesús hubiese curado en el sábado, dijo a la compañía:

**PRÍNCIPE**   Seis días hay en que es necesario obrar: en estos, pues, venid y sed curados, y no en días de sábado.

**NARRADOR**   Entonces el Señor le respondió, y dijo:

**JESÚS**   Hipócrita, cada uno de vosotros ¿no desata en sábado su buey o su asno del pesebre, y lo lleva a beber? Y a esta hija de Abraham, que he aquí Satanás la había ligado dieciocho años, ¿no convino desatarla de esta ligadura en día de sábado?

**NARRADOR**   Y diciendo estas cosas, se avergonzaban todos sus adversarios: mas todo el pueblo se gozaba de todas las cosas gloriosas que eran por él hechas. Y dijo:

**JESÚS**   ¿A qué es semejante el reino de Dios, y a qué le compararé? Semejante es al grano de la mostaza, que tomándolo un hombre lo sembró en su huerto; y creció, y fue hecho árbol grande, y las aves del cielo hicieron nidos en sus ramas.

Contrario a lo que pensaban muchos de sus seguidores, Jesús no había venido a abolir las leyes y los mandamientos antiguos...

### ( Lucas 16:16-17 )

**JESÚS**     La ley y los profetas eran hasta Juan: desde entonces el reino de Dios es anunciado, y quien quiera se esfuerza por entrar en él.
Pero más fácil cosa es pasar el cielo y la tierra, que frustrarse un tilde de la ley.

El problema ocurría entonces, cuando las personas alzaban la ley de los hombres sobre la divina. Cuando exigían dogmas en vez de misericordia.

La ley de los hombres, mantenía Jesús, debía estar sujeta a la ley de Dios.

### ( Mateo 12:1-21, Marcos 2:27-28 )

**NARRADOR**     En aquel tiempo iba Jesús por los sembrados en sábado; y sus discípulos tenían hambre, y comenzaron a coger espigas, y a comer. Y viéndolo los Fariseos, le dijeron:

**FARISEO**     He aquí tus discípulos hacen lo que no es lícito hacer el sábado.

**NARRADOR**     Y él les dijo:

**JESÚS**     ¿No habéis leído qué hizo David, teniendo él hambre y los que con él estaban: Cómo entró en la casa de Dios, y comió los panes de la proposición, que no le era lícito comer, ni a los que estaban con él, sino a solos los sacerdotes?
O ¿no habéis leído en la ley, que los sábados en el templo los sacerdotes profanan el sábado, y son sin culpa? Pues os digo que uno mayor que el templo está aquí.
Mas si supieseis qué significa: «Misericordia quiero y no sacrificio», no condenarías a los inocentes:

NARRADOR    También les dijo:

JESÚS    El sábado por causa del hombre es hecho; no el hombre por causa del sábado. Así que el Hijo del hombre es Señor aun del sábado.

NARRADOR    Y partiéndose de allí, vino a la sinagoga de ellos. Y he aquí había allí uno que tenía una mano seca: y le preguntaron, diciendo:

FARISEO    ¿Es lícito curar en sábado? por acusarle.

NARRADOR    Y él les dijo:

JESÚS    ¿Qué hombre habrá de vosotros, que tenga una oveja, y si cayere ésta en una fosa en sábado, no le eche mano, y la levante? Pues ¿cuánto más vale un hombre que una oveja? Así que, lícito es en los sábados hacer bien.

NARRADOR    Entonces dijo a aquel hombre:

JESÚS    Extiende tu mano.

NARRADOR    Y él la extendió, y fue restituida sana como la otra. Y salidos los Fariseos, consultaron contra él para destruirle. Mas sabiéndolo Jesús, se apartó de allí: y le siguieron muchas gentes, y sanaba a todos. Y él les encargaba eficazmente que no le descubriesen: Para que se cumpliese lo que estaba dicho por el profeta Isaías, que dijo:

ISAÍAS    He aquí mi siervo, al cual he escogido; Mi Amado, en el cual se agrada mi alma: Pondré mi Espíritu sobre él Y a los Gentiles anunciará juicio. No contenderá, ni voceará: Ni nadie oirá en las calles su voz. La caña cascada no quebrará, Y el pábilo que humea no apagará, Hasta que saque a victoria el juicio. Y en su nombre esperarán los Gentiles.

El gran pecado de Jesús, de acuerdo a la elite religiosa de su día, era violar la ley del hombre y llamarse hijo de Dios. Estaban ciegos a lo que era el verdadero significado de justicia. Pensaban que con sus sacrificios y liturgias estaban agradando a Dios, y no veían que habían hecho a

un lado la misericordia y la compasión.
El valor del individuo entonces era menos que el peso de su pecado.

## ( Juan 9:1-41 )

| | |
|---|---|
| NARRADOR | Y pasando Jesús, vio un hombre ciego desde su nacimiento. Y le preguntaron sus discípulos, diciendo: |
| DISCÍPULO | Rabí, ¿quién pecó, éste o sus padres, para que naciese ciego? |
| NARRADOR | Respondió Jesús: |
| JESÚS | Ni éste pecó, ni sus padres: mas para que las obras de Dios se manifiesten en él. Me conviene obrar las obrar del que me envió, entre tanto que el día dura: la noche viene, cuando nadie puede obrar. Entre tanto que estuviere en el mundo, luz soy del mundo. |
| NARRADOR | Esto dicho, escupió en tierra, e hizo lodo con la saliva, y untó con el lodo sobre los ojos del ciego, y le dijo: |
| JESÚS | Ve, lávate en el estanque de Siloé. |
| NARRADOR | Que significa, si lo interpretares, Enviado. Y fue entonces, y se lavó, y volvió viendo. Entonces los vecinos, y los que antes le habían visto que era ciego, decían: |
| VECINO 1 | ¿No es éste el que se sentaba y mendigaba? |
| NARRADOR | Unos y otros decían: |
| VECINO 2 | ¡Este es! |
| VECINO 1 | A él se parece. |
| NARRADOR | El decía: |
| CIEGO | Sí... ¡Yo soy! |
| NARRADOR | Y le dijeron: |
| VECINO 1 | ¿Cómo te fueron abiertos los ojos? |

| | |
|---|---|
| **NARRADOR** | Respondió él y dijo: |
| **CIEGO** | El hombre que se llama Jesús, hizo lodo, y me untó los ojos, y me dijo: Ve al Siloé, y lávate: y fui, y me lavé, y recibí la vista. |
| **NARRADOR** | Entonces le dijeron: |
| **VECINO 2** | ¿Dónde está aquél? |
| **NARRADOR** | El dijo: |
| **CIEGO** | No sé. |
| **NARRADOR** | Llevaron a los Fariseos al que antes había sido ciego. Y era sábado cuando Jesús había hecho el lodo, y le había abierto los ojos. Y le volvieron a preguntar también los Fariseos de qué manera había recibido la vista. Y él les dijo: |
| **CIEGO** | Me puso lodo sobre los ojos, y me lavé, y veo. |
| **NARRADOR** | Entonces unos de los Fariseos decían: |
| **FARISEO 1** | Este hombre no es de Dios, que no guarda el sábado. |
| **NARRADOR** | Otros decían: |
| **FARISEO 2** | ¿Cómo puede un hombre pecador hacer estas señales? |
| **NARRADOR** | Y había disensión entre ellos. Vuelven a decir al ciego: |
| **FARISEO 2** | ¿Tú, qué dices del que te abrió los ojos? |
| **NARRADOR** | Y él dijo: |
| **CIEGO** | Que es profeta. |
| **NARRADOR** | Mas los Judíos no creían de él, que había sido ciego, y hubiese recibido la vista, hasta que llamaron a los padres del que había recibido la vista; Y les preguntaron, diciendo: |
| **FARISEO 1** | ¿Es éste vuestro hijo, el que vosotros decís que nació ciego? ¿Cómo, pues, ve ahora? |
| **NARRADOR** | Les respondieron sus padres y dijeron: |

| | |
|---|---|
| PADRE | Sabemos que éste es nuestro hijo, y que nació ciego: Mas cómo ve ahora, no sabemos; o quién le haya abierto los ojos, nosotros no lo sabemos; |
| MADRE | ...él tiene edad, preguntadle a él; él hablará de sí. |
| NARRADOR | Esto dijeron sus padres, porque tenían miedo de los Judíos: porque ya los Judíos habían resuelto que si alguno confesase ser él el Mesías, sería echado fuera de la sinagoga. |
| NARRADOR | Por eso dijeron sus padres: |
| MADRE | Edad tiene, preguntadle a él. |
| NARRADOR | Así que, volvieron a llamar al hombre que había sido ciego, y le dijeron: |
| FARISEO 1 | Da gloria a Dios: nosotros sabemos que este hombre es pecador. |
| NARRADOR | Entonces él respondió, y dijo: |
| CIEGO | Si es pecador, no lo sé: una cosa sé, que habiendo yo sido ciego, ahora veo. |
| NARRADOR | Y le volvieron a decir: |
| FARISEO 2 | ¿Qué te hizo? ¿Cómo te abrió los ojos? |
| NARRADOR | Les respondió: |
| CIEGO | Ya os lo he dicho, y no habéis atendido: ¿por qué lo queréis otra vez oír? ¿queréis también vosotros haceros sus discípulos? |
| NARRADOR | Y le ultrajaron, y dijeron: |
| FARISEO 1 | Tú eres su discípulo; pero nosotros discípulos de Moisés somos. Nosotros sabemos que a Moisés habló Dios: mas éste no sabemos de dónde es. |
| NARRADOR | Respondió aquel hombre, y les dijo: |
| CIEGO | Por cierto, maravillosa cosa es ésta, que vosotros no sabéis de dónde sea, y a mí me abrió los ojos. Y sabemos |

que Dios no oye a los pecadores: mas si alguno es temeroso de Dios, y hace su voluntad, a éste oye. Desde el siglo no fue oído, que abriese alguno los ojos de uno que nació ciego. Si éste no fuera de Dios, no pudiera hacer nada.

**NARRADOR** Respondieron, y le dijeron:

**FARISEO 1** En pecados eres nacido todo, ¿y tú nos enseñas?

**NARRADOR** Y le echaron fuera de la sinagoga. Oyó Jesús que le habían echado fuera; y hallándole, le dijo:

**JESÚS** ¿Crees tú en el Hijo de Dios?

**NARRADOR** Respondió él, y dijo:

**CIEGO** ¿Quién es, Señor, para que crea en él?

**NARRADOR** Y le dijo Jesús:

**JESÚS** Y le has visto, y el que habla contigo, él es.

**NARRADOR** Y él dice:

**CIEGO** Creo, Señor...

**NARRADOR** Y le adoró. Y dijo Jesús:

**JESÚS** Yo, para juicio he venido a este mundo: para que los que no ven, vean; y los que ven, sean cegados.

**NARRADOR** Y ciertos de los Fariseos que estaban con él oyeron esto, y le dijeron:

**FARISEO 1** ¿Somos nosotros también ciegos?

**NARRADOR** Les dijo Jesús:

**JESÚS** Si fuerais ciegos, no tuvierais pecado: mas ahora porque decís, Vemos, por tanto vuestro pecado permanece.

El ciego de nacimiento ahora veía mucho más que los que siempre tuvieron vista. ¿Cómo es posible que siendo testigos de su caridad y misericordia con tanta gente necesitada, dudarían de sus intenciones?

Multitudes iban y eran sanadas, estamos hablando de miles y miles de personas; ciegos que ahora veían, mudos que ahora hablaban, sordos que ahora oían, paralíticos que salían caminando, y muertos que ahora vivían… ¿y aún así, Jesús no era digno de llamarse hijo de Dios?

## ( Juan 10:31-39 )

**NARRADOR**      Entonces volvieron a tomar piedras los Judíos para apedrearle. Les respondió Jesús:

**JESÚS**      Muchas buenas obras os he mostrado de mi Padre, ¿por cuál obra de esas me apedreáis?

**NARRADOR**      Le respondieron los Judíos, diciendo:

**VOZ DE MULTITUD**
     Por buena obra no te apedreamos, sino por la blasfemia; y porque tú, siendo hombre, te haces Dios.

**NARRADOR**      Les respondió Jesús:

**JESÚS**      ¿No está escrito en vuestra ley: Yo dije, Dioses sois? Si dijo, dioses, a aquellos a los cuales fue hecha palabra de Dios (y la Escritura no puede ser quebrantada); ¿A quien el Padre santificó y envió al mundo, vosotros decís: Tú blasfemas, porque dije: Hijo de Dios soy?
Si no hago obras de mi Padre, no me creáis. Mas si las hago, aunque a mí no creáis, creed a las obras; para que conozcáis y creáis que el Padre está en mí, y yo en el Padre.

**NARRADOR**      Y procuraban otra vez prenderle; mas él se salió de sus manos;

Imagínense la frustración de Dios al observar como las leyes que él mismo les había dado, ahora tomaban el lugar de dioses; sobre la compasión, sobre la verdadera justicia, sobre el amor y el perdón.

Sin embargo, aún así, la astucia de Jesús no se amenguaba; y hasta encontró motivos para sonreír...

### ( Mateo 17:24-27 )

**NARRADOR**    Y cuando llegaron a Capernaúm, vinieron a Pedro los que cobraban las dos dracmas del templo, y dijeron:

**FARISEO**    ¿Vuestro Maestro no paga las dos dracmas?

**NARRADOR**    El dice:

**SIMÓN PEDRO**    Sí.

**NARRADOR**    Y entrando él en casa, Jesús le habló antes de que hablase, diciendo:

**JESÚS**    ¿Qué te parece, Simón? Los reyes de la tierra, ¿de quién cobran los tributos o el censo? ¿de sus hijos o de los extraños?

**NARRADOR**    Pedro le dice:

**SIMÓN PEDRO**    De los extraños.

**NARRADOR**    Jesús le dijo:

**JESÚS**    Luego los hijos están exentos. Mas para que no ofenderlos, ve a la mar, y echa el anzuelo, y el primer pez que viniere, tómalo, y abierta su boca, hallarás cuatro dracmas: tómalas, y dáselas por mí y por ti.

Jesús tenía un excelente sentido de humor, y pocas veces nos detenemos lo suficiente para darnos cuenta de ello. Sin duda, podía apreciar y hasta disfrutar de la ironía de la situación.

He aquí él era el hijo de Dios, y de Dios era el templo, por lo tanto, Jesús debió ser exento de pagar los tributos. Pero, como para no «ofenderlos», mandó a Pedro a pescar un pez que en algún momento de su vida, se había tragado justo la cantidad exacta para pagar los tributos de Pedro y Jesús.

Pero además de su misión divina, el Mesías también había llegado con un mensaje de Dios para los de la elite religiosa: «fariseos y escribas, están despedidos; otros más fieles pondré en su lugar».

Los publicanos y pecadores habían resultados aún más fieles que ellos; y por lo tanto, Dios les prometía justicia. Pero no la del hombre, la verdadera, la perfecta... la de Dios

## ( Lucas 18:1-8 )

**NARRADOR**   Y les propuso también una parábola sobre que es necesario orar siempre, y no desmayar, Diciendo:

**JESÚS**   Había un juez en una ciudad, el cual ni temía a Dios, ni respetaba a hombre. Había también en aquella ciudad una viuda, la cual venía a él diciendo: Hazme justicia de mi adversario.
Pero él no quiso por algún tiempo; mas después de esto dijo dentro de sí: Aunque ni temo a Dios, ni tengo respeto a hombre, Todavía, porque esta viuda me es molesta, le haré justicia, porque al fin no venga y me haga la vida imposible.

**NARRADOR**   Y dijo el Señor:

**JESÚS**   Oíd lo que dice el juez injusto. ¿Y Dios no hará justicia a sus escogidos, que claman a él día y noche? ¿Se tardará en responderle a ellos? Os digo que los defenderá presto. Pero cuando el Hijo del hombre viniere, ¿hallará fe en la tierra?

Los Estados Unidos de América tiene algo que lo ha destacado como un país diferente a todos los otros países del mundo; algo que aún cuando tratan de resistirlo y detenerlo, como la duna trata de detener la ola del mar, es imposible; como es imposible esconder una luz en la oscuridad.

En su Declaración de Independencia contra el Reino Unido, los fundadores de este país escriben:

«Sostenemos como evidentes estas verdades: que todos los hombres son creados iguales; que son dotados por su Creador de ciertos derechos inalienables; que entre éstos están la vida, la libertad y la búsqueda de la felicidad.»[1]

Este concepto del valor individual entre los hombres, de la equidad de justicia, y hasta del derecho de buscar la felicidad propia, dio paso a una libertad religiosa poco antes vista en la historia.

Al parecer, los fundadores de Los Estados Unidos no sólo entendieron, sino que también trataron de imitar el elevado concepto que Dios tiene sobre la igualdad del hombre.

## Conversemos en Familia

1　¿Qué importancia tienen la tolerancia y la igualdad para la verdadera justicia?

2　¿Por qué tradicionalmente no se habla mucho sobre el buen humor de Cristo? ¿Acaso eso cambia tu opinión de él? ¿Lo hace menos divino?

3　¿Y tu familia? ¿Crees que existe una equidad genuina en tu familia? ¿O acaso piensas que son injustos contigo, o tú con ellos? Sé honesto y explícales el porqué de tu respuesta.

4　Piensa en las personas que te rodean... ¿quiénes están sufriendo alguna injusticia? Escribe sus nombres en un papel.

5　Ahora, ve nombre por nombre y pregúntate la razón detrás de la injusticia: ¿es falta de tolerancia o falta de igualdad?

### ¿Te sorprenden las respuestas?

[1] Traducción legitima, de acuerdo a la página web gubernamental de Programas de Información Internacional USINFO.STATE.GOV: (http://usinfo.state.gov/esp/home/topics/us_society_values/fundamental_documents/declaration_of_indep.html).

# La Igualdad y el Autoestima

La igualdad se puede dar de varias formas. Está la igualdad social, que defiende los derechos y oportunidades entre las personas aunque no gocen de los mismos privilegios económicos. La igualdad ante la ley, defiende, o por lo menos, debería defender, esos mismos derechos, negando además cualquier privilegio que pueda otorgar los vínculos de sangre o títulos nobiliarios.

Y está la igualdad interior, que se da al conocer el incalculable valor propio que cada uno tenemos frente a Dios. Si bien es mal sentirse mayor que los hombres, igual de equivocado estaríamos si nos sintiéramos inferiores a ellos.

Pero la jerarquía social era un concepto tan antiguo como el mismo hombre, y si juzgamos por ciertas partes del mundo hoy en día, aún existe con la misma fuerza que antes. Desafortunadamente, las personas de color, los ancianos, las mujeres y los pobres son comúnmente entre los más oprimidos.

Demostrar la igualdad entre todos los hombres requería, entonces, de una técnica radical, y como siempre, Jesús sabía exactamente qué hacer.

Pero primero había que destruir nuestro concepto de jerarquía, no sólo entre las clases sociales y las razas… sino hasta entre las mismas ofensas.

## ( Mateo 5:21-32 )

**JESÚS**

Oísteis que fue dicho a los antiguos: No matarás; mas cualquiera que matare, será culpado del juicio.

Mas yo os digo, que cualquiera que se enojare locamente con su hermano, será culpado del juicio; y cualquiera que insulte a su hermano, será culpado del concejo; y cualquiera que le dijere, «Fatuo», será culpado del infierno del fuego.

Por tanto, si trajeres tu presente al altar, y allí te acordares de que tu hermano tiene algo contra ti, Deja allí tu presente delante del altar, y vete, vuelve primero en amistad con tu hermano, y entonces ven y ofrece tu presente.

Concíliate con tu adversario presto, entre tanto que estás con él en el camino; porque no acontezca que el adversario te entregue al juez, y el juez te entregue al alguacil, y seas echado en prisión. De cierto te digo, que no saldrás de allí, hasta que pagues el último cuadrante.

Oísteis que fue dicho: No adulterarás: Mas yo os digo, que cualquiera que mira a una mujer para codiciarla, ya adulteró con ella en su corazón.

Por tanto, si tu ojo derecho te fuere ocasión de caer, sácalo, y échalo de ti: que mejor te es que se pierda uno de tus miembros, que no que todo tu cuerpo sea echado al infierno. Y si tu mano derecha te fuere ocasión de caer, córtala, y échala de ti: que mejor te es que se pierda uno de tus miembros, que no que todo tu cuerpo sea echado al infierno.

También fue dicho: Cualquiera que repudiare a su mujer, déle carta de divorcio: Mas yo os digo, que el que repudiare a su mujer, al no ser por causa de fornicación, hace que ella adultere; y el que se casare con la repudiada, comete adulterio.

¿Qué? ¿Cómo es posible que el que roba o mata pudiera estar al mismo nivel que el que codicia o se enoja con su hermano?

Como los jóvenes al escuchar la parábola del Hijo Prodigo, muchos adultos al escuchar este «Sermón del Monte» dicen de inmediato: Dios no es justo. ¡Me rindo, es demasiado difícil ser parte del Reino!

Y como los fariseos, no toman el momento para darse cuenta lo verdaderamente increíble que es este concepto. Es hasta, libertador. ¿Cómo? Escuchen.

Primeramente, Jesús ordenó los pecados en una línea recta. Ninguno era mayor que el otro, todos eran iguales. Era como tomar un hilo y conectarlo de punta a punta. El punto donde empieza se convierte simultáneamente en el punto donde termina, igualmente con cualquier otro punto en el hilo.

El resultado: una nueva igualdad moral.

¿Recuerdan el valor del Perdón? Dios perdona todos nuestros pecados por igual. ¿Por qué? Por que para él, el pecado es pecado y punto. No hay mayor ni menor.

¿Ahora entienden porque Jesús se enfurecía tanto con la elite religiosa? Si todos los pecados valen igual frente a los ojos de Dios, nadie tenía el derecho de llamar a otro pecador, porque todos lo eran.

## ( Lucas 6:36-45 )

| | |
|---|---|
| JESÚS | Sed pues misericordiosos, como también vuestro Padre es misericordioso. No juzguéis, y no seréis juzgados: no condenéis, y no seréis condenados: perdonad, y seréis perdonados.<br>Dad, y se os dará; medida buena, apretada, remecida, y rebosando darán en vuestro seno: porque con la misma medida que midiereis, os será vuelto a medir. |
| NARRADOR | Y les decía una parábola: |
| JESÚS | ¿Puede el ciego guiar al ciego? ¿No caerán ambos en el hoyo? El discípulo no es sobre su maestro; mas cualquiera que fuere como el maestro, será perfecto. ¿Por qué miras la paja que está en el ojo de tu hermano, y la viga que está en tu propio ojo no consideras? ¿O cómo puedes decir a tu hermano: Hermano, deja, echaré fuera la paja que está en tu ojo, no mirando tú la viga, que está en tu ojo?<br>Hipócrita, echa primero fuera de tu ojo la viga, y entonces verás bien para sacar la paja que está en el ojo de tu hermano. |

Porque no es buen árbol el que da malos frutos; ni árbol malo el que da buen fruto. Porque cada árbol por su fruto es conocido: porque nos se recogen higos de los espinos, ni se cosechan uvas de las zarzas.

El buen hombre del buen tesoro de su corazón saca bien; y el mal hombre del mal tesoro de su corazón saca mal; porque de la abundancia del corazón habla su boca.

Los Fariseos y Escribas, una y otra vez, juzgaban y pasaban sentencia sobre todo aquellos que no siguiera la ley al pie de la letra, y sin embargo eran ciegos a las transgresiones que ellos cometían contra la misma ley que ensalzaban.

Y si aún piensan que la igualdad moral no es justa, entonces no han aprendido nada sobre el verdadero amor de Dios.

Es fácil ofenderse cuando los pecados son pocos, pero para los que se ahogan en un mar de auto odio por sus errores y sus culpas, de pronto entender que son igual de valiosos como cualquiera otro supuesto «justo» es como... ¡de pronto ver romper el sol entre las nubes!

Y aún así, el verdadero tesoro de la igualdad se mantiene escondido en el lugar más inesperado de la Biblia, justo al final de este famoso sermón; pero les aseguro que lo que van a escuchar, no es precisamente lo que esperaban...

## ( Mateo 5:38-42 )

JESÚS     Oísteis que fue dicho a los antiguos: Ojo por ojo, y diente por diente.
Mas yo os digo: No resistáis al mal; antes, a cualquiera que te hiriere en tu mejilla derecha, vuélvele también la otra; Y al que quisiere ponerte a pleito y tomarte tu ropa, déjale también la capa; Y a cualquiera que te obligue a llevar su carga por una milla, ve con él dos. Al que te pidiere, dale; y al que quisiere tomar de ti prestado, no se lo rehúses.

¿Qué? ¿Cómo puede eso hablar de igualdad? Está hablando de sumisión, de dejar que nos atropellen, de que abusen de nosotros... ¿o no?

Los romanos en el tiempo de Jesús trataban a los judíos como ciudadanos inferiores, no dignos ni siquiera de ser agredidos con el puño, sino con la parte atrás de la mano. Si tratas de bofetear a alguien con la parte de atrás de tu mano, ya que la mayoría de nosotros usamos la mano derecha, le daríamos en su mejilla derecha...

Al ofrecer la otra mejilla estaban obligando al romano a tratarlos como iguales; o bien usando el puño, y demostrando así su ira e injusticia, o bien dejándolos en paz.

Existía también una ley que le otorgaba el poder a un soldado romano a obligar a cualquiera a llevarle su carga por una milla... pero no podía hacerlo por dos, al menos que arriesgase ser reprendido por sus superiores. Igualmente, los judíos podían cobrarte una deuda, pero no les era permitido dejarte, literalmente desnudo y sin «capa».

Por lo tanto, aceptar llevar la carga por una milla era aceptar la ley pero llevársela por dos era demostrar tu valor como humano y la ley como injusta. Igualmente, al entregarle hasta la capa a tu deudor, quedabas desnudo frente él y para los judíos, la desnudez era vergüenza para el que la veía y no para el que la ejercía.

Les aseguro que ni el soldado los escogería dos veces para la misma carga, ni el deudor se le ocurriría demandarles más de lo que podían pagar.

Recuerden que la astucia, usada para el bien, era también una de las mejores cualidades de Jesús. Inclusive, al eliminar la idea del «ojo por ojo», Jesús amonestaba simultáneamente contra el uso de la venganza personal.

¿No creen que esta técnica sea efectiva para combatir las injusticias de hoy en día?

Menos mal que en los años 60's, el Reverendo Martin Luther King, Jr., el líder del movimiento de igualdad para los Norte Americanos de color, confiaba en ella. Él y sus seguidores afrontaron cada acto de racismo e injusticia dando la otra mejilla, y gracias a eso, pudieron demostrar que la división racial era producto del odio y del prejuicio, y así erradicaron la segregación legal en los Estados Unidos.

El sueño de King fue la igualdad y equidad del hombre. Su método: las enseñanzas de Jesús.

## ( Mateo 19:27-30 )

**NARRADOR** Entonces respondiendo Pedro, le dijo:

**SIMÓN PEDRO** He aquí, nosotros hemos dejado todo, y te hemos seguido: ¿qué pues tendremos?

**NARRADOR** Y Jesús les dijo:

**JESÚS** De cierto os digo, que vosotros que me habéis seguido, en la regeneración, cuando se sentará el Hijo del hombre en el trono de su gloria, vosotros también os sentaréis sobre doce tronos, para juzgar a las doce tribus de Israel.
Y cualquiera que dejare casas, o hermanos, o hermanas, o padre, o madre, o mujer, o hijos, o tierras, por mi nombre, recibirá cien veces tanto, y heredará la vida eterna. Mas muchos primeros serán postreros, y postreros los primeros

La mayoría de las preguntas que les hacían los apóstoles sobre quién sería más grande en el Reino de los cielos, o qué obtendrían de recompensa, terminaba con la misma respuesta: los «primeros serán postreros, y postreros los primeros».

Más que humildad, Jesús les estaba demostrando la igualdad.

## ( Mateo 11:1-12 )

**NARRADOR** Y fue, que acabando Jesús de dar mandamientos a sus doce discípulos, se fue de allí a enseñar y a predicar en las ciudades de ellos. Y oyendo Juan en la prisión los hechos de Cristo, le envió dos de sus discípulos, Diciendo:

**DISCÍPULO DE JUAN**
¿Eres tú aquél que había de venir, o esperaremos a otro?

**NARRADOR**
Y respondiendo Jesús, les dijo:

**JESÚS**
Id, y haced saber a Juan las cosas que oís y veis: Los ciegos ven, y los cojos andan; los leprosos son limpiados, y los sordos oyen; los muertos son resucitados, y a los pobres es anunciado el evangelio. Y bienaventurado es el que no fuere escandalizado en mí.

**NARRADOR**
E idos ellos, comenzó Jesús a decir de Juan a las gentes:

**JESÚS**
¿Qué salisteis a ver al desierto? ¿una caña que es meneada del viento? Mas ¿qué salisteis a ver? ¿un hombre cubierto de delicados vestidos? He aquí, los que traen vestidos delicados, en las casas de los reyes están.
Mas ¿qué salisteis a ver? ¿un profeta? También os digo, y más que profeta. Porque éste es de quien está escrito: He aquí, yo envío mi mensajero delante de tu faz, Que aparejará tu camino delante de ti.
De cierto os digo, que no se levantó entre los que nacen de mujeres otro mayor que Juan el Bautista; mas el que es más pequeño en el reino de los cielos, mayor es que él.
Desde los días de Juan el Bautista hasta ahora, al reino de los cielos se hace fuerza, y los valientes lo arrebatan.

En la matemática, la igualdad es definitiva. Los dos lados de una ecuación son iguales, aunque no sean idénticos. Indiscutiblemente, si A es igual a B, entonces B es igual a A.

Por lo tanto, si el más pequeño es mayor, y el mayor el más pequeño, entonces, de acuerdo a la matemática, son iguales.

Quizás se pueda entender la igualdad de Dios si tomamos un paso atrás y subimos al cosmos. Mirando desde aquí arriba la tierra, vemos una esfera que gira en silencio. Podríamos tratar de usar los puntos de un compás para orientarnos, pero nos damos cuenta de que estos cambian dependiendo en donde estamos.

¿Dónde empieza el Este desde acá arriba? ¿Dónde termina el Sur?

Está bien, está el ecuador, que es inconfundible. Pero cada punto en el ecuador es simultáneamente el principio y el final de la línea, igual que el hilo de Jesús.

Entonces se pudiera decir que la igualdad de Dios es circular. El que se pare sobre cualquier punto de la esfera, se convierte en el primero y al mismo tiempo, en el último.

### ( Marcos 10:32-45 )

**NARRADOR** Y estaban en el camino subiendo a Jerusalén; y Jesús iba delante de ellos, y se espantaban, y le seguían con miedo: entonces volviendo a tomar a los doce aparte, les comenzó a decir las cosas que le habían de acontecer:

**JESÚS** He aquí subimos a Jerusalén, y el Hijo del hombre será entregado a los príncipes de los sacerdotes, y a los escribas, y le condenarán a muerte, y le entregarán a los Gentiles: Y le escarnecerán, y le azotarán, y escupirán en él, y le matarán; mas al tercer día resucitará.

**NARRADOR** Entonces Jacobo y Juan, hijos de Zebedeo, se llegaron a él, diciendo:

**JUAN** Maestro, queremos que nos hagas lo que pedimos.

**NARRADOR** Y él les dijo:

**JESÚS** ¿Qué queréis que os haga?

**NARRADOR** Y ellos le dijeron:

**JUAN** Danos que en tu gloria nos sentemos el uno a tu derecha, y el otro a tu izquierda.

**NARRADOR** Entonces Jesús les dijo:

**JESÚS** No sabéis lo que pedís. ¿Podéis beber del vaso que yo bebo, o ser bautizados del bautismo de que yo soy bautizado?

**NARRADOR** Y ellos dijeron:

**JUAN & JACOBO**
Podemos.

| NARRADOR | Y Jesús les dijo: |
|---|---|
| JESÚS | A la verdad, del vaso que yo bebo, beberéis; y del bautismo de que soy bautizado, seréis bautizados. Mas que os sentéis a mi derecha y a mi izquierda, no es mío darlo, sino para quienes está preparado. |
| NARRADOR | Y como lo oyeron los diez, comenzaron a enojarse con Jacobo y de Juan. Mas Jesús, llamándolos, les dice: |
| JESÚS | Sabéis que los que se ven ser príncipes entre las gentes, se enseñorean de ellas, y los que entre ellas son grandes, tienen sobre ellas potestad. Mas no será así entre vosotros: antes cualquiera que quisiere hacerse grande entre vosotros, será vuestro servidor; Y cualquiera de vosotros que quisiere hacerse el primero, será siervo de todos. Porque el Hijo del hombre tampoco vino para ser servido, mas para servir, y dar su vida en rescate por muchos. |

Todos, especialmente los hispanos, necesitamos entender esto: cada uno como individuo es valioso antes los ojos de Dios. Por eso los sistemas políticos que ensalzan el «pueblo» o la «nación» sobre el valor del individuo terminan oprimiendo y abusando de los derechos humanos.

Dios ensalza el valor del individuo y la igualdad entre los hombres para que no quede espacio para la soberbia, para el orgullo y el despotismo. Nadie nos puede hacer sentir inferiores, porque no lo somos. Pero tampoco, podemos engrandecernos sobre otros.

Dios había puesto a Jesús como Señor del mundo, y sin embargo, no había venido para enseñorearse, sino para servir, sanar y salvar. Servir a otros, entonces, era una encomienda mayor que reinar sobre ellos.

¿Por qué?

Porque todos tenemos defectos, todos cometemos errores, y todos tenemos límites; y precisamente conocer esos límites da paso a un valor de alta estima para el Señor: el de un corazón humilde.

## Conversemos en Familia

1. ¿Crees que el concepto de una igualdad moral es justa? ¿Si todos los pecados son iguales, porque tratamos de no pecar? ¿Por qué no podemos hacer los que nos viene en gana?

2. ¿Existen grupos de personas en este país, o en el mundo, que aún hoy en día no se les otorga los mismos derechos que a otros?

3. ¿Y tu familia? ¿Te sientes con igual derecho y amor que tu conjugue o tus hermanos? ¿O existe alguna inigualdad?

4. Piensa en las personas que te rodean... ¿quiénes son las que más errores han cometido? ¿De quién es el chisme que anda rodando en estos tiempos? Escribe sus nombres y el pecado que hicieron.

5. Ahora, añade tu nombre a la lista y al lado escribe: frente a Dios, los míos son iguales a estos.

*¿Cómo cambió esto tu opinión respecto a ellas?*

# Humildad

## ( Mateo 11:25-30 )

**NARRADOR**    En aquel tiempo, respondiendo Jesús, dijo:

**JESÚS**    Te alabo, Padre, Señor del cielo y de la tierra, que hayas escondido estas cosas de los sabios y de los entendidos, y las hayas revelado a los niños. Así, Padre, pues que así agradó en tus ojos.

Todas las cosas me son entregadas de mi Padre: y nadie conoció al Hijo, sino el Padre; ni al Padre conoció alguno, sino el Hijo, y aquel a quien el Hijo lo quisiere revelar.

Venid a mí todos los que estáis trabajados y cargados, que yo os haré descansar. Llevad mi yugo sobre vosotros, y aprended de mí, que soy manso y humilde de corazón; y hallaréis descanso para vuestras almas. Porque mi yugo es fácil, y ligera mi carga.

Humildad, de la palabra griega *tapeinos*, se usaba en el Nuevo Testamento para denotar la humildad del espíritu. En sus definiciones modernas, se le atribuye como la virtud de conocer nuestras propias limitaciones y debilidades, y por lo tanto, actuar de acuerdo a ello. A veces se le asocia con la mansedumbre, como fruto del Espíritu Santo, lo cual implica cierto autocontrol.

La palabra «humildad» también puede significar bajeza o sumisión, sin embargo, sabemos que las enseñanzas de Jesús hablan de igualdad entre los hombres y defienden a los oprimidos de sus opresores.

Por lo tanto para Jesús, cualquier sumisión que implique la palabra, está sujeto al amor de Dios, y cualquier bajeza es eliminada, excepto en entender que Dios es mucho más sublime y mayor que todos nosotros.

## ( Mateo 21:23-46 )

| | |
|---|---|
| NARRADOR | Y cuando vino al templo, se acercaron a él cuando estaba enseñando, los príncipes de los sacerdotes y los ancianos del pueblo, diciendo. |
| FARISEO 1 | ¿Con qué autoridad haces esto? ¿y quién te dio esta autoridad? |
| NARRADOR | Y respondiendo Jesús, les dijo: |
| JESÚS | Yo también os preguntaré una palabra, la cual si me dijereis, también yo os diré con qué autoridad hago esto. El bautismo de Juan, ¿de dónde era? ¿del cielo, o de los hombres? |
| NARRADOR | Ellos entonces pensaron entre sí, diciendo: |
| FARISEO 2 | Si dijéremos, del cielo, nos dirá: ¿Por qué pues no le creísteis? Y si dijéremos, de los hombres, tememos al pueblo; porque todos tienen a Juan por profeta. |
| NARRADOR | Y respondiendo a Jesús, dijeron: |
| FARISEO 1 | No sabemos. |
| NARRADOR | Y él también les dijo: |
| JESÚS | Ni yo os digo con qué autoridad hago esto. Mas, ¿qué os parece? Un hombre tenía dos hijos, y llegando al primero, le dijo: Hijo, ve hoy a trabajar en mi viña. Y respondiendo él, dijo: No quiero; mas después, arrepentido, fue. |

Y llegando al otro, le dijo de la misma manera; y respondiendo él, dijo: Yo, señor, voy. Y no fue. ¿Cuál de los dos hizo la voluntad de su padre?

NARRADOR    Dicen ellos:

FARISEO     El primero.

NARRADOR    Les dijo Jesús:

JESÚS       De cierto os digo, que los publicanos y las rameras os van delante al reino de Dios. Porque vino a vosotros Juan en camino de justicia, y no le creísteis; y los publicanos y las rameras le creyeron; y vosotros, viendo esto, no os arrepentisteis después para creerle.
Oíd otra parábola: fue un hombre, padre de familia, el cual plantó una viña; y la cercó de vallado, y cavó en ella un lagar, y edificó una torre, y la dio a renta a labradores, y partió lejos.
Y cuando se acercó el tiempo de los frutos, envió sus siervos a los labradores, para que recibiesen sus frutos.
Mas los labradores, tomando a los siervos, al uno hirieron, y al otro mataron, y al otro apedrearon.
Envió de nuevo otros siervos, más que los primeros; e hicieron con ellos de la misma manera.
Y por último les envió su hijo, diciendo: Tendrán respeto a mi hijo. Mas los labradores, viendo al hijo, dijeron entre sí:

LABRADORES MALOS
Este es el heredero; venid, matémosle, y tomemos su heredad.

JESÚS       Y tomado, le echaron fuera de la viña, y le mataron. Pues cuando viniere el señor de la viña, ¿qué hará a aquellos labradores?

NARRADOR    Le dijeron:

FARISEO 1   A los malos destruirá miserablemente, y su viña dará a renta a otros labradores, que le paguen el fruto a sus tiempos.

NARRADOR    Les dijo Jesús:

JESÚS        ¿Nunca leísteis en las Escrituras: La piedra que desecharon los que edificaban, Esta fue hecha por cabeza de esquina: Por el Señor es hecho esto, Y es cosa maravillosa en nuestros ojos?
Por tanto os digo, que el reino de Dios será quitado de vosotros, y será dado a gente que haga los frutos de él. Y el que cayere sobre esta piedra, será quebrantado; y sobre quien ella cayere, le desmenuzará.

NARRADOR        Y oyendo los príncipes de los sacerdotes y los Fariseos sus parábolas, entendieron que hablaba de ellos. Y buscando cómo echarle mano, temieron al pueblo; porque le tenían por profeta.

Una vez más, Jesús saca una dosis de astucia y les deja saber que por su soberbia, por no entender ellos que eran igual de pecadores que los tales «pecadores», Dios había mandado al Mesías para despedirlos de su oficio.

«Otros siervos más fieles pondré,» les decía el Señor, otros que entiendan lo que es el verdadero amor incondicional y sepan valorar a todos los hombres por igual.

## ( Lucas 18:9-14 )

NARRADOR        Y dijo también a unos que confiaban de sí como justos, y menospreciaban a los otros, esta parábola:

JESÚS        Dos hombres subieron al templo a orar: el uno Fariseo, el otro publicano. El Fariseo, en pie, oraba consigo de esta manera:
Dios, te doy gracias, que no soy como los otros hombres, ladrones, injustos, adúlteros, ni aun como este publicano; Ayuno dos veces a la semana, doy diezmos de todo lo que poseo.
Mas el publicano estando lejos no quería ni aun alzar los ojos al cielo, sino que hería su pecho, diciendo:

PUBLICANO        Dios, sé propició a mí pecador.

**JESÚS**     Os digo que éste descendió a su casa justificado antes que el otro; porque cualquiera que se ensalza, será humillado; y el que se humilla, será ensalzado.

Los fariseos, escribas, sacerdotes y pontífices, eran los encargados de llevar la ley de Dios al pueblo, y por lo tanto, debieron ser como pastores para las almas perdidas. Sin embargo, los que debieron ser siervos se habían convertido en señores, haciendo de las leyes como a un dios, inflexible e intransigente.

A veces, dentro de nuestras familias nos volvemos así. Se nos olvida el amor y la humildad y queremos imponer las reglas del hogar como dogmas inquebrantables, hasta en situaciones extremas.

Igualmente las mismas leyes, conformándose a los temores y caprichos de la sociedad, a veces se tornan intolerantes e inflexibles con ciertos grupos de personas, hasta el punto de que se pierde de vista la verdadera justicia.

En ambos casos, se nos olvidan nuestras propias limitaciones, nuestros propios defectos y errores. Es entonces cuando más hay que recordar que el amor de Dios es incondicional, tolerante, indulgente, misericordioso, justo e igual para con todos los hombres.

## ( Lucas 14:1-14 )

**NARRADOR**     Y aconteció que entrando en casa de un príncipe de los Fariseos un sábado a comer pan, y le acechaban. Y he aquí un hombre hidrópico estaba delante de él. Y respondiendo Jesús, habló a los doctores de la ley y a los Fariseos, diciendo:

**JESÚS**     ¿Es lícito sanar en sábado?

**NARRADOR**     Y ellos callaron. Entonces él tomándole, le sanó, y le despidió. Y respondiendo a ellos dijo:

**JESÚS**     ¿El asno o el buey de cuál de vosotros caerá en algún pozo, y no lo sacará luego en día de sábado?

NARRADOR    Y no le podían replicar a estas cosas. Y observando cómo escogían los primeros asientos a la mesa, propuso una parábola a los invitados, diciéndoles:

JESÚS       Cuando fueres el invitado de alguno a bodas, no te sientes en el primer lugar, no sea que otro más honrado que tú esté por él también invitado, Y viniendo el que te llamó a ti y a él, te diga: Da lugar a éste: y entonces con vergüenza tendrás que ocupar el último lugar.
            Mas cuando fueres invitado, ve, y siéntate en el último lugar; porque cuando viniere el que te llamó, y te diga: Amigo, sube arriba: entonces tendrás gloria delante de los que juntamente se asientan a la mesa.
            Porque cualquiera que se ensalza, será humillado; y el que se humilla, será ensalzado.

NARRADOR    Y dijo también al que le había invitado:

JESÚS       Cuando haces comida o cena, no llames a tus amigos, ni a tus hermanos, ni a tus parientes, ni a vecinos ricos; no sea que ellos también te vuelvan a invitar, y te sea hecha compensación de esta manera.
            Mas cuando haces banquete, llama a los pobres, los mancos, los cojos, los ciegos; Y serás bienaventurado; porque ellos no te pueden retribuir; mas te será recompensado en la resurrección de los justos.

La humildad, en este relato, actúa simultáneamente como arma de astucia y vehículo de caridad.

Y para los discípulos, también actúo como un dedo acusador frente a su propia conciencia.

## ( Marcos 9:30-37 )

NARRADOR    Y habiendo salido de allí, caminaron por Galilea; y no quería que nadie lo supiese. Porque enseñaba a sus discípulos, y les decía:

| JESÚS | El Hijo del hombre será entregado en manos de hombres, y le matarán; mas muerto él, resucitará al tercer día. |
|---|---|
| NARRADOR | Pero ellos no entendían esta palabra, y tenían miedo de preguntarle. Y llegó a Capernaúm; y así que cuando estuvo en casa, les preguntó: |
| JESÚS | ¿Qué discutían entre vosotros en el camino? |
| NARRADOR | Mas ellos callaron; porque los unos con los otros habían discutido en el camino quién había de ser el mayor. Entonces sentándose, llamó a los doce, y les dice: |
| JESÚS | Si alguno quiere ser el primero, será el postrero de todos, y el servidor de todos. |
| NARRADOR | Y tomando un niño, lo puso en medio de ellos; y tomándole en sus brazos, les dice: |
| JESÚS | El que recibiere en mi nombre uno de los tales niños, a mí recibe; y el que a mí recibe, no recibe a mí, mas al que me envió. |

Cuenta una vieja anécdota cristiana, que un joven predicador subió al púlpito con gran orgullo y empezó a predicar lo que él creía era el sermón del año. Los aplausos fueron pocos, los bostezos fueron muchos, y al final de sus palabras hubo poca emoción.

Bajó del púlpito derrotado y humillado. Uno de los ancianos que se encontraban cerca le dijo: Si hubieras subido como te bajaste... te hubieras bajado como te subiste.

Y ese es la gran verdad entre los hombres y hasta la ley del universo: mientras más grandes los gigantes, más duro caen.

### ( Lucas 7:1-10 )

**NARRADOR**    Y cuando acabó todas sus palabras oyéndole el pueblo, entró en Capernaúm. Y el siervo de un centurión, al cual tenía él en estima, estaba enfermo y a punto de morir. Y como oyó hablar de Jesús, envió a él los ancianos de los Judíos, rogándole que viniese y librase a su siervo.
Y viniendo ellos a Jesús, le rogaron con diligencia, diciéndole:

**ANCIANO**    Porque es digno de concederle esto; Que ama nuestra nación, y él nos edificó una sinagoga...

**NARRADOR**    Y Jesús fue con ellos. Mas cuando ya no estaban lejos de su casa, envió el centurión amigos de él, diciéndole:

**CENTURIÓN**    Señor, no te incomodes, que no soy digno que entres debajo de mi tejado; Por lo cual ni aun me tuve por digno de venir a ti; mas di la palabra, y mi siervo será sano. Porque también yo soy hombre puesto en potestad, que tengo debajo de mí soldados; y digo a éste: Ve, y va; y al otro: Ven, y viene; y a mi siervo: Haz esto, y lo hace.

**NARRADOR**    Lo cual oyendo Jesús, se maravilló de él, y vuelto, dijo a las gentes que le seguían:

**JESÚS**    Os digo que ni aun en Israel he hallado tanta fe.

**NARRADOR**    Y vueltos a casa los que habían sido enviados, hallaron sano al siervo que había estado enfermo.

---

Es curioso notar que Jesús se maravilla no de la gran humildad del Centurión, sino de su fe.

¿Será que al conocer nuestros propios límites ante Dios, nuestra humildad nos exige fe?

Y esa fe nos permite obedecer al mandamiento más importante que existe: el Amor a Dios

## Conversemos en Família

1   ¿Crees que alguien puede sentirse orgulloso de si mismo y al mismo tiempo ser una persona humilde? ¿Cuál es la diferencia entre el orgullo y la vanidad?

2   ¿Es la humildad contradictoria al éxito? ¿O puede una persona exitosa también demostrar humildad? ¿Puedes pensar en algunos ejemplos de personas exitosas que también son o fueron humildes?

3   ¿Y en tu familia? ¿Crees que siendo más humildes con otros puedas lograr más cosas que siendo exigente?

4   Piensa en las personas que te rodean... ¿quién es el más humilde, y quién es al más vanidoso y altanero? Escribe sus nombres en un papel.

5   Ahora, ve nombre por nombre y pregúntate: ¿quién es el más feliz? ¿A quién estiman más las personas? ¿O quién es el más exitoso?

*¿Te sorprenden tus respuestas?*

# El Amor al Padre, a través de la Fe

( Marcos 12:28-34 )

**NARRADOR** Y llegándose uno de los escribas, que los había oído disputar, y sabía que les había respondido bien, le preguntó:

**FARISEO** ¿Cuál es el primer mandamiento de todos?

**NARRADOR** Y Jesús le respondió:

**JESÚS** El primer mandamiento de todos es: Oye, Israel, el Señor nuestro Dios, el Señor uno es. Amarás pues al Señor tu Dios de todo tu corazón, y de toda tu alma, y de toda tu mente, y de todas tus fuerzas; este es el principal mandamiento. Y el segundo es semejante a él: Amarás a tu prójimo como a ti mismo. No hay otro mandamiento mayor que éstos.

**NARRADOR** Entonces el escriba le dijo:

**FARISEO** Bien, Maestro, verdad has dicho, que Dios es uno solo, y no hay otro fuera de él; Y que amarle de todo corazón, y de todo entendimiento, y de toda el alma, y de todas las fuerzas, y amar al prójimo como a sí mismo, es más que todos los holocaustos y sacrificios.

**NARRADOR** Jesús entonces, viendo que había respondido sabiamente, le dice:

**JESÚS** No estás lejos del reino de Dios.

**NARRADOR** Y ya ninguno osaba preguntarle.

En el Nuevo Testamento la palabra griega usada para denotar la fe en Dios es *pistis*, que, cuando habla de Dios, significa «firme convicción».

Sin embargo la fe va mucho más allá de simplemente creer o confiar; su verdadero significado está escondido entre las mismas palabras de Jesús: dentro de un milagro, una parábola... y una promesa que aún se está por cumplir.

## ( Mateo 21:18-22 )

**NARRADOR**    Y por la mañana volviendo a la ciudad, tuvo hambre. Y viendo una higuera cerca del camino, vino a ella, y no halló nada en ella, sino hojas solamente, y le dijo:

**JESÚS**    Nunca más para siempre nazca de ti fruto.

**NARRADOR**    Y luego se secó la higuera. Y viendo esto los discípulos, maravillados decían:

**SIMÓN PEDRO**    ¿Cómo se secó luego la higuera?

**NARRADOR**    Y respondiendo Jesús les dijo:

**JESÚS**    De cierto os digo, que si tuviereis fe, y no dudareis, no sólo haréis esto de la higuera: mas si a este monte dijereis: Quítate y échate en la mar, será hecho. Y todo lo que pidiereis en oración, creyendo, lo recibiréis.

Hay un sinnúmero de ejemplos de los milagros de Jesús en los evangelios, y el denominador común de cada uno de ellos es el mismo: la fe.

Al parecer, la fe es el único requisito que se necesita para hacer milagros...

## ( Mateo 14:22-36 )

**NARRADOR**    Y luego Jesús hizo a sus discípulos entrar en el barco, e ir delante de él a la otra parte del lago, entre tanto que él despedía a las gentes. Y despedidas las gentes, subió al monte, apartado, a orar: y como fue la tarde del día, estaba allí solo.

Y ya el barco estaba en medio de la mar, atormentado por las olas; porque el viento era contrario. Mas a la cuarta vela de la noche, Jesús fue a ellos andando sobre la mar. Y los discípulos, viéndole andar sobre la mar, se turbaron, diciendo:

DISCÍPULO  ¡Es un fantasma!

NARRADOR  Y dieron voces de miedo. Mas luego Jesús les habló, diciendo:

JESÚS  Confiad, yo soy; no tengáis miedo.

NARRADOR  Entonces le respondió Pedro, y dijo:

SIMÓN PEDRO  Señor, si tú eres, manda que yo vaya a ti sobre las aguas.

NARRADOR  Y él dijo:

JESÚS  Ven.

NARRADOR  Y descendiendo Pedro del barco, andaba sobre las aguas para ir a Jesús. Mas viendo el viento fuerte, tuvo miedo; y comenzándose a hundir, dio voces, diciendo:

SIMÓN PEDRO  ¡Señor, sálvame!

NARRADOR  Y luego Jesús, extendiendo la mano, le sujetó, y le dice:

JESÚS  Oh hombre de poca fe, ¿por qué dudaste?

NARRADOR  Y cuando ellos entraron en el barco, se calmó el viento. Entonces los que estaban en el barco, vinieron y le adoraron, diciendo:

DISCÍPULO  Verdaderamente eres Hijo de Dios.

NARRADOR  Y llegando a la otra parte, vinieron a la tierra de Genesaret. Y como le conocieron los hombres de aquel lugar, enviaron por toda aquella tierra alrededor, y trajeron a él todos los enfermos; Y le rogaban que solamente tocasen el borde de su manto; y todos los que tocaron, quedaron sanos.

La fe, entonces, es el único requisito no solo para realizar los milagros, sino también, para recibirlos...

## ( Marcos 5:21-43 )

**NARRADOR**  Y pasando otra vez Jesús en un barco a la otra parte, se juntó a él gran compañía; y estaba junto a la mar. Y vino uno de los príncipes de la sinagoga, llamado Jairo; y luego que le vio, se postró a sus pies, Y le rogaba mucho, diciendo:

**PRÍNCIPE**  Mi hija está a la muerte: ven y pondrás las manos sobre ella para que sea salva, y vivirá.

**NARRADOR**  Y fue con él, y le seguía gran compañía, y le apretaban. Y una mujer que estaba con flujo de sangre hace doce años, había sufrido mucho a manos de muchos médicos, y había gastado todo lo que tenía, pero nada la había curado, sino que le iba peor.
Cuando oyó hablar de Jesús, llegó por detrás entre la compañía, y tocó su vestido. Porque decía:

**MUJER ENFERMA**
Si tocare tan solamente su vestido, seré salva.

**NARRADOR**  Y luego la fuente de su sangre se secó; y sintió en el cuerpo que estaba sana de aquel azote. Y luego Jesús, conociendo en sí mismo la virtud que había salido de él, volviéndose a la compañía, dijo:

**JESÚS**  ¿Quién ha tocado mis vestidos?

**NARRADOR**  Y le dijeron sus discípulos:

**DISCÍPULO**  Ves que la multitud te aprieta, y dices: ¿Quién me ha tocado?

**NARRADOR**  Y él miraba alrededor para ver a la que había hecho esto. Entonces la mujer, temiendo y temblando, sabiendo lo que en sí había sido hecho, vino y se postró delante de él, y le dijo toda la verdad.

**JESÚS**  Y él le dijo: Hija, tu fe te ha hecho salva: ve en paz, y queda sana de tu azote.

**NARRADOR**    Hablando aún él, vinieron de casa del príncipe de la sinagoga, diciendo:

**FARISEO**    Tu hija ha muerto; ¿para qué molestas más al Maestro?

**NARRADOR**    Mas luego Jesús, ignorando lo que se decía, dijo al príncipe de la sinagoga:

**JESÚS**    No temas, cree solamente.

**NARRADOR**    Y no permitió que alguno viniese tras él sino Pedro, Jacobo, y Juan hermano de Jacobo. Y vino a casa del príncipe de la sinagoga, y vio el alboroto, de los que lloraban y gemían mucho. Y entrando, les dice:

**JESÚS**    ¿Por qué alborotáis y lloráis? La muchacha no es muerta, mas duerme.

**NARRADOR**    Y hacían burla de él: mas él, echando fuera todos, toma al padre y a la madre de la muchacha, y a los que estaban con él, y entra donde la muchacha estaba. Y tomando la mano de la muchacha, le dice:

**JESÚS**    *Talita cumi...*

**NARRADOR**    Que es, si lo interpretares: Muchacha, a ti digo, levántate. Y luego la muchacha se levantó, y andaba; porque tenía doce años. Y se espantaron de grande espanto. Mas él les mandó mucho que nadie lo supiese, y dijo que le diesen de comer.

---

Sin embargo, Amar al Padre y tener fe en él es también confiar en él y en su amor. La confianza en una persona, nos da la certeza de que esa persona va actuar de cierta manera con nosotros o con otros.

La confianza puede ser tan fuerte, que cuando entra la espina de la duda, nuestra confianza en ellos nos dice que debe existir una explicación lógica, es solo cuestión de averiguarla.

Igualmente, si hay desconfianza entre dos personas, aunque una actúe con sinceridad, la otra dudara de ella, sin importar las pruebas que demuestren lo contrario.

Pero Dios es perfecto e inmutable y nunca nos defrauda. Si verdaderamente confiamos en él, aunque las cosas parecieran demostrar lo contrario, aunque personas digan lo que digan, y aunque entendamos o no lo que ocurre, nuestra confianza permanece.

Porque confiar en Dios no es creer un su religión... es crear una relación con él.

## ( Lucas 11:1-13 )

**NARRADOR**   Y aconteció que estando él orando en un lugar, cuando acabó, uno de sus discípulos le dijo:

**DISCÍPULO**   Señor, enséñanos a orar, como también Juan enseñó a sus discípulos.

**NARRADOR**   Y les dijo:

**JESÚS**   Cuando orareis, decid: Padre nuestro que estás en los cielos; sea tu nombre santificado. Venga tu reino. Sea hecha tu voluntad, como en el cielo, así también en la tierra.
El pan nuestro de cada día, dánoslo hoy. Y perdónanos nuestros pecados, porque también nosotros perdonamos a todos los que nos deben. Y no nos metas en tentación, mas líbranos del malo.

**NARRADOR**   Les dijo también:

**JESÚS**   ¿Quién de vosotros tendrá un amigo, e irá a él a media noche, y le dirá: Amigo, préstame tres panes, Porque un amigo mío ha venido a mí de camino, y no tengo que ponerle delante; Y el de dentro respondiendo, dijere: No me seas molesto; la puerta está ya cerrada, y mis niños están conmigo en cama; no puedo levantarme, y darte?
Os digo, que aunque no se levante a darle por ser su amigo, mas por su importunidad se levantará, y le dará todo lo que habrá de necesitar.
Y yo os digo: Pedid, y se os dará; buscad, y hallaréis; llamad, y os será abierto. Porque todo aquel que pide, recibe; y el que busca, halla; y al que llama, se abre.
¿Y cuál padre de vosotros, si su hijo le pidiere pan, le dará una piedra?, o, si pide pescado, ¿en lugar de pescado, le dará una serpiente? O, si le pidiere un huevo, ¿le dará un escorpión?

Pues si vosotros, siendo malos, sabéis dar buenas dádivas a vuestros hijos, ¿cuánto más vuestro Padre celestial dará el Espíritu Santo a los que lo pidieren de él?

Un sabio, cerca de la muerte dijo que si volviera a vivir, se preocuparía más por los problemas reales y menos por los problemas imaginarios. A veces nos preocupamos mucho más por lo que «podría» pasar, que por los peligros y las dificultades que en verdad están pasando.

Igualmente, el Amor al Padre es también depender de él completamente.

Depender en Dios es no dejar que las preocupaciones diarias nos ahoguen la paz y la armonía divina. Confiar verdaderamente en él es tener la certeza de que el proveerá una solución a cualquier problema, no importa lo grande o pequeño que sea.

Porque nada hay imposible para Dios.

## ( Mateo 6:24-34 )

JESÚS     Ninguno puede servir a dos señores; porque o aborrecerá al uno y amará al otro, o se llegará al uno y menospreciará al otro: no podéis servir a Dios y a las riquezas.

Por tanto os digo: No os preocupéis por vuestra vida, qué habéis de comer, o que habéis de beber; ni por vuestro cuerpo, qué habéis de vestir: ¿no es la vida más que el alimento, y el cuerpo que el vestido?

Mirad… las aves del cielo, que no siembran, ni siegan, ni guardan en graneros; y vuestro Padre celestial las alimenta. ¿No sois vosotros mucho mejores que ellas? Mas ¿quién de vosotros podrá, por preocuparse, añadir a su estatura un codo?

Y por el vestido ¿por qué os preocupéis? Mirad los lirios del campo, cómo crecen; no trabajan ni hilan; Mas os digo, que ni aun Salomón con toda su gloria fue vestido así como uno de ellos.

Y si la hierba del campo que hoy es, y mañana es echada en el horno, Dios la viste así, ¿no hará mucho más a vosotros, hombres de poca fe? No os preocupéis pues, diciendo: ¿Qué comeremos, o qué beberemos, o con qué nos cubriremos?

Porque los Gentiles buscan todas estas cosas: pero vuestro Padre celestial sabe que de todas estas cosas tenéis necesidad.

Mas buscad primeramente el reino de Dios y su justicia, y todas estas cosas os serán añadidas.

Así que, no os preocupéis por el día de mañana; que el día de mañana traerá su fatiga: basta a cada día... su afán.

---

Hay personas que discuten de manera lógica, que si Dios verdaderamente deseara que las personas creyeran en él, bajaría del cielo, se mostraría en su gloria y no hubiera nadie en la tierra que dudara de su existencia.

Pero creer así no es fe. Es simplemente usar la mente y no el espíritu.

Quizás por eso, Jesús hace algo inesperado...

## ( Marcos 9:1-9 )

NARRADOR      También les dijo:

JESÚS      De cierto os digo que hay algunos de los que están aquí, que no gustarán la muerte hasta que hayan visto el reino de Dios que viene con potencia.

NARRADOR      Y seis días después tomó Jesús a Pedro, y a Jacobo, y a Juan, y los sacó aparte solos a un monte alto; y fue transfigurado delante de ellos.

Y sus vestidos se volvieron resplandecientes, muy blancos, como la nieve; tanto que ningún lavador en la tierra los puede hacer tan blancos.

Y les apareció Elías con Moisés, que hablaban con Jesús. Entonces respondiendo Pedro, dice a Jesús:

SIMÓN PEDRO      Maestro, bien será que nos quedemos aquí, y hagamos tres pabellones: para ti uno, y para Moisés otro, y para Elías otro;

NARRADOR      Porque no sabía lo que hablaba; porque estaban espantados. Y vino una nube que les hizo sombra, y una voz de la nube, que decía:

| | |
|---|---|
| DIOS | Este es mi Hijo amado: a él oíd. |
| NARRADOR | Y luego, como miraron, no vieron más a nadie consigo, sino a Jesús solo.<br>Y descendiendo ellos del monte, les mandó que a nadie dijesen lo que habían visto, sino cuando el Hijo del hombre hubiese resucitado de los muertos. |

Si la fe fuera algo fácil, Simón Pedro, que vio a Jesús literalmente en su gloria, y oyó hasta la voz del mismo Dios.... nunca hubiera flaqueado.

Sin embargo, el gallo fue otro cuento el que cantó.

### ( Lucas 22:31-62, Mateo 26:35 )

| | |
|---|---|
| NARRADOR | Dijo también el Señor: |
| JESÚS | Simón, Simón, he aquí Satanás os ha pedido para zarandaros como a trigo; Mas yo he rogado por ti que tu fe no falte: y tú, una vez vuelto, confirma a tus hermanos. |
| NARRADOR | Y él le dijo: |
| SIMÓN PEDRO | Señor, listo estoy a ir contigo aun a cárcel y a muerte. |
| NARRADOR | Y él dijo: |
| JESÚS | Pedro, te digo que el gallo no cantará hoy antes que tú niegues tres veces que me conoces. |
| NARRADOR | Le dijo Pedro. |
| SIMÓN PEDRO | Aunque me sea necesario morir contigo, no te negaré. |
| NARRADOR | Y todos los discípulos dijeron lo mismo. Y a ellos dijo: |
| JESÚS | Cuando os envié sin bolsa, y sin alforja, y sin zapatos, ¿os faltó algo? |
| NARRADOR | Y ellos dijeron: |

DISCÍPULO    Nada.

NARRADOR    Y les dijo:

JESÚS    Pues ahora, el que tiene bolsa, tómela, y también la alforja, y el que no tiene, venda su capa y compre espada. Porque os digo, que es necesario que se cumpla todavía en mí aquello que está escrito: Y con los malos fue contado.
Porque lo que está escrito de mí, cumplimiento tiene.

NARRADOR    Entonces ellos dijeron:

DISCÍPULO    Señor, he aquí dos espadas.

NARRADOR    Y él les dijo:

JESÚS    Basta.

NARRADOR    Y saliendo, se fue, como solía, al monte de las Olivas; y sus discípulos también le siguieron. Y cuando llegó a aquel lugar, les dijo:

JESÚS    Orad que no entréis en tentación.

NARRADOR    Y él se apartó de ellos como un tiro de piedra; y puesto de rodillas oró, diciendo:

JESÚS    Padre, si quieres, pasa este vaso de mí; pero no se haga mi voluntad, sino la tuya.

NARRADOR    Y le apareció un ángel del cielo confortándole. Y estando en agonía, oraba más intensamente: y fue su sudor como grandes gotas de sangre que caían hasta la tierra.
Y cuando se levantó de la oración, y vino a sus discípulos, los halló durmiendo de tristeza; Y les dijo:

JESÚS    ¿Por qué dormís? Levantaos, y orad que no entréis en tentación.

NARRADOR    Estando él aún hablando, he aquí una turba; y el que se llamaba Judas, uno de los doce, iba delante de ellos; y se acercó a Jesús para besarlo.
Entonces Jesús le dijo:

JESÚS    Judas, ¿con un beso entregas al Hijo del hombre?

**NARRADOR**   Y viendo los que estaban con él lo que había de ser, le dijeron:

**SIMÓN PEDRO**
    Señor, ¿heriremos a cuchillo?

**NARRADOR**   Y uno de ellos hirió a un siervo del príncipe de los sacerdotes, y le quitó la oreja derecha. Entonces respondiendo Jesús, dijo:

**JESÚS**      Dejad hasta aquí.

**NARRADOR**   Y tocando su oreja... le sanó.
    Y Jesús dijo a los que habían venido a él, los príncipes de los sacerdotes, y los magistrados del templo, y los ancianos:

**JESÚS**      ¿Como a ladrón habéis salido con espadas y con palos? Habiendo estado con vosotros cada día en el templo, no extendisteis las manos contra mí; mas ésta es vuestra hora, y la potestad de las tinieblas.

**NARRADOR**   Y prendiéndole le trajeron, y le metieron en casa del príncipe de los sacerdotes. Y Pedro le seguía de lejos. Y habiendo encendido fuego en medio de la sala, y sentándose todos alrededor, se sentó también Pedro entre ellos. Y cuando una criada le vio que estaba sentado al fuego, se fijó en él, y dijo:

**CRIADA**     Y éste con él estaba.

**NARRADOR**   Entonces él lo negó, diciendo:

**SIMÓN PEDRO**  Mujer, no le conozco.

**NARRADOR**   Y un poco después, viéndole otro, dijo:

**HOMBRE 1**   Y tú de ellos eras.

**NARRADOR**   Y Pedro dijo:

**SIMÓN PEDRO**  Hombre, no soy.

**NARRADOR**   Y como una hora pasada otro afirmaba, diciendo:

**MUJER 2**    Verdaderamente también éste estaba con él, porque es Galileo.

| NARRADOR | Y comenzó a maldecir y les juró: |
|---|---|
| SIMÓN PEDRO | Hombre, no sé qué dices. |
| NARRADOR | Y luego, estando él aún hablando... el gallo cantó. Entonces, vuelto el Señor, miró a Pedro: y Pedro se acordó de la palabra del Señor como le había dicho: |
| JESÚS | Antes que el gallo cante, me negarás tres veces. |
| NARRADOR | Y saliendo fuera Pedro, lloró amargamente. |

¿Y este era la piedra sobre la cual Jesús iba a fundar su iglesia? ¡Pedro había visto con sus propios ojos la divinidad de Cristo, había escuchado a DIOS!

¡Y aún así le negó!

La fe, entonces, es independiente de lo que los ojos puedan ver.

Por lo tanto la gran importancia de la fe, y para contestar la pregunta del porqué Jesús siempre hablaba en parábolas, quizás se puede destacar con aún otra parábola...

## ( Lucas 16:19-31 )

| JESÚS | Había un hombre rico, que se vestía de púrpura y de lino fino, y hacía cada día banquete con esplendidez. Había también un mendigo llamado Lázaro, el cual estaba echado a la puerta de él, lleno de llagas, Y deseaba hartarse de las migajas que caían de la mesa del rico; y aun los perros venían y le lamían las llagas. Y aconteció que murió el mendigo, y fue llevado por los ángeles al seno de Abraham: y murió también el rico, y fue sepultado. Y en el infierno alzó sus ojos, estando en los tormentos, y vio a Abraham de lejos, y a Lázaro en su seno. Entonces él, dando voces, dijo: |
|---|---|
| RICO | Padre Abraham, ten misericordia de mí, y envía a Lázaro que moje la punta de su dedo en agua, y refresque mi lengua; porque soy atormentado en esta llama. |

| | |
|---|---|
| JESÚS | Y le dijo Abraham: Hijo, acuérdate que recibiste tus bienes en tu vida, y Lázaro también males; mas ahora éste es consolado aquí, y tú atormentado. |
| | Y además de todo esto, una grande sima está constituida entre nosotros y vosotros, que los que quisieren pasar de aquí a vosotros, no pueden, ni de allá pasar acá. Y dijo el rico: |
| RICO | Te ruego pues, padre, que le envíes a la casa de mi padre; Porque tengo cinco hermanos; para que les testifique, porque no vengan ellos también a este lugar de tormento. |
| JESÚS | Y Abraham le dice: A Moisés y a los profetas tienen: óiganlos. Él entonces dijo: |
| RICO | No, padre Abraham: mas si alguno fuere a ellos de los muertos, se arrepentirán. |
| JESÚS | Mas Abraham le dijo: Si no oyen a Moisés y a los profetas, tampoco se persuadirán, aunque alguien se levantare de entre los muertos. |

●

¿Será coincidencia que el mendigo de esta historia se llamaba Lázaro, y que a sólo días después de contar esta parábola, el verdadero Lázaro murió y Jesús le resucitó?

Nada es coincidencia para Dios.

Entonces, ¿por qué Dios simplemente no se aparece de manera milagrosa para que todos lo veamos y creamos en él? ¿Acaso eso funcionó con Pedro?

Jesús hizo mil milagros, levantó al verdadero Lázaro de entre los muertos, y después, él mismo resucitó, y aún así hubo personas que no creyeron.

Igualmente, en el libro de Apocalipsis, cuando habla sobre la futura promesa del Reino de Dios que reinará aquí en la tierra, hace notar que aún teniendo al mismo Dios reinando sobre nosotros, habrá aquellos que pecarán, se revelarán contra Dios y se perderán.

Por lo tanto la importancia de la fe trasciende mucho más allá de «creer y confiar»; optar por creer a través de la fe (como decisión conciente) es literalmente el único requisito para la salvación.

## ( Lucas 17:19 )

JESÚS     Levántate, vete; tu fe te ha salvado.

Entonces la fe... es la llave del Reino.

## ( Juan 20:24-31 )

NARRADOR   Pero Tomás, uno de los doce, que se dice el Dídimo, no estaba con ellos cuando Jesús vino. Le dijeron pues los otros discípulos:

DISCÍPULO   Al Señor hemos visto.

NARRADOR   Y él les dijo:

TOMÁS     No, si no viere en sus manos la señal de los clavos, y metiere mi dedo en el lugar de los clavos, y metiere mi mano en su costado, no creeré.

NARRADOR   Y ocho días después, estaban otra vez sus discípulos dentro, y con ellos Tomás. Vino Jesús, con las puertas cerradas, y se puso en medio de ellos, y dijo:

JESÚS     Paz a vosotros.

NARRADOR   Luego dice a Tomás:

JESÚS     Mete tu dedo aquí, y ve mis manos: y alarga acá tu mano, y métela en mi costado: y no seas incrédulo, sino fiel.

NARRADOR   Entonces Tomás respondió, y le dijo:

TOMÁS     ¡Señor mío, y Dios mío!

NARRADOR   Le dijo Jesús:

| JESÚS | Porque me has visto, Tomás, creíste: bienaventurados los que no vieron y creyeron. |
| --- | --- |
| NARRADOR | Y también hizo Jesús muchas otras señales en presencia de sus discípulos, que no están escritas en este libro. Estas empero son escritas, para que creáis que Jesús es el Cristo, el Hijo de Dios; y para que creyendo, tengáis vida en su nombre. |

Tener fe en Dios, entonces, es más que demostrarle nuestro amor, confianza y dependencia. Es creer en él.

Recuerden, Dios no quiere una religión de nosotros, sino una relación con nosotros.

Una verdadera relación con el padre se construye a base de una confianza mutua, fortalecida por la fe y la obediencia.

## Conversemos en Familia

1. ¿Crees que tener una fe ciega en Dios es ser demasiado ingenuo? ¿Cuál es el balance perfecto entre la fe y el intelecto?

2. ¿Por qué la fe es tan difícil? ¿Existe algo dentro del hombre que trabaja en contra de ella? ¿Por qué Dios simplemente no nos creó con más capacidad para «creer»?

3. ¿Y en tu familia? ¿Confías en tus padres, hermanos o hijos? ¿Existe alguna desconfianza entre tú y otros miembros de tu familia? ¿Por qué? Se honesto.

4. Piensa en las personas que te rodean... ¿quiénes son los más religiosos? Escribe sus nombres en un papel.

5. Ahora, ve nombre por nombre y pregúntate: ¿demuestra esta persona las cualidades de alguien que entiende el verdadero amor incondicional de Dios? ¿Quiénes tienen una «religión» y quienes una «relación» con Dios?

*¿Cuál de los dos es la mayoría?*

# La Obediencia a la Divinidad y a la Propia Conciencia

### ( Marcos 4:35-41 )

**NARRADOR**    Y les dijo aquel día cuando fue tarde:

**JESÚS**    Pasemos al otro lado.

**NARRADOR**    Y despachando la multitud, le tomaron como estaba, en el barco; y había también con él otros barquitos. Y se levantó una grande tempestad de viento, y echaba las olas en el barco, de tal manera que ya se inundaba. Y él estaba en la popa, durmiendo sobre un cabezal, y le despertaron, y le dicen:

**DISCÍPULO**    ¿Maestro, no tienes cuidado que perecemos?

**NARRADOR**    Y levantándose, increpó al viento, y dijo a la mar:

**JESÚS**    Calla, enmudece.

**NARRADOR**    Y cesó el viento, y quedó todo tranquilo. Y a ellos dijo:

**JESÚS**    ¿Por qué estáis así atemorizados? ¿Cómo no tenéis fe?

**NARRADOR**    Y temieron con gran temor, y decían el uno al otro.

**DISCÍPULO**    ¿Quién es éste, que aun el viento y la mar le obedecen?

La palabra obediencia tiene una etimología sorprendente, ya que proviene de la palabra «oír». Es decir, para poder obedecer a alguien, hay que primero oírlos.

Por lo tanto, escuchar y obedecer comparten la misma raíz etimológica, las palabras *ob-audire* y *oboedire* del latín; y a su vez, también están relacionadas con la palabra hebrea *shema* que curiosamente significa ambas cosas: escuchar y obedecer.

## ( Juan 8:42-47 )

NARRADOR   Jesús entonces les dijo a los fariseos:

JESÚS       Si vuestro padre fuera Dios, ciertamente me amaríais: porque yo de Dios he salido, y he venido; que no he venido de mí mismo, mas él me envió. ¿Por qué no reconocéis mi lenguaje? Porque no podéis oír mi palabra.

Vosotros de vuestro padre el diablo sois, y los deseos de vuestro padre queréis cumplir. Él, homicida ha sido desde el principio, y no permaneció en la verdad, porque no hay verdad en él. Cuando habla mentira, de suyo habla; porque es mentiroso, y padre de mentira.

Y porque yo digo verdad, no me creéis. ¿Quién de vosotros me puede acusar de pecado? Pues si digo verdad, ¿por qué vosotros no me creéis?

El que es de Dios, las palabras de Dios oye: por esto no las oís vosotros, porque no sois de Dios.

«El que es de Dios, las palabras de Dios oye» dice Jesús, y por consecuencia, las obedece y hace su voluntad.

Si bien se acuerdan del valor de la equidad & justicia, sabemos que Jesús insistió que no había venido para abolir los diez mandamientos y la ley, al contrario, enfatizó los dos más importantes: ama a Dios con toda tu mente y tu corazón, y ama a tu prójimo como a ti mismo. Siempre en cuando la ley divina esté sobre la humana, no hay contradicción.

Cuando Jesús salvó a la mujer de ser apedreada por adulterio, dio un claro ejemplo de como la ley divina de misericordia toma precedencia sobre la ley humana, la cual dictaba que la paga del adulterio era la muerte. Inclusive, Jesús les habló directamente a la conciencia de todos los presentes con una de sus frases más famosas «el que esté libre de pecado... que arroje la primera piedra».

## ( Lucas 6:46-49 )

JESÚS     ¿Por qué me llamáis, Señor, Señor, y no hacéis lo que digo? Todo aquel que viene a mí, y oye mis palabras, y las hace, os enseñaré a quién es semejante:
Semejante es al hombre que edifica una casa, el cual cavó y ahondó, y puso el fundamento sobre la roca; y cuando vino una inundación el río dio con ímpetu en aquella casa, mas no la pudo menear: porque estaba fundada sobre la peña.
Mas el que oyó y no hizo, semejante es al hombre que edificó su casa sobre tierra, sin fundamento; en la cual el río dio con ímpetu, y luego cayó; y fue grande la ruina de aquella casa.

Una vez más tenemos la conexión de primero oír las palabras y después hacerlas.
Para Jesús hacer la voluntad del Padre era como edificar su casa sobre una peña o roca. Nada tenía el poder para derrumbarla, porque Dios la sostendría.
Este concepto se considera por muchos como el principio de la sabiduría y la madurez espiritual.

¿Por qué obedecían los vientos y hasta los mismos demonios a la voz de Jesús? Porque Jesús, obedecía primero a la voz de Dios.

## ( Mateo 17:14-20 )

**NARRADOR**    Y cuando ellos llegaron al gentío, vino a él un hombre hincándosele de rodillas,
Y diciendo:

**PADRE DEL LUNÁTICO**
Señor, ten misericordia de mi hijo, que es lunático, y padece malamente; porque muchas veces cae en el fuego, y muchas en el agua. Y le he presentado a tus discípulos, y no le han podido sanar.

**NARRADOR**    Y respondiendo Jesús, dijo:

**JESÚS**    ¡Oh generación infiel y torcida! ¿hasta cuándo tengo de estar con vosotros? ¿hasta cuándo os tengo que sufrir? Traédmele acá.

**NARRADOR**    Y Jesús le reprendió, y salió el demonio de él; y el muchacho fue sano desde aquella hora.
Entonces, llegándose los discípulos a Jesús, aparte, dijeron:

**DISCÍPULO**    ¿Por qué nosotros no lo pudimos echar fuera?

**NARRADOR**    Y Jesús les dijo:

**JESÚS**    Por vuestra incredulidad; porque de cierto os digo, que si tuviereis fe como un grano de mostaza, diréis a este monte: Pásate de aquí allá: y se pasará: y nada os será imposible.

---

Es muy fácil demandar obediencia de nuestros hijos dictando las enseñanzas de Jesús y el mandamiento de honrar a nuestros padres.

Sin embargo la obediencia de Jesús hacia Dios estaba fundada sobre una roca de plena confianza, la cual era reciproca entre ambos.

Y tomemos un momento entonces para reflexionar sobre Abraham, que fue no solo el padre de la «fe» y el símbolo de la obediencia a Dios, sino también el padre genético de todos los judíos.

En el Antiguo Testamento Dios le promete a Abraham que su descendencia será tan numerosa como las estrellas del cielo, sin embargo, pasan muchos años y ya convertido en un hombre viejo, Dios finalmente le concede un hijo.

Abraham amaba a su hijo sobre todas las cosas, y confiaba plenamente que la promesa de Dios vendría a través del muchacho.

Entonces Dios le da una prueba de fe y obediencia inesperada a Abraham. Le pide que vaya a un monte lejano... y que sacrifique a su hijo.

¿Qué? Sacrificar a su único hijo, solo para demostrarle que le obedece. ¿Qué clase de Dios es ese?

Abraham, convencido de que Dios hará justicia, sube a la montaña, amarra su hijo, y levanta el cuchillo...

Justo entonces, Dios le ordena que cese, y en lugar de su hijo, sacrifican a un cordero que Dios le provee.

Esta historia de Abraham y su hijo ha sido una piedra de tropiezo para muchos padres que no conciben como un Dios que es amor, que es bondad, que es misericordia puede pedir algo tan vil.

Igual que Jesús, la obediencia de Abraham hacia Dios estaba fundada sobre una roca de plena confianza, la cual también era reciproca entre ambos.

Dios ya sabía que necesitaba escogerle una familia terrenal a Jesús, para que pudiera nacer en la tierra, y después ser sacrificado por ella. Si Dios estaba dispuesto a sacrificar a su único hijo por amor al hombre, ¿quién mejor que el hombre que estuvo dispuesto a sacrificar a su único hijo... por amor a Dios?

Y si esa conexión aún no les sorprende, el monte donde Dios mandó a Abraham a hacer el sacrificio, es el mismo sitio donde casi un milenio más tarde, se edificó una ciudad llamada... Jerusalén.

## ( Mateo 26:50-56 )

NARRADOR    Entonces llegaron, y echaron mano a Jesús, y le prendieron. Y he aquí, uno de los que estaban con Jesús, extendiendo la mano, sacó su espada, e hiriendo a un siervo del pontífice, le quitó la oreja. Entonces Jesús le dice:

JESÚS    Vuelve tu espada a su lugar; porque todos los que tomaren espada, a espada perecerán.
¿Acaso piensas que no puedo ahora orar a mi Padre, y él me daría más de doce legiones de ángeles? ¿Cómo, pues, se cumplirían las Escrituras, que así conviene que sea hecho?

NARRADOR    En aquella hora dijo Jesús a las gentes:

JESÚS    ¿Como a ladrón habéis salido con espadas y con palos a prenderme? Cada día me sentaba con vosotros enseñando en el templo, y no me prendisteis. Mas todo esto se hace, para que se cumplan las Escrituras de los profetas.

NARRADOR    Entonces todos los discípulos huyeron, dejándole.

Qué triste pensar que aquellos que hace apenas horas habían jurado acompañarle hasta la muerte, ahora se esparcían y huían. Ese era el destino y la misión del Cristo, morir él solo... para beneficiar a muchos.

Sin embargo, si por él hubiera sido, quizás no hubiera bebido del «vaso» que le tocó beber. Pero porque confiaba plenamente en el plan que Dios había trazado para la humanidad, daba su obediencia voluntariamente.

Él sabía que las recompensas serían mucho mayores que cualquier sufrimiento.

Aprendamos entonces que si demandamos obediencia, bien sea de nuestros hijos o nuestros empleados, sin primero haber establecido una relación de confianza y respeto mutuo; no somos más que dictadores, atemorizando a los pueblos para mantenerse en el poder.

Igual que a Jesús, obedecemos al Padre porque confiamos que él desea lo mejor para nosotros y porque conoce el futuro, nos puede preparar un destino mejor.

La obediencia, entonces, también incluye escuchar a nuestra propia conciencia...

¿Por qué?

Porque nuestra conciencia es la voz del espíritu en nosotros que nos dicta lo que debemos hacer.

## ( Juan 18:29-40, Juan 19:1-22 )

NARRADOR     Entonces salió Pilato a ellos fuera, y dijo:

PILATO     ¿Qué acusación traéis contra este hombre?

NARRADOR     Respondieron y le dijeron:

FARISEO 1     Si éste no fuera malhechor, no te le habríamos entregado.

NARRADOR     Les dijo entonces Pilato:

PILATO     Tomadle vosotros, y juzgadle según vuestra ley.

NARRADOR     Y los Judíos le dijeron:

FARISEO 2     A nosotros no es lícito matar a nadie:

NARRADOR     Para que se cumpliese lo que había dicho Jesús, dando a entender de qué muerte había de morir.
Así que, Pilato volvió a entrar en el pretorio, y llamó a Jesús, y le dijo:

PILATO        ¿Eres tú el Rey de los Judíos?

NARRADOR      Le respondió Jesús:

JESÚS         ¿Dices tú esto de ti mismo, o te lo han dicho otros de mí?

NARRADOR      Pilato respondió:

PILATO        ¿Soy yo Judío? Tu gente, y los pontífices, te han entregado a mí: ¿qué has hecho?

NARRADOR      Respondió Jesús:

JESÚS         Mi reino no es de este mundo: si de este mundo fuera mi reino, mis servidores pelearían para que yo no fuera entregado a los Judíos: ahora, pues, mi reino no es de aquí.

NARRADOR      Le dijo entonces Pilato:

PILATO        ¿Luego tú eres rey?

NARRADOR      Respondió Jesús:

JESÚS         Tú dices que yo soy rey. Yo para esto he nacido, y para esto he venido al mundo, para dar testimonio a la verdad. Todo aquél que es de la verdad, oye mi voz.

NARRADOR      Le dijo Pilato:

PILATO        ¿Qué cosa es verdad?

NARRADOR      Y como hubo dicho esto, salió otra vez a los Judíos, y les dijo:

PILATO        Yo no hallo en él ningún crimen. Pero vosotros tenéis costumbre que os suelte uno en la Pascua: ¿queréis, pues, que os suelte al Rey de los Judíos?

NARRADOR      Entonces todos dieron voces otra vez, diciendo:

FARISEOS & MULTITUD
              No... No a éste, sino a Barrabás.

NARRADOR      Y Barrabás era ladrón. Así que, entonces tomó Pilato a Jesús, y le azotó. Y los soldados entretejieron de espinas una corona, y la pusieron sobre su cabeza, y le vistieron de una ropa de color púrpura; Y decían:

**SOLDADO**    ¡Salve, Rey de los Judíos!

**NARRADOR**   Y le daban bofetadas. Entonces Pilato salió otra vez fuera, y les dijo:

**PILATO**     He aquí, os le traigo fuera, para que entendáis que ningún crimen hallo en él.

**NARRADOR**   Y salió Jesús fuera, llevando la corona de espinas y la ropa de color púrpura. Y les dijo Pilato:

**PILATO**     He aquí el hombre.

**NARRADOR**   Y como le vieron los príncipes de los sacerdotes, y los servidores, dieron voces diciendo:

**FARISEOS & MULTITUD**
Crucifícale, crucifícale.

**NARRADOR**   Les dijo Pilato:

**PILATO**     Tomadle vosotros, y crucificadle; porque yo no hallo en él crimen.

**NARRADOR**   Le respondieron los Judíos:

**FARISEO 2**  Nosotros tenemos ley, y según nuestra ley debe morir, porque se hizo Hijo de Dios.

**NARRADOR**   Y como Pilato oyó esta palabra, tuvo más miedo. Y entró otra vez en el pretorio, y dijo a Jesús:

**PILATO**     ¿De dónde eres tú?

**NARRADOR**   Mas Jesús no le dio respuesta. Entonces le dijo Pilato:

**PILATO**     ¿A mí no me hablas? ¿No sabes que tengo potestad para crucificarte, y que tengo potestad para soltarte?

**NARRADOR**   Respondió Jesús:

**JESÚS**      Ninguna potestad tendrías contra mí, si no te fuese dado de arriba: por tanto, el que a ti me ha entregado, mayor pecado tiene.

NARRADOR     Desde entonces procuraba Pilato soltarle; mas los Judíos daban voces, diciendo:

FARISEO 1    Si a éste sueltas, no eres amigo de César: cualquiera que se hace rey, a César contradice.

NARRADOR     Entonces Pilato, oyendo este dicho, llevó fuera a Jesús, y se sentó en el tribunal en el lugar que se dice Litóstrotos, y en hebreo Gabata. Y era la víspera de la Pascua, y como la hora sexta. Entonces dijo a los Judíos:

PILATO       He aquí vuestro Rey.

NARRADOR     Mas ellos dieron voces:

FARISEOS & MULTITUD
             Quita, quita, crucifícale.

NARRADOR     Les dijo Pilato:

PILATO       ¿A vuestro Rey he de crucificar?

NARRADOR     Respondieron los pontífices:

FARISEO 1    No tenemos rey sino a César.

NARRADOR     Así que entonces lo entregó a ellos para que fuese crucificado. Y tomaron a Jesús, y le llevaron. Y llevando su cruz, salió al lugar que se dice de la Calavera, y en hebreo, Gólgota; Donde le crucificaron, y con él otros dos, uno a cada lado, y Jesús en medio.
             Y escribió también Pilato un título, que puso encima de la cruz. Y el escrito era: JESÚS NAZARENO, REY DE LOS JUDIOS. Y muchos de los Judíos leyeron este título: porque el lugar donde estaba crucificado Jesús era cerca de la ciudad: y estaba escrito en hebreo, en griego, y en latín. Y decían a Pilato los pontífices de los Judíos:

FARISEO 2    No escribas, Rey de los Judíos: sino, que él dijo: Rey soy de los Judíos.

NARRADOR     Respondió Pilato:

PILATO       Lo que he escrito, he escrito.

Hasta Pilato reconoció la verdad mucho antes que los mismos Fariseos. No pudiendo actuar de acuerdo a su conciencia, se vio obligado a entregar a muerte a un hombre inocente; sin saber que eso era exactamente lo que necesitaba Dios que él hiciera.

Sin embargo, dejó muy claro sus sentimientos al declararle al mundo, no sólo en hebreo sino también en griego y en latín, que allí moría en verdad... un Rey.

Aprender a escuchar a la conciencia interna es el principio de aprender a obedecer a la voz de Dios.

Poco a poco, mientras más escuchamos y hacemos, logramos un estado de equilibrio y armonía en nuestras vidas, conocido también como uno de los muchos frutos del Espíritu Santo: el valor de la Templanza.

## Conversemos en Familia

1   ¿Crees que es demasiado difícil obedecer a Dios? ¿Por qué Dios nos dio libre albedrío, entonces, si quiere que hagamos lo que él dice?

2   ¿Escuchas a menudo a tu conciencia? ¿Cuáles han sido los resultados cuando la ignoras?

3   ¿Y en tu familia? ¿Cómo exiges obediencia de tus hijos, o cómo te exigen obediencia tus padres? ¿Sientes que existe una verdadera relación de confianza entre ambos?

4   Piensa en las familias que te rodean... ¿quiénes parecen tener una buena relación de confianza entre padre e hijos, y quiénes no? Escribe sus nombres en un papel.

5   Ahora, ve familia por familia y pregúntate: ¿cómo son los hijos? ¿Quiénes son los más rebeldes o los más irrespetuosos?

*¿A cuál de los dos tipos de familia pertenecen?*

# La Templanza, a través del equilibrio, la paz y la armonía

La palabra templanza proviene de la idea de que nuestros cuerpos son «templos del espíritu santo». Además de su definición actual de moderación y auto-control, la templanza también se considera como uno de los frutos del Espíritu Santo por el Nuevo Testamento.

Por lo tanto, la templanza de una forma u otra, abarca los tres amores: bien sea al exigir que el cuerpo y nuestras vidas sean dignos templos para Dios a través del Amor Propio; o al frenar las emociones y las pasiones que podamos tener en lo que al prójimo se refiere.

Igualmente, al tratar de alcanzar un equilibrio o armonía personal a través de un balance entre lo terrenal y divino, aumentamos nuestro amor y nuestra confianza en el Padre y podemos llegar a obtener paz hasta en medio de las más fuertes tormentas.

## ( Lucas 17:20-21 )

NARRADOR   Y preguntado por los Fariseos, cuándo había de venir el reino de Dios, les respondió y dijo:

JESÚS   El reino de Dios no vendrá con advertencia; Ni dirán: Helo aquí, o helo allí: porque he aquí el reino de Dios... entre vosotros está.

Al opuesto de muchas iglesias que a veces se enfocan tanto en el futuro Reino de los Cielos que obligan a vivir a las personas pensando siempre en un mañana distante en vez de un presente inmediato; Jesús estaba claro de que el Reino de Dios había llegado.

Donde quiera que él estuviere, ahí estaba el Reino de Dios. Y donde quiera que estuviere el Espíritu Santo, ahí también encontraríamos al Reino. Y este Reino parecía ser el balance perfecto entre lo divino y lo terrenal. Jesús mismo era el equilibrio perfecto entre el ahora en la tierra y el futuro en el cielo.

Todo con exageración es malo; hasta los mismos valores, llevados unos a un extremo sobre otros, nos desequilibra nuestras vidas. La armonía perfecta se encuentra en el balance de todos los valores por igual.

### ( Juan 12:1-19 )

NARRADOR    Y Jesús, seis días antes de la Pascua, vino a Betania, donde estaba Lázaro, el que había muerto y al cual había resucitado de los muertos. Y le hicieron allí una cena y Marta servía, y Lázaro era uno de los que estaban sentados a la mesa juntamente con él.
Entonces María tomó una libra de ungüento de nardo líquido de mucho precio, y ungió los pies de Jesús, y limpió sus pies con sus cabellos: y la casa se llenó del olor del ungüento.

NARRADOR    Y dijo uno de sus discípulos, Judas Iscariote, hijo de Simón, el que le había de entregar:

JUDAS    ¿Por qué no se ha vendido este ungüento por trescientos dineros, y se dio a los pobres?

NARRADOR    Mas dijo esto, no por el cuidado que él tenía de los pobres: sino porque era ladrón, y tenía la bolsa, y traía lo que se echaba en ella. Entonces Jesús dijo:

JESÚS    Déjala; para el día de mi sepultura ha guardado esto; Porque a los pobres siempre los tenéis con vosotros, mas a mí no siempre me tenéis.

**NARRADOR**    Entonces mucha gente de los Judíos entendió que él estaba allí; y vinieron no solamente por causa de Jesús, mas también por ver a Lázaro, al cual había resucitado de los muertos. Consultaron asimismo los príncipes de los sacerdotes, de matar también a Lázaro; Porque muchos de los Judíos iban y creían en Jesús por causa de él. El siguiente día, mucha gente que había venido a la fiesta, como oyeron que Jesús venía a Jerusalén, tomaron ramos de palmas, y salieron a recibirle, y clamaban:

**VOZ DE MULTITUD**
   ¡Hosanna, Bendito el que viene en el nombre del Señor, el Rey de Israel!

**NARRADOR**    Y halló Jesús un asnillo, y se sentó sobre él, como está escrito:

**PROFETA**    No temas, hija de Sión: he aquí tu Rey viene, sentado sobre un pollino de asna.

**NARRADOR**    Estas cosas no las entendieron sus discípulos de primero: pero cuando Jesús fue glorificado, entonces se acordaron de que estas cosas estaban escritas de él, y que en él se cumplieron estas cosas.
Y la gente que estaba con él, daba testimonio de cuando llamó a Lázaro del sepulcro, y le resucitó de los muertos.
Por lo cual también había venido la gente a recibirle, porque había oído que él había hecho esta señal;
Mas los Fariseos dijeron entre sí:

**FARISEO**    ¿Veis que nada aprovecháis? he aquí, el mundo se va tras de él.

---

Jesús vivió una vida templada, con moderación y auto control; y el balance fue la clave de su éxito.

La familia y el trabajo, el descanso y la diversión, lo divino y lo terrenal, con estas piezas se construyen nuestras vidas; la templanza está, entonces, en aprender a llenar nuestros días con una dosis balanceada de cada una.

Jesús disfrutó de un poco de perfume y un poco de alabanza; un poco de humildad y un poco de astucia. Hasta cuando le atacaban, Jesús nunca perdió el control de su sano juicio.

REDESCUBRE
LOS EVANGELIOS

## ( Juan 18:19-23 )

**NARRADOR**    Y el pontífice preguntó a Jesús acerca de sus discípulos y de su doctrina. Jesús le respondió:

**JESÚS**    Yo manifiestamente he hablado al mundo: yo siempre he enseñado en la sinagoga y en el templo, donde se juntan todos los Judíos, y nada he hablado en oculto. ¿Por qué me preguntas a mí? Pregunta a los que han oído, qué les haya yo hablado: he aquí, ésos saben lo que yo he dicho.

**NARRADOR**    Y como él hubo dicho esto, uno de los criados que estaba allí, dio una bofetada a Jesús, diciendo:

**CRIADO**    ¿Así respondes al pontífice?

**NARRADOR**    Le respondió Jesús:

**JESÚS**    Si he hablado mal, da testimonio del mal: y si bien, ¿por qué me hieres?

Cualquier otro hubiera insultado al criado, sin embargo con su pregunta, Jesús sacó a la luz la ira e injusticia de quien le hirió.

Es que Jesús no era un Rey como cualquier otro, no le gustaba vestirse de lino fino y pasearse por los palacios. Comía y bebía con los pecadores, con la gente humilde, le gustaba el mar, el buen vino, atender a fiestas con su familia y amigos...

En fin, aprovechaba todo lo bello de la creación de Dios al máximo. ¿O acaso Dios creó el mar y la música para desperdiciarlos?

No fue coincidencia, que su primer milagro lo hiciere en una fiesta, cambiando el agua... en vino.

## ( Juan 2:1-12 )

NARRADOR     Y al tercer día se hicieron  unas bodas en Caná de Galilea; y estaba allí la madre de Jesús. Y fue también invitado Jesús y sus discípulos a las bodas. Y faltando el vino, la madre de Jesús le dijo:

MARIA        No tienen vino.

NARRADOR     Y le dijo Jesús:

JESÚS        ¿Qué tengo yo contigo, mujer? aun no ha venido mi hora.

NARRADOR     Su madre dice a los que servían.

MARIA        Haced todo lo que os dijere.

NARRADOR     Y estaban allí seis tinajuelas de piedra para agua, conforme a la purificación de los Judíos, que cabían en cada una dos o tres cántaros. Les dijo Jesús:

JESÚS        Llenad  estas tinajuelas de agua.

NARRADOR     Y las llenaron hasta arriba. Y les dijo:

JESÚS        Sacad ahora, y presentad al maestresala.

NARRADOR     Y se las presentaron. Y cuando el maestresala gustó el agua hecha vino, porque no sabía de dónde era (mas lo sabían los sirvientes que habían sacado el agua), el maestresala llama al esposo, Y le dijo:

MAESTRO DE VINOS
             Todo hombre pone primero el buen vino, y cuando están satisfechos, entonces lo que es peor; mas tú has guardado el buen vino hasta ahora.

NARRADOR     Este principio de señales hizo Jesús en Caná de Galilea, y manifestó su gloria; y sus discípulos creyeron en él. Después de esto descendió a Capernaúm, él, y su madre, y hermanos, y discípulos; y estuvieron allí no muchos días.

El milagro de la boda de Caná no sólo muestra a un Jesús compartiendo momentos con su familia y amigos, las tres palabras de María, «no tienen vino», escondían momentos secretos entre ellos dos; quizás alguna fiesta en familia donde también faltó el vino… y de pronto, como por arte de magia, ¿¡saca Jesús un jarrón!?

Quién sabe. Lo cierto es que Jesús entendió a la perfección lo que le insinuaba su madre y le responde con un tono jovial sobre la ironía de que «aún no era su hora», demostrando un sentido de humor sofisticado, sutil y a veces mal entendido por los hombres.

## ( Lucas 24:36-43 )

**NARRADOR** Y entre tanto que ellos hablaban estas cosas, él se puso en medio de ellos, y les dijo:

**JESÚS** Paz a vosotros.

**NARRADOR** Entonces ellos espantados y asombrados, pensaban que veían espíritu. Mas él les dice:

**DISCÍPULOS** ¡Dios mío! ¡Un fantasma!

**JESÚS** ¿Por qué estáis turbados, y dudan en vuestros corazones? Mirad mis manos y mis pies, que yo mismo soy: palpad; y ved; que el fantasma no tiene carne ni huesos, como veis que yo tengo.

**NARRADOR** Y en tanto que decía esto, les mostró las manos y los pies. Y no creyéndolo aún ellos de gozo, y maravillados, les dijo:

**JESÚS** ¿Tenéis aquí algo de comer?

**NARRADOR** Entonces ellos le presentaron parte de un pez asado, y un panal de miel. Y él tomó, y comió delante de ellos.

Si no ven el humor de esa escena, solo imagínense a once hombres adultos, boquiabiertos, mirando en silencio como el que habían visto morir hace solo un par de días, ahora estaba sentado frente a ellos disfrutando plácidamente de un pescado asado... y un panal de miel.

«¡Hola, ya resucité! ¿Tenéis algo de comer? ¡Porque hace tres días que no pruebo bocado!»

Definitivamente Dios tiene un muy buen sentido de humor, y eso nos enseña también algo muy importante sobre la templanza: no tomarse nunca tan en serio que no puedas reírte de ti mismo... o como Jesús, jugarle una buena broma a unos amigos, 72 horas después de muerto.

## ( Lucas 22:1-19 )

NARRADOR    Y estaba cerca el día de la fiesta de los panes sin levadura, que se llama la Pascua. Y los príncipes de los sacerdotes y los escribas buscaban cómo le matarían; mas tenían miedo del pueblo.
Y entró Satanás en Judas, por sobrenombre Iscariote, el cual era uno del número de los doce; Y fue, y habló con los príncipes de los sacerdotes, y con los magistrados, de cómo se lo entregaría.
Los cuales se alegraron, y acordaron de darle dinero. Y se los prometió, y buscaba oportunidad para entregarle a ellos sin bulla. Y vino el día de los panes sin levadura, en el cual era necesario matar la pascua. Y Jesús envió a Pedro y a Juan, diciendo:

JESÚS    Id, preparadnos la pascua para que comamos.

NARRADOR    Y ellos le dijeron:

SIMÓN PEDRO    ¿Dónde quieres que la preparemos?

NARRADOR    Y él les dijo:

JESÚS    He aquí cuando entrareis en la ciudad, os encontrará un hombre que lleva un cántaro de agua: seguidle hasta la casa donde entrare, Y decid al padre de la familia de la casa:

SIMÓN PEDRO    El Maestro te dice: ¿Dónde está el aposento donde tengo de comer la pascua con mis discípulos?

| | |
|---|---|
| **JESÚS** | Entonces él os mostrará en la planta alta, una salsa amplia y amueblada. |
| **NARRADOR** | Fueron pues, y hallaron como les había dicho; y aparejaron la pascua. Y como fue hora, se sentó a la mesa, y con él los apóstoles. Y les dijo: |
| **JESÚS** | En gran manera he deseado comer con vosotros esta pascua antes de que padezca; Porque os digo que no comeré más de ella, hasta que se cumpla en el reino de Dios. |
| **NARRADOR** | Y tomando el vaso, habiendo dado gracias, dijo: |
| **JESÚS** | Tomad esto, y partidlo entre vosotros; Porque os digo, que no beberé más del fruto de la vid, hasta que el reino de Dios venga. |
| **NARRADOR** | Y tomando el pan, habiendo dado gracias, partió, y les dio, diciendo: |
| **JESÚS** | Esto es mi cuerpo, que por vosotros es dado: haced esto en memoria de mí. |

Jesús estaba deseoso de cenar con sus discípulos, como cuando alguien hace una cena especial con su familia antes de prender un largo viaje.

Una y otra vez, vemos a Jesús disfrutando de las cosas simples y gratis de la vida: la amistad, la familia, la conversación, la comida, la música... en fin, todo lo que nos da gozo, felicidad y tranquilidad.

## ( Juan 14:21-31 )

| | |
|---|---|
| **JESÚS** | El que tiene mis mandamientos, y los guarda, aquél es el que me ama; y el que me ama, será amado de mi Padre, y yo le amaré, y me manifestaré a él. |
| **NARRADOR** | Le dijo Judas, no el Iscariote: |
| **JUDAS** | Señor, ¿porque te hayas de manifestar a nosotros, y no al mundo? |

NARRADOR    Respondió Jesús, y le dijo:

JESÚS       El que me ama, mi palabra guardará; y mi Padre le
            amará, y vendremos a él, y haremos con él morada.
            El que no me ama, no guarda mis palabras: y la palabra
            que habéis oído, no es mía, sino del Padre que me envió.
            Estas cosas os he hablado estando con vosotros. Mas
            el Consolador, el Espíritu Santo, al cual el Padre enviará
            en mi nombre, él os enseñará todas las cosas, y os
            recordará todas las cosas que os he dicho.
            La paz os dejo, mi paz os doy: no como el mundo la da,
            yo os la doy. No se turbe vuestro corazón, ni tenga miedo.
            Habéis oído cómo yo os he dicho: Voy, y vengo a
            vosotros. Si me amaseis, ciertamente os gozaríais,
            porque he dicho que voy al Padre: porque el Padre
            mayor es que yo. Y ahora os lo he dicho antes que se
            haga; para que cuando se hiciere, creáis.
            Ya no hablaré mucho con vosotros: porque viene el
            príncipe de este mundo; mas no tiene nada en mí.
            Pero para que conozca el mundo que amo al Padre, y
            como el Padre me dio el mandamiento, así hago.
            Levantaos, vamos de aquí,

Minutos antes de que rompiera la tormenta de su
crucifixión, Jesús tenía paz. Había seguido al pie de la letra
la encomienda de su Padre, había amado mucho, sanado
mucho, había sentido gozo y dolor, y ahora pronto estaría
una vez más con el que le envió.

La paz existe entonces, a pesar de las tormentas.

## ( Mateo 10:11-14 )

JESÚS       Mas en cualquier ciudad, o aldea donde entrareis,
            investigad quién sea en ella digno, y reposad allí hasta
            que salgáis. Y entrando en la casa, saludadla.
            Y si la casa fuere digna, vuestra paz vendrá sobre ella;
            mas si no fuere digna, vuestra paz se volverá a
            vosotros.  Y cualquiera que no os recibiere, ni oyere
            vuestras palabras, salid de aquella casa o ciudad, y
            sacudid el polvo de vuestros pies.

De cierto os digo, que el castigo será más tolerable a la tierra de los de Sodoma y de los de Gomorra en el día del juicio, que a aquella ciudad.

He aquí, yo os envío como a ovejas en medio de lobos: sed pues prudentes como serpientes, y sencillos como palomas.

Para Jesús, la paz era algo físico que se podía tomar o dejar, dependiendo del la situación; en otras palabras la paz es algo que se adquiere y hasta se puede obsequiar (dependiendo del estado de la persona que la recibe). La paz de Jesús quizás era el resultado de su armonía y equilibrio, o simplemente, de su fe y confianza en Dios.

Sin embargo, si bien Dios es un equilibrio constante, el universo y las personas somos bastante inestables.

Por lo tanto, la ley del equilibrio dentro del universo trabaja igual que una péndula; si vamos con mucha velocidad para un lado, vamos a terminar regresando con la misma velocidad para el lado opuesto, hasta que al ir perdiendo intensidad, quedemos justo en el medio.

Veamos una vez más el Sermón del Monte, y esta vez, recordemos la péndula en cada una de las bienaventuranzas.

## ( Mateo 5:1-16 )

NARRADOR    Y viendo las gentes, subió al monte; y sentándose, se llegaron a él sus discípulos. Y abriendo su boca, les enseñaba, diciendo:

JESÚS    Bienaventurados los pobres en espíritu: porque de ellos es el reino de los cielos. Bienaventurados los que lloran: porque ellos recibirán consolación. Bienaventurados los mansos: porque ellos recibirán la tierra por heredad. Bienaventurados los que tienen hambre y sed de justicia: porque ellos serán hartos. Bienaventurados los misericordiosos: porque ellos alcanzarán misericordia. Bienaventurados los de limpio corazón: porque ellos verán a Dios. Bienaventurados los pacificadores: porque ellos serán llamados hijos de Dios. Bienaventurados los que padecen persecución por causa de la justicia: porque de ellos es el reino de los cielos. Bienaventurados sois cuando os vituperaren y os persiguieren, y dijeren de vosotros todo mal por mi causa, mintiendo.

Gozaos y alegraos; porque vuestra merced es grande en los cielos: que así persiguieron a los profetas que fueron antes de vosotros.

Cada bienaventuranza parece ser una promesa de la restauración del balance y equilibrio de Dios para con los hombres.

Y he aquí la gran lección de todos los valores. Dios ve a la humanidad como una serie de individuos, cada uno de incalculable valor, todos por igual. Nos manda a compartir el amor y la paz unos con otros... pero el destino que nos ha trazado Dios para nosotros es sólo nuestro.

Y sólo siendo verdaderamente sinceros con Dios podemos conseguir entenderlo.

### ( Juan 21:1-22 )

**NARRADOR** Después se manifestó Jesús otra vez a sus discípulos en la mar de Tiberias; y se manifestó de esta manera:
Estaban juntos Simón Pedro, y Tomás, llamado al Dídimo, y Natanael, el que era de Caná de Galilea, y los hijos de Zebedeo, y otros dos de sus discípulos. Y Les dijo Simón:

**SIMÓN PEDRO** Voy a pescar.

**NARRADOR** Le dijeron ellos:

**DISCÍPULOS** Vamos nosotros también contigo.

**NARRADOR** Fueron, y subieron en una barca; y aquella noche no cogieron nada. Y venida la mañana, Jesús se puso a la ribera: mas los discípulos no entendieron que era Jesús. Y les dijo:

**JESÚS** Muchachos, ¿tenéis algo de comer?

**NARRADOR** Le respondieron:

**DISCÍPULO** No.

| | |
|---|---|
| NARRADOR | Y él les dice: |
| JESÚS | Echad la red a la mano derecha del barco, y hallaréis. |
| NARRADOR | Entonces la echaron, y no la podían en ninguna manera sacar, por la multitud de los peces. Entonces aquel discípulo, al cual amaba Jesús, dijo a Pedro: |
| JUAN | El Señor es. |
| NARRADOR | Y Simón Pedro, como oyó que era el Señor, se ciñó la ropa, porque estaba desnudo, y se echó a la mar. Y los otros discípulos vinieron con el barco (porque no estaban lejos de tierra sino como a doscientos codos), trayendo la red de peces.<br>Y cuando descendieron a tierra, vieron ascuas puestas, y un pez encima de ellas, y pan. Les dijo Jesús; |
| JESÚS | Traed de los peces que cogisteis ahora. |
| NARRADOR | Subió Simón Pedro, y trajo la red a tierra, llena de grandes peces, ciento cincuenta y tres: y siendo tantos, aún así la red no se rompió. Les dijo Jesús: |
| JESÚS | Venid, desayunad. |
| NARRADOR | Y ninguno de los discípulos osaba preguntarle: ¿Tú, quién eres? sabiendo que era el Señor. Viene pues Jesús, y toma el pan, y les da; y asimismo del pez.<br>Esta era ya la tercera vez que Jesús se manifestó a sus discípulos, habiendo resucitado de los muertos. Y cuando hubieron comido, Jesús dijo a Simón Pedro: |
| JESÚS | Simón, hijo de Jonás, ¿me amas más que estos? |
| NARRADOR | Le dijo; |
| SIMÓN PEDRO | Sí Señor: tú sabes que te amo. |
| NARRADOR | Le dijo Jesús: |
| JESÚS | Apacienta mis corderos. |
| NARRADOR | Le vuelve a decir la segunda vez: |
| JESÚS | Simón, hijo de Jonás, ¿me amas? |

| | |
|---|---|
| NARRADOR | Le responde: |
| SIMÓN PEDRO | Sí, Señor: tú sabes que te amo. |
| NARRADOR | Le dijo: |
| JESÚS | Apacienta mis ovejas. |
| NARRADOR | Le dijo la tercera vez: |
| JESÚS | Simón, hijo de Jonás, ¿me amas? |
| NARRADOR | Se entristeció Pedro de que le dijese la tercera vez: ¿Me amas? y le dijo: |
| SIMÓN PEDRO | Señor, tú sabes todas las cosas; tú sabes que te amo. |
| NARRADOR | Le dijo Jesús: |
| JESÚS | Apacienta mis ovejas. De cierto, de cierto te digo: Cuando eras más joven, te vestías, e ibas donde querías; mas cuando ya fueres viejo, extenderás tus manos, y te vestirá otro, y te llevará a donde no quieras. |
| NARRADOR | Y esto dijo, dando a entender con qué muerte Pedro había de glorificar a Dios. Y dicho esto, le dijo: |
| JESÚS | Sígueme. |
| NARRADOR | Volviéndose Pedro, ve que los seguía aquel discípulo al cual amaba Jesús, el que también se había recostado a su pecho en la cena, y le había dicho: |
| JUAN | Señor, ¿quién es el que te ha de entregar? |
| NARRADOR | Así que Pedro vio a éste, y dice a Jesús: |
| SIMÓN PEDRO | Señor, ¿y éste, qué? |
| NARRADOR | Le dijo Jesús: |
| JESÚS | Si quiero que él quede hasta que yo venga, ¿a ti qué? Sígueme... tú. |

## Conversemos en Familia

1. ¿Crees que existe el Reino de Dios también aquí en la tierra, o sólo allá en los cielos? ¿Cuál es el balance perfecto entre lo terrenal y lo divino?

2. ¿Crees tener una vida con armonía y moderación? ¿O existe algún ámbito de tu vida que está empujando la balanza más de un lado que del otro?

3. ¿Y en tu familia? ¿Has aprendido a balancear las responsabilidades, las diversiones y la familia? ¿O pasas más tiempo con una de estas, sacrificando las otras?

4. Piensa en las personas que te rodean… ¿conoces a personas que se abstienen de ciertas cosas a causa de alguna creencia o religión? Escribe sus nombres en un papel y de lo que se abstienen.

5. Ahora, ve nombre por nombre y pregúntate: ¿qué hizo Jesús o que hubiera hecho Jesús en su lugar?

*¿Qué descubriste?*

# La Transparencia, a través de la sinceridad, la honestidad y la honradez

**( Mateo 5:8 )**

JESÚS — Bienaventurados los de limpio corazón: porque ellos verán a Dios.

La transparencia, en su cualidad física es ser claro, cristalino, transparente; igualmente en su condición espiritual implica un corazón limpio, sin dudas, sin ambigüedad, ni falsedad.

La Transparencia, igual que la Templanza, es otro valor que traspasa los tres amores: sinceridad para con Dios, honestidad para con los hombres y honradez para con uno mismo.

Como una luz en la oscuridad, así también es la transparencia genuina frente al mundo.

**( Mateo 5:14-16 )**

JESÚS — Vosotros sois la luz del mundo: una ciudad asentada sobre un monte no se puede esconder. Ni se enciende una lámpara y se pone debajo de un cajón mas sobre una repisa, y alumbra a todos los que están en casa. Así alumbre vuestra luz delante de los hombres, para que vean vuestras buenas obras, y glorifiquen a vuestro Padre que está en los cielos

No se puede ser transparente con mentiras e hipocresías. La transparencia es el resultado de una decisión tomada: decidir ser alguien honrado; y el primer paso es aceptarse tal y como es. ¿Cómo podemos dejar de mentirle a otros si nos mentimos a nosotros mismos? ¿Cómo podemos aceptar a otros si no nos aceptamos a nosotros primero?

Los que viven una vida de espejismos falsos, no pueden ser sinceros porque no han aprendido a amarse tal y como son.

¿No recuerdan el segundo mandamiento: Amar al Prójimo como a si mismo? Dios nos manda que antes de poder amar a otros, primero hay que amarnos a nosotros.

Por lo tanto, una persona transparente ha entendido bien el verdadero amor de Dios. Se ama a si mismo, se acepta tal y como es, y por consecuencia, puede amar, aceptar y ser honesto con otros.

## ( Mateo 5:33-37 )

JESÚS     Habéis oído que fue dicho a los antiguos: No te perjurarás; mas cumplirás al Señor tus juramentos. Mas yo os digo: No juréis en ninguna manera: ni por el cielo, porque es el trono de Dios; Ni por la tierra, porque es el estrado de sus pies; ni por Jerusalén, porque es la ciudad del gran Rey.
Ni por tu cabeza jurarás, porque no puedes hacer un cabello blanco o negro.
Mas sea vuestro hablar: Sí, sí; No, no; porque lo que es más de esto de mal procede.

Dios no miente, por lo tanto, nos demuestra la constancia de la Verdad... así como se lo prometió Jesús a sus propios discípulos:

## ( Mateo 10:26-31 )

JESÚS     Así que, no los temáis; porque nada hay encubierto, que no haya de ser manifestado; ni oculto, que no haya de saberse. Lo que os digo en tinieblas, decidlo en la luz; y lo que oís al oído predicadlo desde los terrados.

Y no temáis a los que matan el cuerpo, mas al alma no pueden matar: temed antes a aquel que puede destruir el alma y el cuerpo en el infierno.

¿No se venden dos pajarillos por un cuarto? Con todo, ni uno de ellos cae a tierra sin vuestro Padre. Pues aun vuestros cabellos están todos contados. Así que, no temáis: más valéis vosotros que muchos pajarillos.

Dios nos ama genuinamente, sin engaños ni prejuicios. Por lo tanto, desea que nosotros hagamos lo mismo con él, con nuestras familias, con nuestros amigos y con todo aquel que nos rodea.

¿Recuerdan el valor de la Tolerancia? Dios nos conoce a fondo, y aún así nos ama tal y como somos. ¿Recuerdan el valor de la Igualdad? Cada uno de nosotros somos de igual valor frente a los ojos de nuestro Padre, ¡y ese valor es incalculable! ¿Recuerdan el valor del perdón? Él quiere que todos participemos del Reino, y mandó a Jesús como la personificación de su gracia para que todos la disfrutemos.

Por lo tanto, ¿cómo podríamos tratar de engañar a un amor tan puro y sincero?

Dios sabe todos nuestros secretos. Es imposible mentirle sin delatarnos de inmediato. La verdadera transparencia, entonces, de una forma u otra, es la sinceridad genuina con todos los valores del Reino de Dios.

## ( Mateo 6:1-8 )

JESÚS     Mirad que no hagáis vuestra justicia delante de los hombres, para ser vistos por ellos: de otra manera no tendréis recompensa de vuestro Padre que está en los cielos.

Cuando pues haces limosna, no hagas tocar trompeta delante de ti, como hacen los hipócritas en las sinagogas y en las plazas, para ser estimados por los hombres; de cierto os digo, que ya tienen su recompensa.

Mas cuando tú haces limosna, no sepa tu izquierda lo que hace tu derecha; Para que sea tu limosna en secreto: y tu Padre que ve en secreto, él te recompensará en público.

Y cuando oras, no seas como los hipócritas; porque ellos aman el orar en las sinagogas, y en los cantones de las calles en pie, para ser vistos de los hombres; de cierto os digo, que ya tienen su pago.

Mas tú, cuando oras, entra en tu recámara, y cerrada tu puerta, ora a tu Padre que está en secreto; y tu Padre que ve en secreto, te recompensará en público.

Y orando, no uses vanas repeticiones como los Gentiles; que piensan que por su palabrería serán oídos.

No os hagáis, pues, semejantes a ellos; porque vuestro Padre sabe de qué cosas tenéis necesidad, antes que vosotros le pidáis.

## (Mateo 6:16-23)

Y cuando ayunáis, no seáis como los hipócritas, austeros; porque ellos demudan sus rostros para parecer a los hombres que ayunan; de cierto os digo, que ya tienen su pago.

Mas tú, cuando ayunas, unge tu cabeza y lava tu rostro; Para no mostrarle a los hombres que ayunas, sino a tu Padre que está en secreto: y tu Padre que ve en secreto, te recompensará en público.

No os hagáis tesoros en la tierra, donde la polilla y el orín corrompe, y donde ladronas minan y hurtan; Mas haceos tesoros en el cielo, donde ni polilla ni orín corrompe, y donde ladrones no minan ni hurtan:

Porque donde estuviere vuestro tesoro, allí estará vuestro corazón.

La lámpara del cuerpo es el ojo: así que, si tu ojo fuere sincero, todo tu cuerpo será luminoso: Mas si tu ojo fuere malo, todo tu cuerpo será tenebroso.

Así que, si la luz que en ti hay son tinieblas, ¿cuántas serán las mismas tinieblas?

En los cuatro evangelios, Jesús no es dado a muchos episodios de ira, con la excepción de cuando echó a los mercaderes del templo, mas con las únicas personas con quien parecía estar siempre molesto eran precisamente los más distinguidos de la elite religiosa.

Para Jesús la hipocresía era indignante. La verdadera honradez empieza con la honestidad hacia el prójimo, y la honestidad hacia el prójimo proviene de una genuina sinceridad con Dios.

## ( Lucas 11:37-46 )

**NARRADOR**    Y luego que hubo hablado, le rogó un Fariseo que comiese con él: y entrando Jesús, se sentó a la mesa. Y el Fariseo, cuando lo vio, se maravilló de que no se hubiese lavado antes de comer. Y el Señor le dijo:

**JESÚS**    Ahora vosotros los Fariseos lo de fuera del vaso y del plato limpiáis; mas lo interior de vosotros está lleno de rapiña y de maldad. Necios, ¿el que hizo lo de fuera, no hizo también lo de dentro?
Pero de lo que os resta, dad limosna; y he aquí todo os será limpio. Mas ¡ay de vosotros, Fariseos! que diezmáis la menta, y la ruda, y toda hortaliza; mas el juicio y la caridad de Dios pasáis por alto. Pues estas cosas era necesario hacer, y no dejar las otras.
¡Ay de vosotros, Fariseos! que amáis las primeras sillas en las sinagogas, y las salutaciones en las plazas. ¡Ay de vosotros, escribas y Fariseos, hipócritas! que sois como sepulcros que no se ven, y los hombres que andan encima no lo saben.

**NARRADOR**    Y respondiendo uno de los doctores de la ley, le dice:

**DOCTOR DE LA LEY**
   Maestro, cuando dices esto, también nos ofendes a nosotros.

**NARRADOR**    Y él dijo:

**JESÚS**    ¡Ay de vosotros también, doctores de la ley! que cargáis a los hombres con cargas que no pueden llevar; mas vosotros ni aun con un dedo tocáis las cargas.

La honestidad con nuestros familiares y amigos son las columnas de la confianza.

Y he aquí, hemos llegado a un impasse en el valor de la Transparencia. ¿Cómo seguir adelante sin cuestionar la sinceridad y honestidad del propio Jesús?

Imposible.

Hasta ahora, él ha sido el modelo humano, tangible y visible de cómo vivir y convivir aquí en la tierra, basado en la imitación al amor de Dios. Jesús demostró a través de cada uno de los valores, que apoyaba sus palabras con acciones.

¿Pero fue Jesús sincero con nosotros al llamarse el Mesías?

El anunció una y otra vez que moriría y después resucitaría al tercer día como parte de un increíble plan, al parecer, trazado desde la creación del mundo.

¿Habrá sido todo una gran mentira?

La sinceridad de Jesús entonces, depende de esa respuesta.

## ( Juan 20:1-22 )

NARRADOR    Y EL primer día de la semana, María Magdalena vino de mañana, siendo aún oscuro al sepulcro; y vio la piedra quitada del sepulcro.
Entonces corrió, y vino a Simón Pedro, y al otro discípulo, al cual amaba Jesús, y les dice:

MARÍA MAGDALENA
Han llevado al Señor del sepulcro, y no sabemos dónde le han puesto.

NARRADOR    Y salió Pedro, y el otro discípulo, y vinieron al sepulcro. Y corrían los dos juntos; mas el otro discípulo corrió más aprisa que Pedro, y llegó primero al sepulcro. Y bajándose a mirar, vio los lienzos echados… mas no entró.
Llegó luego Simón Pedro siguiéndole, y entró en el sepulcro, y vio los lienzos echados; y el sudario que

había estado sobre su cabeza, no estaba puesto con los lienzos, sino envuelto en un lugar aparte.

Y entonces entró también el otro discípulo, que había venido primero al sepulcro, y vio, y creyó. Porque aun no habían entendido la Escritura, que era necesario que él resucitase de los muertos. Y volvieron los discípulos a los suyos.

Pero María estaba fuera llorando junto al sepulcro: y estando llorando, bajó a mirar el sepulcro; Y vio dos ángeles en ropas blancas que estaban sentados, el uno a la cabecera, y el otro a los pies, donde el cuerpo de Jesús había sido puesto. Y le dijeron:

**ÁNGEL**  Mujer, ¿por qué lloras?

**NARRADOR**  Les dijo:

**MARÍA MAGDALENA**
Porque se han llevado a mi Señor, y no sé dónde le han puesto.

**NARRADOR**  Y como hubo dicho esto, se volvió atrás, y vio a Jesús que estaba allí mas no sabía que era Jesús. Y el le dijo:

**JESÚS**  Mujer, ¿por qué lloras? ¿á quién buscas?

**NARRADOR**  Ella, pensando que era el hortelano, le dijo:

**MARÍA MAGDALENA**
Señor, si tú lo has llevado, dime dónde lo has puesto, y yo lo llevaré.

**NARRADOR**  Le dijo Jesús:

**JESÚS**  ¡María!

**NARRADOR**  Volviéndose ella, le dijo:

**MARÍA MAGDALENA**
¡Raboni!

**NARRADOR**  Lo cual quiere decir, Maestro. Le dijo Jesús:

**JESÚS**  ¡No! No me toques: porque aun no he subido a mi Padre... mas ve a mis hermanos, y diles que subo a mi Padre y a vuestro Padre, a mi Dios y a vuestro Dios.

NARRADOR    Fue María Magdalena dando las nuevas a los discípulos de que había visto al Señor, y que él le había dicho estas cosas.
Y cuando fue tarde de aquel día, el primero de la semana, y estando las puertas cerradas donde los discípulos estaban juntos por miedo de los Judíos, vino Jesús, y se puso en medio, y les dijo:

JESÚS    Paz a vosotros.

NARRADOR    Y como hubo dicho esto, les mostró las manos y el costado. Y los discípulos se gozaron viendo al Señor. Entonces les dijo Jesús otra vez:

JESÚS    Paz a vosotros: como me envió el Padre, así también yo os envío.

NARRADOR    Y como hubo dicho esto, sopló, y les dijo:

JESÚS    Tomad el Espíritu Santo...

Si Jesús fue un mentiroso, entonces tome estos discos de audio y tírelos a la basura. Los valores de este libro han sido basados en sus enseñanzas, y por muy buenas que sean, un mentiroso de tal calaña no puede ser un guía para la moralidad y la sinceridad humana.

Mentir y engañar así a las personas no puede ser basado en un amor puro, justo e incondicional.

Es una mentira egoísta, hipócrita y convierte a Jesús en otro Fariseo: tocando trompetas para que le vean y fingiendo misericordia para ganar fama. ¡Y vaya que funcionó! ¡No hay otro hombre más famoso en toda la historia de la humanidad que el carpintero de Nazaret!

Pero y entonces, ¿donde quedan los milagros de los cuales tanta gente fueron testigos? ¿Donde quedó el Jesús que lloró por María y Marta momentos antes de levantar a Lázaro de entre los muertos?

---( Marcos 4:1-9 )---

NARRADOR  Y otra vez comenzó a enseñar junto a la mar, y se juntó a él mucha gente; tanto, que entrando él en un barco, se sentó en el sobre la mar: y toda la gente estaba en tierra junto a la mar.
Y les enseñaba por parábolas muchas cosas, y les decía en su doctrina:

JESÚS  Oíd: He aquí, el sembrador salió a sembrar. Y aconteció sembrando, que una parte cayó junto al camino; y vinieron las aves del cielo, y la tragaron.
Y otra parte cayó en pedregales, donde no tenía mucha tierra; y luego brotó pronto, porque no era tierra profunda: Mas salido el sol, se quemó; y por cuanto no tenía raíz, se secó.
Y otra parte cayó en espinas; y subieron las espinas, y la ahogaron, y no dio fruto.
Y otra parte cayó en buena tierra, y dio fruto, que subió y creció: y produjo cosecha, el treinta, y otro el sesenta, y otro el ciento por uno.

NARRADOR  Entonces les dijo:

JESÚS  El que tiene oídos para oír... oiga.

Para Dios no existen las coincidencias. La expresión griega que Juan usa para personificar a Jesús en el primer capítulo de su evangelio es *logos* que significa la expresión del pensamiento.

---( Juan 1:1 )---

NARRADOR  En el principio era el Verbo y el Verbo era con Dios y el Verbo era Dios.

Casi todas las traducciones siguen una tradición antigua de transcribir esta palabra como «Verbo». Sin embargo, su traducción literal es «palabra».

**NARRADOR**    En el principio era la Palabra y la Palabra era con Dios y la Palabra era Dios.

En la parábola del sembrador en su versión griega original... la línea «el que siembra la palabra» es literalmente, «el que siembra el *logos*».

### ( Marcos 4:14-20 )

**JESÚS**    El sembrador es el que siembra la palabra.
Y éstos son los de junto al camino: son aquellos en quienes la palabra es sembrada: pero después que la oyen, luego viene Satanás, y quita la palabra que fue sembrada en sus corazones.
Y asimismo éstos son los que son sembrados en pedregales: son los que cuando han oído la palabra, luego la toman con gozo; pero no tienen raíz en sí, y son temporales, en cuanto se levante la tribulación o la persecución por causa de la palabra, luego se escandalizan.
Y éstos son los que son sembrados entre espinas: son los que oyen la palabra; Mas los afanes de este siglo, y el engaño de las riquezas, y las codicias que hay en las otras cosas, entrando, ahogan la palabra, y se hace infructuosa.
Y éstos son los que fueron sembrados en buena tierra: son los que oyen la palabra, y la reciben, y producen cosecha, el treinta, y otro el sesenta, y otro el ciento por uno.

En otras «palabras», la semilla del amor de Dios es literalmente su Mesías. Si bien Dios es la personificación del Amor, Jesucristo entonces fue la personificación del Lenguaje del Amor de Dios.

### ( Juan 8:43 )

**JESÚS**    ¿Por qué no reconocéis mi lenguaje?

Si es cierto que la libre expresión puede derrumbar dictaduras, entonces Jesús mantuvo la comunicación abierta entre Dios y los hombres, y esa libertad de expresión divina fue la libertad de todo tipo de opresiones.

Las semillas de amor caen y se esparcen en el espíritu del hombre: como el padre del Hijo Pródigo que abrazó a su hijo amado y le perdonó, como el samaritano que vendó las heridas de su enemigo y le curó, y como Martin Luther King, Jr., que dando la otra mejilla... pudo exigir igualdad.

## CONCLUSIÓN

La Biblia dice que Dios es Amor. No que Dios es como el amor, o que Dios se parece al amor. La definición es directa e inconfundible, Dios ES amor. Por lo tanto, cada vez que amamos, estamos imitando a Dios, comportándonos como Él lo haría; y esa es la única clave para la paz y la felicidad terrenal, al igual que la salvación del mundo.

El misterioso Reino de Dios está entonces donde quiera que el amor incondicional de Dios se encuentre.

En tu familia o en la nuestra, en tu ciudad o en el mundo...

Mantén la libre expresión de amor fluyendo; sembrad el *logos* de la comunicación.

## Conversemos en Familia

1   ¿Crees que Jesús fue sincero cuando dijo que era el Mesías y que resucitaría al tercer día? ¿O habrá sido todo una gran mentira?

2   ¿Es la hipocresía otra forma de mentirse a uno mismo? ¿O puede una persona ser honrada e hipócrita a la vez?

3   ¿Y en tu familia? ¿Existe una honestidad genuina entre ustedes? ¿Qué tendrían que hacer para crear un hogar transparente?

4   Piensa en las personas que te rodean... ¿quiénes son las más sinceras, y quiénes las más mentirosas? Escribe sus nombres en un papel.

5   Ahora, ve nombre por nombre y pregúntate: ¿cómo está su autoestima? ¿Se ama a sí misma y se acepta esa persona tal y como es?

### ¿Te sorprende la conexión?

# El mensaje de los Evangelios

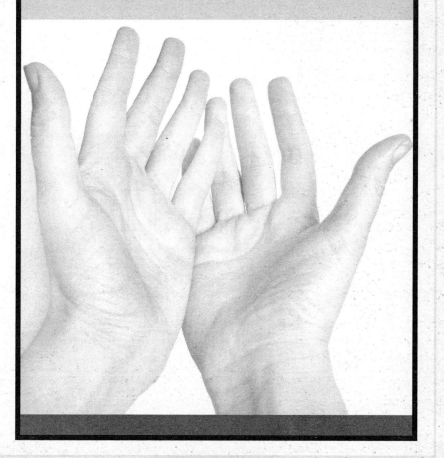

# Notas de la autora

[1] Al actualizar la versión antigua de la sagrada Biblia, Semillas de Amor ha hecho el máximo esfuerzo de respetar la versión original y muestra como ejemplo las pocas excepciones que se hicieron al respecto:

[1.1.] Ortografía, sintaxis y gramática se actualizó; por ejemplo, la acentuación de las palabras ha cambiado notablemente, bien sea que antes no se acentuaban, como en la palabra «oirle» vs. «oírle», o bien se acentuaban de más, como en las monosílabas á, é, ó. Sin embargo, hemos respetado el uso de las mayúsculas en nombres propios, sin alteración.

[1.2.] Palabras ya no usadas en el español moderno o palabras difícil de entender han sido actualizadas, notas al pié de la primera página donde aparece la palabra en cuestión han sido incluidas para mostrar la versión original; o, en ciertos ejemplos, la palabra se ha mantenido intacta y notas sobre traducciones alternativas, significados o sinónimos han sido agregadas

[1.3.] Nombres bíblicos de lugares o personas han sido actualizados con su ortografía moderna como en el ejemplo que hemos destacado en Mateo 1:3 (la versión original leía: «Thamar á Phares» vs. nuestra versión actualizada que lee: «Tamar a Fares»)

[2] Tres traducciones al español fueron usadas para revisar la ortografía moderna de los nombres bíblicos, ya sea de manera impresa o en el sitio de referencias bíblicas en la Internet, Gospel Communications BibleGateway.com (http://www.biblega teway.com): Reina-Valera 1960, Reina-Valera 1995 y la Nueva Versión Internacional (NVI). En el caso de Lucas 18:7, también empleamos el uso de una Biblia en portugués, la João Ferreira de Almeida Atualizada. Igualmente, se usó la Real Academia Española (http://www.rae.es) como referencia general para cualquier duda sobre el uso moderno de las palabras.

# El Evangelio según

# San Mateo

## Mateo 1

L IBRO de la generación de Jesucristo, hijo de David, hijo de Abraham.

2. Abraham engendró a Isaac: e Isaac engendró a Jacob: y Jacob engendró a Judas y a sus hermanos:

3. Y Judas engendró de Tamar[1] a Fares[2] y a Zara: y Fares engendró a Esrom: y Esrom engendró a Aram:

4. Y Aram engendró a Aminadab: y Aminadab engendró a Naassón: y Naassón engendró a Salmón:

5. Y Salmón engendró de Rajab a Booz, y Booz engendró de Rut a Obed y Obed engendró a Isaí:

6. Y Isaí engendró al rey David: y el rey David engendró a Salomón de la que fue mujer de Urías:

7. Y Salomón engendró a Roboán: y Roboán engendró a Abías: y Abías engendró a Asa:

8. Y Asa engendró a Josafat: y Josafat engendró a Jorán: y Jorán engendró a Uzías:

9. Y Uzías engendró a Jotán: y Jotán engendró a Acaz: y Acaz engendró a Ezequías:

10. Y Ezequías engendró a Manasés: y Manasés engendró a Amón: y Amón engendró a Josías:

11. Y Josías engendró a Jeconías y a sus hermanos, en la trasmigración de Babilonia.

12. Y después de la trasmigración[3] de Babilonia, Jeconías engendró a Salatiel: y Salatiel engendró a Zorobabel:

13. Y Zorobabel engendró a Abiud: y Abiud engendró a Eliaquín: y Eliaquín engendró a Azor:

[3] Es sinónimo de deportación

14. Y Azor engendró a Sadoc: y Sadoc engendró a Aquín: y Aquín engendró a Eliud:

15. Y Eliud engendró a Eleazar: y Eleazar engendró a Matán: y Matán engendró a Jacob:

16. Y Jacob engendró a José, marido de María, de la cual nació Jesús, el cual es llamado el Cristo.

17. De manera que todas las generaciones desde Abraham hasta David son catorce generaciones: y desde David hasta la trasmigración de Babilonia, catorce generaciones: y desde la trasmigración de Babilonia hasta Cristo, catorce generaciones.

18. Y el nacimiento de Jesucristo fue así: Que siendo María su madre desposada con José, antes que se juntasen, se halló haber concebido del Espíritu Santo.

19. Y José su marido, como era justo, y no quisiese infamarla, quiso dejarla secretamente.

20. Y pensando él en esto, he aquí el ángel del Señor le aparece en sueños, diciendo: José, hijo de David, no temas de recibir a María tu mujer, porque lo que en ella es engendrado, del Espíritu Santo es.

21. Y parirá un hijo, y llamarás su nombre JESÚS, porque él salvará a su pueblo de sus pecados.

22. Todo esto aconteció para que se cumpliese lo que fue dicho por el Señor, por el profeta que dijo:

23. He aquí la virgen concebirá y parirá un hijo, Y llamarás su nombre Emmanuel, que declarado, es: Con nosotros Dios.

24. Y despertando José del sueño, hizo como el ángel del Señor le había mandado, y recibió a su mujer.

25. Y no la conoció hasta que parió a su hijo primogénito: y llamó su nombre JESÚS.

## Mateo 2

Y COMO fue nacido Jesús en Belén de Judea en días del rey Herodes, he aquí unos magos vinieron del oriente a Jerusalén,

2. Diciendo: ¿Dónde está el Rey de los

Judíos, que ha nacido? porque su estrella hemos visto en el oriente, y venimos a adorarle.

3. Y oyendo esto el rey Herodes, se turbó, y toda Jerusalén con él.

4. Y convocados todos los príncipes de los sacerdotes, y los escribas del pueblo, les preguntó dónde había de nacer el Cristo.

5. Y ellos le dijeron: En Belén de Judea; porque así está escrito por el profeta:

6. Y tú, Belén, de tierra de Judá, No eres muy pequeña entre los príncipes de Judá; Porque de ti saldrá un guiador, Que apacentará a mi pueblo Israel.

7. Entonces Herodes, llamando en secreto a los magos, entendió de ellos diligentemente el tiempo del aparecimiento de la estrella;

8. Y enviándolos a Belén, dijo: Andad allá, y preguntad con diligencia por el niño; y después que le hallareis, hacédmelo saber, para que yo también vaya y le adore.

9. Y ellos, habiendo oído al rey, se fueron: y he aquí la estrella que habían visto en el oriente, iba delante de ellos, hasta que llegando, se puso sobre donde estaba el niño.

10. Y vista la estrella, se regocijaron con muy grande gozo.

11. Y entrando en la casa, vieron al niño con su madre María, y postrándose, le adoraron; y abriendo sus tesoros, le ofrecieron dones, oro, e incienso y mirra.

12. Y siendo avisados por revelación en sueños que no volviesen a Herodes, se volvieron a su tierra por otro camino.

13. Y partidos ellos, he aquí el ángel del Señor aparece en sueños a José, diciendo: Levántate, y toma al niño y a su madre, y huye a Egipto, y quédate[4] allá hasta que yo te lo diga; porque ha de acontecer, que Herodes buscará al niño para matarlo.

14. Y él despertando, tomó al niño y a su madre de noche, y se fue a Egipto;

15. Y estuvo allá hasta la muerte de Herodes: para que se cumpliese lo que fue dicho por el Señor, por el profeta

que dijo: De Egipto llamé a mi Hijo.

16. Herodes entonces, como se vio burlado de los magos, se enojó mucho, y envió, y mató a todos los niños que había en Belén y en todos sus términos, de edad de dos años abajo, conforme al tiempo que había entendido de los magos.

17. Entonces fue cumplido lo que se había dicho por el profeta Jeremías, que dijo:

18. Voz fue oída en Ramá, Grande lamentación, lloro y gemido: Raquel que llora sus hijos, Y no quiso ser consolada, porque perecieron.

19. Mas muerto Herodes, he aquí el ángel del Señor aparece en sueños a José en Egipto,

20. Diciendo: Levántate, y toma al niño y a su madre, y vete a tierra de Israel; que muertos son los que procuraban la muerte del niño.

21. Entonces él se levantó, y tomó al niño y a su madre, y se vino a tierra de Israel.

22. Y oyendo que Arquelao reinaba en Judea en lugar de Herodes su padre, temió ir allá: mas amonestado por revelación en sueños, se fue a las partes de Galilea.

23. Y vino, y habitó en la ciudad que se llama Nazaret: para que se cumpliese lo que fue dicho por los profetas, que había de ser llamado Nazareno.

## Mateo 3

 EN aquellos días vino Juan el Bautista predicando en el desierto de Judea,

2. Y diciendo: Arrepentíos, que el reino de los cielos se ha acercado.

3. Porque éste es aquel del cual fue dicho por el profeta Isaías, que dijo: Voz de uno que clama en el desierto: Aparejad el camino del Señor, Enderezad sus veredas.

4. Y tenía Juan su vestido de pelos de camellos, y una cinta de cuero alrededor de sus lomos; y su comida era langostas y miel silvestre.

5. Entonces salía a él Jerusalén, y toda Judea, y toda la provincia de alrededor del Jordán;

[4] Versión original: estáte

6. Y eran bautizados de él en el Jordán, confesando sus pecados.

7. Y viendo él muchos de los Fariseos y de los Saduceos, que venían a su bautismo, les decía[5]: Generación de víboras, ¿quién os ha enseñado a huir de la ira que vendrá?

8. Haced pues frutos dignos de arrepentimiento,

9. Y no penséis decir dentro de vosotros: a Abraham tenemos por padre: porque yo os digo, que puede Dios despertar hijos a Abraham aun de estas piedras.

10. Ahora, ya también la segur está puesta a la raíz de los árboles; y todo árbol que no hace buen fruto, es cortado y echado en el fuego.

11. Yo a la verdad os bautizo en agua para arrepentimiento; mas el que viene tras mí, más poderoso es que yo; los zapatos del cual yo no soy digno de llevar; él os bautizará en Espíritu Santo y en fuego

12. Su aventador en su mano está, y aventará su era: y allegará su trigo en el granero, y quemará la paja en fuego que nunca se apagará.

13. Entonces Jesús vino de Galilea a Juan al Jordán, para ser bautizado de él.

14. Mas Juan lo resistía mucho, diciendo: Yo he menester ser bautizado de ti, ¿y tú vienes a mí?

15. Empero respondiendo Jesús le dijo: Deja ahora; porque así nos conviene cumplir toda justicia. Entonces le dejó.

16. Y Jesús, después que fue bautizado, subió luego del agua; y he aquí los cielos le fueron abiertos, y vio al Espíritu de Dios que descendía como paloma, y venía sobre él.

17. Y he aquí una voz de los cielos que decía: Este es mi Hijo amado, en el cual tengo contentamiento.

## Mateo 4

ENTONCES Jesús fue llevado del Espíritu al desierto, para ser tentado del diablo.

2. Y habiendo ayunado cuarenta días y cuarenta noches, después tuvo hambre.

3. Y llegándose a él el tentador, dijo: Si eres Hijo de Dios, di que estas piedras se hagan pan.

4. Mas él respondiendo, dijo: Escrito está: No con solo el pan vivirá el hombre, mas con toda palabra que sale de la boca de Dios.

5. Entonces el diablo le pasa a la santa ciudad, y le pone sobre las almenas del templo,

6. Y le dice: Si eres Hijo de Dios, échate abajo; que escrito está: A sus ángeles mandará por ti, Y te alzarán en las manos, Para que nunca tropieces con tu pie en piedra.

7. Jesús le dijo: Escrito está además: No tentarás al Señor tu Dios.

8. Otra vez le pasa el diablo a un monte muy alto, y le muestra todos los reinos del mundo, y su gloria,

9. Y le dijo[6]: Todo esto te daré, si postrado me adorares.

10. Entonces Jesús le dice: Vete, Satanás, que escrito está: Al Señor tu Dios adorarás y a él solo servirás.

11. El diablo entonces le dejó: y he aquí los ángeles llegaron y le servían.

12. Mas oyendo Jesús que Juan era preso, se volvió a Galilea;

13. Y dejando a Nazaret, vino y habitó en Capernaúm, ciudad marítima, en los confines de Zabulón y de Neftalí:

14. Para que se cumpliese lo que fue dicho por el profeta Isaías, que dijo:

15. La tierra de Zabulón, y la tierra de Neftalí, Camino de la mar, de la otra parte del Jordán, Galilea de los Gentiles;

16. El pueblo asentado en tinieblas, Vio gran luz; Y a los sentados en región y sombra de muerte, Luz les esclareció.

17. Desde entonces comenzó Jesús a predicar, y a decir: Arrepentíos, que el reino de los cielos se ha acercado.

18. Y andando Jesús junto a la mar de Galilea, vio a dos hermanos, Simón, que es llamado Pedro, y Andrés su hermano, que echaban la red en la mar; porque eran pescadores.

19. Y les dijo[7]: Venid en pos de mí, y os

---

[5] Versión original: decíales

[6] Versión original: dícele
[7] Versión original: díceles o le dijos

haré pescadores de hombres.

20. Ellos entonces, dejando luego las redes, le siguieron.

21. Y pasando de allí vio otros dos hermanos, Jacobo, hijo de Zebedeo, y Juan su hermano, en el barco con Zebedeo, su padre, que remendaban sus redes; y los llamó.

22. Y ellos, dejando luego el barco y a su padre, le siguieron.

23. Y rodeó Jesús toda Galilea, enseñando en las sinagogas de ellos, y predicando el evangelio del reino, y sanando toda enfermedad y toda dolencia en el pueblo.

24. Y corría su fama por toda la Siria; y le trajeron todos los que tenían mal: los tomados de diversas enfermedades y tormentos, y los endemoniados, y lunáticos, y paralíticos, y los sanó.

25. Y le siguieron muchas gentes de Galilea y de Decápolis y de Jerusalén y de Judea y de la otra parte del Jordán.

## Mateo 5

 VIENDO las gentes, subió al monte; y sentándose, se llegaron a él sus discípulos. 2. Y abriendo su boca, les enseñaba, diciendo:

3. Bienaventurados los pobres en espíritu: porque de ellos es el reino de los cielos.

4. Bienaventurados los que lloran: porque ellos recibirán consolación.

5. Bienaventurados los mansos: porque ellos recibirán la tierra por heredad.

6. Bienaventurados los que tienen hambre y sed de justicia: porque ellos serán hartos.

7. Bienaventurados los misericordiosos: porque ellos alcanzarán misericordia.

8. Bienaventurados los de limpio corazón: porque ellos verán a Dios.

9. Bienaventurados los pacificadores: porque ellos serán llamados hijos de Dios.

10. Bienaventurados los que padecen persecución por causa de la justicia: porque de ellos es el reino de los cielos.

11. Bienaventurados sois cuando os vituperaren y os persiguieren, y dijeren de vosotros todo mal por mi causa, mintiendo.

12. Gozaos y alegraos; porque vuestra merced es grande en los cielos: que así persiguieron a los profetas que fueron antes de vosotros.

13. Vosotros sois la sal de la tierra: y si la sal se desvaneciere ¿con qué será salada? no vale más para nada, sino para ser echada fuera y hollada de los hombres.

14. Vosotros sois la luz del mundo: una ciudad asentada sobre un monte no se puede esconder.

15. Ni se enciende una lámpara y se pone debajo de un almud, mas sobre el candelero, y alumbra a todos los que están en casa.

16. Así alumbre vuestra luz delante de los hombres, para que vean vuestras obras buenas, y glorifiquen a vuestro Padre que está en los cielos.

17. No penséis que he venido para abrogar la ley o los profetas: no he venido para abrogar, sino a cumplir.

18. Porque de cierto os digo, que hasta que perezca el cielo y la tierra, ni una jota ni un tilde perecerá de la ley, hasta que todas las cosas sean hechas.

19. De manera que cualquiera que infringiere uno de estos mandamientos muy pequeños, y así enseñare a los hombres, muy pequeño será llamado en el reino de los cielos: mas cualquiera que hiciere y enseñare, éste será llamado grande en el reino de los cielos.

20. Porque os digo, que si vuestra justicia no fuere mayor que la de los escribas y de los Fariseos, no entraréis en el reino de los cielos.

21. Oísteis que fue dicho a los antiguos: No matarás; mas cualquiera que matare, será culpado del juicio.

22. Mas yo os digo, que cualquiera que se enojare locamente con su hermano, será culpado del juicio; y cualquiera que dijere a su hermano, Raca[8], será culpado del concejo; y cualquiera que dijere, Fatuo, será culpado del infierno del fuego.

---

[8] Significa «estúpido» en arameo.

23. Por tanto, si trajeres tu presente al altar, y allí te acordares de que tu hermano tiene algo contra ti,

24. Deja allí tu presente delante del altar, y vete, vuelve primero en amistad con tu hermano, y entonces ven y ofrece tu presente.

25. Concíliate con tu adversario presto, entre tanto que estás con él en el camino; porque no acontezca que el adversario te entregue al juez, y el juez te entregue al alguacil, y seas echado en prisión.

26. De cierto te digo, que no saldrás de allí, hasta que pagues el último cuadrante.

27. Oísteis que fue dicho: No adulterarás:

28. Mas yo os digo, que cualquiera que mira a una mujer para codiciarla, ya adulteró con ella en su corazón.

29. Por tanto, si tu ojo derecho te fuere ocasión de caer, sácalo, y échalo de ti: que mejor te es que se pierda uno de tus miembros, que no que todo tu cuerpo sea echado al infierno.

30. Y si tu mano derecha te fuere ocasión de caer, córtala, y échala de ti: que mejor te es que se pierda uno de tus miembros, que no que todo tu cuerpo sea echado al infierno.

31. También fue dicho: Cualquiera que repudiare a su mujer, déle carta de divorcio:

32. Mas yo os digo, que el que repudiare a su mujer, fuera de causa de fornicación, hace que ella adultere; y el que se casare con la repudiada, comete adulterio.

33. Además habéis oído que fue dicho a los antiguos: No te perjurarás; mas pagarás al Señor tus juramentos.

34. Mas yo os digo: No juréis en ninguna manera: ni por el cielo, porque es el trono de Dios;

35. Ni por la tierra, porque es el estrado de sus pies; ni por Jerusalén, porque es la ciudad del gran Rey.

36. Ni por tu cabeza jurarás, porque no puedes hacer un cabello blanco o negro.

37. Mas sea vuestro hablar: Sí, sí; No, no; porque lo que es más de esto, de mal procede.

38. Oísteis que fue dicho a los antiguos:

Ojo por ojo, y diente por diente.

39. Mas yo os digo: No resistáis al mal; antes a cualquiera que te hiriere en tu mejilla diestra, vuélvele también la otra;

40. Y al que quisiere ponerte a pleito y tomarte tu ropa, déjale también la capa;

41. Y a cualquiera que te cargare por una milla, ve con él dos.

42. Al que te pidiere, dale; y al que quisiere tomar de ti prestado, no se lo rehúses.

43. Oísteis que fue dicho: Amarás a tu prójimo, y aborrecerás a tu enemigo.

44. Mas yo os digo: Amad a vuestros enemigos, bendecid a los que os maldicen, haced bien a los que os aborrecen, y orad por los que os ultrajan y os persiguen;

45. Para que seáis hijos de vuestro Padre que está en los cielos: que hace que su sol salga sobre malos y buenos, y llueve sobre justos e injustos.

46. Porque si amareis a los que os aman, ¿qué recompensa tendréis? ¿no hacen también lo mismo los publicanos[9]?

47. Y si abrazareis a vuestros hermanos solamente, ¿qué hacéis de más? ¿no hacen también así los Gentiles?

48. Sed, pues, vosotros perfectos, como vuestro Padre que está en los cielos es perfecto.

## Mateo 6

 IRAD que no hagáis vuestra justicia delante de los hombres, para ser vistos de ellos: de otra manera no tendréis merced de vuestro Padre que está en los cielos.

2. Cuando pues haces limosna, no hagas tocar trompeta delante de ti, como hacen los hipócritas en las sinagogas y en las plazas, para ser estimados de los hombres: de cierto os digo, que ya tienen su recompensa.

3. Mas cuando tú haces limosna, no sepa tu izquierda lo que hace tu derecha;

[9] Judíos que se habían convertido en recaudadores de impuestos para los romanos, y por lo tanto, eran considerados despreciados por el resto del pueblo y llamados «pecadores» por los fariseos.

4. Para que sea tu limosna en secreto: y tu Padre que ve en secreto, él te recompensará en público.

5. Y cuando oras, no seas como los hipócritas; porque ellos aman el orar en las sinagogas, y en los cantones de las calles en pie, para ser vistos de los hombres: de cierto os digo, que ya tienen su pago.

6. Mas tú, cuando oras, éntrate en tu cámara, y cerrada tu puerta, ora a tu Padre que está en secreto; y tu Padre que ve en secreto, te recompensará en público.

7. Y orando, no seáis prolijos, como los Gentiles; que piensan que por su parlería serán oídos.

8. No os hagáis, pues, semejantes a ellos; porque vuestro Padre sabe de qué cosas tenéis necesidad, antes que vosotros le pidáis.

9. Vosotros pues, oraréis así: Padre nuestro que estás en los cielos, santificado sea tu nombre.

10. Venga tu reino. Sea hecha tu voluntad, como en el cielo, así también en la tierra.

11. Danos hoy nuestro pan cotidiano.

12. Y perdónanos nuestras deudas, como también nosotros perdonamos a nuestros deudores.

13. Y no nos metas en tentación, mas líbranos del mal: porque tuyo es el reino, y el poder, y la gloria, por todos los siglos. Amén.

14. Porque si perdonareis a los hombres sus ofensas, os perdonará también a vosotros vuestro Padre celestial.

15. Mas si no perdonareis a los hombres sus ofensas, tampoco vuestro Padre os perdonará vuestras ofensas.

16. Y cuando ayunáis, no seáis como los hipócritas, austeros; porque ellos demudan sus rostros para parecer a los hombres que ayunan: de cierto os digo, que ya tienen su pago.

17. Mas tú, cuando ayunas, unge tu cabeza y lava tu rostro;

18. Para no parecer a los hombres que ayunas, sino a tu Padre que está en secreto: y tu Padre que ve en secreto, te recompensará en público.

19. No os hagáis tesoros en la tierra, donde la polilla y el orín corrompe, y donde ladronas minan y hurtan;

20. Mas haceos tesoros en el cielo, donde ni polilla ni orín corrompe, y donde ladrones no minan ni hurtan:

21. Porque donde estuviere vuestro tesoro, allí estará vuestro corazón.

22. La lámpara del cuerpo es el ojo: así que, si tu ojo fuere sincero, todo tu cuerpo será luminoso:

23. Mas si tu ojo fuere malo, todo tu cuerpo será tenebroso. Así que, si la lumbre que en ti hay son tinieblas, ¿cuántas serán las mismas tinieblas?

24. Ninguno puede servir a dos señores; porque o aborrecerá al uno y amará al otro, o se llegará al uno y menospreciará al otro: no podéis servir a Dios y a Mammón[10].

25. Por tanto os digo: No os preocupéis por vuestra vida, qué habéis de comer, o que habéis de beber; ni por vuestro cuerpo, qué habéis de vestir: ¿no es la vida más que el alimento, y el cuerpo que el vestido?

26. Mirad las aves del cielo, que no siembran, ni siegan, ni allegan en graneros; y vuestro Padre celestial las alimenta. ¿No sois vosotros mucho mejores que ellas?

27. Mas ¿quién de vosotros podrá, congojándose, añadir a su estatura un codo?

28. Y por el vestido ¿por qué os congojáis? Reparad los lirios del campo, cómo crecen; no trabajan ni hilan;

29. Mas os digo, que ni aun Salomón con toda su gloria fue vestido así como uno de ellos.

30. Y si la hierba del campo que hoy es, y mañana es echada en el horno, Dios la viste así, ¿no hará mucho más a vosotros, hombres de poca fe?

31. No os preocupéis pues, diciendo: ¿Qué comeremos, o qué beberemos, o con qué nos cubriremos?

32. Porque los Gentiles buscan todas estas cosas: que vuestro Padre celestial sabe de todas estas cosas habéis menester.

33. Mas buscad primeramente el reino de

---

[10] Significa riquezas o dios del dinero, del griego mamona; representado como un poder personificado que domina al mundo.

Dios y su justicia, y todas estas cosas os serán añadidas.

34. Así que, no os preocupéis por el día de mañana; que el día de mañana traerá su fatiga: basta al día su afán.

## Mateo 7

NO juzguéis, para que no seáis juzgados.

2. Porque con el juicio con que juzgáis, seréis juzgados; y con la medida con que medís, os volverán a medir.

3. Y ¿por qué miras la mota[11] que está en el ojo de tu hermano, y no echas de ver la viga que está en tu ojo?

4. O ¿cómo dirás a tu hermano: Espera, echaré de tu ojo la mota, y he aquí la viga en tu ojo?

5. ¡Hipócrita! echa primero la viga de tu ojo, y entonces mirarás en echar la mota del ojo de tu hermano.

6. No deis lo santo a los perros, ni echéis vuestras perlas delante de los puercos; porque no las rehuellen con sus pies, y vuelvan y os despedacen.

7. Pedid, y se os dará; buscad, y hallaréis; llamad, y se os abrirá.

8. Porque cualquiera que pide, recibe; y el que busca, halla; y al que llama, se abrirá.

9. ¿Qué hombre hay de vosotros, a quien si su hijo pidiere pan, le dará una piedra?

10. ¿Y si le pidiere un pez, le dará una serpiente?

11. Pues si vosotros, siendo malos, sabéis dar buenas dádivas a vuestros hijos, ¿cuánto más vuestro Padre que está en los cielos, dará buenas cosas a los que le piden?

12. Así que, todas las cosas que quisierais que los hombres hiciesen con vosotros, así también haced vosotros con ellos; porque esta es la ley y los profetas.

13. Entrad por la puerta estrecha: porque ancha es la puerta, y espacioso el camino que lleva a perdición, y muchos son los que entran por ella.

14. Porque estrecha es la puerta, y angosto el camino que lleva a la vida, y pocos son los que la hallan.

15. Y guardaos de los falsos profetas, que vienen a vosotros con vestidos de ovejas, mas de dentro son lobos rapaces.

16. Por sus frutos los conoceréis. ¿Acaso se recogen[12] uvas de los espinos, o higos de los abrojos?

17. Así, todo buen árbol lleva buenos frutos; mas el árbol maleado lleva malos frutos.

18. No puede el buen árbol llevar malos frutos, ni el árbol maleado llevar frutos buenos.

19. Todo árbol que no lleva buen fruto, se corta y se echa[13] en el fuego.

20. Así que, por sus frutos los conoceréis.

21. No todo el que me dice: Señor, Señor, entrará en el reino de los cielos: mas el que hiciere la voluntad de mi Padre que está en los cielos.

22. Muchos me dirán en aquel día: Señor, Señor, ¿no profetizamos en tu nombre, y en tu nombre lanzamos demonios, y en tu nombre hicimos mucho milagros?

23. Y entonces les protestaré: Nunca os conocí; apartaos de mí, obradores de maldad.

24. Cualquiera, pues, que me oye estas palabras, y las hace, le compararé a un hombre prudente, que edificó su casa sobre la peña;

25. Y descendió lluvia, y vinieron ríos, y soplaron vientos, y combatieron aquella casa; y no cayó: porque estaba fundada sobre la peña.

26. Y cualquiera que me oye estas palabras, y no las hace, le compararé a un hombre insensato, que edificó su casa sobre la arena;

27. Y descendió lluvia, y vinieron ríos, y soplaron vientos, e hicieron ímpetu en aquella casa; y cayó, y fue grande su ruina.

28. Y fue que, como Jesús acabó estas palabras, las gentes se admiraban de su doctrina;

29. Porque les enseñaba como quien tiene autoridad, y no como los escribas.

---

[11] Traducción alternativa: astilla o paja, denota algo extremadamente pequeño, especialmente en comparación a una viga.

[12] Versión original: cógense
[13] Versión original: córtase y échase

## Mateo 8

Y COMO descendió del monte, le seguían muchas gentes.

2. Y he aquí un leproso vino, y le adoraba, diciendo: Señor, si quisieres, puedes limpiarme.

3. Y extendiendo Jesús su mano, le tocó, diciendo: Quiero; sé limpio. Y luego su lepra fue limpiada.

4. Entonces Jesús le dijo: Mira, no lo digas a nadie; mas ve, muéstrate al sacerdote, y ofrece el presente que mandó Moisés, para testimonio a ellos.

5. Y entrando Jesús en Capernaúm, vino a él un centurión, rogándole,

6. Y diciendo: Señor, mi mozo[14] yace en casa paralítico, gravemente atormentado.

7. Y Jesús le dijo: Yo iré y le sanaré.

8. Y respondió el centurión, y dijo: Señor, no soy digno de que entres debajo de mi techado; mas solamente di la palabra, y mi mozo sanará.

9. Porque también yo soy hombre bajo de potestad, y tengo bajo de mí soldados: y digo a éste: Ve, y va; y al otro: Ven, y viene; y a mi siervo: Haz esto, y lo hace.

10. Y oyendo Jesús, se maravilló, y dijo a los que le seguían: De cierto os digo, que ni aun en Israel he hallado fe tanta.

11. Y os digo que vendrán muchos del oriente y del occidente, y se sentarán con Abraham, e Isaac, y Jacob, en el reino de los cielos:

12. Mas los hijos del reino serán echados a las tinieblas de afuera: allí será el lloro y el crujir de dientes.

13. Entonces Jesús dijo al centurión: Ve, y como creíste te sea hecho. Y su mozo fue sano en el mismo momento.

14. Y vino Jesús a casa de Pedro, y vio a su suegra echada en cama, y con fiebre.

15. Y tocó su mano, y la fiebre la dejó: y ella se levantó, y les servía.

16. Y como fue ya tarde, trajeron a él muchos endemoniados: y echó los demonios con la palabra, y sanó a todos los enfermos;

17. Para que se cumpliese lo que fue dicho por el profeta Isaías, que dijo: El mismo tomó nuestras enfermedades, y llevó nuestras dolencias.

18. Y viendo Jesús muchas gentes alrededor de sí, mandó pasar a la otra parte del lago.

19. Y llegándose un escriba, le dijo: Maestro, te seguiré a donde quiera que fueres.

20. Y Jesús le dijo: Las zorras tienen cavernas, y las aves del cielo nidos; mas el Hijo del hombre no tiene donde recueste su cabeza.

21. Y otro de sus discípulos le dijo: Señor, dame licencia para que vaya primero, y entierre a mi padre.

22. Y Jesús le dijo: Sígueme; deja que los muertos entierren a sus muertos.

23. Y entrando él en el barco, sus discípulos le siguieron.

24. Y he aquí, fue hecho en la mar un gran movimiento, que el barco se cubría de las olas; mas él dormía.

25. Y llegándose sus discípulos, le despertaron, diciendo: Señor, sálvanos, que perecemos.

26. Y él les dice: ¿Por qué teméis, hombres de poca fe? Entonces, levantándose, reprendió a los vientos y a la mar; y fue grande bonanza.

27. Y los hombres se maravillaron, diciendo: ¿Qué hombre es éste, que aun los vientos y la mar le obedecen?

28. Y como él hubo llegado en la otra ribera al país de los Gadarenos, le vinieron al encuentro dos endemoniados que salían de los sepulcros, fieros en gran manera, que nadie podía pasar por aquel camino.

29. Y he aquí clamaron, diciendo: ¿Qué tenemos contigo, Jesús, Hijo de Dios? ¿has venido acá a molestarnos antes de tiempo?

30. Y estaba lejos de ellos un hato de muchos puercos paciendo.

31. Y los demonios le rogaron, diciendo: Si nos echas, permítenos ir a aquel hato de puercos.

32. Y les dijo: Id. Y ellos salieron, y se

[14] Traducciones alternativas: muchacho, siervo (probablemente un siervo joven)

fueron a aquel hato de puercos: y he aquí, todo el hato de los puercos se precipitó de un despeñadero en la mar, y murieron en las aguas.

33. Y los porqueros huyeron, y viniendo a la ciudad, contaron todas las cosas, y lo que había pasado con los endemoniados.

34. Y he aquí, toda la ciudad salió a encontrar a Jesús: Y cuando le vieron, le rogaban que saliese de sus términos.

## Mateo 9

ENTONCES entrando en el barco, pasó a la otra parte, y vino a su ciudad.

2. Y he aquí le trajeron un paralítico, echado en una cama: y viendo Jesús la fe de ellos, dijo al paralítico: Confía, hijo; tus pecados te son perdonados.

3. Y he aquí, algunos de los escribas decían dentro de sí: Este blasfema.

4. Y viendo Jesús sus pensamientos, dijo: ¿Por qué pensáis mal en vuestros corazones?

5. Porque, ¿qué es más fácil, decir: Los pecados te son perdonados; o decir: Levántate, y anda?

6. Pues para que sepáis que el Hijo del hombre tiene potestad en la tierra de perdonar pecados, (dice entonces al paralítico): Levántate, toma tu cama, y vete a tu casa.

7. Entonces él se levantó y se fue a su casa.

8. Y las gentes, viéndolo, se maravillaron, y glorificaron a Dios, que había dado tal potestad a los hombres.

9. Y pasando Jesús de allí, vio a un hombre que estaba sentado al banco de los públicos tributos, el cual se llamaba Mateo; y le dijo: Sígueme. Y se levantó, y le siguió.

10. Y aconteció que estando él sentado a la mesa en casa, he aquí que muchos publicanos y pecadores, que habían venido, se sentaron juntamente a la mesa con Jesús y sus discípulos.

11. Y viendo esto los Fariseos, dijeron a sus discípulos: ¿Por qué come vuestro Maestro con los publicanos y pecadores?

12. Y oyéndolo Jesús, le dijo: Los que están sanos no tienen necesidad de médico, sino los enfermos.

13. Andad pues, y aprended qué cosa es: Misericordia quiero, y no sacrificio: porque no he venido a llamar justos, sino pecadores a arrepentimiento.

14. Entonces los discípulos de Juan vienen a él, diciendo: ¿Por qué nosotros y los Fariseos ayunamos muchas veces, y tus discípulos no ayunan?

15. Y Jesús les dijo: ¿Pueden los que son de bodas tener luto entre tanto que el esposo está con ellos? mas vendrán días cuando el esposo será quitado de ellos, y entonces ayunarán.

16. Y nadie echa remiendo de paño recio en vestido viejo; porque el tal remiendo tira del vestido, y se hace peor la rotura.

17. Ni echan vino nuevo en cueros viejos: de otra manera los cueros se rompen, y el vino se derrama, y se pierden los cueros; mas echan el vino nuevo en cueros nuevos, y lo uno y lo otro se conserva juntamente.

18. Hablando él estas cosas a ellos, he aquí vino un principal, y le adoraba, diciendo: Mi hija es muerta poco ha: mas ven y pon tu mano sobre ella, y vivirá.

19. Y se levantó Jesús, y le siguió, y sus discípulos.

20. Y he aquí una mujer enferma de flujo de sangre doce años había, llegándose por detrás, tocó la franja de su vestido:

21. Porque decía entre sí: Si tocare solamente su vestido, seré salva.

22. Mas Jesús volviéndose, y mirándola, dijo: Confía, hija, tu fe te ha salvado. Y la mujer fue salva desde aquella hora.

23. Y llegado Jesús a casa del principal, viendo los tañedores de flautas, y la gente que hacía bullicio,

24. Les dijo: Apartaos, que la muchacha no es muerta, mas duerme. Y se burlaban de él.

25. Y como la gente fue echada fuera, entró, y la tomó[15] de la mano, y se levantó la muchacha.

[15] Versión original: tomóla

26. Y salió esta fama por toda aquella tierra.

27. Y pasando Jesús de allí, le siguieron dos ciegos, dando voces y diciendo: Ten misericordia de nosotros, Hijo de David.

28. Y llegado a la casa, vinieron a él los ciegos; y Jesús les dice: ¿Creéis que puedo hacer esto? Ellos dicen: Sí, Señor.

29. Entonces tocó los ojos de ellos, diciendo: Conforme a vuestra fe os sea hecho.

30. Y los ojos de ellos fueron abiertos. Y Jesús les encargó rigurosamente, diciendo: Mirad que nadie lo sepa.

31. Mas ellos salidos, divulgaron su fama por toda aquella tierra.

32. Y saliendo ellos, he aquí, le trajeron un hombre mudo, endemoniado.

33. Y echado fuera el demonio, el mudo habló; y las gentes se maravillaron, diciendo: Nunca ha sido vista cosa semejante en Israel.

34. Mas los Fariseos decían: Por el príncipe de los demonios echa fuera los demonios.

35. Y rodeaba Jesús por todas las ciudades y aldeas, enseñando en las sinagogas de ellos, y predicando el evangelio del reino, y sanando toda enfermedad y todo achaque en el pueblo.

36. Y viendo las gentes, tuvo compasión de ellas; porque estaban derramadas y esparcidas como ovejas que no tienen pastor.

37. Entonces dice a sus discípulos: A la verdad la mies es mucha, mas los obreros pocos.

38. Rogad, pues, al Señor de la mies, que envíe obreros a su mies.

## Mateo 10

 NTONCES llamando a sus doce discípulos, les dio potestad contra los espíritus inmundos, para que los echasen fuera, y sanasen toda enfermedad y toda dolencia.

2. Y los nombres de los doce apóstoles son estos: el primero, Simón, que es dicho Pedro, y Andrés su hermano; Jacobo, hijo de Zebedeo, y Juan su hermano;

3. Felipe, y Bartolomé; Tomás, y Mateo el publicano; Jacobo hijo de Alfeo, y Lebeo, por sobrenombre Tadeo;

4. Simón el Cananita y Judas Iscariote, que también le entregó.

5. a estos doce envió Jesús, a los cuales dio mandamiento, diciendo: Por el camino de los Gentiles no iréis, y en ciudad de Samaritanos no entréis;

6. Mas id antes a las ovejas perdidas de la casa de Israel.

7. Y yendo, predicad, diciendo: El reino de los cielos se ha acercado.

8. Sanad enfermos, limpiad leprosos, resucitad muertos, echad fuera demonios: de gracia recibisteis, dad de gracia.

9. No aprestéis oro, ni plata, ni cobre en vuestras bolsas;

10. Ni alforja para el camino, ni dos ropas de vestir, ni zapatos, ni bordón; porque el obrero digno es de su alimento.

11. Mas en cualquier ciudad, o aldea donde entrareis, investigad quién sea en ella digno, y reposad allí hasta que salgáis.

12. Y entrando en la casa, saludadla;

13. Y si la casa fuere digna, vuestra paz vendrá sobre ella; mas si no fuere digna, vuestra paz se volverá a vosotros.

14. Y cualquiera que no os recibiere, ni oyere vuestras palabras, salid de aquella casa o ciudad, y sacudid el polvo de vuestros pies.

15. De cierto os digo, que el castigo será más tolerable a la tierra de los de Sodoma y de los de Gomorra en el día del juicio, que a aquella ciudad.

16. He aquí, yo os envío como a ovejas en medio de lobos: sed pues prudentes como serpientes, y sencillos como palomas.

17. Y guardaos de los hombres: porque os entregarán en concilios, y en sus sinagogas os azotarán;

18. Y aun a príncipes y a reyes seréis llevados por causa de mí, por testimonio a ellos y a los Gentiles.

19. Mas cuando os entregaren, no os apuréis por cómo o qué hablaréis;

porque en aquella hora os será dado qué habéis de hablar.

20. Porque no sois vosotros los que habláis, sino el Espíritu de vuestro Padre que habla en vosotros.

21. Y el hermano entregará al hermano a la muerte, y el padre al hijo; y los hijos se levantarán contra los padres, y los harán morir.

22. Y seréis aborrecidos de todos por mi nombre; mas el que soportare hasta el fin, éste será salvo.

23. Mas cuando os persiguieren en esta ciudad, huid a la otra: porque de cierto os digo, que no acabaréis de andar todas las ciudades de Israel, que no venga el Hijo del hombre.

24. El discípulo no es más que su maestro, ni el siervo más que su señor.

25. Bástale al discípulo ser como su maestro, y al siervo como su señor. Si al padre de la familia llamaron Beelzebú[16], ¿cuánto más a los de su casa?

26. Así que, no los temáis; porque nada hay encubierto, que no haya de ser manifestado; ni oculto, que no haya de saberse.

27. Lo que os digo en tinieblas, decidlo en la luz; y lo que oís al oído predicadlo desde los terrados.

28. Y no temáis a los que matan el cuerpo, mas al alma no pueden matar: temed antes a aquel que puede destruir el alma y el cuerpo en el infierno.

29. ¿No se venden dos pajarillos por un cuarto? Con todo, ni uno de ellos cae a tierra sin vuestro Padre.

30. Pues aun vuestros cabellos están todos contados.

31. Así que, no temáis: más valéis vosotros que muchos pajarillos.

32. Cualquiera pues que me confesare delante de los hombres, le confesaré yo también delante de mi Padre que está en los cielos.

33. Y cualquiera que me negare delante de los hombres, le negaré yo también delante de mi Padre que está en los cielos.

34. No penséis que he venido para meter paz en la tierra: no he venido para meter paz, sino espada.

35. Porque he venido para hacer disensión del hombre contra su padre, y de la hija contra su madre, y de la nuera contra su suegra.

36. Y los enemigos del hombre serán los de su casa.

37. El que ama padre o madre más que a mí, no es digno de mí; y el que ama hijo o hija más que a mí, no es digno de mí.

38. Y el que no toma su cruz, y sigue en pos de mí, no es digno de mí.

39. El que hallare su vida, la perderá; y el que perdiere su vida por causa de mí, la hallará.

40. El que os recibe a vosotros, a mí recibe; y el que a mí recibe, recibe al que me envió.

41. El que recibe profeta en nombre de profeta, merced de profeta recibirá; y el que recibe justo en nombre de justo, merced de justo recibirá.

42. Y cualquiera que diere a uno de estos pequeñitos un vaso de agua fría solamente, en nombre de discípulo, de cierto os digo, que no perderá su recompensa.

## Mateo 11

 Y FUE, que acabando Jesús de dar mandamientos a sus doce discípulos, se fue de allí a enseñar y a predicar en las ciudades de ellos.

2. Y oyendo Juan en la prisión los hechos de Cristo, le envió dos de sus discípulos,

3. Diciendo: ¿Eres tú aquél que había de venir, o esperaremos a otro?

4. Y respondiendo Jesús, les dijo: Id, y haced saber a Juan las cosas que oís y veis:

5. Los ciegos ven, y los cojos andan; los leprosos son limpiados, y los sordos oyen; los muertos son resucitados, y a los pobres es anunciado el evangelio.

6. Y bienaventurado es el que no fuere escandalizado en mí.

7. E idos ellos, comenzó Jesús a decir de Juan a las gentes: ¿Qué salisteis a ver

[16] Nombre usado en los evangelios con referencia al «príncipe de los demonios» o Satanás

al desierto? ¿una caña que es meneada del viento?

8. Mas ¿qué salisteis a ver? ¿un hombre cubierto de delicados vestidos? He aquí, los que traen vestidos delicados, en las casas de los reyes están.

9. Mas ¿qué salisteis a ver? ¿un profeta? También os digo, y más que profeta.

10. Porque éste es de quien está escrito: He aquí, yo envío mi mensajero delante de tu faz, Que aparejará tu camino delante de ti.

11. De cierto os digo, que no se levantó entre los que nacen de mujeres otro mayor que Juan el Bautista; mas el que es muy más pequeño en el reino de los cielos, mayor es que él.

12. Desde los días de Juan el Bautista hasta ahora, al reino de los cielos se hace fuerza, y los valientes lo arrebatan.

13. Porque todos los profetas y la ley hasta Juan profetizaron.

14. Y si queréis recibir, él es aquel Elías que había de venir.

15. El que tiene oídos para oír, oiga.

16. Mas ¿á quién compararé esta generación? Es semejante a los muchachos que se sientan en las plazas, y dan voces a sus compañeros,

17. Y dicen: Os tañimos flauta, y no bailasteis; os endechamos, y no lamentasteis.

18. Porque vino Juan, que ni comía ni bebía, y dicen: Demonio tiene.

19. Vino el Hijo del hombre, que come y bebe, y dicen: He aquí un hombre comilón, y bebedor de vino, amigo de publicanos y de pecadores. Mas la sabiduría es justificada por sus hijos.

20. Entonces comenzó a reconvenir a las ciudades en las cuales habían sido hechas muy muchas de sus maravillas, porque no se habían arrepentido, diciendo:

21. ¡Ay de ti, Corazín! ¡Ay de ti, Betsaida! porque si en Tiro y en Sidón fueran hechas las maravillas que han sido hechas en vosotras, en otro tiempo se hubieran arrepentido en saco y en ceniza.

22. Por tanto os digo, que a Tiro y a Sidón será más tolerable el castigo en el día del juicio, que a vosotras.

23. Y tú, Capernaúm, que eres levantada hasta el cielo, hasta los infiernos serás abajada; porque si en los de Sodoma fueran hechas las maravillas que han sido hechas en ti, hubieran quedado hasta el día de hoy.

24. Por tanto os digo, que a la tierra de los de Sodoma será más tolerable el castigo en el día del juicio, que a ti.

25. En aquel tiempo, respondiendo Jesús, dijo: Te alabo, Padre, Señor del cielo y de la tierra, que hayas escondido estas cosas de los sabios y de los entendidos, y las hayas revelado a los niños.

26. Así, Padre, pues que así agradó en tus ojos.

27. Todas las cosas me son entregadas de mi Padre: y nadie conoció al Hijo, sino el Padre; ni al Padre conoció alguno, sino el Hijo, y aquel a quien el Hijo lo quisiere revelar.

28. Venid a mí todos los que estáis trabajados y cargados, que yo os haré descansar.

29. Llevad mi yugo sobre vosotros, y aprended de mí, que soy manso y humilde de corazón; y hallaréis descanso para vuestras almas.

30. Porque mi yugo es fácil, y ligera mi carga.

## Mateo 12

EN aquel tiempo iba Jesús por los sembrados en sábado; y sus discípulos tenían hambre, y comenzaron a coger espigas, y a comer.

2. Y viéndolo los Fariseos, le dijeron: He aquí tus discípulos hacen lo que no es lícito hacer es sábado.

3. Y él les dijo: ¿No habéis leído qué hizo David, teniendo él hambre y los que con él estaban:

4. Cómo entró en la casa de Dios, y comió los panes de la proposición, que no le era lícito comer, ni a los que estaban con él, sino a solos los sacerdotes¿

5. O ¿no habéis leído en la ley, que los sábados en el templo los sacerdotes profanan el sábado, y son sin culpa?

6. Pues os digo que uno mayor que el templo está aquí.

7. Mas si supieseis qué es: Misericordia quiero y no sacrificio, no condenarías a los inocentes:

8. Porque Señor es del sábado el Hijo del hombre.

9. Y partiéndose de allí, vino a la sinagoga de ellos.

10. Y he aquí había allí uno que tenía una mano seca: y le preguntaron, diciendo: ¿Es lícito curar en sábado? por acusarle.

11. Y él les dijo: ¿Qué hombre habrá de vosotros, que tenga una oveja, y si cayere ésta en una fosa en sábado, no le eche mano, y la levante?

12. Pues ¿cuánto más vale un hombre que una oveja? Así que, lícito es en los sábados hacer bien.

13. Entonces dijo a aquel hombre: Extiende tu mano. Y él la extendió, y fue restituida[17] sana como la otra.

14. Y salidos los Fariseos, consultaron contra él para destruirle.

15. Mas sabiendolo Jesús, se apartó de allí: y le siguieron muchas gentes, y sanaba a todos.

16. Y él les encargaba eficazmente que no le descubriesen:

17. Para que se cumpliese lo que estaba dicho por el profeta Isaías, que dijo:

18. He aquí mi siervo, al cual he escogido; Mi Amado, en el cual se agrada mi alma: Pondré mi Espíritu sobre él Y a los Gentiles anunciará juicio.

19. No contenderá, ni voceará: Ni nadie oirá en las calles su voz.

20. La caña cascada no quebrará, Y el pábilo[18] que humea no apagará, Hasta que saque a victoria el juicio.

21. Y en su nombre esperarán los Gentiles.

22. Entonces fue traído a él un endemoniado, ciego y mudo, y le sanó; de tal manera, que el ciego y mudo hablaba y veía.

23. Y todas las gentes estaban atónitas, y decían: ¿Será éste aquel Hijo de David?

24. Mas los Fariseos, oyéndolo, decían: Este no echa fuera los demonios, sino por Beelzebú, príncipe de los demonios.

25. Y Jesús, como sabía los pensamientos de ellos, les dijo: Todo reino dividido contra sí mismo, es desolado; y toda ciudad o casa dividida contra sí misma, no permanecerá.

26. Y si Satanás echa fuera a Satanás, contra sí mismo está dividido; ¿cómo, pues, permanecerá su reino?

27. Y si yo por Beelzebú echo fuera los demonios, ¿vuestros hijos por quién los echan? Por tanto, ellos serán vuestros jueces.

28. Y si por espíritu de Dios yo echo fuera los demonios, ciertamente ha llegado a vosotros el reino de Dios.

29. Porque, ¿cómo puede alguno entrar en la casa del valiente, y saquear sus alhajas, si primero no prendiere al valiente? y entonces saqueará su casa.

30. El que no es conmigo, contra mí es; y el que conmigo no recoge, derrama.

31. Por tanto os digo: Todo pecado y blasfemia será perdonado a los hombres: mas la blasfemia contra el Espíritu no será perdonada a los hombres.

32. Y cualquiera que hablare contra el Hijo del hombre, le será perdonado: mas cualquiera que hablare contra el Espíritu Santo, no le será perdonado, ni en este siglo, ni en el venidero.

33. O haced el árbol bueno, y su fruto bueno, o haced el árbol corrompido, y su fruto dañado; porque por el fruto es conocido el árbol.

34. Generación de víboras, ¿cómo podéis hablar bien, siendo malos? porque de la abundancia del corazón habla la boca.

35. El hombre bueno del buen tesoro del corazón saca buenas cosas: y el hombre malo del mal tesoro saca malas cosas.

36. Mas yo os digo, que toda palabra ociosa que hablaren los hombres, de ella darán cuenta en el día del juicio;

37. Porque por tus palabras serás justificado, y por tus palabras serás condenado.

38. Entonces respondiendo algunos de los escribas y de los Fariseos, diciendo: Maestro, deseamos ver de ti señal.

---

[17] Traducciones alternativas incluyen: restaurada, restablecida
[18] Un pábilo o pabilo es la mecha en el centro de una vela

39. Y él respondió, y les dijo: La generación mala y adulterina demanda señal; mas señal no le será dada, sino la señal de Jonás profeta.

40. Porque como estuvo Jonás en el vientre de la ballena tres días y tres noches, así estará el Hijo del hombre en el corazón de la tierra tres días y tres noches.

41. Los hombres de Nínive se levantarán en el juicio con esta generación, y la condenarán; porque ellos se arrepintieron a la predicación de Jonás; y he aquí más que Jonás en este lugar.

42. La reina del Austro se levantará en el juicio con esta generación, y la condenará; porque vino de los fines de la tierra para oír la sabiduría de Salomón: y he aquí más que Salomón en este lugar.

43. Cuando el espíritu inmundo ha salido del hombre, anda por lugares secos, buscando reposo, y no lo halla.

44. Entonces dice: Me volveré a mi casa de donde salí: y cuando viene, la halla desocupada, barrida y adornada.

45. Entonces va, y toma consigo otros siete espíritus peores que él, y entrados, moran allí; y son peores las cosas; últimas del tal hombre que las primeras: así también acontecerá a esta generación mala.

46. Y estando él aún hablando a las gentes, he aquí su madre y sus hermanos estaban fuera, que le querían hablar.

47. Y le dijo uno: He aquí tu madre y tus hermanos están fuera, que te quieren hablar.

48. Y respondiendo él al que le decía esto, dijo: ¿Quién es mi madre y quiénes son mis hermanos?

49. Y extendiendo su mano hacia sus discípulos, dijo: He aquí mi madre y mis hermanos.

50. Porque todo aquel que hiciere la voluntad de mi Padre que está en los cielos, ese es mi hermano, y hermana, y madre.

## Mateo 13

 AQUEL día, saliendo Jesús de casa, se sentó junto a la mar. 2. Y se allegaron a él muchas gentes; y entrándose él en el barco, se sentó, y toda la gente estaba a la ribera.

3. Y les habló muchas cosas por parábolas, diciendo: He aquí el que sembraba salió a sembrar.

4. Y sembrando, parte de la simiente cayó junto al camino; y vinieron las aves, y la comieron.

5. Y parte cayó en pedregales, donde no tenía mucha tierra; y nació luego, porque no tenía profundidad de tierra:

6. Mas en saliendo el sol, se quemó; y se secó[19], porque no tenía raíz.

7. Y parte cayó en espinas; y las espinas crecieron, y la ahogaron.

8. Y parte cayó en buena tierra, y dio fruto, cuál a ciento, cuál a sesenta, y cuál a treinta.

9. Quien tiene oídos para oír, oiga.

10. Entonces, llegándose los discípulos, le dijeron: ¿Por qué les hablas por parábolas?

11. Y él respondiendo, les dijo: Por que a vosotros es concedido saber los misterios del reino de los cielos; mas a ellos no es concedido.

12. Porque a cualquiera que tiene, se le dará, y tendrá más; pero al que no tiene, aun lo que tiene le será quitado.

13. Por eso les hablo por parábolas; porque viendo no ven, y oyendo no oyen, ni entienden.

14. De manera que se cumple en ellos la profecía de Isaías, que dice: De oído oiréis, y no entenderéis; Y viendo veréis, y no miraréis.

15. Porque el corazón de este pueblo está engrosado, Y de los oídos oyen pesadamente, Y de sus ojos guiñan: Para que no vean de los ojos, Y oigan de los oídos, Y del corazón entiendan, Y se conviertan, Y yo los sane.

16. Mas bienaventurados vuestros ojos, porque ven; y vuestros oídos, porque oyen.

17. Porque de cierto os digo, que muchos profetas y justos desearon ver lo que veis, y no lo vieron: y oír lo que oís, y no lo oyeron.

18. Oíd, pues, vosotros la parábola del que siembra:

[19] Versión original: secóse

19. Oyendo cualquiera la palabra del reino, y no entendiéndola, viene el malo, y arrebata lo que fue sembrado en su corazón: éste es el que fue sembrado junto al camino.

20. Y el que fue sembrado en pedregales, éste es el que oye la palabra, y luego la recibe con gozo.

21. Mas no tiene raíz en sí, antes es temporal que venida la aflicción o la persecución por la palabra, luego se ofende.

22. Y el que fue sembrado en espinas, éste es el que oye la palabra; pero el afán de este siglo y el engaño de las riquezas, ahogan la palabra, y se hace[20] infructuosa.

23. Mas el que fue sembrado en buena tierra, éste es el que oye y entiende la palabra, y el que lleva fruto: y lleva uno a ciento, y otro a sesenta, y otro a treinta.

24. Otra parábola les propuso, diciendo: El reino de los cielos es semejante al hombre que siembra buena simiente en su campo:

25. Mas durmiendo los hombres, vino su enemigo, y sembró cizaña entre el trigo, y se fue.

26. Y como la hierba salió e hizo fruto, entonces apareció también la cizaña.

27. Y llegándose los siervos del padre de la familia, le dijeron: Señor, ¿no sembraste buena simiente en tu campo? ¿de dónde, pues, tiene cizaña?

28. Y él les dijo: Un hombre enemigo ha hecho esto. Y los siervos le dijeron: ¿Quieres, pues, que vayamos y la cojamos?

29. Y él dijo: No; porque cogiendo la cizaña, no arranquéis también con ella el trigo.

30. Dejad crecer juntamente lo uno y lo otro hasta la siega; y al tiempo de la siega yo diré a los segadores: Coged primero la cizaña, y atadla en manojos para quemarla; mas recoged el trigo en mi granero.

31. Otra parábola les propuso, diciendo: El reino de los cielos es semejante al grano de mostaza, que tomándolo alguno lo sembró en su campo:

32. El cual a la verdad es la más pequeña de todas las simientes; mas cuando ha crecido, es la mayor de las hortalizas, y se hace árbol, que vienen las aves del cielo y hacen nidos en sus ramas.

33. Otra parábola les dijo: El reino de los cielos es semejante a la levadura que tomó una mujer, y escondió en tres medidas de harina, hasta que todo quedó leudo.

34. Todo esto habló Jesús por parábolas a las gentes, y sin parábolas no les hablaba:

35. Para que se cumpliese lo que fue dicho por el profeta, que dijo: Abriré en parábolas mi boca; Rebosaré cosas escondidas desde la fundación del mundo.

36. Entonces, despedidas las gentes, Jesús se vino a casa; y llegándose a él sus discípulos, le dijeron: Decláranos la parábola de la cizaña del campo.

37. Y respondiendo él, les dijo: El que siembra la buena simiente es el Hijo del hombre;

38. Y el campo es el mundo; y la buena simiente son los hijos del reino, y la cizaña son los hijos del malo;

39. Y el enemigo que la sembró, es el diablo; y la siega es el fin del mundo, y los segadores son los ángeles.

40. De manera que como es cogida la cizaña, y quemada al fuego, así será en el fin de este siglo.

41. Enviará el Hijo del hombre sus ángeles, y cogerán de su reino todos los escándalos, y los que hacen iniquidad,

42. Y los echarán en el horno de fuego: allí será el lloro y el crujir de dientes.

43. Entonces los justos resplandecerán como el sol en el reino de su Padre: el que tiene oídos para oír, oiga.

44. Además, el reino de los cielos es semejante al tesoro escondido en el campo; el cual hallado, el hombre lo encubre, y de gozo de ello va, y vende todo lo que tiene, y compra aquel campo.

45. También el reino de los cielos es semejante al hombre tratante, que busca buenas perlas;

[20] Versión original: hácese

46. Que hallando una preciosa perla, fue y vendió todo lo que tenía, y la compró.

47. Asimismo el reino de los cielos es semejante a la red, que echada en la mar, coge de todas suertes de peces:

48. La cual estando llena, la sacaron a la orilla; y sentados, cogieron lo bueno en vasos, y lo malo echaron fuera.

49. Así será al fin del siglo: saldrán los ángeles, y apartarán a los malos de entre los justos,

50. Y los echarán en el horno del fuego: allí será el lloro y el crujir de dientes.

51. Les dijo Jesús: ¿Habéis entendido todas estas cosas? Ellos responden: Sí, Señor.

52. Y él les dijo: Por eso todo escriba docto en el reino de los cielos, es semejante a un padre de familia, que saca de su tesoro cosas nuevas y cosas viejas.

53. Y aconteció que acabando Jesús estas parábolas, pasó de allí.

54. Y venido a su tierra, les enseñaba en la sinagoga de ellos, de tal manera que ellos estaban atónitos, y decían: ¿De dónde tiene éste esta sabiduría, y estas maravillas?

55. ¿No es éste el hijo del carpintero? ¿no se llama su madre María, y sus hermanos Jacobo y José, y Simón, y Judas?

56. ¿Y no están todas sus hermanas con nosotros? ¿De dónde, pues, tiene éste todas estas cosas?

57. Y se escandalizaban en él. Mas Jesús les dijo: No hay profeta sin honra sino en su tierra y en su casa.

58. Y no hizo allí muchas maravillas, a causa de la incredulidad de ellos.

## Mateo 14

E N aquel tiempo Herodes el tetrarca oyó la fama de Jesús, 2. Y dijo a sus criados: Este es Juan el Bautista: él ha resucitado de los muertos, y por eso virtudes obran en él.

3. Porque Herodes había prendido a Juan, y le había aprisionado y puesto en la cárcel, por causa de Herodías, mujer de Felipe su hermano;

4. Porque Juan le decía: No te es lícito tenerla.

5. Y quería matarle, mas temía al pueblo; porque le tenían como a profeta.

6. Mas celebrándose el día del nacimiento de Herodes, la hija de Herodías danzó en medio, y agradó a Herodes.

7. Y prometió él con juramento de darle todo lo que pidiese.

8. Y ella, instruida primero de su madre, dijo: Dame aquí en un plato la cabeza de Juan el Bautista.

9. Entonces el rey se entristeció; mas por el juramento, y por los que estaban juntamente a la mesa, mandó que se le diese.

10. Y enviando, degolló a Juan en la cárcel.

11. Y fue traída su cabeza en un plato y dada a la muchacha; y ella la presentó a su madre.

12. Entonces llegaron sus discípulos, y tomaron el cuerpo, y lo enterraron; y fueron, y dieron las nuevas a Jesús.

13. Y oyéndolo Jesús, se apartó de allí en un barco a un lugar desierto, apartado: y cuando las gentes lo oyeron, le siguieron a pie de las ciudades.

14. Y saliendo Jesús, vio un gran gentío, y tuvo compasión de ellos, y sanó a los que de ellos había enfermos.

15. Y cuando fue la tarde del día, se llegaron a él sus discípulos, diciendo: El lugar es desierto, y el tiempo es ya pasado: despide las gentes, para que se vayan por las aldeas, y compren para sí de comer.

16. Y Jesús les dijo: No tienen necesidad de irse: dadles vosotros de comer.

17. Y ellos dijeron: No tenemos aquí sino cinco panes y dos peces.

18. Y él les dijo: Traédmelos acá.

19. Y mandando a las gentes recostarse sobre la hierba, tomando los cinco panes y los dos peces, alzando los ojos al cielo, bendijo, y partió y dio los panes a los discípulos, y los discípulos a las gentes.

20. Y comieron todos, y se hartaron; y alzaron lo que sobró de los pedazos, doce cestas llenas.

21. Y los que comieron fueron como cinco mil hombres, sin las mujeres y los niños.

22. Y luego Jesús hizo a sus discípulos

entrar en el barco, e ir delante de él a la otra parte del lago, entre tanto que él despedía a las gentes.

23. Y despedidas las gentes, subió al monte, apartado, a orar: y como fue la tarde del día, estaba allí solo.

24. Y ya el barco estaba en medio de la mar, atormentado por las olas[21]; porque el viento era contrario.

25. Mas a la cuarta vela de la noche, Jesús fue a ellos andando sobre la mar.

26. Y los discípulos, viéndole andar sobre la mar, se turbaron, diciendo: Fantasma es. Y dieron voces de miedo.

27. Mas luego Jesús les habló, diciendo: Confiad, yo soy; no tengáis miedo.

28. Entonces le respondió Pedro, y dijo: Señor, si tú eres, manda que yo vaya a ti sobre las aguas.

29. Y él dijo: Ven. Y descendiendo Pedro del barco, andaba sobre las aguas para ir a Jesús.

30. Mas viendo el viento fuerte, tuvo miedo; y comenzándose a hundir, dio voces, diciendo: Señor, sálvame.

31. Y luego Jesús, extendiendo la mano, trabó de él, y le dice: Oh hombre de poca fe, ¿por qué dudaste?

32. Y como ellos entraron en el barco, se calmó[22] el viento.

33. Entonces los que estaban en el barco, vinieron y le adoraron, diciendo: Verdaderamente eres Hijo de Dios.

34. Y llegando a la otra parte, vinieron a la tierra de Genesaret.

35. Y como le conocieron los hombres de aquel lugar, enviaron por toda aquella tierra alrededor, y trajeron a él todos los enfermos;

36. Y le rogaban que solamente tocasen el borde de su manto; y todos los que tocaron, quedaron sanos.

## Mateo 15

E NTONCES llegaron a Jesús ciertos escribas y Fariseos de Jerusalén, diciendo: 2. ¿Por qué tus discípulos traspasan la tradición de los

ancianos? porque no se lavan las manos cuando comen pan.

3. Y él respondiendo, les dijo: ¿Por qué también vosotros traspasáis el mandamiento de Dios por vuestra tradición?

4. Porque Dios mandó, diciendo: Honra al padre y a la madre, y, El que maldijere al padre o a la madre, muera de muerte.

5. Mas vosotros decís: Cualquiera que dijere al padre o a la madre: Es ya ofrenda mía a Dios todo aquello con que pudiera valerte;

6. No deberá honrar a su padre o a su madre con socorro. Así habéis invalidado el mandamiento de Dios por vuestra tradición.

7. Hipócritas, bien profetizó de vosotros Isaías, diciendo:

8. Este pueblo de labios me honra; Mas su corazón lejos está de mí.

9. Mas en vano me honran, Enseñando doctrinas y mandamientos de hombres.

10. Y llamando a sí las gentes, les dijo: oíd, y entended:

11. No lo que entra en la boca contamina al hombre; mas lo que sale de la boca, esto contamina al hombre.

12. Entonces llegándose sus discípulos, le dijeron: ¿Sabes que los Fariseos oyendo esta palabra se ofendieron?

13. Mas respondiendo él, dijo: Toda planta que no plantó mi Padre celestial, será desarraigada.

14. Dejadlos: son ciegos guías de ciegos; y si el ciego guiare al ciego, ambos caerán en el hoyo.

15. Y respondiendo Pedro, le dijo: Decláranos esta parábola.

16. Y Jesús dijo: ¿Aun también vosotros sois sin entendimiento?

17. ¿No entendéis aún, que todo lo que entra en la boca, va al vientre, y es echado en la letrina?

18. Mas lo que sale de la boca, del corazón sale; y esto contamina al hombre.

19. Porque del corazón salen los malos pensamientos, muertes, adulterios, fornicaciones, hurtos, falsos testimonios, blasfemias.

20. Estas cosas son las que contaminan al

[21] Versión original: ondas
[22] Versión original: sosegóse

hombre: que comer con las manos por lavar no contamina al hombre.

21. Y saliendo Jesús de allí, se fue a las partes de Tiro y de Sidón.

22. Y he aquí una mujer Cananea, que había salido de aquellos términos, clamaba, diciéndole: Señor, Hijo de David, ten misericordia de mí; mi hija es malamente atormentada del demonio.

23. Mas él no le respondió palabra. Entonces llegándose sus discípulos, le rogaron, diciendo: Despáchala, pues da voces tras nosotros.

24. Y él respondiendo, dijo: No soy enviado sino a las ovejas perdidas de la casa de Israel.

25. Entonces ella vino, y le adoró, diciendo: Señor socórreme.

26. Y respondiendo él, dijo: No es bien tomar el pan de los hijos, y echarlo a los perrillos.

27. Y ella dijo: Sí, Señor; mas los perrillos comen de las migajas que caen de la mesa de sus señores.

28. Entonces respondiendo Jesús, dijo: Oh mujer, grande es tu fe; sea hecho contigo como quieres. Y fue sana su hija desde aquella hora.

29. Y partido Jesús de allí, vino junto al mar de Galilea: y subiendo al monte, se sentó allí.

30. Y llegaron a él muchas gentes, que tenían consigo cojos, ciegos, mudos, mancos, y otros muchos enfermos: y los echaron a los pies de Jesús, y los sanó:

31. De manera que se maravillaban las gentes, viendo hablar los mudos, los mancos sanos, andar los cojos, y ver los ciegos: y glorificaron al Dios de Israel.

32. Y Jesús llamando a sus discípulos, dijo: Tengo lástima de la gente, que ya hace tres días que perseveran conmigo, y no tienen qué comer; y enviarlos ayunos no quiero, porque no desmayen en el camino.

33. Entonces sus discípulos le dicen: ¿Dónde tenemos nosotros tantos panes en el desierto, que hartemos a tan gran compañía?

34. Y Jesús les dice: ¿Cuántos panes tenéis? Y ellos dijeron: Siete, y unos

pocos pececillos.

35. Y mandó a las gentes que se recostasen sobre la tierra.

36. Y tomando los siete panes y los peces, haciendo gracias, partió y dio a sus discípulos; y los discípulos a la gente.

37. Y comieron todos, y se hartaron: y alzaron lo que sobró de los pedazos, siete espuertas llenas.

38. Y eran los que habían comido, cuatro mil hombres, sin las mujeres y los niños.

39. Entonces, despedidas las gentes, subió en el barco: y vino a los términos de Magadán.

## Mateo 16

 LLEGANDOSE los Fariseos y los Saduceos para tentarle, le pedían que les mostrase señal del cielo.

2. Mas él respondiendo, les dijo: Cuando es la tarde del día, decís: Sereno; porque el cielo tiene arreboles.

3. Y a la mañana: Hoy tempestad; porque tiene arreboles el cielo triste. Hipócritas, que sabéis hacer diferencia en la faz del cielo; ¿y en las señales de los tiempos no podéis?

4. La generación mala y adulterina demanda señal; mas señal no le será dada, sino la señal de Jonás profeta. Y dejándolos, se fue.

5. Y viniendo sus discípulos de la otra parte del lago, se habían olvidado de tomar pan.

6. Y Jesús les dijo: Mirad, y guardaos de la levadura de los Fariseos y de los Saduceos.

7. Y ellos pensaban dentro de sí, diciendo: Esto dice porque no tomamos pan.

8. Y entendiéndolo Jesús, les dijo: ¿Por qué pensáis dentro de vosotros, hombres de poca fe, que no tomasteis pan?

9. ¿No entendéis aún, ni os acordáis de los cinco panes entre cinco mil hombres, y cuántos cestos alzasteis?

10. ¿Ni de los siete panes entre cuatro mil, y cuántas espuertas tomasteis?

11. ¿Cómo es que no entendéis que no

por el pan os dije, que os guardaseis de la levadura de los Fariseos y de los Saduceos?

12. Entonces entendieron que no les había dicho que se guardasen de la levadura de pan, sino de la doctrina de los Fariseos y de los Saduceos.

13. Y viniendo Jesús a las partes de Cesarea de Filipo, preguntó a sus discípulos, diciendo: ¿Quién dicen los hombres que es el Hijo del hombre?

14. Y ellos dijeron: Unos, Juan el Bautista; y otros, Elías; y otros; Jeremías, o alguno de los profetas.

15. El les dice: Y vosotros, ¿quién decís que soy?

16. Y respondiendo Simón Pedro, dijo: Tú eres el Cristo, el Hijo del Dios viviente.

17. Entonces, respondiendo Jesús, le dijo: Bienaventurado eres, Simón, hijo de Jonás; porque no te lo reveló carne ni sangre, mas mi Padre que está en los cielos.

18. Mas yo también te digo, que tú eres Pedro, y sobre esta piedra edificaré mi iglesia; y las puertas del infierno no prevalecerán contra ella.

19. Y a ti daré las llaves del reino de los cielos; y todo lo que ligares en la tierra será ligado en los cielos; y todo lo que desatares en la tierra será desatado en los cielos.

20. Entonces mandó a sus discípulos que a nadie dijesen que él era Jesús el Cristo.

21. Desde aquel tiempo comenzó Jesús a declarar a sus discípulos que le convenía ir a Jerusalén, y padecer mucho de los ancianos, y de los príncipes de los sacerdotes, y de los escribas; y ser muerto, y resucitar al tercer día.

22. Y Pedro, tomándolo aparte, comenzó a reprenderle, diciendo: Señor, ten compasión de ti: en ninguna manera esto te acontezca.

23. Entonces él, volviéndose, dijo a Pedro: Quítate de delante de mí, Satanás; me eres escándalo; porque no entiendes lo que es de Dios sino lo que es de los hombres.

24. Entonces Jesús dijo a sus discípulos: Si alguno quiere venir en pos de mí,

niéguese a sí mismo, y tome su cruz, y sígame.

25. Porque cualquiera que quisiere salvar su vida, la perderá, y cualquiera que perdiere su vida por causa de mí, la hallará.

26. Porque ¿de qué aprovecha al hombre, si ganare todo el mundo, y perdiere su alma? O ¿qué recompensa dará el hombre por su alma?

27. Porque el Hijo del hombre vendrá en la gloria de su Padre con sus ángeles, y entonces pagará a cada uno conforme a sus obras.

28. De cierto os digo: hay algunos de los que están aquí, que no gustarán la muerte, hasta que hayan visto al Hijo del hombre viniendo en su reino.

## Mateo 17

Y DESPUÉS de seis días, Jesús toma a Pedro, y a Jacobo, y a Juan su hermano, y los lleva aparte a un monte alto:

2. Y se transfiguró delante de ellos; y resplandeció su rostro como el sol, y sus vestidos fueron blancos como la luz.

3. Y he aquí les aparecieron Moisés y Elías, hablando con él.

4. Y respondiendo Pedro, dijo a Jesús: Señor, bien es que nos quedemos aquí: si quieres, hagamos aquí tres pabellones: para ti uno, y para Moisés otro, y otro para Elías.

5. Y estando aún él hablando, he aquí una nube de luz que los cubrió; y he aquí una voz de la nube, que dijo: Este es mi Hijo amado, en el cual tomo contentamiento: a él oíd.

6. Y oyendo esto los discípulos, cayeron sobre sus rostros, y temieron en gran manera.

7. Entonces Jesús llegando, los tocó, y dijo: Levantaos, y no temáis.

8. Y alzando ellos sus ojos, a nadie vieron, sino a solo Jesús.

9. Y como descendieron del monte, les mandó Jesús, diciendo: No digáis a nadie la visión, hasta que el Hijo del hombre resucite de los muertos.

10. Entonces sus discípulos le preguntaron, diciendo: ¿Por qué dicen

pues los escribas que es menester que Elías venga primero?

11. Y respondiendo Jesús, les dijo: a la verdad, Elías vendrá primero, y restituirá todas las cosas.

12. Mas os digo, que ya vino Elías, y no le conocieron; antes hicieron en él todo lo que quisieron: así también el Hijo del hombre padecerá de ellos.

13. Los discípulos entonces entendieron, que les habló de Juan el Bautista.

14. Y como ellos llegaron al gentío, vino a él un hombre hincándosele de rodillas,

15. Y diciendo: Señor, ten misericordia de mi hijo, que es lunático, y padece malamente; porque muchas veces cae en el fuego, y muchas en el agua.

16. Y le he presentado a tus discípulos, y no le han podido sanar.

17. Y respondiendo Jesús, dijo: ¡Oh generación infiel y torcida! ¿hasta cuándo tengo de estar con vosotros? ¿hasta cuándo os tengo de sufrir? traédmele acá.

18. Y Jesús le reprendió, y salió el demonio de él; y el muchacho[23] fue sano desde aquella hora.

19. Entonces, llegándose los discípulos a Jesús, aparte, dijeron: ¿Por qué nosotros no lo pudimos echar fuera?

20. Y Jesús les dijo: Por vuestra incredulidad; porque de cierto os digo, que si tuviereis fe como un grano de mostaza, diréis a este monte: Pásate de aquí allá: y se pasará: y nada os será imposible.

21. Mas este linaje no sale sino por oración y ayuno.

22. Y estando ellos en Galilea, Jesús les dijo: El Hijo del hombre será entregado en manos de hombres,

23. Y le matarán; mas al tercer día resucitará. Y ellos se entristecieron en gran manera.

24. Y como llegaron a Capernaúm, vinieron a Pedro los que cobraban las dos dracmas, y dijeron: ¿Vuestro Maestro no paga las dos dracmas?

25. El dice: Sí. Y entrando él en casa, Jesús le habló antes, diciendo: ¿Qué te parece, Simón? Los reyes de la tierra, ¿de quién cobran los tributos o el censo? ¿de sus hijos o de los extraños?

26. Pedro le dice: De los extraños. Jesús le dijo: Luego los hijos son francos.

27. Mas para que no los escandalicemos, ve a la mar, y echa el anzuelo, y el primer pez que viniere, tómalo, y abierta su boca, hallarás una moneda[24]: tómala, y dásela por mí y por ti.

## Mateo 18

E N aquel tiempo se llegaron los discípulos a Jesús, diciendo: ¿Quién es el mayor en el reino de los cielos?

2. Y llamando Jesús a un niño, le puso en medio de ellos,

3. Y dijo: De cierto os digo, que si no os volviereis, y fuereis como niños, no entraréis en el reino de los cielos.

4. Así que, cualquiera que se humillare como este niño, éste es el mayor en el reino de los cielos.

5. Y cualquiera que recibiere a un tal niño en mi nombre, a mí recibe.

6. Y cualquiera que escandalizare a alguno de estos pequeños que creen en mí, mejor le fuera que se le colgase al cuello una piedra de molino de asno, y que se le anegase en el profundo de la mar.

7. ¡Ay del mundo por los escándalos! porque necesario es que vengan escándalos; mas ¡ay de aquel hombre por el cual viene el escándalo!

8. Por tanto, si tu mano o tu pie te fuere ocasión de caer, córtalo y échalo de ti: mejor te es entrar cojo o manco en la vida, que teniendo dos manos o dos pies ser echado en el fuego eterno.

9. Y si tu ojo te fuere ocasión de caer, sácalo y échalo de ti: mejor te es entrar con un solo ojo en la vida, que teniendo dos ojos ser echado en el infierno del fuego.

10. Mirad no tengáis en poco a alguno de estos pequeños; porque os digo que sus ángeles en los cielos ven siempre

[23] Versión original: mozo

[24] Versión original: estatero (moneda que equivale a cuatro dracmas)

la faz de mi Padre que está en los cielos.

11. Porque el Hijo del hombre ha venido para salvar lo que se había perdido.

12. ¿Qué os parece? Si tuviese algún hombre cien ovejas, y se descarriase una de ellas, ¿no iría por los montes, dejadas las noventa y nueve, a buscar la que se había descarriado?

13. Y si aconteciese hallarla, de cierto os digo, que más se goza de aquélla, que de las noventa y nueve que no se descarriaron.

14. Así, no es la voluntad de vuestro Padre que está en los cielos, que se pierda uno de estos pequeños.

15. Por tanto, si tu hermano pecare contra ti, ve, y redargúyele entre ti y él solo: si te oyere, has ganado a tu hermano.

16. Mas si no te oyere, toma aún contigo uno o dos, para que en boca de dos o de tres testigos conste toda palabra.

17. Y si no oyere a ellos, dilo a la iglesia: y si no oyere a la iglesia, tenle por étnico y publicano.

18. De cierto os digo que todo lo que ligareis en la tierra, será ligado en el cielo; y todo lo que desatareis en la tierra, será desatado en el cielo.

19. Otra vez os digo, que si dos de vosotros se convinieren en la tierra, de toda cosa que pidieren, les será hecho por mi Padre que está en los cielos.

20. Porque donde están dos o tres congregados en mi nombre, allí estoy en medio de ellos.

21. Entonces Pedro, llegándose a él, dijo: Señor, ¿cuántas veces perdonaré a mi hermano que pecare contra mí? ¿hasta siete?

22. Jesús le dice: No te digo hasta siete, mas aun hasta setenta veces siete.

23. Por lo cual, el reino de los cielos es semejante a un hombre rey, que quiso hacer cuentas con sus siervos.

24. Y comenzando a hacer cuentas, le fue presentado uno que le debía diez mil talentos.

25. Mas a éste, no pudiendo pagar, mandó su señor venderle, y a su mujer e hijos, con todo lo que tenía, y que se le pagase.

26. Entonces aquel siervo, postrado, le adoraba, diciendo: Señor, ten paciencia conmigo, y yo te lo pagaré todo.

27. El señor, movido a misericordia de aquel siervo, le soltó y le perdonó la deuda.

28. Y saliendo aquel siervo, halló a uno de sus consiervos, que le debía cien denarios; y trabando de él, le ahogaba, diciendo: Págame lo que debes.

29. Entonces su consiervo, postrándose a sus pies, le rogaba, diciendo: Ten paciencia conmigo, y yo te lo pagaré todo.

30. Mas él no quiso; sino fue, y le echó en la cárcel hasta que pagase la deuda.

31. Y viendo sus consiervos lo que pasaba, se entristecieron mucho, y viniendo, declararon a su señor todo lo que había pasado.

32. Entonces llamándole su señor, le dice: Siervo malvado, toda aquella deuda te perdoné, porque me rogaste:

33. ¿No te convenía también a ti tener misericordia de tu consiervo, como también yo tuve misericordia de ti?

34. Entonces su señor, enojado, le entregó a los verdugos, hasta que pagase todo lo que le debía.

35. Así también hará con vosotros mi Padre celestial, si no perdonareis de vuestros corazones cada uno a su hermano sus ofensas.

## Mateo 19

 ACONTECIO que acabando Jesús estas palabras, se pasó de Galilea, y vino a los términos de Judea, pasado el Jordán.

2. Y le siguieron muchas gentes, y los sanó allí.

3. Entonces se llegaron a él los Fariseos, tentándole, y diciéndole: ¿Es lícito al hombre repudiar a su mujer por cualquiera causa?

4. Y él respondiendo, les dijo: ¿No habéis leído que el que los hizo al principio, macho y hembra los hizo,

5. Y dijo: Por tanto, el hombre dejará padre y madre, y se unirá a su mujer,

y serán dos en una carne?

6. Así que, no son ya más dos, sino una carne: por tanto, lo que Dios juntó, no lo aparte el hombre.

7. Le dijeron[25]: ¿Por qué, pues, Moisés mandó dar carta de divorcio, y repudiarla?

8. Les dijo: Por la dureza de vuestro corazón Moisés os permitió repudiar a vuestras mujeres: mas al principio no fue así.

9. Y yo os digo que cualquiera que repudiare a su mujer, si no fuere por causa de fornicación, y se casare con otra, adultera: y el que se casare con la repudiada, adultera.

10. Le dijeron sus discípulos: Si así es la condición del hombre con su mujer, no conviene casarse.

11. Entonces él les dijo: No todos reciben esta palabra, sino aquellos a quienes es dado.

12. Porque hay eunucos que nacieron así del vientre de su madre; y hay eunucos, que son hechos eunucos por los hombres; y hay eunucos que se hicieron a sí mismos eunucos por causa del reino de los cielos; el que pueda ser capaz de eso, séalo.

13. Entonces le fueron presentados unos niños, para que pusiese las manos sobre ellos, y orase; y los discípulos les riñeron.

14. Y Jesús dijo: Dejad a los niños, y no les impidáis de venir a mí; porque de los tales es el reino de los cielos.

15. Y habiendo puesto sobre ellos las manos se partió de allí.

16. Y he aquí, uno llegándose le dijo: Maestro bueno, ¿qué bien haré para tener la vida eterna?

17. Y él le dijo: ¿Por qué me llamas bueno? Ninguno es bueno sino uno, es a saber, Dios: y si quieres entrar en la vida, guarda los mandamientos.

18. Le dijo: ¿Cuáles? Y Jesús dijo: No mataras: No adulterarás: No hurtarás: No dirás falso testimonio:

19. Honra a tu padre y a tu madre: y, Amarás a tu prójimo como a ti mismo.

20. Le dijo el mancebo: Todo esto guardé desde mi juventud: ¿qué más me falta?

21. Le dijo Jesús: Si quieres ser perfecto, anda, vende lo que tienes, y da lo a los pobres, y tendrás tesoro en el cielo; y ven, sígueme.

22. Y oyendo el mancebo esta palabra, se fue triste, porque tenía muchas posesiones.

23. Entonces Jesús dijo a sus discípulos: De cierto os digo, que un rico difícilmente entrará en el reino de los cielos.

24. Mas os digo, que más liviano trabajo es pasar un camello por el ojo de una aguja, que entrar un rico en el reino de Dios.

25. Mas sus discípulos, oyendo estas cosas, se espantaron en gran manera, diciendo: ¿Quién pues podrá ser salvo?

26. Y mirando los Jesús, les dijo: Para con los hombres imposible es esto; mas para con Dios todo es posible.

27. Entonces respondiendo Pedro, le dijo: He aquí, nosotros hemos dejado todo, y te hemos seguido: ¿qué pues tendremos?

28. Y Jesús les dijo: De cierto os digo, que vosotros que me habéis seguido, en la regeneración, cuando se sentará el Hijo del hombre en el trono de su gloria, vosotros también os sentaréis sobre doce tronos, para juzgar a las doce tribus de Israel.

29. Y cualquiera que dejare casas, o hermanos, o hermanas, o padre, o madre, o mujer, o hijos, o tierras, por mi nombre, recibirá cien veces tanto, y heredará la vida eterna.

30. Mas muchos primeros serán postreros, y postreros primeros.

## Mateo 20

P ORQUE el reino de los cielos es semejante a un hombre, padre de familia, que salió por la mañana a ajustar obreros para su viña.

2. Y habiéndose concertado con los obreros en un denario al día, los envió a su viña.

3. Y saliendo cerca de la hora de las tres, vio otros que estaban en la plaza ociosos;

[25] Versión original: dícenle

4. Y les dijo: Id también vosotros a mi viña, y os daré lo que fuere justo. Y ellos fueron.

5. Salió otra vez cerca de las horas sexta y nona, e hizo lo mismo.

6. Y saliendo cerca de la hora undécima, halló otros que estaban ociosos; y les dijo: ¿Por qué estáis aquí todo el día ociosos?

7. Le dijeron: Porque nadie nos ha ajustado. Les dijo: Id también vosotros a la viña, y recibiréis lo que fuere justo.

8. Y cuando fue la tarde del día, el señor de la viña dijo a su mayordomo: Llama a los obreros y págales el jornal, comenzando desde los postreros hasta los primeros.

9. Y viniendo los que habían ido cerca de la hora undécima, recibieron cada uno un denario.

10. Y viniendo también los primeros, pensaron que habían de recibir más; pero también ellos recibieron cada uno un denario.

11. Y tomándolo, murmuraban contra el padre de la familia,

12. Diciendo: Estos postreros sólo han trabajado una hora, y los has hecho iguales a nosotros, que hemos llevado la carga y el calor del día.

13. Y él respondiendo, dijo a uno de ellos: Amigo, no te hago agravio; ¿no te concertaste conmigo por un denario?

14. Toma lo que es tuyo, y vete; mas quiero dar a este postrero, como a ti.

15. ¿No me es lícito a mi hacer lo que quiero con lo mío? o ¿es malo tu ojo, porque yo soy bueno?

16. Así los primeros serán postreros, y los postreros primeros: porque muchos son llamados, mas pocos escogidos.

17. Y subiendo Jesús a Jerusalén, tomó sus doce discípulos aparte en el camino, y les dijo:

18. He aquí subimos a Jerusalén, y el Hijo del hombre será entregado a los príncipes de los sacerdotes y a los escribas, y le condenarán a muerte;

19. Y le entregarán a los Gentiles para que le escarnezcan, y azoten, y crucifiquen; mas al tercer día resucitará.

20. Entonces se llegó a él la madre de los hijos de Zebedeo con sus hijos, adorando le, y pidiéndole algo.

21. Y él le dijo: ¿Qué quieres? Ella le dijo: Di que se sienten estos dos hijos míos, el uno a tu mano derecha, y el otro a tu izquierda, en tu reino.

22. Entonces Jesús respondiendo, dijo: No sabéis lo que pedís: ¿podéis beber el vaso que yo he de beber, y ser bautizados del bautismo de que yo soy bautizado? Y ellos le dicen: Podemos.

23. Y él les dice: A la verdad mi vaso beberéis, y del bautismo de que yo soy bautizado, seréis bautizados; mas el sentaros a mi mano derecha y a mi izquierda, no es mío dar lo, sino a aquellos para quienes está aparejado de mi Padre.

24. Y como los diez oyeron esto, se enojaron de los dos hermanos.

25. Entonces Jesús llamándolos, dijo: Sabéis que los príncipes de los Gentiles se enseñorean sobre ellos, y los que son grandes ejercen sobre ellos potestad.

26. Mas entre vosotros no será así; sino el que quisiere entre vosotros hacerse grande, será vuestro servidor;

27. Y el que quisiere entre vosotros ser el primero, será vuestro siervo:

28. Como el Hijo del hombre no vino para ser servido, sino para servir, y para dar su vida en rescate por muchos.

29. Entonces saliendo ellos de Jericó, le seguía gran compañía.

30. Y he aquí dos ciegos sentados junto al camino, como oyeron que Jesús pasaba, clamaron, diciendo: Señor, Hijo de David, ten misericordia de nosotros.

31. Y la gente les reñía para que callasen; mas ellos clamaban más, diciendo: Señor, Hijo de David, ten misericordia de nosotros.

32. Y parándose Jesús, los llamó, y dijo: ¿Qué queréis que haga por vosotros?

33. Ellos le dicen: Señor, que sean abiertos nuestros ojos.

34. Entonces Jesús, teniendo misericordia de ellos, les tocó los ojos, y luego sus ojos recibieron la vista; y le siguieron.

## Mateo 21

Y COMO se acercaron a Jerusalén, y vinieron a Betfagué, al monte de las Olivas, entonces Jesús envió dos discípulos,

2. Diciéndoles: Id a la aldea que está delante de vosotros, y luego hallaréis una asna atada, y un pollino con ella: desatadla, y traedme los.

3. Y si alguno os dijere algo, decid: El Señor los ha menester. Y luego los dejará.

4. Y todo esto fue hecho, para que se cumpliese lo que fue dicho por el profeta, que dijo:

5. Decid a la hija de Sión: He aquí, tu Rey viene a ti, Manso, y sentado sobre una asna, Y sobre un pollino, hijo de animal de yugo.

6. Y los discípulos fueron, e hicieron como Jesús les mandó;

7. Y trajeron el asna y el pollino, y pusieron sobre ellos sus mantos; y se sentó sobre ellos.

8. Y la compañía, que era muy numerosa, tendía sus mantos en el camino: y otros cortaban ramos de los árboles, y los tendían por el camino.

9. Y las gentes que iban delante, y las que iban detrás, aclamaban diciendo: ¡Hosanna al Hijo de David! ¡Bendito el que viene en el nombre del Señor! ¡Hosanna en las alturas!

10. Y entrando él en Jerusalén, toda la ciudad se alborotó, diciendo. ¿Quién es éste?

11. Y las gentes decían: Este es Jesús, el profeta, de Nazaret de Galilea.

12. Y entró Jesús en el templo de Dios, y echó fuera todos los que vendían y compraban en el templo, y trastornó las mesas de los cambiadores, y las sillas de los que vendían palomas;

13. Y les dice: Escrito está: Mi casa, casa de oración será llamada; mas vosotros cueva de ladrones la habéis hecho.

14. Entonces vinieron a él ciegos y cojos en el templo, y los sanó.

15. Mas los príncipes de los sacerdotes y los escribas, viendo las maravillas que hacía, y a los muchachos aclamando en el templo y diciendo: ¡Hosanna al Hijo de David! se indignaron,

16. Y le dijeron: ¿Oyes lo que éstos dicen? Y Jesús les dice: Sí: ¿nunca leísteis: De la boca de los niños y de los que maman perfeccionaste la alabanza?

17. Y dejándolos, se salió fuera de la ciudad, a Betania; y posó allí.

18. Y por la mañana volviendo a la ciudad, tuvo hambre.

19. Y viendo una higuera cerca del camino, vino a ella, y no halló nada en ella, sino hojas solamente, y le dijo: Nunca más para siempre nazca de ti fruto. Y luego se secó la higuera.

20. Y viendo esto los discípulos, maravillados decían: ¿Cómo se secó luego la higuera?

21. Y respondiendo Jesús les dijo: De cierto os digo, que si tuviereis fe, y no dudareis, no sólo haréis esto de la higuera: mas si a este monte dijereis: Quítate y échate en la mar, será hecho.

22. Y todo lo que pidiereis en oración, creyendo, lo recibiréis.

23. Y como vino al templo, se acercaron[26] a él cuando estaba enseñando, los príncipes de los sacerdotes y los ancianos del pueblo, diciendo. ¿Con qué autoridad haces esto? ¿y quién te dio esta autoridad?

24. Y respondiendo Jesús, les dijo: Yo también os preguntaré una palabra, la cual si me dijereis, también yo os diré con qué autoridad hago esto.

25. El bautismo de Juan, ¿de dónde era? ¿del cielo, o de los hombres? Ellos entonces pensaron entre sí, diciendo: Si dijéremos, del cielo, nos dirá: ¿Por qué pues no le creísteis?

26. Y si dijéremos, de los hombres, tememos al pueblo; porque todos tienen a Juan por profeta.

27. Y respondiendo a Jesús, dijeron: No sabemos. Y él también les dijo: Ni yo os digo con qué autoridad hago esto.

28. Mas, ¿qué os parece? Un hombre tenía dos hijos, y llegando al primero, le dijo: Hijo, ve hoy a trabajar en mi viña.

29. Y respondiendo él, dijo: No quiero;

---

[26] Versión original: llegáronse

mas después, arrepentido, fue.

30. Y llegando al otro, le dijo de la misma manera; y respondiendo él, dijo: Yo, señor, voy. Y no fue.

31. ¿Cuál de los dos hizo la voluntad de su padre? Dicen ellos: El primero. Les dijo Jesús: De cierto os digo, que los publicanos y las rameras[27] os van delante al reino de Dios.

32. Porque vino a vosotros Juan en camino de justicia, y no le creísteis; y los publicanos y las rameras le creyeron; y vosotros, viendo esto, no os arrepentisteis después para creerle.

33. Oíd otra parábola: fue un hombre, padre de familia, el cual plantó una viña; y la cercó de vallado, y cavó en ella un lagar, y edificó una torre, y la dio a renta a labradores, y se partió lejos.

34. Y cuando se acercó el tiempo de los frutos, envió sus siervos a los labradores, para que recibiesen sus frutos.

35. Mas los labradores, tomando a los siervos, al uno hirieron, y al otro mataron, y al otro apedrearon.

36. Envió de nuevo otros siervos, más que los primeros; e hicieron con ellos de la misma manera.

37. Y a la postre les envió su hijo, diciendo: Tendrán respeto a mi hijo.

38. Mas los labradores, viendo al hijo, dijeron entre sí: Este es el heredero; venid, matémosle, y tomemos su heredad.

39. Y tomado, le echaron fuera de la viña, y le mataron.

40. Pues cuando viniere el señor de la viña, ¿qué hará a aquellos labradores?

41. Le dijeron: a los malos destruirá miserablemente, y su viña dará a renta a otros labradores, que le paguen el fruto a sus tiempos.

42. Les dijo Jesús: ¿Nunca leísteis en las Escrituras: La piedra que desecharon los que edificaban, Esta fue hecha por cabeza de esquina: Por el Señor es hecho esto, Y es cosa maravillosa en nuestros ojos?

43. Por tanto os digo, que el reino de Dios será quitado de vosotros, y será dado a gente que haga los frutos de él.

44. Y el que cayere sobre esta piedra, será quebrantado; y sobre quien ella cayere, le desmenuzará.

45. Y oyendo los príncipes de los sacerdotes y los Fariseos sus parábolas, entendieron que hablaba de ellos.

46. Y buscando cómo echarle mano, temieron al pueblo; porque le tenían por profeta.

## Mateo 22

Y RESPONDIENDO Jesús, les volvió a hablar en parábolas, diciendo:

2. El reino de los cielos es semejante a un hombre rey, que hizo bodas a su hijo;

3. Y envió sus siervos para que llamasen los llamados a las bodas; mas no quisieron venir.

4. Volvió a enviar otros siervos, diciendo: Decid a los llamados: He aquí, mi comida he aparejado; mis toros y animales engordados son muertos, y todo está prevenido: venid a las bodas.

5. Mas ellos no se cuidaron, y se fueron, uno a su labranza, y otro a sus negocios;

6. Y otros, tomando a sus siervos, los afrentaron y los mataron.

7. Y el rey, oyendo esto, se enojó; y enviando sus ejércitos, destruyó a aquellos homicidas, y puso fuego a su ciudad.

8. Entonces dice a sus siervos: Las bodas a la verdad están aparejadas; mas los que eran llamados no eran dignos.

9. Id pues a las salidas de los caminos, y llamad a las bodas a cuantos hallareis.

10. Y saliendo los siervos por los caminos, juntaron a todos los que hallaron, juntamente malos y buenos: y las bodas fueron llenas de convidados.

11. Y entró el rey para ver los convidados, y vio allí un hombre no vestido de boda.

[27] Sinónimo de prostituta

12. Y le dijo: Amigo, ¿cómo entraste aquí no teniendo vestido de boda? Mas él cerró la boca.

13. Entonces el rey dijo a los que servían: Atado de pies y de manos tomadle, y echadle en las tinieblas de afuera: allí será el lloro y el crujir de dientes.

14. Porque muchos son llamados, y pocos escogidos.

15. Entonces, idos los Fariseos, consultaron cómo le tomarían en alguna palabra.

16. Y envían a él los discípulos de ellos, con los Herodianos, diciendo: Maestro, sabemos que eres amador de la verdad, y que enseñas con verdad el camino de Dios, y que no te curas de nadie, porque no tienes acepción de persona de hombres.

17. Dinos pues, ¿qué te parece? ¿es lícito dar tributo a César, o no?

18. Mas Jesús, entendida la malicia de ellos, les dice: ¿Por qué me tentáis, hipócritas?

19. Mostradme la moneda del tributo. Y ellos le presentaron un denario.

20. Entonces les dice: ¿De quién[28] es esta figura, y lo que está encima escrito?

21. Le dijeron: De César. Y les dijo: Pagad pues a César lo que es de César, y a Dios lo que es de Dios.

22. Y oyendo esto, se maravillaron, y dejándole se fueron.

23. Aquel día llegaron a él los Saduceos, que dicen no haber resurrección, y le preguntaron,

24. Diciendo: Maestro, Moisés dijo: Si alguno muriere sin hijos, su hermano se casará con su mujer, y despertará simiente a su hermano.

25. Fueron pues, entre nosotros siete hermanos; y el primero tomó mujer, y murió; y no teniendo generación, dejó su mujer a su hermano.

26. De la misma manera también el segundo, y el tercero, hasta los siete.

27. Y después de todos murió también la mujer.

28. En la resurrección pues, ¿de cuál de los siete será ella mujer? porque todos la tuvieron.

29. Entonces respondiendo Jesús, les dijo:

[28] Versión original: cúya

Erráis ignorando las Escrituras, y el poder de Dios.

30. Porque en la resurrección, ni los hombres tomarán mujeres, ni las mujeres marido; mas son como los ángeles de Dios en el cielo.

31. Y de la resurrección de los muertos, ¿no habéis leído lo que os es dicho por Dios, que dice:

32. Yo soy el Dios de Abraham, y el Dios de Isaac, y el Dios de Jacob? Dios no es Dios de muertos, sino de vivos.

33. Y oyendo esto las gentes, estaban atónitas de su doctrina.

34. Entonces los Fariseos, oyendo que había cerrado la boca a los Saduceos, se juntaron a una.

35. Y preguntó uno de ellos, intérprete de la ley, tentándole y diciendo:

36. Maestro, ¿cuál es el mandamiento grande en la ley?

37. Y Jesús le dijo: Amarás al Señor tu Dios de todo tu corazón, y de toda tu alma, y de toda tu mente.

38. Este es el primero y el grande mandamiento.

39. Y el segundo es semejante a éste: Amarás a tu prójimo como a ti mismo.

40. De estos dos mandamientos depende toda la ley y los profetas.

41. Y estando juntos los Fariseos, Jesús les preguntó,

42. Diciendo: ¿Qué os parece del Cristo? ¿de quién es Hijo? Le dijeron: De David.

43. El les dice: ¿Pues cómo David en Espíritu le llama Señor, diciendo:

44. Dijo el Señor a mi Señor: Siéntate a mi diestra, Entre tanto que pongo tus enemigos por estrado de tus pies?

45. Pues si David le llama Señor, ¿cómo es su Hijo?

46. Y nadie le podía responder palabra; ni osó alguno desde aquel día preguntarle más.

## Mateo 23

 NTONCES habló Jesús a las gentes y a sus discípulos,

2. Diciendo: Sobre la cátedra de Moisés se sentaron los escribas y los Fariseos:

3. Así que, todo lo que os dijeren que guardéis, guardadlo y hacedlo; mas

no hagáis conforme a sus obras:
porque dicen, y no hacen.

4. Porque atan cargas pesadas y difíciles de llevar, y las ponen sobre los hombros de los hombres; mas ni aun con su dedo las quieren mover.

5. Antes, todas sus obras hacen para ser mirados de los hombres; porque ensanchan sus filacterias, y extienden los flecos de sus mantos;

6. Y aman los primeros asientos en las cenas, y las primeras sillas en las sinagogas;

7. Y las salutaciones en las plazas, y ser llamados de los hombres Rabí, Rabí.

8. Mas vosotros, no queráis ser llamados Rabí; porque uno es vuestro Maestro, el Cristo; y todos vosotros sois hermanos.

9. Y vuestro padre no llaméis a nadie en la tierra; porque uno es vuestro Padre, el cual está en los cielos.

10. Ni seáis llamados maestros; porque uno es vuestro Maestro, el Cristo.

11. El que es el mayor de vosotros, sea vuestro siervo.

12. Porque el que se ensalzare, será humillado; y el que se humillare, será ensalzado.

13. Mas ¡ay de vosotros, escribas y Fariseos, hipócritas! porque cerráis el reino de los cielos delante de los hombres; que ni vosotros entráis, ni a los que están entrando dejáis entrar.

14. ¡Ay de vosotros, escribas y Fariseos, hipócritas! porque coméis las casas de las viudas, y por pretexto hacéis larga oración: por esto llevaréis mas grave juicio.

15. ¡Ay de vosotros, escribas y Fariseos, hipócritas! porque rodeáis la mar y la tierra por hacer un prosélito; y cuando fuere hecho, le hacéis hijo del infierno doble más que vosotros.

16. ¡Ay de vosotros, guías ciegos! que decís: Cualquiera que jurare por el templo es nada; mas cualquiera que jurare por el oro del templo, deudor es.

17. ¡Insensatos y ciegos! porque ¿cuál es mayor, el oro, o el templo que santifica al oro?

18. Y: Cualquiera que jurare por el altar, es nada; mas cualquiera que jurare

por el presente que está sobre él, deudor es.

19. ¡Necios y ciegos! porque, ¿cuál es mayor, el presente, o el altar que santifica al presente?

20. Pues el que jurare por el altar, jura por él, y por todo lo que está sobre él;

21. Y el que jurare por el templo, jura por él, y por Aquél que habita en él;

22. Y el que jura por el cielo, jura por el trono de Dios, y por Aquél que está sentado sobre él.

23. ¡Ay de vosotros, escribas y Fariseos, hipócritas! porque diezmáis la menta y el eneldo y el comino, y dejasteis lo que es lo más grave de la ley, es a saber, el juicio y la misericordia y la fe: esto era menester hacer, y no dejar lo otro.

24. ¡Guías ciegos, que coláis el mosquito, mas tragáis el camello!

25. ¡Ay de vosotros, escribas y Fariseos, hipócritas! porque limpiáis lo que está de fuera del vaso y del plato; mas de dentro están llenos de robo y de injusticia.

26. ¡Fariseo ciego, limpia primero lo de dentro del vaso y del plato, para que también lo de fuera se haga limpio!

27. ¡Ay de vosotros, escribas y Fariseos, hipócritas! porque sois semejantes a sepulcros blanqueados, que de fuera, a la verdad, se muestran hermosos, mas de dentro están llenos de huesos de muertos y de toda suciedad.

28. Así también vosotros de fuera, a la verdad, os mostráis justos a los hombres; mas de dentro, llenos estáis de hipocresía e iniquidad.

29. ¡Ay de vosotros, escribas y Fariseos, hipócritas! porque edificáis los sepulcros de los profetas, y adornáis los monumentos de los justos,

30. Y decís: Si fuéramos en los días de nuestros padres, no hubiéramos sido sus compañeros en la sangre de los profetas.

31. Así que, testimonio dais a vosotros mismos, que sois hijos de aquellos que mataron a los profetas.

32. ¡Vosotros también henchid la medida de vuestros padres!

33. ¡Serpientes, generación de víboras! ¿cómo evitaréis el juicio del infierno?

34. Por tanto, he aquí, yo envío a vosotros profetas, y sabios, y escribas: y de ellos, a unos mataréis y crucificaréis, y a otros de ellos azotaréis en vuestras sinagogas, y perseguiréis de ciudad en ciudad:

35. Para que venga sobre vosotros toda la sangre justa que se ha derramado sobre la tierra, desde la sangre de Abel el justo, hasta la sangre de Zacarías, hijo de Berequías, al cual matasteis entre el templo y el altar.

36. De cierto os digo que todo esto vendrá sobre esta generación.

37. ¡Jerusalén, Jerusalén, que matas a los profetas, y apedreas a los que son enviados a ti! ¡cuántas veces quise juntar tus hijos, como la gallina junta sus pollos debajo de las alas, y no quisiste!

38. He aquí vuestra casa os es dejada desierta.

39. Porque os digo que desde ahora no me veréis, hasta que digáis: Bendito el que viene en el nombre del Señor.

## Mateo 24

 SALIDO Jesús, se iba[29] del templo; y se llegaron sus discípulos, para mostrarle los edificios del templo.

2. Y respondiendo él, les dijo: ¿Veis todo esto? de cierto os digo, que no será dejada aquí piedra sobre piedra, que no sea destruida.

3. Y sentándose él en el monte de las Olivas, se llegaron a él los discípulos aparte, diciendo: Dinos, ¿cuándo serán estas cosas, y qué señal habrá de tu venida, y del fin del mundo?

4. Y respondiendo Jesús, les dijo: Mirad que nadie os engañe.

5. Porque vendrán muchos en mi nombre, diciendo: Yo soy el Cristo; y a muchos engañarán.

6. Y oiréis guerras, y rumores de guerras: mirad que no os turbéis; porque es menester que todo esto acontezca; mas aún no es el fin.

7. Porque se levantará nación contra nación, y reino contra reino; y habrá

pestilencias, y hambres, y terremotos por los lugares.

8. Y todas estas cosas, principio de dolores.

9. Entonces os entregarán para ser afligidos, y os matarán; y seréis aborrecidos de todas las gentes por causa de mi nombre.

10. Y muchos entonces serán escandalizados; y se entregarán unos a otros, y unos a otros se aborrecerán.

11. Y muchos falsos profetas se levantarán y engañarán a muchos.

12. Y por haberse multiplicado la maldad, la caridad de muchos se resfriará.

13. Mas el que perseverare hasta el fin, éste será salvo.

14. Y será predicado este evangelio del reino en todo el mundo, por testimonio a todos los Gentiles; y entonces vendrá el fin.

15. Por tanto, cuando viereis la abominación del asolamiento, que fue dicha por Daniel profeta, que estará en el lugar santo, (el que lee, entienda),

16. Entonces los que están en Judea, huyan a los montes;

17. Y el que sobre el terrado, no descienda a tomar algo de su casa;

18. Y el que en el campo, no vuelva atrás a tomar sus vestidos.

19. Mas ¡ay de las preñadas, y de las que crían en aquellos días!

20. Orad, pues, que vuestra huída no sea en invierno ni en sábado;

21. Porque habrá entonces grande aflicción, cual no fue desde el principio del mundo hasta ahora, ni será.

22. Y si aquellos días no fuesen acortados, ninguna carne sería salva; mas por causa de los escogidos, aquellos días serán acortados.

23. Entonces, si alguno os dijere: He aquí está el Cristo, o allí, no creáis.

24. Porque se levantarán falsos Cristos, y falsos profetas, y darán señales grandes y prodigios; de tal manera que engañarán, si es posible, aun a los escogidos.

25. He aquí os lo he dicho antes.

26. Así que, si os dijeren: He aquí en el

desierto está; no salgáis: He aquí en las cámaras; no creáis.

27. Porque como el relámpago que sale del oriente y se muestra hasta el occidente, así será también la venida del Hijo del hombre.

28. Porque donde quiera que estuviere el cuerpo muerto, allí se juntarán las águilas.

29. Y luego después de la aflicción de aquellos días, el sol se obscurecerá, y la luna no dará su lumbre, y las estrellas caerán del cielo, y las virtudes de los cielos serán conmovidas.

30. Y entonces se mostrará la señal del Hijo del hombre en el cielo; y entonces lamentarán todas las tribus de la tierra, y verán al Hijo del hombre que vendrá sobre las nubes del cielo, con grande poder y gloria.

31. Y enviará sus ángeles con gran voz de trompeta, y juntarán sus escogidos de los cuatro vientos, de un cabo del cielo hasta el otro.

32. De la higuera aprended la parábola: Cuando ya su rama se enternece, y las hojas brotan, sabéis que el verano está cerca.

33. Así también vosotros, cuando viereis todas estas cosas, sabed que está cercano, a las puertas.

34. De cierto os digo, que no pasará esta generación, que todas estas cosas no acontezcan.

35. El cielo y la tierra pasarán, mas mis palabras no pasarán.

36. Empero del día y hora nadie sabe, ni aun los ángeles de los cielos, sino mi Padre solo.

37. Mas como los días de Noé, así será la venida del Hijo del hombre.

38. Porque como en los días antes del diluvio estaban comiendo y bebiendo, casándose y dando en casamiento, hasta el día que Noé entró en el arca,

39. Y no conocieron hasta que vino el diluvio y llevó a todos, así será también la venida del Hijo del hombre.

40. Entonces estarán dos en el campo; el uno será tomado, y el otro será dejado:

41. Dos mujeres moliendo a un molinillo; la una será tomada, y la otra será dejada.

42. Velad pues, porque no sabéis a qué hora ha de venir vuestro Señor.

43. Esto empero sabed, que si el padre de la familia supiese a cuál vela el ladrón había de venir, velaría, y no dejaría minar su casa.

44. Por tanto, también vosotros estad apercibidos; porque el Hijo del hombre ha de venir a la hora que no pensáis.

45. ¿Quién pues es el siervo fiel y prudente, al cual puso su señor sobre su familia para que les dé alimento a tiempo?

46. Bienaventurado aquel siervo, al cual, cuando su señor viniere, le hallare haciendo así.

47. De cierto os digo, que sobre todos sus bienes le pondrá.

48. Y si aquel siervo malo dijere en su corazón Mi señor se tarda en venir:

49. Y comenzare a herir a sus consiervos, y aun a comer y a beber con los borrachos;

50. Vendrá el señor de aquel siervo en el día que no espera, y a la hora que no sabe,

51. Y le cortará por medio, y pondrá su parte con los hipócritas: allí será el lloro y el crujir de dientes.

## Mateo 25

NTONCES el reino de los cielos será semejante a diez vírgenes, que tomando sus lámparas, salieron a recibir al esposo.

2. Y las cinco de ellas eran prudentes, y las cinco fatuas.

3. Las que eran fatuas, tomando sus lámparas, no tomaron consigo aceite;

4. Mas las prudentes tomaron aceite en sus vasos, juntamente con sus lámparas.

5. Y tardándose el esposo, cabecearon todas, y se durmieron.

6. Y a la media noche fue oído un clamor: He aquí, el esposo viene; salid a recibirle.

7. Entonces todas aquellas vírgenes se levantaron, y aderezaron sus lámparas.

8. Y las fatuas dijeron a las prudentes: Dadnos de vuestro aceite; porque nuestras lámparas se apagan.

9. Mas las prudentes respondieron, diciendo. Porque no nos falte a nosotras y a vosotras, id antes a los que venden, y comprad para vosotras.

10. Y mientras que ellas iban a comprar, vino el esposo; y las que estaban apercibidas, entraron con él a las bodas; y se cerró la puerta.

11. Y después vinieron también las otras vírgenes, diciendo: Señor, Señor, ábrenos.

12. Mas respondiendo él, dijo: De cierto os digo, que no os conozco.

13. Velad, pues, porque no sabéis el día ni la hora en que el Hijo del hombre ha de venir.

14. Porque el reino de los cielos es como un hombre que partiéndose lejos llamó a sus siervos, y les entregó sus bienes.

15. Y a éste dio cinco talentos, y al otro dos, y al otro uno: a cada uno conforme a su facultad; y luego se partió lejos.

16. Y el que había recibido cinco talentos se fue, y negoció con ellos, e hizo otros cinco talentos.

17. Asimismo el que había recibido dos, ganó también él otros dos.

18. Mas el que había recibido uno, fue y cavó en la tierra, y escondió el dinero de su señor.

19. Y después de mucho tiempo, vino el señor de aquellos siervos, e hizo cuentas con ellos.

20. Y llegando el que había recibido cinco talentos, trajo otros cinco talentos, diciendo: Señor, cinco talentos me entregaste; he aquí otros cinco talentos he ganado sobre ellos.

21. Y su señor le dijo: Bien, buen siervo y fiel; sobre poco has sido fiel, sobre mucho te pondré: entra en el gozo de tu señor.

22. Y llegando también el que había recibido dos talentos, dijo: Señor, dos talentos me entregaste; he aquí otros dos talentos he ganado sobre ellos.

23. Su señor le dijo: Bien, buen siervo y fiel; sobre poco has sido fiel, sobre mucho te pondré: entra en el gozo de tu señor.

24. Y llegando también el que había recibido un talento, dijo: Señor, te conocía que eres hombre duro, que siegas donde no sembraste, y recoges donde no esparciste.

25. Y tuve miedo, y fui, y escondí tu talento en la tierra: he aquí tienes lo que es tuyo.

26. Y respondiendo su señor, le dijo: Malo y negligente siervo, sabías que siego donde no sembré y que recojo donde no esparcí:

27. Por tanto te convenía dar mi dinero a los banqueros, y viniendo yo, hubiera recibido lo que es mío con usura.

28. Quitadle pues el talento, y dadlo al que tiene diez talentos.

29. Porque a cualquiera que tuviere, le será dado, y tendrá más; y al que no tuviere, aun lo que tiene le será quitado.

30. Y al siervo inútil echadle en las tinieblas de afuera: allí será el lloro y el crujir de dientes.

31. Y cuando el Hijo del hombre venga en su gloria, y todos los santos ángeles con él, entonces se sentará sobre el trono de su gloria.

32. Y serán reunidas delante de él todas las gentes: y los apartará los unos de los otros, como aparta el pastor las ovejas de los cabritos.

33. Y pondrá las ovejas a su derecha, y los cabritos a la izquierda.

34. Entonces el Rey dirá a los que estarán a su derecha: Venid, benditos de mi Padre, heredad el reino preparado para vosotros desde la fundación del mundo.

35. Porque tuve hambre, y me disteis de comer; tuve sed, y me disteis de beber; fui huésped, y me recogisteis;

36. Desnudo, y me cubristeis; enfermo, y me visitasteis; estuve en la cárcel, y vinisteis a mí.

37. Entonces los justos le responderán, diciendo: Señor, ¿cuándo te vimos hambriento, y te sustentamos? ¿ó sediento, y te dimos de beber?

38. ¿Y cuándo te vimos huésped, y te recogimos? ¿ó desnudo, y te cubrimos?

39. ¿O cuándo te vimos enfermo, o en la cárcel, y vinimos a ti?

40. Y respondiendo el Rey, les dirá: De cierto os digo que en cuanto lo hicisteis a uno de estos mis hermanos pequeñitos, a mí lo hicisteis.

41. Entonces dirá también a los que estarán a la izquierda: Apartaos de mí, malditos, al fuego eterno preparado para el diablo y para sus ángeles:

42. Porque tuve hambre, y no me disteis de comer; tuve sed, y no me disteis de beber;

43. Fui huésped, y no me recogisteis; desnudo, y no me cubristeis; enfermo, y en la cárcel, y no me visitasteis.

44. Entonces también ellos le responderán, diciendo: Señor, ¿cuándo te vimos hambriento, o sediento, o huésped, o desnudo, o enfermo, o en la cárcel, y no te servimos?

45. Entonces les responderá, diciendo: De cierto os digo que en cuanto no lo hicisteis a uno de estos pequeñitos, ni a mí lo hicisteis.

46. E irán éstos al tormento eterno, y los justos a la vida eterna.

## Mateo 26

 ACONTECIO que, como hubo acabado Jesús todas estas palabras, dijo a sus discípulos: 2. Sabéis que dentro de dos días se hace la pascua, y el Hijo del hombre es entregado para ser crucificado.

3. Entonces los príncipes de los sacerdotes, y los escribas, y los ancianos del pueblo se juntaron al patio del pontífice, el cual se llamaba Caifás;

4. Y tuvieron consejo para prender por engaño a Jesús, y matarle.

5. Y decían: No en el día de la fiesta, porque no se haga alboroto en el pueblo.

6. Y estando Jesús en Betania, en casa de Simón el leproso,

7. Vino a él una mujer, teniendo un vaso de alabastro de ungüento[30] de gran precio, y lo derramó sobre la cabeza de él, estando sentado a la mesa.

8. Lo cual viendo sus discípulos, se enojaron, diciendo: ¿Por qué se pierde esto?

9. Porque esto se podía vender por gran precio, y darse a los pobres.

10. Y entendiéndolo Jesús, les dijo: ¿Por qué dais pena a esta mujer? Pues ha hecho conmigo buena obra.

11. Porque siempre tendréis pobres con vosotros, mas a mí no siempre me tendréis.

12. Porque echando este ungüento sobre mi cuerpo, para sepultarme lo ha hecho.

13. De cierto os digo, que donde quiera que este evangelio fuere predicado en todo el mundo, también será dicho para memoria de ella, lo que ésta ha hecho.

14. Entonces uno de los doce, que se llamaba Judas Iscariote, fue a los príncipes de los sacerdotes,

15. Y les dijo: ¿Qué me queréis dar, y yo os lo entregaré? Y ellos le señalaron treinta piezas de plata.

16. Y desde entonces buscaba oportunidad para entregarle.

17. Y el primer día de la fiesta de los panes sin levadura, vinieron los discípulos a Jesús, diciéndole: ¿Dónde quieres que aderecemos para ti para comer la pascua?

18. Y él dijo: Id a la ciudad a cierto hombre, y decidle: El Maestro dice: Mi tiempo está cerca; en tu casa haré la pascua con mis discípulos.

19. Y los discípulos hicieron como Jesús les mandó, y aderezaron la pascua.

20. Y como fue la tarde del día, se sentó a la mesa con los doce.

21. Y comiendo ellos, dijo: De cierto os digo, que uno de vosotros me ha de entregar.

22. Y entristecidos ellos en gran manera, comenzó cada uno de ellos a decirle: ¿Soy yo, Señor?

23. Entonces él respondiendo, dijo: El que mete la mano conmigo en el plato, ése me ha de entregar.

24. A la verdad el Hijo del hombre va, como está escrito de él, mas ¡ay de aquel hombre por quien el Hijo del hombre es entregado! bueno le fuera

---

[30] Traducción alternativa: perfume

al tal hombre no haber nacido.

25. Entonces respondiendo Judas, que le entregaba, dijo: ¿Soy yo, Maestro? Le dijo: Tú lo has dicho.

26. Y comiendo ellos, tomó Jesús el pan, y bendijo, y lo partió, y dio a sus discípulos, y dijo: Tomad, comed. esto es mi cuerpo.

27. Y tomando el vaso, y hechas gracias, les dio, diciendo: Bebed de él todos;

28. Porque esto es mi sangre del nuevo pacto, la cual es derramada por muchos para remisión de los pecados.

29. Y os digo, que desde ahora no beberé más de este fruto de la vid, hasta aquel día, cuando lo tengo de beber nuevo con vosotros en el reino de mi Padre.

30. Y habiendo cantado el himno, salieron al monte de las Olivas.

31. Entonces Jesús les dice: Todos vosotros seréis escandalizados en mí esta noche; porque escrito está: Heriré al Pastor, y las ovejas de la manada serán dispersas.

32. Mas después que haya resucitado, iré delante de vosotros a Galilea.

33. Y respondiendo Pedro, le dijo: Aunque todos sean escandalizados en ti, yo nunca seré escandalizado.

34. Jesús le dice: De cierto te digo que esta noche, antes que el gallo cante, me negarás tres veces.

35. Le dijo Pedro. Aunque me sea menester morir contigo, no te negaré. Y todos los discípulos dijeron lo mismo.

36. Entonces llegó Jesús con ellos a la aldea que se llama Getsemaní, y dice a sus discípulos: Sentaos aquí, hasta que vaya allí y ore.

37. Y tomando a Pedro, y a los dos hijos de Zebedeo, comenzó a entristecerse y a angustiarse en gran manera.

38. Entonces Jesús les dice: Mi alma está muy triste hasta la muerte; quedaos aquí, y velad conmigo.

39. Y yéndose un poco más adelante, se postró sobre su rostro, orando, y diciendo: Padre mío, si es posible, pase de mí este vaso; empero no como yo quiero, sino como tú.

40. Y vino a sus discípulos, y los halló durmiendo, y dijo a Pedro: ¿Así no

habéis podido velar conmigo una hora?

41. Velad y orad, para que no entréis en tentación: el espíritu a la verdad está presto, mas la carne enferma.

42. Otra vez fue, segunda vez, y oró diciendo. Padre mío, si no puede este vaso pasar de mí sin que yo lo beba, hágase tu voluntad.

43. Y vino, y los halló otra vez durmiendo; porque los ojos de ellos estaban agravados.

44. Y dejándolos se fue de nuevo, y oró tercera vez, diciendo las mismas palabras.

45. Entonces vino a sus discípulos y les dijo: Dormid ya, y descansad: he aquí ha llegado la hora, y el Hijo del hombre es entregado en manos de pecadores.

46. Levantaos, vamos: he aquí ha llegado el que me ha entregado.

47. Y hablando aún él, he aquí Judas, uno de los doce, vino, y con él mucha gente con espadas y con palos, de parte de los príncipes de los sacerdotes, y de los ancianos del pueblo.

48. Y el que le entregaba les había dado señal, diciendo: Al que yo besare, aquél es: prendedle.

49. Y luego que llegó a Jesús, dijo: Salve, Maestro. Y le besó.

50. Y Jesús le dijo: Amigo, ¿á qué vienes? Entonces llegaron, y echaron mano a Jesús, y le prendieron.

51. Y he aquí, uno de los que estaban con Jesús, extendiendo la mano, sacó su espada, e hiriendo a un siervo del pontífice, le quitó la oreja.

52. Entonces Jesús le dice: Vuelve tu espada a su lugar; porque todos los que tomaren espada, a espada perecerán.

53. ¿Acaso piensas que no puedo ahora orar a mi Padre, y él me daría más de doce legiones de ángeles?

54. ¿Cómo, pues, se cumplirían las Escrituras, que así conviene que sea hecho?

55. En aquella hora dijo Jesús a las gentes: ¿Como a ladrón habéis salido con espadas y con palos a prenderme? Cada día me sentaba con

vosotros enseñando en el templo, y no me prendisteis.

56. Mas todo esto se hace, para que se cumplan las Escrituras de los profetas. Entonces todos los discípulos huyeron, dejándole.

57. Y ellos, prendido Jesús, le llevaron a Caifás pontífice, donde los escribas y los ancianos estaban juntos.

58. Mas Pedro le seguía de lejos hasta el patio del pontífice; y entrando dentro, estaba sentado[31] con los criados, para ver el fin.

59. Y los príncipes de los sacerdotes, y los ancianos, y todo el consejo, buscaban falso testimonio contra Jesús, para entregarle a la muerte;

60. Y no lo hallaron, aunque muchos testigos falsos se llegaban; mas a la postre vinieron dos testigos falsos,

61. Que dijeron: Este dijo: Puedo derribar el templo de Dios, y en tres días reedificarlo.

62. Y levantándose el pontífice, le dijo: ¿No respondes nada? ¿qué testifican éstos contra ti?

63. Mas Jesús callaba. Respondiendo el pontífice, le dijo: Te conjuro por el Dios viviente, que nos digas si eres tú el Cristo, Hijo de Dios.

64. Jesús le dijo: Tú lo has dicho: y aun os digo, que desde ahora habéis de ver al Hijo del hombre[32] sentado a la diestra de la potencia de Dios, y que viene en las nubes del cielo.[33]

65. Entonces el pontífice rasgó sus vestidos, diciendo: Blasfemado ha: ¿qué más necesidad tenemos de testigos? He aquí, ahora habéis oído su blasfemia.

66. ¿Qué os parece? Y respondiendo ellos, dijeron: Culpado es de muerte.

67. Entonces le escupieron en el rostro, y

le dieron de bofetadas; y otros le abofeteaban[34],

68. Diciendo: Profetízanos tú, Cristo, quién es el que te ha herido.

69. Y Pedro estaba sentado fuera en el patio; y se llegó a él una criada, diciendo: Y tú con Jesús el Galileo estabas.

70. Mas él negó delante de todos, diciendo: No sé lo que dices.

71. Y saliendo él a la puerta, le vio otra, y dijo a los que estaban allí: También éste estaba con Jesús Nazareno.

72. Y negó otra vez con juramento: No conozco al hombre.

73. Y un poco después llegaron los que estaban por allí, y dijeron a Pedro: Verdaderamente también tú eres de ellos, porque aun tu habla te hace manifiesto.

74. Entonces comenzó a hacer imprecaciones, y a jurar, diciendo: No conozco al hombre. Y el gallo cantó luego.

75. Y se acordó Pedro de las palabras de Jesús, que le dijo: Antes que cante el gallo, me negarás tres veces. Y saliéndose fuera, lloró amargamente.

## Mateo 27

 VENIDA la mañana, entraron en consejo todos los príncipes de los sacerdotes, y los ancianos del pueblo, contra Jesús, para entregarle a muerte.

2. Y le llevaron atado, y le entregaron a Poncio Pilato presidente.

3. Entonces Judas, el que le había entregado, viendo que era condenado, volvió arrepentido las treinta piezas de plata a los príncipes de los sacerdotes y a los ancianos,

4. Diciendo: Yo he pecado entregando la sangre inocente. Mas ellos dijeron: ¿Qué nos importa eso a nosotros? Allá tú[35].

5. Y arrojando las piezas de plata en el templo, salió[36]; y fue, y se ahorcó.

6. Y los príncipes de los sacerdotes,

---

[31] Versión original: estábase sentado (las traducciones modernas muestran la palabra como activa y no pasiva; ejemplo, «se sentó» vs. «estaba sentado», pero hemos respetado el uso pasivo del texto antiguo.)

[32] Versión original: de los hombres (fuentes independientes nombran «Hijo de los hombres» como error tipográfico de la versión de impresión sobre la cual basamos esta edición. Semillas de Amor concuerdan con esta opinión, ya que esta es la única ocasión en los evangelios donde aparece esta descripción, al opuesto de la descripción «Hijo del hombre»).

[33] Las referencias para rectificar errores tipográficos de la impresión original de nuestra versión 1909 fueron sacadas de la página web Reina Valeria 1909 (http://www.valera1909.com/errores.htm).

[34] Versión original: herían con mojicones
[35] Versión original: ¿Qué se nos da a nosotros? Viéras lo tú.
[36] Versión original: partióse

tomando las piezas de plata, dijeron: No es lícito echarlas en el tesoro de los dones, porque es precio de sangre.

7. Mas habido consejo, compraron con ellas el campo del alfarero, por sepultura para los extranjeros.

8. Por lo cual fue llamado aquel campo, Campo de sangre, hasta el día de hoy.

9. Entonces se cumplió lo que fue dicho por el profeta Jeremías, que dijo: Y tomaron las treinta piezas de plata, precio del apreciado, que fue apreciado por los hijos de Israel;

10. Y las dieron para el campo del alfarero, como me ordenó el Señor.

11. Y Jesús estuvo delante del presidente; y el presidente le preguntó, diciendo: ¿Eres tú el Rey de los judíos? Y Jesús le dijo: Tú lo dices.

12. Y siendo acusado por los príncipes de los sacerdotes, y por los ancianos, nada respondió.

13. Pilato entonces le dice: ¿No oyes cuántas cosas testifican contra ti?

14. Y no le respondió ni una palabra; de tal manera que el presidente se maravillaba mucho,

15. Y en el día de la fiesta acostumbraba el presidente soltar al pueblo un preso, cual quisiesen.

16. Y tenían entonces un preso famoso que se llamaba Barrabás.

17. Y juntos ellos, les dijo Pilato; ¿Cuál queréis que os suelte? ¿á Barrabás o a Jesús que se dice el Cristo?

18. Porque sabía que por envidia le habían entregado.

19. Y estando él sentado en el tribunal, su mujer envió a él, diciendo: No tengas que ver con aquel justo; porque hoy he padecido muchas cosas en sueños por causa de él.

20. Mas los príncipes de los sacerdotes y los ancianos, persuadieron al pueblo que pidiese a Barrabás, y a Jesús matase.

21. Y respondiendo el presidente les dijo: ¿Cuál de los dos queréis que os suelte? Y ellos dijeron: a Barrabás.

22. Pilato les dijo: ¿Qué pues haré de Jesús que se dice el Cristo? Le dijeron todos: Sea crucificado.

23. Y el presidente les dijo: Pues ¿qué mal ha hecho? Mas ellos gritaban más, diciendo: Sea crucificado.

24. Y viendo Pilato que nada adelantaba, antes se hacía más alboroto, tomando agua se lavó las manos delante del pueblo, diciendo: Inocente soy yo de la sangre de este justo veréis lo vosotros.

25. Y respondiendo todo el pueblo, dijo: Su sangre sea sobre nosotros, y sobre nuestros hijos.

26. Entonces les soltó a Barrabás: y habiendo azotado a Jesús, le entregó para ser crucificado.

27. Entonces los soldados del presidente llevaron a Jesús al pretorio, y juntaron a él toda la cuadrilla;

28. Y desnudándole, le echaron encima un manto de grana;

29. Y pusieron sobre su cabeza una corona tejida de espinas, y una caña en su mano derecha; e hincando la rodilla delante de él, le burlaban, diciendo: ¡Salve, Rey de los Judíos!

30. Y escupiendo en él, tomaron la caña, y le herían en la cabeza.

31. Y después que le hubieron escarnecido, le desnudaron el manto, y le vistieron de sus vestidos, y le llevaron para crucificarle.

32. Y saliendo, hallaron a un Cireneo, que se llamaba Simón: a éste cargaron para que llevase su cruz.

33. Y como llegaron al lugar que se llamaba Gólgota, que es dicho, El lugar de la calavera,

34. Le dieron a beber vinagre mezclado con hiel: y gustando, no quiso beber lo

35. Y después que le hubieron crucificado, repartieron sus vestidos, echando suertes: para que se cumpliese lo que fue dicho por el profeta: Se repartieron mis vestidos, y sobre mi ropa echaron suertes.

36. Y sentados le guardaban allí.

37. Y pusieron sobre su cabeza su causa escrita: ESTE ES JESÚS EL REY DE LOS JUDIOS.

38. Entonces crucificaron con él dos ladrones, uno a la derecha, y otro a la izquierda.

39. Y los que pasaban, le decían injurias, meneando sus cabezas,

40. Y diciendo: Tú, el que derribas el templo, y en tres días lo reedificas, sálvate a ti mismo: si eres Hijo de Dios, desciende de la cruz.

41. De esta manera también los príncipes de los sacerdotes, escarneciendo con los escribas y los Fariseos y los ancianos, decían:

42. á otros salvó, a sí mismo no puede salvar: si es el Rey de Israel, descienda ahora de la cruz, y creeremos en él.

43. Confió en Dios: líbrele ahora si le quiere: porque ha dicho: Soy Hijo de Dios.

44. Lo mismo también le zaherían los ladrones que estaban crucificados con él.

45. Y desde la hora de sexta fueron tinieblas sobre toda la tierra hasta la hora de nona.

46. Y cerca de la hora de nona, Jesús exclamó con grande voz, diciendo: Eli, Eli[37], ¿lama sabactani? Esto es: Dios mío, Dios mío, ¿por qué me has desamparado?

47. Y algunos de los que estaban allí, oyéndolo, decían: A Elías llama éste.

48. Y luego, corriendo uno de ellos, tomó una esponja, y la hinchió de vinagre, y poniéndola en una caña, le dio[38] de beber.

49. Y los otros decían: Deja, veamos si viene Elías a librarle.

50. Mas Jesús, habiendo otra vez exclamado con grande voz, dio el espíritu.

51. Y he aquí, el velo del templo se rompió en dos, de alto a bajo: y la tierra tembló, y las piedras se hendieron;

52. Y se abrieron[39] los sepulcros, y muchos cuerpos de santos que habían dormido, se levantaron;

53. Y salidos de los sepulcros, después de su resurrección, vinieron a la santa ciudad, y aparecieron a muchos.

54. Y el centurión, y los que estaban con él guardando a Jesús, visto el terremoto, y las cosas que habían sido hechas, temieron en gran manera, diciendo: Verdaderamente Hijo de Dios era éste.

55. Y estaban allí muchas mujeres mirando de lejos, las cuales habían seguido de Galilea a Jesús, sirviéndole:

56. Entre las cuales estaban María Magdalena, y María la madre de Jacobo y de José, y la madre de los hijos de Zebedeo.

57. Y como fue la tarde del día, vino un hombre rico de Arimatea, llamado José, el cual también había sido discípulo de Jesús.

58. Este llegó a Pilato, y pidió el cuerpo de Jesús: entonces Pilato mandó que se le diese el cuerpo.

59. Y tomando José el cuerpo, lo envolvió en una sábana limpia,

60. Y lo puso en su sepulcro nuevo, que había labrado en la peña: y revuelta una grande piedra a la puerta del sepulcro, se fue.

61. Y estaban allí María Magdalena, y la otra María, sentadas delante del sepulcro.

62. Y el siguiente día, que es después de la preparación, se juntaron los príncipes de los sacerdotes y los Fariseos a Pilato,

63. Diciendo: Señor, nos acordamos que aquel engañador dijo, viviendo aún: Después de tres días resucitaré.

64. Manda, pues, que se asegure el sepulcro hasta el día tercero; porque no vengan sus discípulos de noche, y le hurten, y digan al pueblo: Resucitó de los muertos. Y será el postrer error peor que el primero.

65. Y Pilato les dijo: Tenéis una guardia: id, aseguradlo como sabéis.

66. Y yendo ellos, aseguraron el sepulcro, sellando la piedra, con la guardia.

## Mateo 28

 LA víspera de sábado, que amanece para el primer día de la semana, vino María Magdalena, y la otra María, a ver el sepulcro.

2. Y he aquí, fue hecho un gran terremoto: porque el ángel del Señor, descendiendo del cielo y llegando, había revuelto la piedra, y estaba sentado sobre ella.

---

[37] Traducción alternativa: Eloi, Eloi
[38] Versión original: dábale
[39] Versión original: abriéronse

3. Y su aspecto era como un relámpago, y su vestido blanco como la nieve.

4. Y de miedo de él los guardas se asombraron, y fueron vueltos como muertos.

5. Y respondiendo el ángel, dijo a las mujeres: No temáis vosotras; porque yo sé que buscáis a Jesús, que fue crucificado.

6. No está aquí; porque ha resucitado, como dijo. Venid, ved el lugar donde fue puesto el Señor.

7. E id presto, decid a sus discípulos que ha resucitado de los muertos: y he aquí va delante de vosotros a Galilea; allí le veréis; he aquí, os lo he dicho.

8. Entonces ellas, saliendo del sepulcro con temor y gran gozo, fueron corriendo a dar las nuevas a sus discípulos. Y mientras iban a dar las nuevas a sus discípulos,

9. He aquí, Jesús les sale al encuentro, diciendo: Salve. Y ellas se llegaron y abrazaron sus pies, y le adoraron.

10. Entonces Jesús les dice: No temáis: id, dad las nuevas a mis hermanos, para que vayan a Galilea, y allí me verán.

11. Y yendo ellas, he aquí unos de la guardia vinieron a la ciudad, y dieron aviso a los príncipes de los sacerdotes de todas las cosas que habían acontecido.

12. Y juntados con los ancianos, y habido consejo, dieron mucho dinero a los soldados,

13. Diciendo: Decid: Sus discípulos vinieron de noche, y le hurtaron, durmiendo nosotros.

14. Y si esto fuere oído del presidente, nosotros le persuadiremos, y os haremos seguros.

15. Y ellos, tomando el dinero, hicieron como estaban instruidos: y este dicho fue divulgado entre los Judíos hasta el día de hoy.

16. Mas los once discípulos se fueron a Galilea, al monte donde Jesús les había ordenado.

17. Y como le vieron, le adoraron: mas algunos dudaban.

18. Y llegando Jesús, les habló, diciendo: Toda potestad me es dada en el cielo y en la tierra.

19. Por tanto, id, y doctrinad a todos los Gentiles, bautizándolos en el nombre del Padre, y del Hijo, y del Espíritu Santo:

20. Enseñándoles que guarden todas las cosas que os he mandado: y he aquí, yo estoy con vosotros todos los días, hasta el fin del mundo. Amén.

# El Evangelio según

# San Marcos

## Marcos 1

**P**RINCIPIO del evangelio de Jesucristo, Hijo de Dios.
2.   Como está escrito en Isaías el profeta: He aquí yo envío a mi mensajero delante de tu faz, Que apareje tu camino delante de ti.
3.   Voz del que clama en el desierto: Aparejad el camino del Señor; Enderezad sus veredas.
4.   Bautizaba Juan en el desierto, y predicaba el bautismo del arrepentimiento para remisión de pecados.
5.   Y salía a él toda la provincia de Judea, y los de Jerusalén; y eran todos, bautizados por él en el río de Jordán, confesando sus pecados.
6.   Y Juan andaba vestido de pelos de camello, y con un cinto de cuero alrededor de sus lomos; y comía langostas y miel silvestre.
7.   Y predicaba, diciendo: Viene tras mí el que es más poderoso que yo, al cual no soy digno de desatar encorvado la correa de sus zapatos.
8.   Yo a la verdad os he bautizado con agua; mas él os bautizará con Espíritu Santo.
9.   Y aconteció en aquellos días, que Jesús vino de Nazaret de Galilea, y fue bautizado por Juan en el Jordán.
10. Y luego, subiendo del agua, vio abrirse los cielos, y al Espíritu como paloma, que descendía sobre él.
11. Y hubo una voz de los cielos que decía: Tú eres mi Hijo amado; en ti tomo contentamiento.
12. Y luego el Espíritu le impele al desierto.
13. Y estuvo allí en el desierto cuarenta días, y era tentado de Satanás; y estaba con las fieras; y los ángeles le servían.

14. Mas después que Juan fue encarcelado, Jesús vino a Galilea predicando el evangelio del reino de Dios,
15. Y diciendo: El tiempo es cumplido, y el reino de Dios está cerca: arrepentíos, y creed al evangelio.
16. Y pasando junto a la mar de Galilea, vio a Simón, y a Andrés su hermano, que echaban la red en la mar; porque eran pescadores.
17. Y les dijo Jesús: Venid en pos de mí, y haré que seáis pescadores de hombres.
18. Y luego, dejadas sus redes, le siguieron.
19. Y pasando de allí un poco más adelante, vio a Jacobo, hijo de Zebedeo, y a Juan su hermano, también ellos en el navío, que aderezaban las redes.
20. Y luego los llamó: y dejando a su padre Zebedeo en el barco con los jornaleros, fueron en pos de él.
21. Y entraron en Capernaúm; y luego los sábados, entrando en la sinagoga, enseñaba.
22. Y se admiraban de su doctrina; porque les enseñaba como quien tiene potestad, y no como los escribas.
23. Y había en la sinagoga de ellos un hombre con espíritu inmundo, el cual dio voces,
24. Diciendo: ¡Ah! ¿qué tienes con nosotros, Jesús Nazareno? ¿Has venido a destruirnos? Sé quién eres, el Santo de Dios.
25. Y Jesús le riñó, diciendo: Enmudece, y sal de él.
26. Y el espíritu inmundo, haciéndole pedazos, y clamando a gran voz, salió de él.
27. Y todos se maravillaron, de tal manera que inquirían entre sí, diciendo: ¿Qué es esto? ¿Qué nueva doctrina es ésta, que con potestad aun a los espíritus inmundos manda, y le obedecen?
28. Y vino luego su fama por toda la provincia alrededor de Galilea.
29. Y luego saliendo de la sinagoga, vinieron a casa de Simón y de Andrés, con Jacobo y Juan.
30. Y la suegra de Simón estaba acostada con calentura; y le hablaron luego de ella.

31. Entonces llegando él, la tomó de su mano y la levantó; y luego la dejó la calentura, y les servía.
32. Y cuando fue la tarde, luego que el sol se puso, traían a él todos los que tenían mal, y endemoniados;
33. Y toda la ciudad se juntó a la puerta.
34. Y sanó a muchos que estaban enfermos de diversas enfermedades, y echó fuera muchos demonios; y no dejaba decir a los demonios que le conocían.
35. Y levantándose muy de mañana, aun muy de noche, salió y se fue a un lugar desierto, y allí oraba.
36. Y le siguió Simón, y los que estaban con él;
37. Y hallándole, le dicen: Todos te buscan.
38. Y les dice: Vamos a los lugares vecinos, para que predique también allí; porque para esto he venido.
39. Y predicaba en las sinagogas de ellos en toda Galilea, y echaba fuera los demonios.
40. Y un leproso vino a él, rogándole; e hincada la rodilla, le dice: Si quieres, puedes limpiarme.
41. Y Jesús, teniendo misericordia de él, extendió su mano, y le tocó, y le dice: Quiero, sé limpio.
42. Y así que hubo él hablado, la lepra se fue luego de aquél, y fue limpio.
43. Entonces le apercibió, y le despidió[40] luego,
44. Y le dice: Mira, no digas a nadie nada; sino ve, muéstrate al sacerdote, y ofrece por tu limpieza lo que Moisés mandó, para testimonio a ellos.
45. Mas él salido, comenzó a publicarlo mucho, y a divulgar el hecho, de manera que ya Jesús no podía entrar manifiestamente en la ciudad, sino que estaba fuera en los lugares desiertos; y venían a él de todas partes.

## Marcos 2

 ENTRO otra vez en Capernaúm después de algunos días, y se oyó que estaba en casa.

2. Y luego se juntaron a él muchos, que ya no cabían ni aun a la puerta; y les

predicaba la palabra.
3. Entonces vinieron a él unos trayendo un paralítico, que era traído por cuatro.
4. Y como no podían llegar a él a causa del gentío, descubrieron el techo de donde estaba, y haciendo abertura, bajaron el lecho en que yacía el paralítico.
5. Y viendo Jesús la fe de ellos, dice al paralítico: Hijo, tus pecados te son perdonados.
6. Y estaban allí sentados algunos de los escribas, los cuales pensando en sus corazones,
7. Decían: ¿Por qué habla éste así? Blasfemias dice. ¿Quién puede perdonar pecados, sino solo Dios?
8. Y conociendo luego Jesús en su espíritu que pensaban así dentro de sí mismos, les dijo: ¿Por qué pensáis estas cosas en vuestros corazones?
9. ¿Qué es más fácil, decir al paralítico: Tus pecados te son perdonados, o decirle: Levántate, y toma tu lecho y anda?
10. Pues para que sepáis que el Hijo del hombre tiene potestad en la tierra de perdonar los pecados, (dice al paralítico):
11. A ti te digo: Levántate, y toma tu lecho, y vete a tu casa.
12. Entonces él se levantó luego, y tomando su lecho, se salió delante de todos, de manera que todos se asombraron, y glorificaron a Dios, diciendo: Nunca tal hemos visto.
13. Y volvió a salir a la mar, y toda la gente venía a él, y los enseñaba.
14. Y pasando, vio a Leví, hijo de Alfeo, sentado al banco de los públicos tributos, y le dice: Sígueme. Y levantándose le siguió.
15. Y aconteció que estando Jesús a la mesa en casa de él, muchos publicanos y pecadores estaban también a la mesa juntamente con Jesús y con sus discípulos: porque había muchos, y le habían seguido.
16. Y los escribas y los Fariseos, viéndole comer con los publicanos y con los pecadores, dijeron a sus discípulos: ¿Qué es esto, que él come y bebe con los publicanos y con los pecadores?

[40] Versión original: despidióle

17. Y oyéndolo Jesús, les dice: Los sanos no tienen necesidad de médico, mas los que tienen mal. No he venido a llamar a los justos, sino a los pecadores.

18. Y los discípulos de Juan, y de los Fariseos ayunaban; y vienen, y le dicen: ¿Por qué los discípulos de Juan y los de los Fariseos ayunan, y tus discípulos no ayunan?

19. Y Jesús les dice: ¿Pueden ayunar los que están de bodas, cuando el esposo está con ellos? Entre tanto que tienen consigo al esposo no pueden ayunar.

20. Mas vendrán días, cuando el esposo les será quitado, y entonces en aquellos días ayunarán.

21. Nadie echa remiendo de paño recio en vestido viejo; de otra manera el mismo remiendo nuevo tira del viejo, y la rotura se hace peor.

22. Ni nadie echa vino nuevo en odres viejos; de otra manera, el vino nuevo rompe los odres, y se derrama el vino, y los odres se pierden; mas el vino nuevo en odres nuevos se ha de echar.

23. Y aconteció que pasando él por los sembrados en sábado, sus discípulos andando comenzaron a arrancar espigas.

24. Entonces los Fariseos le dijeron: He aquí, ¿por qué hacen en sábado lo que no es lícito?

25. Y él les dijo: ¿Nunca leísteis qué hizo David cuando tuvo necesidad, y tuvo hambre, él y los que con él estaban:

26. Cómo entró en la casa de Dios, siendo Abiatar sumo pontífice, y comió los panes de la proposición, de los cuales no es lícito comer sino a los sacerdotes, y aun dio a los que con él estaban?

27. También les dijo: El sábado por causa del hombre es hecho; no el hombre por causa del sábado.

28. Así que el Hijo del hombre es Señor aun del sábado.

## Marcos 3

Y OTRA vez entró en la sinagoga; y había allí un hombre que tenía una mano seca.

2. Y le acechaban si en sábado le sanaría, para acusarle.

3. Entonces dijo al hombre que tenía la mano seca: Levántate en medio.

4. Y les dice: ¿Es lícito hacer bien en sábado, o hacer mal? ¿salvar la vida, o quitarla? Mas ellos callaban.

5. Y mirándolos alrededor con enojo, condoleciéndose de la ceguedad de su corazón, dice al hombre: Extiende tu mano. Y la extendió, y su mano fue restituida sana.

6. Entonces saliendo los Fariseos, tomaron consejo con los Herodianos contra él, para matarle.

7. Mas Jesús se apartó a la mar con sus discípulos: y le siguió gran multitud de Galilea, y de Judea.

8. Y de Jerusalén, y de Idumea, y de la otra parte del Jordán. Y los de alrededor de Tiro y de Sidón, grande multitud, oyendo cuán grandes cosas hacía, vinieron a él.

9. Y dijo a sus discípulos que le estuviese siempre apercibida la barquilla, por causa del gentío, para que no le oprimiesen.

10. Porque había sanado a muchos; de manera que caían sobre él cuantos tenían plagas, por tocarle.

11. Y los espíritus inmundos, al verle, se postraban delante de él, y daban voces, diciendo: Tú eres el Hijo de Dios.

12. Mas él les reñía mucho que no le manifestasen.

13. Y subió al monte, y llamó a sí a los que él quiso; y vinieron a él.

14. Y estableció doce, para que estuviesen con él, y para enviarlos a predicar.

15. Y que tuviesen potestad de sanar enfermedades, y de echar fuera demonios:

16. A Simón, al cual puso por nombre Pedro;

17. Y a Jacobo, hijo de Zebedeo, y a Juan hermano de Jacobo; y les apellidó Boanerges, que es, Hijos del trueno;

18. Y a Andrés, y a Felipe, y a Bartolomé, y a Mateo, y a Tomas, y a Jacobo hijo de Alfeo, y a Tadeo, y a Simón el Cananita,

19. Y a Judas Iscariote, el que le entregó. Y vinieron a casa.

20. Y se agolpó[41] de nuevo la gente, de modo que ellos ni aun podían comer pan.

[41] Versión original: agolpóse

21. Y como lo oyeron los suyos, vinieron para prenderle: porque decían: Está fuera de sí.

22. Y los escribas que habían venido de Jerusalén, decían que tenía a Beelzebú, y que por el príncipe de los demonios echaba fuera los demonios.

23. Y habiéndolos llamado, les decía en parábolas: ¿Cómo puede Satanás echar fuera a Satanás?

24. Y si algún reino contra sí mismo fuere dividido, no puede permanecer el tal reino.

25. Y si alguna casa fuere dividida contra sí misma, no puede permanecer la tal casa.

26. Y si Satanás se levantare contra sí mismo, y fuere dividido, no puede permanecer; antes tiene fin.

27. Nadie puede saquear las alhajas del valiente entrando en su casa, si antes no atare al valiente y entonces saqueará su casa.

28. De cierto os digo que todos los pecados serán perdonados a los hijos de los hombres, y las blasfemias cualesquiera con que blasfemaren;

29. Mas cualquiera que blasfemare contra el Espíritu Santo, no tiene jamás perdón, mas está expuesto a eterno juicio.

30. Porque decían: Tiene espíritu inmundo.

31. Vienen después sus hermanos y su madre, y estando fuera, enviaron a él llamándole.

32. Y la gente estaba sentada alrededor de él, y le dijeron: He aquí, tu madre y tus hermanos te buscan fuera.

33. Y él les respondió, diciendo: ¿Quién es mi madre y mis hermanos?

34. Y mirando a los que estaban sentados alrededor de él, dijo: He aquí mi madre y mis hermanos.

35. Porque cualquiera que hiciere la voluntad de Dios, éste es mi hermano, y mi hermana, y mi madre.

## Marcos 4

 OTRA vez comenzó a enseñar junto a la mar, y se juntó a él mucha gente; tanto, que entrándose él en un barco, se sentó en la mar: y toda la gente estaba en tierra junto a la mar.

2. Y les enseñaba por parábolas muchas cosas, y les decía en su doctrina:

3. Oíd: He aquí, el sembrador salió a sembrar.

4. Y aconteció sembrando, que una parte cayó junto al camino; y vinieron las aves del cielo, y la tragaron.

5. Y otra parte cayó en pedregales, donde no tenía mucha tierra; y luego salió, porque no tenía la tierra profunda:

6. Mas salido el sol, se quemó; y por cuanto no tenía raíz, se secó.

7. Y otra parte cayó en espinas; y subieron las espinas, y la ahogaron, y no dio fruto.

8. Y otra parte cayó en buena tierra, y dio fruto, que subió y creció: y llevó uno a treinta, y otro a sesenta, y otro a ciento.

9. Entonces les dijo: El que tiene oídos para oír, oiga.

10. Y cuando estuvo solo, le preguntaron los que estaban cerca de él con los doce, sobre la parábola.

11. Y les dijo: A vosotros es dado saber el misterio del reino de Dios; mas a los que están fuera, por parábolas todas las cosas;

12. Para que viendo, vean y no echen de ver; y oyendo, oigan y no entiendan: porque no se conviertan, y les sean perdonados los pecados.

13. Y les dijo: ¿No sabéis esta parábola? ¿Cómo, pues, entenderéis todas las parábolas?

14. El que siembra es el que siembra la palabra.

15. Y éstos son los de junto al camino: en los que la palabra es sembrada: mas después que la oyeron, luego viene Satanás, y quita la palabra que fue sembrada en sus corazones.

16. Y asimismo éstos son los que son sembrados en pedregales: los que cuando han oído la palabra, luego la toman con gozo;

17. Mas no tienen raíz en sí, antes son temporales, que en levantándose la tribulación o la persecución por causa de la palabra, luego se escandalizan.

18. Y éstos son los que son sembrados entre espinas: los que oyen la palabra;

19. Mas los cuidados de este siglo, y el engaño de las riquezas, y las codicias que hay en las otras cosas, entrando, ahogan la palabra, y se hace infructuosa.

20. Y éstos son los que fueron sembrados en buena tierra: los que oyen la palabra, y la reciben, y hacen fruto, uno a treinta, otro a sesenta, y otro a ciento.

21. También les dijo: ¿Acaso se trae⁴² la antorcha para ser puesta debajo del almud, o debajo de la cama? ¿No es para ser puesta en el candelero?

22. Porque no hay nada oculto que no haya de ser manifestado, ni secreto que no haya de descubrirse.

23. Si alguno tiene oídos para oír, oiga.

24. Les dijo también: Mirad lo que oís: con la medida que medís, os medirán otros, y será añadido a vosotros los que oís.

25. Porque al que tiene, le será dado; y al que no tiene, aun lo que tiene le será quitado.

26. Decía más: Así es el reino de Dios, como si un hombre echa simiente en la tierra;

27. Y duerme, y se levanta de noche y de día, y la simiente brota y crece como él no sabe.

28. Porque de suyo fructifica la tierra, primero hierba, luego espiga, después grano lleno en la espiga;

29. Y cuando el fruto fuere producido, luego se mete la hoz, porque la siega es llegada.

30. Y decía: ¿A qué haremos semejante el reino de Dios? ¿ó con qué parábola le compararemos?

31. Es como el grano de mostaza, que, cuando se siembra en tierra, es la más pequeña de todas las simientes que hay en la tierra;

32. Mas después de sembrado, sube, y se hace la mayor de todas las legumbres, y echa grandes ramas, de tal manera que las aves del cielo puedan morar bajo su sombra.

33. Y con muchas tales parábolas les hablaba la palabra, conforme a lo que podían oír.

⁴² Versión original: Tráese

34. Y sin parábola no les hablaba; mas a sus discípulos en particular declaraba todo.

35. Y les dijo aquel día cuando fue tarde: Pasemos a la otra parte.

36. Y despachando la multitud, le tomaron como estaba, en el barco; y había también con él otros barquitos.

37. Y se levantó una grande tempestad de viento, y echaba las olas en el barco, de tal manera que ya se henchía.

38. Y él estaba en la popa, durmiendo sobre un cabezal, y le despertaron, y le dicen: ¿Maestro, no tienes cuidado que perecemos?

39. Y levantándose, increpó al viento, y dijo a la mar: Calla, enmudece. Y cesó el viento, y fue hecha grande bonanza.

40. Y a ellos dijo: ¿Por qué estáis así amedrentados? ¿Cómo no tenéis fe?

41. Y temieron con gran temor, y decían el uno al otro. ¿Quién es éste, que aun el viento y la mar le obedecen?

## Marcos 5

 VINIERON de la otra parte de la mar a la provincia de los Gadarenos.

2. Y salido él del barco, luego le salió al encuentro, de los sepulcros, un hombre con un espíritu inmundo,

3. Que tenía domicilio en los sepulcros, y ni aun con cadenas le podía alguien atar;

4. Porque muchas veces había sido atado con grillos y cadenas, mas las cadenas habían sido hechas pedazos por él, y los grillos desmenuzados; y nadie le podía domar.

5. Y siempre, de día y de noche, andaba dando voces en los montes y en los sepulcros, e hiriéndose con las piedras.

6. Y como vio a Jesús de lejos, corrió, y le adoró.

7. Y clamando a gran voz, dijo: ¿Qué tienes conmigo, Jesús, Hijo del Dios Altísimo? Te conjuro por Dios que no me atormentes.

8. Porque le decía: Sal de este hombre, espíritu inmundo.

9. Y le preguntó: ¿Cómo te llamas? Y respondió diciendo: Legión me llamo; porque somos muchos.

10. Y le rogaba mucho que no le enviase fuera de aquella provincia.

11. Y estaba allí cerca del monte una grande manada de puercos paciendo.

12. Y le rogaron todos los demonios, diciendo: Envíanos a los puercos para que entremos en ellos.

13. Y luego Jesús se lo permitió. Y saliendo aquellos espíritus inmundos, entraron en los puercos, y la manada cayó por un despeñadero en la mar; los cuales eran como dos mil; y en la mar se ahogaron.

14. Y los que apacentaban los puercos huyeron, y dieron aviso en la ciudad y en los campos. Y salieron para ver qué era aquello que había acontecido.

15. Y vienen a Jesús, y ven al que había sido atormentado del demonio, y que había tenido la legión, sentado y vestido, y en su juicio cabal; y tuvieron miedo.

16. Y les contaron los que lo habían visto, cómo había acontecido al que había tenido el demonio, y lo de los puercos.

17. Y comenzaron a rogarle que se fuese de los términos de ellos.

18. Y entrando él en el barco, le rogaba el que había sido fatigado del demonio, para estar con él.

19. Mas Jesús no le permitió, sino le dijo: Vete a tu casa, a los tuyos, y cuéntales cuán grandes cosas el Señor ha hecho contigo, y cómo ha tenido misericordia de ti.

20. Y se fue, y comenzó a publicar en Decápolis cuan grandes cosas Jesús había hecho con él: y todos se maravillaban.

21. Y pasando otra vez Jesús en un barco a la otra parte, se juntó a él gran compañía; y estaba junto a la mar.

22. Y vino uno de los príncipes de la sinagoga, llamado Jairo; y luego que le vio, se postró a sus pies,

23. Y le rogaba mucho, diciendo: Mi hija está a la muerte: ven y pondrás las manos sobre ella para que sea salva, y vivirá.

24. Y fue con él, y le seguía gran compañía, y le apretaban.

25. Y una mujer que estaba con flujo de sangre doce años hacía,

26. Y había sufrido mucho de muchos médicos, y había gastado todo lo que tenía, y nada había aprovechado, antes le iba peor,

27. Como oyó hablar de Jesús, llegó por detrás entre la compañía, y tocó su vestido.

28. Porque decía: Si tocare tan solamente su vestido, seré salva.

29. Y luego la fuente de su sangre se secó; y sintió en el cuerpo que estaba sana de aquel azote.

30. Y luego Jesús, conociendo en sí mismo la virtud que había salido de él, volviéndose a la compañía, dijo: ¿Quién ha tocado mis vestidos?

31. Y le dijeron sus discípulos: Ves que la multitud te aprieta, y dices: ¿Quién me ha tocado?

32. Y él miraba alrededor para ver a la que había hecho esto.

33. Entonces la mujer, temiendo y temblando, sabiendo lo que en sí había sido hecho, vino y se postró delante de él, y le dijo toda la verdad.

34. Y él le dijo: Hija, tu fe te ha hecho salva: ve en paz, y queda sana de tu azote.

35. Hablando aún él, vinieron de casa del príncipe de la sinagoga, diciendo: Tu hija es muerta; ¿para qué fatigas más al Maestro?

36. Mas luego Jesús, oyendo esta razón que se decía, dijo al príncipe de la sinagoga: No temas, cree solamente.

37. Y no permitió que alguno viniese tras él sino Pedro, y Jacobo, y Juan hermano de Jacobo.

38. Y vino a casa del príncipe de la sinagoga, y vio el alboroto, los que lloraban y gemían mucho.

39. Y entrando, les dice: ¿Por qué alborotáis y lloráis? La muchacha no es muerta, mas duerme.

40. Y hacían burla de él: mas él, echados fuera todos, toma al padre y a la madre de la muchacha, y a los que estaban con él, y entra donde la muchacha estaba.

41. Y tomando la mano de la muchacha, le dice: Talita cumi; que es, si lo

interpretares: Muchacha, a ti digo, levántate.

42. Y luego la muchacha se levantó, y andaba; porque tenía doce años. Y se espantaron de grande espanto.

43. Mas él les mandó mucho que nadie lo supiese, y dijo que le diesen de comer.

## Marcos 6

 SALIO de allí, y vino a su tierra, y le siguieron sus discípulos.

2. Y llegado el sábado, comenzó a enseñar en la sinagoga; y muchos oyéndole, estaban atónitos, diciendo: ¿De dónde tiene éste estas cosas? ¿Y qué sabiduría es ésta que le es dada, y tales maravillas que por sus manos son hechas?

3. ¿No es éste el carpintero, hijo de María, hermano de Jacobo, y de José, y de Judas, y de Simón? ¿No están también aquí con nosotros, sus hermanas? Y se escandalizaban en él.

4. Mas Jesús les decía: No hay profeta deshonrado sino en su tierra, y entre sus parientes, y en su casa.

5. Y no pudo hacer allí alguna maravilla; solamente sanó unos pocos enfermos, poniendo sobre ellos las manos.

6. Y estaba maravillado por la incredulidad de ellos. Y rodeaba las aldeas de alrededor, enseñando.

7. Y llamó a los doce, y comenzó a enviarlos de dos en dos: y les dio potestad sobre los espíritus inmundos.

8. Y les mandó que no llevasen nada para el camino, sino solamente báculo; no alforja, ni pan, ni dinero en la bolsa.

9. Mas que calzasen sandalias, y no vistiesen dos túnicas.

10. Y les decía: Donde quiera que entréis en una casa, posad en ella hasta que salgáis de allí.

11. Y todos aquellos que no os recibieren ni os oyeren, saliendo de allí, sacudid el polvo que está debajo de vuestros pies, en testimonio a ellos. De cierto os digo que más tolerable será el castigo de los de Sodoma y Gomorra el día del juicio, que el de aquella ciudad.

12. Y saliendo, predicaban que los hombres se arrepintiesen.

13. Y echaban fuera muchos demonios, y ungían con aceite a muchos enfermos, y sanaban.

14. Y oyó el rey Herodes la fama de Jesús, porque su nombre se había hecho notorio; y dijo: Juan el que bautizaba, ha resucitado de los muertos, y por tanto, virtudes obran en él.

15. Otros decían: Elías es. Y otros decían: Profeta es, o alguno de los profetas.

16. Y oyéndolo Herodes, dijo: Este es Juan el que yo degollé: él ha resucitado de los muertos.

17. Porque el mismo Herodes había enviado, y prendido a Juan, y le había aprisionado en la cárcel a causa de Herodías, mujer de Felipe su hermano; pues la había tomado por mujer.

18. Porque Juan decía a Herodes: No te es lícito tener la mujer de tu hermano.

19. Mas Herodías le acechaba, y deseaba matarle, y no podía:

20. Porque Herodes temía a Juan, sabiendo que era varón justo y santo, y le tenía respeto: y oyéndole, hacía muchas cosas; y le oía de buena gana.

21. Y venido un día oportuno, en que Herodes, en la fiesta de su nacimiento, daba una cena a sus príncipes y tribunos, y a los principales de Galilea:

22. Y entrando la hija de Herodías, y danzando, y agradando a Herodes y a los que estaban con él a la mesa, el rey dijo a la muchacha: Pídeme lo que quisieres, que yo te lo daré.

23. Y le juró: Todo lo que me pidieres te daré, hasta la mitad de mi reino.

24. Y saliendo ella, dijo a su madre: ¿Qué pediré? Y ella dijo: La cabeza de Juan Bautista.

25. Entonces ella entró prestamente al rey, y pidió, diciendo: Quiero que ahora mismo me des en un plato la cabeza de Juan Bautista.

26. Y el rey se entristeció mucho; mas a causa del juramento, y de los que estaban con él a la mesa, no quiso desecharla.

27. Y luego el rey, enviando uno de la guardia, mandó que fuese traída su cabeza;

28. El cual fue, y le degolló en la cárcel, y trajo su cabeza en un plato, y la dio a la muchacha, y la muchacha la dio a su madre.

29. Y oyéndolo sus discípulos, vinieron y tomaron su cuerpo, y le pusieron en un sepulcro.

30. Y los apóstoles se juntaron con Jesús, y le contaron todo lo que habían hecho, y lo que habían enseñado.

31. Y él les dijo: Venid vosotros aparte al lugar desierto, y reposad un poco. Porque eran muchos los que iban y venían, que ni aun tenían lugar de comer.

32. Y se fueron en un barco al lugar desierto aparte.

33. Y los vieron ir muchos, y le conocieron; y concurrieron allá muchos a pie de las ciudades, y llegaron antes que ellos, y se juntaron a él.

34. Y saliendo Jesús vio grande multitud, y tuvo compasión de ellos, porque eran como ovejas que no tenían pastor; y les comenzó a enseñar muchas cosas.

35. Y como ya fuese el día muy entrado, sus discípulos llegaron a él, diciendo: El lugar es desierto, y el día ya muy entrado;

36. Envíalos para que vayan a los cortijos y aldeas de alrededor, y compren para sí pan; porque no tienen qué comer.

37. Y respondiendo él, les dijo: Dadles de comer vosotros. Y le dijeron: ¿Que vayamos y compremos pan por doscientos denarios, y les demos de comer?

38. Y él les dice: ¿Cuántos panes tenéis? Id, y vedlo. Y sabiéndolo, dijeron: Cinco, y dos peces.

39. Y les mandó que hiciesen recostar a todos por partidas sobre la hierba verde.

40. Y se recostaron por partidas, de ciento en ciento, y de cincuenta en cincuenta.

41. Y tomados los cinco panes y los dos peces, mirando al cielo, bendijo, y partió los panes, y dio a sus

discípulos para que los pusiesen delante: y repartió a todos los dos peces.

42. Y comieron todos, y se hartaron.

43. Y alzaron de los pedazos doce cofines llenos, y de los peces.

44. Y los que comieron eran cinco mil hombres.

45. Y luego dio prisa a sus discípulos a subir en el barco, e ir delante de él a Betsaida de la otra parte, entre tanto que él despedía la multitud.

46. Y después que los hubo despedido, se fue al monte a orar.

47. Y como fue la tarde, el barco estaba en medio de la mar, y él solo en tierra.

48. Y los vio fatigados bogando, porque el viento les era contrario: y cerca de la cuarta vigilia de la noche, vino a ellos andando sobre la mar, y quería precederlos.

49. Y viéndole ellos, que andaba sobre la mar, pensaron que era fantasma, y dieron voces;

50. Porque todos le veían, y se turbaron. Mas luego habló con ellos, y les dijo: Alentaos; yo soy, no temáis.

51. Y subió a ellos en el barco, y calmó el viento: y ellos en gran manera estaban fuera de sí, y se maravillaban:

52. Porque aun no habían considerado lo de los panes, por cuanto estaban ofuscados sus corazones.

53. Y cuando estuvieron de la otra parte, vinieron a tierra de Genesaret, y tomaron puerto.

54. Y saliendo ellos del barco, luego le conocieron.

55. Y recorriendo toda la tierra de alrededor, comenzaron a traer de todas partes enfermos en lechos, a donde oían que estaba.

56. Y donde quiera que entraba, en aldeas, o ciudades, o heredades, ponían en las calles a los que estaban enfermos, y le rogaban que tocasen siquiera el borde de su vestido; y todos los que le tocaban quedaban sanos.

## Marcos 7

 Y SE juntaron a él los Fariseos, y algunos de los escribas, que habían venido de Jerusalén;

2. Los cuales, viendo a algunos de sus discípulos comer pan con manos comunes, es a saber, no lavadas, los condenaban.

3. (Porque los Fariseos y todos los Judíos, teniendo la tradición de los ancianos, si muchas veces no se lavan las manos, no comen.

4. Y volviendo de la plaza, si no se lavaren, no comen. Y otras muchas cosas hay, que tomaron para guardar, como las lavaduras de los vasos de beber, y de los jarros, y de los vasos de metal, y de los lechos.)

5. Y le preguntaron los Fariseos y los escribas: ¿Por qué tus discípulos no andan conforme a la tradición de los ancianos, sino que comen pan con manos comunes?

6. Y respondiendo él, les dijo: Hipócritas, bien profetizó de vosotros Isaías, como está escrito: Este pueblo con los labios me honra, Mas su corazón lejos está de mí.

7. Y en vano me honra, Enseñando como doctrinas mandamientos de hombres.

8. Porque dejando el mandamiento de Dios, tenéis la tradición de los hombres; las lavaduras de los jarros y de los vasos de beber: y hacéis otras muchas cosas semejantes.

9. Les decía también: Bien invalidáis el mandamiento de Dios para guardar vuestra tradición.

10. Porque Moisés dijo: Honra a tu padre y a tu madre, y: El que maldijera al padre o a la madre, morirá de muerte.

11. Y vosotros decís: Basta si dijere un hombre al padre o a la madre: Es Corbán (quiere decir, don mío a Dios) todo aquello con que pudiera valerte;

12. Y no le dejáis hacer más por su padre o por su madre,

13. Invalidando la palabra de Dios con vuestra tradición que disteis: y muchas cosas hacéis semejantes a éstas.

14. Y llamando a toda la multitud, les dijo: oíd me todos, y entended:

15. Nada hay fuera del hombre que entre en él, que le pueda contaminar: mas lo que sale de él, aquello es lo que contamina al hombre.

16. Si alguno tiene oídos para oír, oiga.

17. Y apartado de la multitud, habiendo entrado en casa, le preguntaron sus discípulos sobra la parábola.

18. Y les dijo[43]: ¿También vosotros estáis así sin entendimiento? ¿No entendéis que todo lo de fuera que entra en el hombre, no le puede contaminar;

19. Porque no entra en su corazón, sino en el vientre, y sale a la secreta? Esto decía, haciendo limpias todas las viandas.

20. Mas decía, que lo que del hombre sale, aquello contamina al hombre.

21. Porque de dentro, del corazón de los hombres, salen los malos pensamientos, los adulterios, las fornicaciones, los homicidios,

22. Los hurtos, las avaricias, las maldades, el engaño, las desvergüenzas, el ojo maligno, las injurias, la soberbia, la insensatez.

23. Todas estas maldades de dentro salen, y contaminan al hombre.

24. Y levantándose de allí, se fue a los términos de Tiro y de Sidón; y entrando en casa, quiso que nadie lo supiese; mas no pudo esconderse.

25. Porque una mujer, cuya hija tenía un espíritu inmundo, luego que oyó de él, vino y se echó a sus pies.

26. Y la mujer era Griega, Sirofenicia de nación; y le rogaba que echase fuera de su hija al demonio.

27. Más Jesús le dijo: Deja primero hartarse los hijos, porque no es bien tomar el pan de los hijos y echarlo a los perrillos.

28. Y respondió ella, y le dijo: Sí, Señor; pero aun los perrillos debajo de la mesa, comen de las migajas de los hijos.

29. Entonces le dice: Por esta palabra, ve; el demonio ha salido de tu hija.

30. Y como fue a su casa, halló que el demonio había salido, y a la hija echada sobre la cama.

31. Y volviendo a salir de los términos de

---

[43] Versión original: díjoles

Tiro, vino por Sidón a la mar de Galilea, por mitad de los términos de Decápolis.

32. Y le traen un sordo y tartamudo, y le ruegan que le ponga la mano encima.

33. Y tomándole aparte de la gente, metió sus dedos en las orejas de él, y escupiendo, tocó su lengua;

34. Y mirando al cielo, gimió, y le dijo: Efatá: que es decir: Sé abierto.

35. Y luego fueron abiertos sus oídos, y fue desatada la ligadura de su lengua, y hablaba bien.

36. Y les mandó que no lo dijesen a nadie; pero cuanto más les mandaba, tanto más y más lo divulgaban.

37. Y en gran manera se maravillaban, diciendo: Bien lo ha hecho todo: hace a los sordos oír, y a los mudos hablar.

## Marcos 8

E N aquellos días, como hubo gran gentío, y no tenían qué comer, Jesús llamó a sus discípulos, y les dijo:

2. Tengo compasión de la multitud, porque ya hace tres días que están conmigo, y no tienen qué comer:

3. Y si los enviare en ayunas a sus casas, desmayarán en el camino; porque algunos de ellos han venido de lejos.

4. Y sus discípulos le respondieron: ¿De dónde podrá alguien hartar a estos de pan aquí en el desierto?

5. Y les pregunto: ¿Cuántos panes tenéis? Y ellos dijeron: Siete.

6. Entonces mandó a la multitud que se recostase en tierra; y tomando los siete panes, habiendo dado gracias, partió, y dio a sus discípulos que los pusiesen delante: y los pusieron delante a la multitud.

7. Tenían también unos pocos pececillos: y los bendijo, y mandó que también los pusiesen delante.

8. Y comieron, y se hartaron: y levantaron de los pedazos que habían sobrado, siete espuertas.

9. Y eran los que comieron, como cuatro mil: y los despidió.

10. Y luego entrando en el barco con sus discípulos, vino a las partes de Dalmanuta.

11. Y vinieron los Fariseos, y comenzaron a altercar con él, pidiéndole señal del cielo, tentándole.

12. Y gimiendo en su espíritu, dice: ¿Por qué pide señal esta generación? De cierto os digo que no se dará señal a esta generación.

13. Y dejándolos, volvió a entrar en el barco, y se fue a la otra parte.

14. Y se habían olvidado de tomar pan, y no tenían sino un pan consigo en el barco.

15. Y les mandó, diciendo: Mirad, guardaos de la levadura de los Fariseos, y de la levadura de Herodes.

16. Y altercaban los unos con los otros diciendo: Pan no tenemos.

17. Y como Jesús lo entendió, les dice: ¿Qué altercáis, porque no tenéis pan? ¿no consideráis ni entendéis? ¿aun tenéis endurecido vuestro corazón?

18. ¿Teniendo ojos no veis, y teniendo oídos no oís? ¿y no os acordáis?

19. Cuando partí los cinco panes entre cinco mil, ¿cuántas espuertas llenas de los pedazos alzasteis? Y ellos dijeron: Doce.

20. Y cuando los siete panes entre cuatro mil, ¿cuántas espuertas llenas de los pedazos alzasteis? Y ellos dijeron: Siete.

21. Y les dijo: ¿Cómo aún no entendéis?

22. Y vino a Betsaida; y le traen un ciego, y le ruegan que le tocase.

23. Entonces, tomando la mano del ciego, le sacó fuera de la aldea; y escupiendo en sus ojos, y poniéndole las manos encima, le preguntó si veía algo.

24. Y él mirando, dijo: Veo los hombres, pues veo que andan como árboles.

25. Luego le puso otra vez las manos sobre sus ojos, y le hizo que mirase; y fue restablecido, y vio de lejos y claramente a todos.

26. Y le envió[44] a su casa, diciendo: No entres en la aldea, ni lo digas a nadie en la aldea.

27. Y salió Jesús y sus discípulos por las aldeas de Cesarea de Filipo. Y en el camino preguntó a sus discípulos, diciéndoles: ¿Quién dicen los hombres que soy yo?

[44] Versión original: envióle

28. Y ellos respondieron: Juan Bautista; y otros, Elías; y otros, Alguno de los profetas.

29. Entonces él les dice: Y vosotros, ¿quién decís que soy yo? Y respondiendo Pedro, le dice: Tú eres el Cristo.

30. Y les apercibió que no hablasen de él a ninguno.

31. Y comenzó a enseñarles, que convenía que el Hijo del hombre padeciese mucho, y ser reprobado de los ancianos, y de los príncipes de los sacerdotes, y de los escribas, y ser muerto, y resucitar después de tres días.

32. Y claramente decía esta palabra. Entonces Pedro le tomó, y le comenzó a reprender.

33. Y él, volviéndose y mirando a sus discípulos, riñó a Pedro, diciendo: Apártate de mí, Satanás; porque no sabes las cosas que son de Dios, sino las que son de los hombres.

34. Y llamando a la gente con sus discípulos, les dijo: Cualquiera que quisiere venir en pos de mí, niéguese a sí mismo, y tome su cruz, y sígame.

35. Porque el que quisiere salvar su vida, la perderá; y el que perdiere su vida por causa de mí y del evangelio, la salvará.

36. Porque ¿qué aprovechará al hombre, si ganare todo el mundo, y pierde su alma?

37. ¿O qué recompensa dará el hombre por su alma?

38. Porque el que se avergonzare de mí y de mis palabras en esta generación adulterina y pecadora, el Hijo del hombre se avergonzará también de él, cuando vendrá en la gloria de su Padre con los santos ángeles.

## Marcos 9

TAMBIÉN les dijo: De cierto os digo que hay algunos de los que están aquí, que no gustarán la muerte hasta que hayan visto el reino de Dios que viene con potencia.

2. Y seis días después tomó Jesús a Pedro, y a Jacobo, y a Juan, y los sacó aparte solos a un monte alto; y fue transfigurado delante de ellos.

3. Y sus vestidos se volvieron resplandecientes, muy blancos, como la nieve; tanto que ningún lavador en la tierra los puede hacer tan blancos.

4. Y les apareció Elías con Moisés, que hablaban con Jesús.

5. Entonces respondiendo Pedro, dice a Jesús: Maestro, bien será que nos quedemos aquí, y hagamos tres pabellones: para ti uno, y para Moisés otro, y para Elías otro;

6. Porque no sabía lo que hablaba; que estaban espantados.

7. Y vino una nube que les hizo sombra, y una voz de la nube, que decía: Este es mi Hijo amado: a él oíd.

8. Y luego, como miraron, no vieron más a nadie consigo, sino a Jesús solo.

9. Y descendiendo ellos del monte, les mandó que a nadie dijesen lo que habían visto, sino cuando el Hijo del hombre hubiese resucitado de los muertos.

10. Y retuvieron la palabra en sí, altercando qué sería aquello: Resucitar de los muertos.

11. Y le preguntaron, diciendo: ¿Qué es lo que los escribas dicen, que es necesario que Elías venga antes?

12. Y respondiendo él, les dijo: Elías a la verdad, viniendo antes, restituirá todas las cosas: y como está escrito del Hijo del hombre, que padezca mucho y sea tenido en nada.

13. Empero os digo que Elías ya vino, y le hicieron todo lo que quisieron, como está escrito de él.

14. Y como vino a los discípulos, vio grande compañía alrededor de ellos, y escribas que disputaban con ellos.

15. Y luego toda la gente, viéndole, se espantó, y corriendo a él, le saludaron.

16. Y les preguntó[45]: ¿Qué disputáis con ellos?

17. Y respondiendo uno de la compañía, dijo: Maestro, traje a ti mi hijo, que tiene un espíritu mudo,

18. El cual, donde quiera que le toma, le despedaza; y echa espumarajos, y

---

[45] Versión original: preguntóles

cruje los dientes, y se va secando: y dije a tus discípulos que le echasen fuera, y no pudieron.

19. Y respondiendo él, les dijo: ¡Oh generación infiel! ¿hasta cuándo estaré con vosotros? ¿hasta cuándo os tengo de sufrir? Traédmele.

20. Y se le trajeron: y como le vio, luego el espíritu le desgarraba; y cayendo en tierra, se revolcaba, echando espumarajos.

21. Y Jesús preguntó a su padre: ¿Cuánto tiempo hace que le aconteció esto? Y él dijo: Desde niño:

22. Y muchas veces le echa en el fuego y en aguas, para matarle; mas, si puedes algo, ayúdanos, teniendo misericordia de nosotros.

23. Y Jesús le dijo: Si puedes creer, al que cree todo es posible.

24. Y luego el padre del muchacho dijo clamando: Creo, ayuda mi incredulidad.

25. Y como Jesús vio que la multitud se agolpaba, reprendió al espíritu inmundo, diciéndole: Espíritu mudo y sordo, yo te mando, sal de él, y no entres más en él.

26. Entonces el espíritu clamando y desgarrándole mucho, salió; y él quedó como muerto, de modo que muchos decían: Está muerto.

27. Mas Jesús tomándole de la mano, le enderezó[46]; y se levantó.

28. Y como él entró en casa, sus discípulos le preguntaron aparte: ¿Por qué nosotros no pudimos echarle fuera?

29. Y les dijo: Este género con nada puede salir, sino con oración y ayuno.

30. Y habiendo salido de allí, caminaron por Galilea; y no quería que nadie lo supiese.

31. Porque enseñaba a sus discípulos, y les decía: El Hijo del hombre será entregado en manos de hombres, y le matarán; mas muerto él, resucitará al tercer día.

32. Pero ellos no entendían esta palabra, y tenían miedo de preguntarle.

33. Y llegó a Capernaúm; y así que estuvo en casa, les preguntó: ¿Qué disputabais entre vosotros en el camino?

34. Mas ellos callaron; porque los unos con los otros habían disputado en el camino quién había de ser el mayor.

35. Entonces sentándose, llamó a los doce, y les dice: Si alguno quiere ser el primero, será el postrero de todos, y el servidor de todos.

36. Y tomando un niño, lo puso[47] en medio de ellos; y tomándole en sus brazos, les dice:

37. El que recibiere en mi nombre uno de los tales niños, a mí recibe; y el que a mí recibe, no recibe a mí, mas al que me envió.

38. Y le respondió Juan, diciendo: Maestro, hemos visto a uno que en tu nombre echaba fuera los demonios, el cual no nos sigue; y se lo prohibimos, porque no nos sigue.

39. Y Jesús dijo: No se lo prohibáis; porque ninguno hay que haga milagro en mi nombre que luego pueda decir mal de mí.

40. Porque el que no es contra nosotros, por nosotros es.

41. Y cualquiera que os diere un vaso de agua en mi nombre, porque sois de Cristo, de cierto os digo que no perderá su recompensa.

42. Y cualquiera que escandalizare a uno de estos pequeñitos que creen en mí, mejor le fuera si se le atase una piedra de molino al cuello, y fuera echado en la mar.

43. Y si tu mano te escandalizare, córtala: mejor te es entrar a la vida manco, que teniendo dos manos ir a al Infierno[48], al fuego que no puede ser apagado;

44. Donde su gusano no muere, y el fuego nunca se apaga.

45. Y si tu pie te fuere ocasión de caer, córtalo: mejor te es entrar a la vida cojo, que teniendo dos pies ser echado en el Infierno, al fuego que no puede ser apagado;

46. Donde el gusano de ellos no muere, y el fuego nunca se apaga.

47. Y si tu ojo te fuere ocasión de caer,

[46] Versión original: enderezóle

[47] Versión original: púsolo
[48] Versión original: Gehena (lugar de castigo eterno)

sácalo: mejor te es entrar al reino de Dios con un ojo, que teniendo dos ojos ser echado al Infierno;

48. Donde el gusano de ellos no muere, y el fuego nunca se apaga.

49. Porque todos serán salados con fuego, y todo sacrificio será salado con sal.

50. Buena es la sal; mas si la sal fuere desabrida, ¿con qué la adobaréis? Tened en vosotros mismos sal; y tened paz los unos con los otros.

## Marcos 10

 PARTIENDOSE de allí, vino a los términos de Judea y tras el Jordán: y volvió el pueblo a juntarse a él; y de nuevo les enseñaba como solía.

2. Y llegándose los Fariseos, le preguntaron, para tentarle, si era lícito al marido repudiar a su mujer.

3. Mas él respondiendo, les dijo: ¿Qué os mandó Moisés?

4. Y ellos dijeron: Moisés permitió escribir carta de divorcio, y repudiar.

5. Y respondiendo Jesús, les dijo: Por la dureza de vuestro corazón os escribió este mandamiento;

6. Pero al principio de la creación, varón y hembra los hizo Dios.

7. Por esto dejará el hombre a su padre y a su madre, y se juntará a su mujer.

8. Y los que eran dos, serán hechos una carne: así que no son más dos, sino una carne.

9. Pues lo que Dios juntó, no lo aparte el hombre.

10. Y en casa volvieron los discípulos a preguntarle de lo mismo.

11. Y les dice: Cualquiera que repudiare a su mujer, y se casare con otra, comete adulterio contra ella:

12. Y si la mujer repudiare a su marido y se casare con otro, comete adulterio.

13. Y le presentaban niños para que los tocase; y los discípulos reñían a los que los presentaban.

14. Y viéndolo Jesús, se enojó, y les dijo: Dejad los niños venir, y no se lo estorbéis; porque de los tales es el reino de Dios.

15. De cierto os digo, que el que no recibiere el reino de Dios como un niño, no entrará en él.

16. Y tomándolos en los brazos, poniendo las manos sobre ellos, los bendecía.

17. Y saliendo él para ir su camino, vino uno corriendo, e hincando la rodilla delante de él, le preguntó: Maestro bueno, ¿qué haré para poseer la vida eterna?

18. Y Jesús le dijo: ¿Por qué me dices bueno? Ninguno hay bueno, sino sólo uno, Dios.

19. Los mandamientos sabes: No adulteres: No mates: No hurtes: No digas falso testimonio: No defraudes: Honra a tu padre y a tu madre.

20. El entonces respondiendo, le dijo: Maestro, todo esto he guardado desde mi mocedad.

21. Entonces Jesús mirándole, le amó[49], y le dijo[50]: Una cosa te falta: ve, vende todo lo que tienes, y da a los pobres, y tendrás tesoro en el cielo; y ven, sígueme, tomando tu cruz.

22. Mas él, entristecido por esta palabra, se fue triste, porque tenía muchas posesiones.

23. Entonces Jesús, mirando alrededor, dice a sus discípulos: ¡Cuán difícilmente entrarán en el reino de Dios los que tienen riquezas!

24. Y los discípulos se espantaron de sus palabras; mas Jesús respondiendo, les volvió a decir: ¡Hijos, cuán difícil es entrar en el reino de Dios, los que confían en las riquezas!

25. Más fácil es pasar un camello por el ojo de una aguja, que el rico entrar en el reino de Dios.

26. Y ellos se espantaban más, diciendo dentro de sí: ¿Y quién podrá salvarse?

27. Entonces Jesús mirándolos, dice: Para los hombres es imposible; mas para Dios, no; porque todas las cosas son posibles para Dios.

28. Entonces Pedro comenzó a decirle: He aquí, nosotros hemos dejado todas las cosas, y te hemos seguido.

29. Y respondiendo Jesús, dijo: De cierto os digo, que no hay ninguno que haya dejado casa, o hermanos, o

---

[49] Versión original: amóle
[50] Versión original: díjole

hermanas, o padre, o madre, o mujer, o hijos, o heredades, por causa de mí y del evangelio,

30. Que no reciba cien tantos ahora en este tiempo, casas, y hermanos, y hermanas, y madres, e hijos, y heredades, con persecuciones; y en el siglo venidero la vida eterna.

31. Empero muchos primeros serán postreros, y postreros primeros.

32. Y estaban en el camino subiendo a Jerusalén; y Jesús iba delante de ellos, y se espantaban, y le seguían con miedo: entonces volviendo a tomar a los doce aparte, les comenzó a decir las cosas que le habían de acontecer:

33. He aquí subimos a Jerusalén, y el Hijo del hombre será entregado a los príncipes de los sacerdotes, y a los escribas, y le condenarán a muerte, y le entregarán a los Gentiles:

34. Y le escarnecerán, y le azotarán, y escupirán en él, y le matarán; mas al tercer día resucitará.

35. Entonces Jacobo y Juan, hijos de Zebedeo, se llegaron a él, diciendo: Maestro, querríamos que nos hagas lo que pidiéremos.

36. Y él les dijo: ¿Qué queréis que os haga?

37. Y ellos le dijeron: Danos que en tu gloria nos sentemos el uno a tu diestra, y el otro a tu siniestra.

38. Entonces Jesús les dijo: No sabéis lo que pedís. ¿Podéis beber del vaso que yo bebo, o ser bautizados del bautismo de que yo soy bautizado?

39. Y ellos dijeron: Podemos. Y Jesús les dijo: A la verdad, del vaso que yo bebo, beberéis; y del bautismo de que soy bautizado, seréis bautizados.

40. Mas que os sentéis a mi diestra y a mi siniestra, no es mío darlo, sino a quienes está aparejado.

41. Y como lo oyeron los diez, comenzaron a enojarse de Jacobo y de Juan.

42. Mas Jesús, llamándolos, les dice: Sabéis que los que se ven ser príncipes entre las gentes, se enseñorean de ellas, y los que entre ellas son grandes, tienen sobre ellas potestad.

43. Mas no será así entre vosotros: antes cualquiera que quisiere hacerse grande entre vosotros, será vuestro servidor;

44. Y cualquiera de vosotros que quisiere hacerse el primero, será siervo de todos.

45. Porque el Hijo del hombre tampoco vino para ser servido, mas para servir, y dar su vida en rescate por muchos.

46. Entonces vienen a Jericó: y saliendo él de Jericó y sus discípulos y una gran compañía, Bartimeo el ciego, hijo de Timeo, estaba sentado junto al camino mendigando.

47. Y oyendo que era Jesús el Nazareno, comenzó a dar voces y decir: Jesús, Hijo de David, ten misericordia de mí.

48. Y muchos le reñían, que callase: mas él daba mayores voces: Hijo de David, ten misericordia de mí.

49. Entonces Jesús parándose, mandó llamarle: y llaman al ciego, diciéndole: Ten confianza: levántate, te llama.

50. El entonces, echando su capa, se levantó, y vino a Jesús.

51. Y respondiendo Jesús, le dice: ¿Qué quieres que te haga? Y el ciego le dice: Maestro, que cobre la vista.

52. Y Jesús le dijo: Ve, tu fe te ha salvado. Y luego cobró la vista, y seguía a Jesús en el camino.

## Marcos 11

 COMO fueron cerca de Jerusalén, de Betfagué, y de Betania, al monte de las Olivas, envía dos de sus discípulos,

2. Y les dice: Id al lugar que está delante de vosotros, y luego entrados en él, hallaréis un pollino atado, sobre el cual ningún hombre ha subido; desatadlo y traedlo.

3. Y si alguien os dijere: ¿Por qué hacéis eso? decid que el Señor lo ha menester: y luego lo enviará acá.

4. Y fueron, y hallaron el pollino atado a la puerta fuera, entre dos caminos; y le desataron.

5. Y unos de los que estaban allí, les dijeron: ¿Qué hacéis desatando el pollino?

6. Ellos entonces les dijeron como Jesús había mandado: y los dejaron.

7. Y trajeron el pollino a Jesús, y echaron sobre él sus vestidos, y se sentó sobre él.

8. Y muchos tendían sus vestidos por el camino, y otros cortaban hojas de los árboles, y las tendían por el camino.

9. Y los que iban delante, y los que iban detrás, daban voces diciendo: ¡Hosanna! Bendito el que viene en el nombre del Señor.

10. Bendito el reino de nuestro padre David que viene: ¡Hosanna en las alturas!

11. Y entró Jesús en Jerusalén, y en el templo: y habiendo mirado alrededor todas las cosas, y siendo ya tarde, salió para⁵¹ Betania con los doce.

12. Y el día siguiente, como salieron de Betania, tuvo hambre.

13. Y viendo de lejos una higuera que tenía hojas, se acercó, si quizá hallaría en ella algo: y como vino a ella, nada halló sino hojas; porque no era tiempo de higos.

14. Entonces Jesús respondiendo, dijo a la higuera: Nunca más coma nadie fruto de ti para siempre. Y lo oyeron sus discípulos.

15. Vienen, pues, a Jerusalén; y entrando Jesús en el templo, comenzó a echar fuera a los que vendían y compraban en el templo; y trastornó las mesas de los cambistas, y las sillas de los que vendían palomas;

16. Y no consentía que alguien llevase vaso por el templo.

17. Y les enseñaba diciendo: ¿No está escrito que mi casa, casa de oración será llamada por todas las gentes? Mas vosotros la habéis hecho cueva de ladrones.

18. Y lo oyeron los escribas y los príncipes de los sacerdotes, y procuraban cómo le matarían; porque le tenían miedo, por cuanto todo el pueblo estaba maravillado de su doctrina.

19. Mas como fue tarde, Jesús salió de la ciudad.

20. Y pasando por la mañana, vieron que la higuera se había secado desde las raíces.

21. Entonces Pedro acordándose, le dice: Maestro, he aquí la higuera que maldijiste, se ha secado.

⁵¹ Versión original: salióse a

22. Y respondiendo Jesús, les dice: Tened fe en Dios.

23. Porque de cierto os digo que cualquiera que dijere a este monte: Quítate, y échate en la mar, y no dudare en su corazón, mas creyere que será hecho lo que dice, lo que dijere le será hecho.

24. Por tanto, os digo que todo lo que orando pidiereis, creed que lo recibiréis, y os vendrá.

25. Y cuando estuviereis orando, perdonad, si tenéis algo contra alguno, para que vuestro Padre que está en los cielos os perdone también a vosotros vuestras ofensas.

26. Porque si vosotros no perdonareis, tampoco vuestro Padre que está en los cielos os perdonará vuestras ofensas.

27. Y volvieron a Jerusalén; y andando él por el templo, vienen a él los príncipes de los sacerdotes, y los escribas, y los ancianos;

28. Y le dicen: ¿Con qué facultad haces estas cosas? ¿y quién te ha dado esta facultad para hacer estas cosas?

29. Y Jesús respondiendo entonces, les dice: Os preguntaré también yo una palabra; y respondedme, y os diré con qué facultad hago estas cosas:

30. El bautismo de Juan, ¿era del cielo, o de los hombres? Respondedme.

31. Entonces ellos pensaron dentro de sí, diciendo: Si dijéremos, del cielo, dirá: ¿Por qué, pues, no le creísteis?

32. Y si dijéremos, de los hombres, tememos al pueblo: porque todos juzgaban de Juan, que verdaderamente era profeta.

33. Y respondiendo, dicen a Jesús: No sabemos. Entonces respondiendo Jesús, les dice: Tampoco yo os diré con qué facultad hago estas cosas.

## Marcos 12

 COMENZO a hablarles por parábolas: Plantó un hombre una viña, y la cercó con seto, y cavó un lagar, y edificó una torre, y la arrendó a labradores, y se partió lejos.

2. Y envió un siervo a los labradores, al tiempo, para que tomase de los

labradores del fruto de la viña.

3. Mas ellos, tomándole, le hirieron, y le enviaron vacío.

4. Y volvió a enviarles otro siervo; mas apedreándole, le hirieron en la cabeza, y volvieron a enviarle afrentado.

5. Y volvió a enviar otro, y a aquél mataron; y a otros muchos, hiriendo a unos y matando a otros.

6. Teniendo pues aún un hijo suyo amado, lo envió[52] también a ellos el postrero, diciendo: Tendrán en reverencia a mi hijo.

7. Mas aquellos labradores dijeron entre sí: Este es el heredero; venid, matémosle, y la heredad será nuestra.

8. Y prendiéndole, le mataron, y echaron fuera de la viña.

9. ¿Qué, pues, hará el señor de la viña? Vendrá, y destruirá a estos labradores, y dará su viña a otros.

10. ¿Ni aun esta Escritura habéis leído: La piedra que desecharon los que edificaban, Esta es puesta por cabeza de esquina;

11. Por el Señor es hecho esto, Y es cosa maravillosa en nuestros ojos?

12. Y procuraban prenderle, porque entendían que decía a ellos aquella parábola; mas temían a la multitud; y dejándole, se fueron.

13. Y envían a él algunos de los Fariseos y de los Herodianos, para que le sorprendiesen en alguna palabra.

14. Y viniendo ellos, le dicen: Maestro, sabemos que eres hombre de verdad, y que no te cuidas de nadie; porque no miras a la apariencia de hombres, antes con verdad enseñas el camino de Dios: ¿Es lícito dar tributo a César, o no? ¿Daremos, o no daremos?

15. Entonces él, como entendía la hipocresía de ellos, les dijo: ¿Por qué me tentáis? Traedme la moneda para que la vea.

16. Y ellos se la trajeron y les dice: ¿De quién[53] es esta imagen y esta inscripción? Y ellos le dijeron: De César.

17. Y respondiendo Jesús, les dijo: Dad lo que es de César a César; y lo que es de Dios, a Dios. Y se maravillaron de ello.

18. Entonces vienen a el los Saduceos, que dicen que no hay resurrección, y le preguntaron, diciendo:

19. Maestro, Moisés nos escribió, que si el hermano de alguno muriese, y dejase mujer, y no dejase hijos, que su hermano tome su mujer, y levante linaje a su hermano.

20. Fueron siete hermanos: y el primero tomó mujer, y muriendo, no dejó simiente;

21. Y la tomó el segundo, y murió, y ni aquél tampoco dejó simiente; y el tercero, de la misma manera.

22. Y la tomaron los siete, y tampoco dejaron simiente: a la postre murió también la mujer.

23. En la resurrección, pues, cuando resucitaren, ¿de cuál de ellos será mujer? porque los siete la tuvieron por mujer.

24. Entonces respondiendo Jesús, les dice: ¿No erráis por eso, porque no sabéis las Escrituras, ni la potencia de Dios?

25. Porque cuando resucitarán de los muertos, ni se casarán, ni serán dados en casamiento, mas son como los ángeles que están en los cielos.

26. Y de que los muertos hayan de resucitar, ¿no habéis leído en el libro de Moisés cómo le habló Dios en la zarza, diciendo: Yo soy el Dios de Abraham, y el Dios de Isaac, y el Dios de Jacob?

27. No es Dios de muertos, mas Dios de vivos; así que vosotros mucho erráis.

28. Y llegándose uno de los escribas, que los había oído disputar, y sabía que les había respondido bien, le preguntó: ¿Cuál es el primer mandamiento de todos?

29. Y Jesús le respondió: El primer mandamiento de todos es: Oye, Israel, el Señor nuestro Dios, el Señor uno es.

30. Amarás pues al Señor tu Dios de todo tu corazón, y de toda tu alma, y de toda tu mente, y de todas tus fuerzas; este es el principal mandamiento.

31. Y el segundo es semejante a él: Amarás a tu prójimo como a ti mismo. No hay otro mandamiento mayor que éstos.

32. Entonces el escriba le dijo: Bien, Maestro, verdad has dicho, que uno es Dios, y no hay otro fuera de él;

[52] Versión original: enviólo
[53] Versión original: cúya

33. Y que amarle de todo corazón, y de todo entendimiento, y de toda el alma, y de todas las fuerzas, y amar al prójimo como a sí mismo, más es que todos los holocaustos y sacrificios.

34. Jesús entonces, viendo que había respondido sabiamente, le dice: No estás lejos del reino de Dios. Y ya ninguno osaba preguntarle.

35. Y respondiendo Jesús decía, enseñando en el templo: ¿Cómo dicen los escribas que el Cristo es hijo de David?

36. Porque el mismo David dijo por el Espíritu Santo: Dijo el Señor a mi Señor: Siéntate a mi diestra, Hasta que ponga tus enemigos por estrado de tus pies.

37. Luego llamándole el mismo David Señor, ¿de dónde, pues, es su hijo? Y los que eran del común del pueblo le oían de buena gana.

38. Y les decía en su doctrina: Guardaos de los escribas, que quieren andar con ropas largas, y aman las salutaciones en las plazas,

39. Y las primeras sillas en las sinagogas, y los primeros asientos en las cenas;

40. Que devoran las casas de las viudas, y por pretexto hacen largas oraciones. Estos recibirán mayor juicio.

41. Y estando sentado Jesús delante del arca de la ofrenda, miraba cómo el pueblo echaba dinero en el arca: y muchos ricos echaban mucho.

42. Y como vino una viuda pobre, echó dos blancas, que son un maravedí.

43. Entonces llamando a sus discípulos, les dice: De cierto os digo que esta viuda pobre echó más que todos los que han echado en el arca:

44. Porque todos han echado de lo que les sobra; mas ésta, de su pobreza echó todo lo que tenía, todo su alimento.

## Marcos 13

 SALIENDO del templo, le dice uno de sus discípulos: Maestro, mira qué piedras, y qué edificios.

2. Y Jesús respondiendo, le dijo: ¿Ves estos grandes edificios? no quedará piedra sobre piedra que no sea derribada.

3. Y sentándose en el monte de las Olivas delante del templo, le preguntaron aparte Pedro y Jacobo y Juan y Andrés:

4. Dinos, ¿cuándo serán estas cosas? ¿y qué señal habrá cuando todas estas cosas han de cumplirse?

5. Y Jesús respondiéndoles, comenzó a decir: Mirad, que nadie os engañe;

6. Porque vendrán muchos en mi nombre, diciendo: Yo soy el Cristo; y engañaran a muchos.

7. Mas cuando oyereis de guerras y de rumores de guerras no os turbéis, porque conviene hacerse así; mas aun no será el fin.

8. Porque se levantará nación contra nación, y reino contra reino; y habrá terremotos en muchos lugares, y habrá hambres y alborotos; principios de dolores serán estos.

9. Mas vosotros mirad por vosotros: porque os entregarán en los concilios, y en sinagogas seréis azotados: y delante de presidentes y de reyes seréis llamados por causa de mí, en testimonio a ellos.

10. Y a todas las gentes conviene que el evangelio sea predicado antes.

11. Y cuando os trajeren para entregaros, no premeditéis qué habéis de decir, ni lo penséis: mas lo que os fuere dado en aquella hora, eso hablad; porque no sois vosotros los que habláis, sino el Espíritu Santo.

12. Y entregará a la muerte el hermano al hermano, y el padre al hijo: y se levantarán los hijos contra los padres, y los matarán.

13. Y seréis aborrecidos de todos por mi nombre: mas el que perseverare hasta el fin, éste será salvo.

14. Empero cuando viereis la abominación de asolamiento, que fue dicha por el profeta Daniel, que estará donde no debe (el que lee, entienda), entonces los que estén en Judea huyan a los montes;

15. Y el que esté sobre el terrado, no descienda a la casa, ni entre para tomar algo de su casa;

16. Y el que estuviere en el campo, no vuelva atrás a tomar su capa.

17. Mas ¡ay de las preñadas, y de las que criaren en aquellos días!

18. Orad pues, que no acontezca vuestra huída en invierno.

19. Porque aquellos días serán de aflicción, cual nunca fue desde el principio de la creación que creó Dios, hasta este tiempo, ni será.

20. Y si el Señor no hubiese abreviado aquellos días, ninguna carne se salvaría; mas por causa de los escogidos que él escogió, abrevio aquellos días.

21. Y entonces si alguno os dijere: He aquí, aquí está el Cristo; ó, He aquí, allí está, no le creáis.

22. Porque se levantarán falsos Cristos y falsos profetas, y darán señales y prodigios, para engañar, si se pudiese hacer, aun a los escogidos.

23. Mas vosotros mirad; os lo he dicho antes todo.

24. Empero en aquellos días, después de aquella aflicción, el sol se obscurecerá, y la luna no dará su resplandor;

25. Y las estrellas caerán del cielo, y las virtudes que están en los cielos serán conmovidas;

26. Y entonces verán al Hijo del hombre, que vendrá en las nubes con mucha potestad y gloria.

27. Y entonces enviará sus ángeles, y juntará sus escogidos de los cuatro vientos, desde el cabo de la tierra hasta el cabo del cielo.

28. De la higuera aprended la semejanza: Cuando su rama ya se enternece, y brota hojas, conocéis que el verano está cerca:

29. Así también vosotros, cuando viereis hacerse estas cosas, conoced que está cerca, a las puertas.

30. De cierto os digo que no pasará esta generación, que todas estas cosas no sean hechas.

31. El cielo y la tierra pasarán, mas mis palabras no pasarán.

32. Empero de aquel día y de la hora, nadie sabe; ni aun los ángeles que están en el cielo, ni el Hijo, sino el Padre.

33. Mirad, velad y orad: porque no sabéis cuándo será el tiempo.

34. Como el hombre que partiéndose lejos, dejó su casa, y dio facultad a sus siervos, y a cada uno su obra, y al portero mandó que velase:

35. Velad pues, porque no sabéis cuándo el señor de la casa vendrá; si a la tarde, o a la media noche, o al canto del gallo, o a la mañana;

36. Porque cuando viniere de repente, no os halle durmiendo.

37. Y las cosas que a vosotros digo, a todos las dijo: Velad.

## Marcos 14

 DOS días después era la Pascua y los días de los panes sin levadura: y procuraban los príncipes de los sacerdotes y los escribas cómo le prenderían por engaño, y le matarían.

2. Y decían: No en el día de la fiesta, porque no se haga alboroto del pueblo.

3. Y estando él en Betania en casa de Simón el leproso, y sentado a la mesa, vino una mujer teniendo un alabastro de ungüento de nardo puro[54] de mucho precio; y quebrando el alabastro, se lo derramó[55] sobre su cabeza.

4. Y hubo algunos que se enojaron dentro de sí, y dijeron: ¿Para qué se ha hecho este desperdicio de ungüento?

5. Porque podía esto ser vendido por más de trescientos denarios, y darse a los pobres. Y murmuraban contra ella.

6. Mas Jesús dijo: Dejadla; ¿por qué la fatigáis? Buena obra me ha hecho;

7. Que siempre tendréis los pobres con vosotros, y cuando quisiereis les podréis hacer bien; mas a mí no siempre me tendréis.

8. Esta ha hecho lo que podía; porque se ha anticipado a ungir mi cuerpo para la sepultura.

9. De cierto os digo que donde quiera que fuere predicado este evangelio en todo el mundo, también esto que ha hecho ésta, será dicho para memoria de ella.

10. Entonces Judas Iscariote, uno de los doce, vino a los príncipes de los sacerdotes, para entregársele.

---

[54] Versión original: espique
[55] Versión original: derramóselo

11. Y ellos oyéndolo se alegraron, y prometieron que le darían dineros. Y buscaba oportunidad cómo le entregaría.

12. Y el primer día de los panes sin levadura, cuando sacrificaban la pascua, sus discípulos le dicen: ¿Dónde quieres que vayamos a disponer para que comas la pascua?

13. Y envía dos de sus discípulos, y les dice: Id a la ciudad, y os encontrará un hombre que lleva un cántaro de agua; seguidle;

14. Y donde entrare, decid al señor de la casa: El Maestro dice: ¿Dónde está el aposento donde he de comer la pascua con mis discípulos?

15. Y él os mostrará un gran cenáculo ya preparado: aderezad para nosotros allí.

16. Y fueron sus discípulos, y vinieron a la ciudad, y hallaron como les había dicho; y aderezaron la pascua.

17. Y llegada la tarde, fue con los doce.

18. Y como se sentaron a la mesa y comiesen, dice Jesús: De cierto os digo que uno de vosotros, que come conmigo, me ha de entregar.

19. Entonces ellos comenzaron a entristecerse, y a decirle cada uno por sí: ¿Seré yo? Y el otro: ¿Seré yo?

20. Y él respondiendo les dijo: Es uno de los doce que moja conmigo en el plato.

21. A la verdad el Hijo del hombre va, como está de él escrito; mas ¡ay de aquel hombre por quien el Hijo del hombre es entregado! bueno le fuera a aquel hombre si nunca hubiera nacido.

22. Y estando ellos comiendo, tomó Jesús pan, y bendiciendo, partió y les dio, y dijo: Tomad, esto es mi cuerpo.

23. Y tomando el vaso, habiendo hecho gracias, les dio: y bebieron de él todos.

24. Y les dice: Esto es mi sangre del nuevo pacto, que por muchos es derramada.

25. De cierto os digo que no beberé más del fruto de la vid, hasta aquel día cundo lo beberé nuevo en el reino de Dios.

26. Y como hubieron cantado el himno, se salieron al monte de las Olivas.

27. Jesús entonces les dice: Todos seréis escandalizados en mí esta noche; porque escrito está: Heriré al pastor, y serán derramadas las ovejas.

28. Mas después que haya resucitado, iré delante de vosotros a Galilea.

29. Entonces Pedro le dijo: Aunque todos sean escandalizados, mas no yo.

30. Y le dice Jesús: De cierto te digo que tú, hoy, en esta noche, antes que el gallo haya cantado dos veces, me negarás tres veces.

31. Mas él con mayor porfía decía: Si me fuere menester morir contigo, no te negaré. También todos decían lo mismo.

32. Y vienen al lugar que se llama Getsemaní, y dice a sus discípulos: Sentaos aquí, entre tanto que yo oro.

33. Y toma consigo a Pedro y a Jacobo y a Juan, y comenzó a atemorizarse, y a angustiarse.

34. Y les dice: Está muy triste mi alma, hasta la muerte: esperad aquí y velad.

35. Y yéndose un poco adelante, se postró en tierra, y oro que si fuese posible, pasase de él aquella hora,

36. Y decía: Abba, Padre, todas las cosas son a ti posibles: traspasa de mí este vaso; empero no lo que yo quiero, sino lo que tú.

37. Y vino y los halló durmiendo; y dice a Pedro: ¿Simón, duermes? ¿No has podido velar una hora?

38. Velad y orad, para que no entréis en tentación: el espíritu a la verdad es presto, mas la carne enferma.

39. Y volviéndose a ir, oró, y dijo las mismas palabras.

40. Y vuelto, los halló otra vez durmiendo, porque los ojos de ellos estaban cargados; y no sabían qué responderle.

41. Y vino la tercera vez, y les dice: Dormid ya y descansad: basta, la hora es venida; he aquí, el Hijo del hombre es entregado en manos de los pecadores.

42. Levantaos, vamos: he aquí, el que me entrega está cerca.

43. Y luego, aun hablando él, vino Judas, que era uno de los doce, y con él una compañía con espadas y palos, de parte de los príncipes de los

sacerdotes, y de los escribas y de los ancianos.

44. Y el que le entregaba les había dado señal común, diciendo: Al que yo besare, aquél es: prendedle, y llevadle con seguridad.

45. Y como vino, se acercó luego a él, y le dice: Maestro, Maestro. Y le besó.

46. Entonces ellos echaron en él sus manos, y le prendieron.

47. Y uno de los que estaban allí, sacando la espada, hirió al siervo del sumo sacerdote, y le cortó la oreja.

48. Y respondiendo Jesús, les dijo: ¿Como a ladrón habéis salido con espadas y con palos a tomarme?

49. Cada día estaba con vosotros enseñando en el templo, y no me tomasteis; pero es así, para que se cumplan las Escrituras.

50. Entonces dejándole todos sus discípulos, huyeron.

51. Empero un mancebillo le seguía cubierto de una sábana sobre el cuerpo desnudo; y los mancebos le prendieron:

52. Mas él, dejando la sábana, se huyó de ellos desnudo.

53. Y trajeron a Jesús al sumo sacerdote; y se juntaron a él todos los príncipes de los sacerdotes y los ancianos y los escribas.

54. Empero Pedro le siguió de lejos hasta dentro del patio del sumo sacerdote; y estaba sentado con los servidores, y calentándose al fuego.

55. Y los príncipes de los sacerdotes y todo el concilio buscaban testimonio contra Jesús, para entregarle a la muerte; mas no lo hallaban.

56. Porque muchos decían falso testimonio contra él; mas sus testimonios no concertaban.

57. Entonces levantándose unos, dieron falso testimonio contra él, diciendo:

58. Nosotros le hemos oído decir: Yo derribaré este templo que es hecho de mano, y en tres días edificaré otro echo sin mano.

59. Mas ni aun así se concertaba el testimonio de ellos.

60. Entonces el sumo sacerdote, levantándose en medio, preguntó a Jesús, diciendo: ¿No respondes algo?

¿Qué atestiguan estos contra ti?

61. Mas él callaba, y nada respondía. El sumo sacerdote le volvió a preguntar, y le dice: ¿Eres tú el Cristo, el Hijo del Bendito?

62. Y Jesús le dijo: Yo soy; y veréis al Hijo del hombre sentado a la diestra de la potencia de Dios, y viniendo en las nubes del cielo.

63. Entonces el sumo sacerdote, rasgando sus vestidos, dijo: ¿Qué más tenemos necesidad de testigos?

64. Oído habéis la blasfemia: ¿qué os parece? Y ellos todos le condenaron ser culpado de muerte.

65. Y algunos comenzaron a escupir en él, y cubrir su rostro, y a darle bofetadas, y decirle: Profetiza. Y los servidores le herían de bofetadas.

66. Y estando Pedro abajo en el atrio, vino una de las criadas del sumo sacerdote;

67. Y como vio a Pedro que se calentaba, mirándole, dice: Y tú con Jesús el Nazareno estabas.

68. Mas él negó, diciendo: No conozco, ni sé lo que dices. Y se salió fuera a la entrada; y cantó el gallo.

69. Y la criada viéndole otra vez, comenzó a decir a los que estaban allí: Este es de ellos.

70. Mas él negó otra vez. Y poco después, los que estaban allí dijeron otra vez a Pedro: Verdaderamente tú eres de ellos; porque eres Galileo, y tu habla es semejante.

71. Y él comenzó a maldecir y a jurar: No conozco a este hombre de quien habláis.

72. Y el gallo cantó la segunda vez: y Pedro se acordó de las palabras que Jesús le había dicho: Antes que el gallo cante dos veces, me negarás tres veces. Y pensando en esto, lloraba.

## Marcos 15

 LUEGO por la mañana, habiendo tenido consejo los príncipes de los sacerdotes con los ancianos, y con los escribas, y con todo el concilio, llevaron a Jesús atado, y le entregaron a Pilato.

2. Y Pilato le preguntó: ¿Eres tú el Rey de los Judíos? Y respondiendo él, le dijo: Tú lo dices.

3. Y los príncipes de los sacerdotes le acusaban mucho.

4. Y le preguntó otra vez Pilato, diciendo: ¿No respondes algo? Mira de cuántas cosas te acusan.

5. Mas Jesús ni aun con eso respondió; de modo que Pilato se maravillaba.

6. Empero en el día de la fiesta les soltaba un preso, cualquiera que pidiesen.

7. Y había uno, que se llamaba Barrabás, preso con sus compañeros de motín que habían hecho muerte en una revuelta.

8. Y viniendo la multitud, comenzó a pedir hiciese como siempre les había hecho.

9. Y Pilato les respondió, diciendo: ¿Queréis que os suelte al Rey de los Judíos?

10. Porque conocía que por envidia le habían entregado los príncipes de los sacerdotes.

11. Mas los príncipes de los sacerdotes incitaron a la multitud, que les soltase antes a Barrabás.

12. Y respondiendo Pilato, les dice otra vez: ¿Qué pues queréis que haga del que llamáis Rey de los Judíos?

13. Y ellos volvieron a dar voces: Crucifícale.

14. Mas Pilato les decía: ¿Pues qué mal ha hecho? Y ellos daban más voces: Crucifícale.

15. Y Pilato, queriendo satisfacer al pueblo, les soltó a Barrabás, y entregó a Jesús, después de azotarle, para que fuese crucificado.

16. Entonces los soldados le llevaron dentro de la sala, es a saber al Pretorio; y convocan toda la cohorte.

17. Y le visten de púrpura; y poniéndole una corona tejida de espinas,

18. Comenzaron luego a saludarle: ¡Salve, Rey de los Judíos!

19. Y le herían en la cabeza con una caña, y escupían en él, y le adoraban hincadas las rodillas.

20. Y cuando le hubieron escarnecido, le desnudaron la púrpura, y le vistieron sus propios vestidos, y le sacaron para crucificarle.

21. Y cargaron a uno que pasaba, Simón Cireneo, padre de Alejandro y de Rufo, que venía del campo, para que llevase su cruz.

22. Y le llevan al lugar de Gólgota, que declarado quiere decir: Lugar de la Calavera.

23. Y le dieron a beber vino mezclado con mirra; mas él no lo tomó.

24. Y cuando le hubieron crucificado, repartieron sus vestidos, echando suertes sobre ellos, qué llevaría cada uno.

25. Y era la hora de las tres cuando le crucificaron.

26. Y el título escrito de su causa era: EL REY DE LOS JUDIOS.

27. Y crucificaron con él dos ladrones, uno a su derecha, y el otro a su izquierda.

28. Y se cumplió la Escritura, que dice: Y con los inicuos fue contado.

29. Y los que pasaban le denostaban, meneando sus cabezas, y diciendo: ¡Ah! tú que derribas el templo de Dios, y en tres días lo edificas,

30. Sálvate a ti mismo, y desciende de la cruz.

31. Y de esta manera también los príncipes de los sacerdotes escarneciendo, decían unos a otros, con los escribas: A otros salvó, a sí mismo no se puede salvar.

32. El Cristo, Rey de Israel, descienda ahora de la cruz, para que veamos y creamos. También los que estaban crucificados con él le denostaban.

33. Y cuando vino la hora de sexta, fueron hechas tinieblas sobre toda la tierra hasta la hora de nona.

34. Y a la hora de nona, exclamó Jesús a gran voz, diciendo: Eloi, Eloi, ¿lama sabactani? que declarado, quiere decir: Dios mío, Díos mío, ¿por qué me has desamparado?

35. Y oyéndole unos de los que estaban allí, decían: He aquí, llama a Elías.

36. Y corrió uno, y empapando una esponja en vinagre, y poniéndola en una caña, le dio a beber, diciendo: Dejad, veamos si vendrá Elías a quitarle.

37. Mas Jesús, dando una grande voz, espiró.

38. Entonces el velo del templo se rasgó en dos, de alto a bajo.

39. Y el centurión que estaba delante de él, viendo que había espirado así clamando, dijo: Verdaderamente este hombre era el Hijo de Dios.

40. Y también estaban algunas mujeres mirando de lejos; entre las cuales estaba María Magdalena, y María la madre de Jacobo el menor y de José, y Salomé;

41. Las cuales, estando aún él en Galilea, le habían seguido, y le servían; y otras muchas que juntamente con él habían subido a Jerusalén.

42. Y cuando fue la tarde, porque era la preparación, es decir, la víspera del sábado,

43. José de Arimatea, senador noble, que también esperaba el reino de Dios, vino, y osadamente entró a Pilato, y pidió el cuerpo de Jesús.

44. Y Pilato se maravilló que ya fuese muerto; y haciendo venir al centurión, le preguntó[56] si era ya muerto.

45. Y enterado del centurión, dio el cuerpo a José.

46. El cual compró una sábana, y quitándole, le envolvió en la sábana, y le puso en un sepulcro que estaba cavado en una peña, y revolvió una piedra a la puerta del sepulcro.

47. Y María Magdalena, y María madre de José, miraban donde era puesto.

## Marcos 16

 COMO pasó el sábado, María Magdalena, y María madre de Jacobo, y Salomé, compraron drogas aromáticas, para venir a ungirle.

2. Y muy de mañana, el primer día de la semana, vienen al sepulcro, ya salido el sol.

3. Y decían entre sí: ¿Quién nos revolverá la piedra de la puerta del sepulcro?

4. Y como miraron, ven la piedra revuelta; que era muy grande.

5. Y entradas en el sepulcro, vieron un mancebo sentado al lado derecho, cubierto de una larga ropa blanca; y se espantaron.

6. Más él les dice: No os asustéis: buscáis a Jesús Nazareno, el que fue crucificado; ha resucitado, no está aquí; he aquí el lugar en donde le pusieron.

7. Mas id, decid a sus discípulos y a Pedro, que él va antes que vosotros a Galilea: allí le veréis, como os dijo.

8. Y ellas se fueron huyendo del sepulcro; porque las había tomado temblor y espanto; ni decían nada a nadie, porque tenían miedo.

9. Mas como Jesús resucitó por la mañana, el primer día de la semana, apareció primeramente a María Magdalena, de la cual había echado siete demonios.

10. Yendo ella, lo hizo saber a los que habían estado con él, que estaban tristes y llorando.

11. Y ellos como oyeron que vivía, y que había sido visto de ella, no lo creyeron.

12. Mas después apareció en otra forma a dos de ellos que iban caminando, yendo al campo.

13. Y ellos fueron, y lo hicieron saber a los otros; y ni aun a ellos creyeron.

14. Finalmente se apareció a los once mismos, estando sentados a la mesa, y les censuró[57] su incredulidad y dureza de corazón, que no hubiesen creído a los que le habían visto resucitado.

15. Y les dijo: Id por todo el mundo; predicad el evangelio a toda criatura.

16. El que creyere y fuere bautizado, será salvo; mas el que no creyere, será condenado.

17. Y estas señales seguirán a los que creyeren: En mi nombre echarán fuera demonios; hablaran nuevas lenguas;

18. Quitarán serpientes, y si bebieren cosa mortífera, no les dañará; sobre los enfermos pondrán sus manos, y sanarán.

19. Y el Señor, después que les habló, fue recibido arriba en el cielo, y se sentó[58] a la diestra de Dios.

20. Y ellos, saliendo, predicaron en todas partes, obrando con ellos el Señor, y confirmando la palabra con las señales que se seguían. Amen.

---

[56] Versión original: preguntóle

[57] Versión original: censuróles
[58] Versión original: sentóse

# El Evangelio según
# San Lucas

## Lucas 1

ABIENDO muchos tentado a poner en orden la historia de las cosas que entre nosotros han sido ciertísimas,

2. Como nos lo enseñaron los que desde el principio lo vieron por sus ojos, y fueron ministros de la palabra;

3. Me ha parecido también a mí, después de haber entendido todas las cosas desde el principio con diligencia, escribírtelas por orden, oh muy buen Teófilo,

4. Para que conozcas la verdad de las cosas en las cuales has sido enseñado.

5. HUBO en los días de Herodes, rey de Judea, un sacerdote llamado Zacarías, de la suerte de Abías; y su mujer, de las hijas de Aarón, llamada Elisabet.

6. Y eran ambos justos delante de Dios, andando sin reprensión en todos los mandamientos y estatutos del Señor.

7. Y no tenían hijo, porque Elisabet era estéril, y ambos eran avanzados en días.

8. Y aconteció que ejerciendo Zacarías el sacerdocio delante de Dios por el orden de su vez,

9. Conforme a la costumbre del sacerdocio, salió en suerte a poner el incienso, entrando en el templo del Señor.

10. Y toda la multitud del pueblo estaba fuera orando a la hora del incienso.

11. Y se le apareció el ángel del Señor puesto en pie a la derecha del altar del incienso.

12. Y se turbó Zacarías viéndole, y cayó temor sobre él.

13. Mas el ángel le dijo: Zacarías, no temas; porque tu oración ha sido oída, y tu mujer Elisabet te parirá un hijo, y llamarás su nombre Juan.

14. Y tendrás gozo y alegría, y muchos se gozarán de su nacimiento.

15. Porque será grande delante de Dios, y no beberá vino ni sidra; y será lleno del Espíritu Santo, aun desde el seno de su madre.

16. Y a muchos de los hijos de Israel convertirá al Señor Dios de ellos.

17. Porque él irá delante de él con el espíritu y virtud de Elías, para convertir los corazones de los padres a los hijos, y los rebeldes a la prudencia de los justos, para aparejar al Señor un pueblo apercibido.

18. Y dijo Zacarías al ángel: ¿En qué conoceré esto? porque yo soy viejo, y mi mujer avanzada en días.

19. Y respondiendo el ángel le dijo: Yo soy Gabriel, que estoy delante de Dios; y soy enviado a hablarte, y a darte estas buenas nuevas.

20. Y he aquí estarás mudo y no podrás hablar, hasta el día que esto sea hecho, por cuanto no creíste a mis palabras, las cuales se cumplirán a su tiempo.

21. Y el pueblo estaba esperando a Zacarías, y se maravillaban de que él se detuviese en el templo.

22. Y saliendo, no les podía hablar: y entendieron que había visto visión en el templo: y él les hablaba por señas, y quedó mudo.

23. Y fue, que cumplidos los días de su oficio, se vino a su casa.

24. Y después de aquellos días concibió su mujer Elisabet, y se encubrió por cinco meses, diciendo:

25. Porque el Señor me ha hecho así en los días en que miró para quitar mi afrenta entre los hombres.

26. Y al sexto mes, el ángel Gabriel fue enviado de Dios a una ciudad de Galilea, llamada Nazaret,

27. A una virgen desposada con un varón que se llamaba José, de la casa de David: y el nombre de la virgen era María.

28. Y entrando el ángel a donde estaba, dijo, ¡Salve, muy favorecida! el Señor es contigo: bendita tú entre las mujeres.

29. Mas ella, cuando le vio, se turbó de sus palabras, y pensaba qué

salutación fuese ésta.

30. Entonces el ángel le dijo: María, no temas, porque has hallado gracia cerca de Dios.

31. Y he aquí, concebirás en tu seno, y parirás un hijo, y llamarás su nombre JESÚS.

32. Este será grande, y será llamado Hijo del Altísimo: y le dará el Señor Dios el trono de David su padre:

33. Y reinará en la casa de Jacob por siempre; y de su reino no habrá fin.

34. Entonces María dijo al ángel: ¿Cómo será esto? porque no conozco varón.

35. Y respondiendo el ángel le dijo: El Espíritu Santo vendrá sobre ti, y la virtud del Altísimo te hará sombra; por lo cual también lo Santo que nacerá, será llamado Hijo de Dios.

36. Y he aquí, Elisabet tu parienta, también ella ha concebido hijo en su vejez; y este es el sexto mes a ella que es llamada la estéril:

37. Porque ninguna cosa es imposible para Dios.

38. Entonces María dijo: He aquí la sierva del Señor; hágase a mí conforme a tu palabra. Y el ángel partió de ella.

39. En aquellos días levantándose María, fue a la montaña con prisa[59], a una ciudad de Judá;

40. Y entró en casa de Zacarías, y saludó a Elisabet.

41. Y aconteció, que como oyó Elisabet la salutación de María, la criatura saltó en su vientre; y Elisabet fue llena del Espíritu Santo,

42. Y exclamó a gran voz, y dijo. Bendita tú entre las mujeres, y bendito el fruto de tu vientre.

43. ¿Y de dónde esto a mí, que la madre de mi Señor venga a mí?

44. Porque he aquí, como llegó la voz de tu salutación a mis oídos, la criatura saltó de alegría en mi vientre.

45. Y bienaventurada la que creyó, porque se cumplirán las cosas que le fueron dichas de parte del Señor.

46. Entonces María dijo: engrandece mi alma al Señor;

47. Y mi espíritu se alegró en Dios mi Salvador,

48. Porque ha mirado a la bajeza de su criada; Porque he aquí, desde ahora me dirán bienaventurada todas las generaciones.

49. Porque me ha hecho grandes cosas el Poderoso; Y santo es su nombre.

50. Y su misericordia de generación a generación A los que le temen.

51. Hizo valentía con su brazo: Esparció los soberbios del pensamiento de su corazón.

52. Quitó los poderosos de los tronos, Y levantó a los humildes.

53. A los hambrientos hinchió de bienes; Y a los ricos envió vacíos.

54. Recibió a Israel su siervo, acordándose de la misericordia.

55. Como habló a nuestros padres A Abraham y a su simiente para siempre.

56. Y se quedó María con ella como tres meses: después se volvió a su casa.

57. Y a Elisabet se le cumplió el tiempo de parir, y parió un hijo.

58. Y oyeron los vecinos y los parientes que Dios había hecho con ella grande misericordia, y se alegraron con ella.

59. Y aconteció, que al octavo día vinieron para circuncidar al niño; y le llamaban del nombre de su padre, Zacarías.

60. Y respondiendo su madre, dijo: No; sino Juan será llamado.

61. Y le dijeron: ¿Por qué? nadie hay en tu parentela que se llame de este nombre.

62. Y hablaron por señas a su padre, cómo le quería llamar.

63. Y demandando la tablilla, escribió, diciendo: Juan es su nombre. Y todos se maravillaron.

64. Y luego fue abierta su boca y su lengua, y habló bendiciendo a Dios.

65. Y fue un temor sobre todos los vecinos de ellos; y en todas las montañas de Judea fueron divulgadas todas estas cosas.

66. Y todos los que las oían, las conservaban en su corazón, diciendo: ¿Quién será este niño? Y la mano del Señor estaba con él.

67. Y Zacarías su padre fue lleno de Espíritu Santo, y profetizó, diciendo:

68. Bendito el Señor Dios de Israel, Que

[59] Versión original: priesa

ha visitado y hecho redención a su pueblo,

69. Y nos alzó un cuerno de salvación En la casa de David su siervo,

70. Como habló por boca de sus santos profetas que fueron desde el principio:

71. Salvación de nuestros enemigos, y de mano de todos los que nos aborrecieron;

72. Para hacer misericordia con nuestros padres, Y acordándose de su santo pacto;

73. Del juramento que juró a Abraham nuestro padre, Que nos había de dar,

74. Que sin temor librados de nuestros enemigos, Le serviríamos

75. En santidad y en justicia delante de él, todos los días nuestros.

76. Y tú, niño, profeta del Altísimo serás llamado; Porque irás ante la faz del Señor, para aparejar sus caminos;

77. Dando conocimiento de salud a su pueblo, Para remisión de sus pecados,

78. Por las entrañas de misericordia de nuestro Dios, Con que nos visitó de lo alto el Oriente,

79. Para dar luz a los que habitan en tinieblas y en sombra de muerte; Para encaminar nuestros pies por camino de paz.

80. Y el niño crecía, y se fortalecía en espíritu: y estuvo en los desiertos hasta el día que se mostró a Israel.

## Lucas 2

 ACONTECIO en aquellos días que salió edicto de parte de Augusto César, que toda la tierra fuese empadronada.

2. Este empadronamiento primero fue hecho siendo Cirenio gobernador de la Siria.

3. E iban todos para ser empadronados, cada uno a su ciudad.

4. Y subió José de Galilea, de la ciudad de Nazaret, a Judea, a la ciudad de David, que se llama Belén, por cuanto era de la casa y familia de David;

5. Para ser empadronado con María su mujer, desposada con él, la cual estaba encinta.

6. Y aconteció que estando ellos allí, se cumplieron los días en que ella había de parir.

7. Y parió a su hijo primogénito, y le envolvió en pañales, y le acostó[60] en un pesebre, porque no había lugar para ellos en el mesón.

8. Y había pastores en la misma tierra, que velaban y guardaban las vigilias de la noche sobre su ganado.

9. Y he aquí el ángel del Señor vino sobre ellos, y la claridad de Dios los cercó de resplandor; y tuvieron gran temor.

10. Mas el ángel les dijo: No temáis; porque he aquí os doy nuevas de gran gozo, que será para todo el pueblo:

11. Que os ha nacido hoy, en la ciudad de David, un Salvador, que es CRISTO el Señor.

12. Y esto os será por señal: hallaréis al niño envuelto en pañales, echado en un pesebre.

13. Y repentinamente fue con el ángel una multitud de los ejércitos celestiales, que alababan a Dios, y decían:

14. Gloria en las alturas a Dios, Y en la tierra paz, buena voluntad para con los hombres.

15. Y aconteció que como los ángeles se fueron de ellos al cielo, los pastores dijeron los unos a los otros: Pasemos pues hasta Belén, y veamos esto que ha sucedido, que el Señor nos ha manifestado.

16. Y vinieron de prisa[61], y hallaron a María, y a José, y al niño acostado en el pesebre.

17. Y viéndolo, hicieron notorio lo que les había sido dicho del niño.

18. Y todos los que oyeron, se maravillaron de lo que los pastores les decían.

19. Mas María guardaba todas estas cosas, confiriéndolas en su corazón.

20. Y se volvieron los pastores glorificando y alabando a Dios de todas las cosas que habían oído y visto, como les había sido dicho.

21. Y pasados los ocho días para circuncidar al niño, llamaron su

---

[60] Versión original: acostóle
[61] Versión original: apriesa

nombre JESÚS; el cual le fue puesto por el ángel antes que él fuese concebido en el vientre.

22. Y como se cumplieron los días de la purificación de ella, conforme a la ley de Moisés, le trajeron a Jerusalén para presentarle al Señor,

23. (Como está escrito en la ley del Señor: Todo varón que abriere la matriz, será llamado santo al Señor),

24. Y para dar la ofrenda, conforme a lo que está dicho en la ley del Señor: un par de tórtolas, o dos palominos.

25. Y he aquí, había un hombre en Jerusalén, llamado Simeón, y este hombre, justo y pío, esperaba la consolación de Israel: y el Espíritu Santo era sobre él.

26. Y había recibido respuesta del Espíritu Santo, que no vería la muerte antes que viese al Cristo del Señor.

27. Y vino por Espíritu al templo. Y cuando metieron al niño Jesús sus padres en el templo, para hacer por él conforme a la costumbre de la ley.

28. Entonces él le tomó en sus brazos, y bendijo a Dios, y dijo:

29. Ahora despides, Señor, a tu siervo, Conforme a tu palabra, en paz;

30. Porque han visto mis ojos tu salvación,

31. La cual has aparejado en presencia de todos los pueblos;

32. Luz para ser revelada a los Gentiles, Y la gloria de tu pueblo Israel.

33. Y José y su madre estaban maravillados de las cosas que se decían de él.

34. Y los bendijo Simeón, y dijo a su madre María: He aquí, éste es puesto para caída y para levantamiento de muchos en Israel; y para señal a la que será contradicho;

35. Y una espada traspasará tu alma de ti misma, para que sean manifestados los pensamientos de muchos corazones.

36. Estaba también allí Ana, profetisa, hija de Penuel, de la tribu de Aser; la cual había venido en grande edad, y había vivido con su marido siete años desde su virginidad;

37. Y era viuda de hasta ochenta y cuatro años, que no se apartaba del templo, sirviendo de noche y de día con ayunos y oraciones.

38. Y ésta, sobreviniendo en la misma hora, juntamente confesaba al Señor, y hablaba de él a todos los que esperaban la redención en Jerusalén.

39. Mas como cumplieron todas las cosas según la ley del Señor, se volvieron a Galilea, a su ciudad de Nazaret.

40. Y el niño crecía, y se fortalecía[62], y se henchía de sabiduría; y la gracia de Dios era sobre él.

41. E iban sus padres todos los años a Jerusalén en la fiesta de la Pascua.

42. Y cuando fue de doce años, subieron ellos a Jerusalén conforme a la costumbre del día de la fiesta.

43. Y acabados los días, volviendo ellos, se quedó el niño Jesús en Jerusalén, sin saberlo José y su madre.

44. Y pensando que estaba en la compañía, anduvieron camino de un día; y le buscaban entre los parientes y entre los conocidos:

45. Mas como no le hallasen, volvieron a Jerusalén buscándole.

46. Y aconteció, que tres días después le hallaron en el templo, sentado en medio de los doctores, oyéndoles y preguntándoles.

47. Y todos los que le oían, se pasmaban de su entendimiento y de sus respuestas.

48. Y cuando le vieron, se maravillaron; y le dijo su madre: Hijo, ¿por qué nos has hecho así? He aquí, tu padre y yo te hemos buscado con dolor.

49. Entonces él les dice: ¿Qué hay? ¿por qué me buscabais? ¿No sabíais que en los negocios de mi Padre me conviene estar?

50. Mas ellos no entendieron las palabras que les habló.

51. Y descendió con ellos, y vino a Nazaret, y estaba sujeto a ellos. Y su madre guardaba todas estas cosas en su corazón.

52. Y Jesús crecía en sabiduría, y en edad, y en gracia para con Dios y los hombres.

---

[62] Versión original: fortalecíase

## Lucas 3

EN el año quince del imperio de Tiberio César, siendo gobernador de Judea Poncio Pilato, y Herodes tetrarca de Galilea, y su hermano Felipe tetrarca de Iturea y de la provincia de Traconite, y Lisanias tetrarca de Abilene,

2. Siendo sumos sacerdotes Anás y Caifás, vino palabra del Señor sobre Juan, hijo de Zacarías, en el desierto.

3. Y él vino por toda la tierra al rededor del Jordán predicando el bautismo del arrepentimiento para la remisión de pecados;

4. Como está escrito en el libro de las palabras del profeta Isaías que dice: Voz del que clama en el desierto: Aparejad el camino del Señor, Haced derechas sus sendas.

5. Todo valle se henchirá, Y se bajará[63] todo monte y collado; Y los caminos torcidos serán enderezados, Y los caminos ásperos allanados;

6. Y verá toda carne la salvación de Dios.

7. Y decía a las gentes que salían para ser bautizadas de él: ¡Oh generación de víboras, quién os enseñó a huir de la ira que vendrá?

8. Haced, pues, frutos dignos de arrepentimiento, y no comencéis a decir en vosotros mismos: Tenemos a Abraham por padre: porque os digo que puede Dios, aun de estas piedras, levantar hijos a Abraham.

9. Y ya también el hacha está puesta a la raíz de los árboles: todo árbol pues que no hace buen fruto, es cortado, y echado en el fuego.

10. Y las gentes le preguntaban, diciendo: ¿Pues qué haremos?

11. Y respondiendo, les dijo: El que tiene dos túnicas, dé al que no tiene; y el que tiene qué comer, haga lo mismo.

12. Y vinieron también publicanos para ser bautizados, y le dijeron: Maestro, ¿qué haremos?

13. Y él les dijo: No exijáis más de lo que os está ordenado.

14. Y le preguntaron también los soldados, diciendo: Y nosotros, ¿qué haremos? Y les dice: No hagáis extorsión a nadie, ni calumniéis; y contentaos con vuestras pagas.

15. Y estando el pueblo esperando, y pensando todos de Juan en sus corazones, si él fuese el Cristo,

16. Respondió Juan, diciendo a todos: Yo, a la verdad, os bautizo en agua; mas viene quien es más poderoso que yo, de quien no soy digno de desatar la correa de sus zapatos: él os bautizará en Espíritu Santo y fuego;

17. Cuyo bieldo está en su mano, y limpiará su era, y juntará el trigo en su granero, y la paja quemará en fuego que nunca se apagará.

18. Y amonestando, otras muchas cosas también anunciaba al pueblo.

19. Entonces Herodes el tetrarca, siendo reprendido por él a causa de Herodías, mujer de Felipe su hermano, y de todas las maldades que había hecho Herodes,

20. Añadió también esto sobre todo, que encerró a Juan en la cárcel.

21. Y aconteció que, como todo el pueblo se bautizaba, también Jesús fue bautizado; y orando, el cielo se abrió,

22. Y descendió el Espíritu Santo sobre él en forma corporal, como paloma, y fue hecha una voz del cielo que decía: Tú eres mi Hijo amado, en ti me he complacido.

23. Y el mismo Jesús comenzaba a ser como de treinta años, hijo de José, como se creía; que fue hijo de Elí,

24. Que fue de Matat, que fue de Leví, que fue Melquí, que fue de Janay, que fue de José,

25. Que fue de Matatías, que fue de Amós, que fue de Nahúm, que fue de Eslí,

26. Que fue de Nagay, que fue de Máat, que fue de Matatías, que fue de Semeí, que fue de José, que fue de Judá,

27. Que fue de Yojanán, que fue de Resa, que fue de Zorobabel, que fue de Salatiel,

28. Que fue de Neri, que fue de Melquí, que fue de Adí, que fue de Cosán, que fue de Elmadán, que fue de Er,

[63] Versión original: bajaráse

29. Que fue de Josué, que fue de Eliezer, que fue de Jorín, que fue de Matat,
30. Que fue de Leví, que fue de Simeón, que fue de Judá, que fue de José, que fue de Jonán, que fue de Eliaquín,
31. Que fue de Melea, que fue de Mainán, que fue de Matata, que fue de Natán,
32. Que fue de David, que fue de Isaí, que fue de Obed, que fue de Booz, que fue de Salmón, que fue de Naassón,
33. Que fue de Aminadab, que fue de Aram, que fue de Esrom, que fue de Fares,
34. Que fue de Judá, que fue de Jacob, que fue de Isaac, que fue de Abraham, que fue de Téraj, que fue de Najor,
35. Que fue de Serug, que fue de Ragau, que fue de Péleg, que fue de Éber,
36. Que fue de Selaj, que fue de Cainán, Arfaxad, que fue de Sem, que fue de Noé, que fue de Lamec,
37. Que fue de Matusalén, que fue de Enoc, que fue de Jared, que fue de Malalel,
38. Que fue de Cainán, que fue de Enós, que fue de Set, que fue de Adán, que fue de Dios.

## Lucas 4

 JESÚS, lleno del Espíritu Santo, volvió del Jordán, y fue llevado por el Espíritu al desierto

2. Por cuarenta días, y era tentado del diablo. Y no comió cosa en aquellos días: los cuales pasados, tuvo hambre.
3. Entonces el diablo le dijo: Si eres Hijo de Dios, di a esta piedra que se haga pan.
4. Y Jesús respondiéndole, dijo: Escrito está: Que no con pan solo vivirá el hombre, mas con toda palabra de Dios.
5. Y le llevó el diablo a un alto monte, y le mostró en un momento de tiempo todos los reinos de la tierra.
6. Y le dijo el diablo: A ti te daré toda esta potestad, y la gloria de ellos; porque a mí es entregada, y a quien quiero la doy:
7. Pues si tú adorares delante de mí, serán todos tuyos.
8. Y respondiendo Jesús, le dijo: Vete de mí, Satanás, porque escrito está: A tu Señor Dios adorarás, y a él solo servirás.
9. Y le llevó a Jerusalén, y le puso[64] sobre las almenas del templo, y le dijo: Si eres Hijo de Dios, échate de aquí abajo:
10. Porque escrito está: Que a sus ángeles mandará de ti, que te guarden;
11. Y En las manos te llevarán, Porque no dañes tu pie en piedra.
12. Y respondiendo Jesús, le dijo: Dicho está: No tentarás al Señor tu Dios.
13. Y acabada toda tentación, el diablo se fue de él por un tiempo.
14. Y Jesús volvió en virtud del Espíritu a Galilea, y salió la fama de él por toda la tierra de alrededor.
15. Y enseñaba en las sinagogas de ellos, y era glorificado de todos.
16. Y vino a Nazaret, donde había sido criado; y entró, conforme a su costumbre, el día del sábado en la sinagoga, y se levantó a leer.
17. Y le fue[65] dado el libro del profeta Isaías; y como abrió el libro, halló el lugar donde estaba escrito:
18. El Espíritu del Señor es sobre mí, Por cuanto me ha ungido para dar buenas nuevas a los pobres: Me ha enviado para sanar a los quebrantados de corazón; Para pregonar a los cautivos libertad, Y a los ciegos vista; Para poner en libertad a los quebrantados:
19. Para predicar el año agradable del Señor.
20. Y rollando el libro, lo dio al ministro, y se sentó: y los ojos de todos en la sinagoga estaban fijos en él.
21. Y comenzó a decirles: Hoy se ha cumplido esta Escritura en vuestros oídos.
22. Y todos le daban testimonio, y estaban maravillados de las palabras de gracia que salían de su boca, y decían: ¿No es éste el hijo de José?
23. Y les dijo: Sin duda me diréis este refrán: Médico, cúrate a ti mismo: de

[64] Versión original: púsole
[65] Versión original: fuéle

tantas cosas que hemos oído haber sido hechas en Capernaúm, haz también aquí en tu tierra.

24. Y dijo: De cierto os digo, que ningún profeta es acepto en su tierra.

25. Mas en verdad os digo, que muchas viudas había en Israel en los días de Elías, cuando el cielo fue cerrado por tres años y seis meses, que hubo una grande hambre en toda la tierra;

26. Pero a ninguna de ellas fue enviado Elías, sino a Sarepta de Sidón, a una mujer viuda.

27. Y muchos leprosos había en Israel en tiempo del profeta Eliseo; mas ninguno de ellos fue limpio, sino Naamán el Siro.

28. Entonces todos en la sinagoga fueron llenos de ira, oyendo estas cosas;

29. Y levantándose, le echaron fuera de la ciudad, y le llevaron hasta la cumbre del monte sobre el cual la ciudad de ellos estaba edificada, para despeñarle.

30. Mas él, pasando por medio de ellos, se fue.

31. Y descendió a Capernaúm, ciudad de Galilea. Y los enseñaba en los sábados.

32. Y se maravillaban de su doctrina, porque su palabra era con potestad.

33. Y estaba en la sinagoga un hombre que tenía un espíritu de un demonio inmundo, el cual exclamó a gran voz,

34. Diciendo: Déjanos, ¿qué tenemos contigo Jesús Nazareno? ¿has venido a destruirnos? Yo te conozco quién eres, el Santo de Dios.

35. Y Jesús le increpó, diciendo: Enmudece, y sal de él. Entonces el demonio, derribándole en medio, salió de él, y no le hizo daño alguno.

36. Y hubo espanto en todos, y hablaban unos a otros, diciendo: ¿Qué palabra es ésta, que con autoridad y potencia manda a los espíritus inmundos, y salen?

37. Y la fama de él se divulgaba de todas partes por todos los lugares de la comarca.

38. Y levantándose Jesús de la sinagoga, entró en casa de Simón: y la suegra de Simón estaba con una grande fiebre; y le rogaron por ella.

39. E inclinándose hacia ella, riñó a la fiebre; y la fiebre la dejó; y ella levantándose luego, les servía.

40. Y poniéndose el sol, todos los que tenían enfermos de diversas enfermedades, los traían a él; y él poniendo las manos sobre cada uno de ellos, los sanaba.

41. Y salían también demonios de muchos, dando voces, y diciendo: Tú eres el Hijo de Dios. Mas riñéndolos no les dejaba hablar; porque sabían que él era el Cristo.

42. Y siendo ya de día salió, y se fue a un lugar desierto: y las gentes le buscaban, y vinieron hasta él; y le detenían para que no se apartase de ellos.

43. Mas él les dijo: Que también a otras ciudades es necesario que anuncie el evangelio del reino de Dios; porque para esto soy enviado.

44. Y predicaba en las sinagogas de Galilea.

## Lucas 5

 ACONTECIO, que estando él junto al lago de Genesaret, las gentes se agolpaban sobre él para oír la palabra de Dios.

2. Y vio dos barcos que estaban cerca de la orilla del lago: y los pescadores, habiendo descendido de ellos, lavaban sus redes.

3. Y entrado en uno de estos barcos, el cual era de Simón, le rogó que lo desviase de tierra un poco; y sentándose, enseñaba desde el barco a las gentes.

4. Y como cesó de hablar, dijo a Simón: Tira a alta mar, y echad vuestras redes para pescar.

5. Y respondiendo Simón, le dijo: Maestro, habiendo trabajado toda la noche, nada hemos tomado; mas en tu palabra echaré la red.

6. Y habiéndolo hecho, encerraron gran multitud de pescado, que su red se rompía.

7. E hicieron señas a los compañeros que estaban en el otro barco, que viniesen a ayudarles; y vinieron, y llenaron ambos barcos, de tal manera que se anegaban.

8. Lo cual viendo Simón Pedro, se derribó de rodillas a Jesús, diciendo: Apártate de mí, Señor, porque soy hombre pecador.

9. Porque temor le había rodeado, y a todos los que estaban con él, de la presa de los peces que habían tomado;

10. Y asimismo a Jacobo y a Juan, hijos de Zebedeo, que eran compañeros de Simón. Y Jesús dijo a Simón: No temas: desde ahora pescarás hombres.

11. Y como llegaron a tierra los barcos, dejándolo todo, le siguieron.

12. Y aconteció que estando en una ciudad, he aquí un hombre lleno de lepra, el cual viendo a Jesús, postrándose sobre el rostro, le rogó, diciendo: Señor, si quieres, puedes limpiarme.

13. Entonces, extendiendo la mano, le tocó diciendo: Quiero: sé limpio. Y luego la lepra se fue de él.

14. Y él le mandó que no lo dijese a nadie: Mas ve, le dijo, muéstrate al sacerdote, y ofrece por tu limpieza, como mandó Moisés, para testimonio a ellos.

15. Empero tanto más se extendía su fama: y se juntaban muchas gentes a oír y ser sanadas de sus enfermedades.

16. Mas él se apartaba a los desiertos, y oraba.

17. Y aconteció un día, que él estaba enseñando, y los Fariseos y doctores de la ley estaban sentados, los cuales habían venido de todas las aldeas de Galilea, y de Judea y Jerusalén: y la virtud del Señor estaba allí para sanarlos.

18. Y he aquí unos hombres, que traían sobre un lecho un hombre que estaba paralítico; y buscaban meterle, y ponerle delante de él.

19. Y no hallando por donde meterle a causa de la multitud, subieron encima de la casa, y por el tejado le bajaron con el lecho en medio, delante de Jesús;

20. El cual, viendo la fe de ellos, le dice: Hombre, tus pecados te son perdonados.

21. Entonces los escribas y los Fariseos comenzaron a pensar, diciendo: ¿Quién es éste que habla blasfemias? ¿Quién puede perdonar pecados sino sólo Dios?

22. Jesús entonces, conociendo los pensamientos de ellos, respondiendo les dijo: ¿Qué pensáis en vuestros corazones?

23. ¿Qué es más fácil, decir: Tus pecados te son perdonados, o decir: Levántate y anda?

24. Pues para que sepáis que el Hijo del hombre tiene potestad en la tierra de perdonar pecados, (dice al paralítico): A ti digo, levántate, toma tu lecho, y vete a tu casa.

25. Y luego, levantándose en presencia de ellos, y tomando aquel en que estaba echado, se fue a su casa, glorificando a Dios.

26. Y tomó espanto a todos, y glorificaban a Dios; y fueron llenos del temor, diciendo: Hemos visto maravillas hoy.

27. Y después de estas cosas salió, y vio a un publicano llamado Leví, sentado al banco de los públicos tributos, y le dijo: Sígueme.

28. Y dejadas todas las cosas, levantándose, le siguió.

29. E hizo Leví gran banquete en su casa; y había mucha compañía de publicanos y de otros, los cuales estaban a la mesa con ellos.

30. Y los escribas y los Fariseos murmuraban contra sus discípulos, diciendo: ¿Por qué coméis y bebéis con los publicanos y pecadores?

31. Y respondiendo Jesús, les dijo: Los que están sanos no necesitan médico, sino los que están enfermos.

32. No he venido a llamar justos, sino pecadores a arrepentimiento.

33. Entonces ellos le dijeron: ¿Por qué los discípulos de Juan ayunan muchas veces y hacen oraciones, y asimismo los de los Fariseos, y tus discípulos comen y beben?

34. Y él les dijo: ¿Podéis hacer que los que están de bodas ayunen, entre tanto que el esposo está con ellos?

35. Empero vendrán días cuando el esposo les será quitado: entonces ayunarán en aquellos días.

36. Y les decía también una parábola: Nadie mete remiendo de paño nuevo en vestido viejo; de otra manera el nuevo rompe, y al viejo no conviene remiendo nuevo.

37. Y nadie echa vino nuevo en cueros viejos; de otra manera el vino nuevo romperá los cueros, y el vino se derramará, y los cueros se perderán.

38. Mas el vino nuevo en cueros nuevos se ha de echar; y lo uno y lo otro se conserva.

39. Y ninguno que bebiere del añejo, quiere luego el nuevo; porque dice: El añejo es mejor.

## Lucas 6

 Y ACONTECIO que pasando él por los sembrados en un sábado segundo del primero, sus discípulos arrancaban espigas, y comían, restregándolas con las manos.

2. Y algunos de los Fariseos les dijeron: ¿Por qué hacéis lo que no es lícito hacer en los sábados?

3. Y respondiendo Jesús les dijo: ¿Ni aun esto habéis leído, qué hizo David cuando tuvo hambre, él, y los que con él estaban;

4. Cómo entró en la casa de Dios, y tomó los panes de la proposición, y comió, y dio también a los que estaban con él, los cuales no era lícito comer, sino a solos los sacerdotes?

5. Y les decía. El Hijo del hombre es Señor aun del sábado.

6. Y aconteció también en otro sábado, que él entró en la sinagoga y enseñaba; y estaba allí un hombre que tenía la mano derecha seca.

7. Y le acechaban los escribas y los Fariseos, si sanaría en sábado, por hallar de qué le acusasen.

8. Mas él sabía los pensamientos de ellos; y dijo al hombre que tenía la mano seca: Levántate, y ponte en medio. Y él levantándose, se puso en pie.

9. Entonces Jesús les dice: Os preguntaré un cosa: ¿Es lícito en sábados hacer bien, o hacer mal? ¿salvar la vida, o quitarla?

10. Y mirándolos a todos alrededor, dice al hombre: Extiende tu mano. Y él lo hizo así, y su mano fue restaurada.

11. Y ellos se llenaron de rabia; y hablaban los unos a los otros qué harían a Jesús.

12. Y aconteció en aquellos días, que fue al monte a orar, y pasó la noche orando a Dios.

13. Y como fue de día, llamó a sus discípulos, y escogió doce de ellos, a los cuales también llamó apóstoles:

14. A Simón, al cual también llamó Pedro, y a Andrés su hermano, Jacobo y Juan, Felipe y Bartolomé,

15. Mateo y Tomás, Jacobo hijo de Alfeo, y Simón el que se llama Celador,

16. Judas hermano de Jacobo, y Judas Iscariote, que también fue el traidor.

17. Y descendió con ellos, y se paró en un lugar llano, y la compañía de sus discípulos, y una grande multitud de pueblo de toda Judea y de Jerusalén, y de la costa de Tiro y de Sidón, que habían venido a oírle, y para ser sanados de sus enfermedades;

18. Y los que habían sido atormentados de espíritus inmundos: y estaban curados.

19. Y toda la gente procuraba tocarle; porque salía de él virtud, y sanaba a todos.

20. Y alzando él los ojos a sus discípulos, decía: Bienaventurados vosotros los pobres; porque vuestro es el reino de Dios.

21. Bienaventurados los que ahora tenéis hambre; porque seréis saciados. Bienaventurados los que ahora lloráis, porque reiréis.

22. Bienaventurados seréis, cuando los hombres os aborrecieren, y cuando os apartaren de sí, y os denostaren, y desecharen vuestro nombre como malo, por el Hijo del hombre.

23. Gozaos en aquel día, y alegraos; porque he aquí vuestro galardón es grande en los cielos; porque así hacían sus padres a los profetas.

24. Mas ¡ay de vosotros, ricos! porque tenéis vuestro consuelo.

25. ¡Ay de vosotros, los que estáis hartos! porque tendréis hambre. ¡Ay de vosotros, los que ahora reís! porque lamentaréis y lloraréis.

26. ¡Ay de vosotros, cuando todos los hombres dijeren bien de vosotros! porque así hacían sus padres a los falsos profetas.

27. Mas a vosotros los que oís, digo: Amad a vuestros enemigos, haced bien a los que os aborrecen;

28. Bendecid a los que os maldicen, y orad por los que os calumnian.

29. Y al que te hiriere en la mejilla, dale también la otra; y al que te quitare la capa, ni aun el sayo le defiendas.

30. Y a cualquiera que te pidiere, da; y al que tomare lo que es tuyo, no vuelvas a pedir.

31. Y como queréis que os hagan los hombres, así hacedles también vosotros:

32. Porque si amáis a los que os aman, ¿qué gracias tendréis? porque también los pecadores aman a los que los aman.

33. Y si hiciereis bien a los que os hacen bien, ¿qué gracias tendréis? porque también los pecadores hacen lo mismo.

34. Y si prestareis a aquellos de quienes esperáis recibir, ¿qué gracias tendréis? porque también los pecadores prestan a los pecadores, para recibir otro tanto.

35. Amad, pues, a vuestros enemigos, y haced bien, y prestad, no esperando de ello nada; y será vuestro galardón grande, y seréis hijos del Altísimo: porque él es benigno para con los ingratos y malos.

36. Sed pues misericordiosos, como también vuestro Padre es misericordioso.

37. No juzguéis, y no seréis juzgados: no condenéis, y no seréis condenados: perdonad, y seréis perdonados.

38. Dad, y se os dará; medida buena, apretada, remecida, y rebosando darán en vuestro seno: porque con la misma medida que midiereis, os será vuelto a medir.

39. Y les decía una parábola: ¿Puede el ciego guiar al ciego? ¿No caerán ambos en el hoyo?

40. El discípulo no es sobre su maestro; mas cualquiera que fuere como el maestro, será perfecto.

41. ¿Por qué miras la paja que está en el ojo de tu hermano, y la viga que está en tu propio ojo no consideras?

42. ¿O cómo puedes decir a tu hermano: Hermano, deja, echaré fuera la paja que está en tu ojo, no mirando tú la viga, que está en tu ojo? Hipócrita, echa primero fuera de tu ojo la viga, y entonces verás bien para sacar la paja que está en el ojo de tu hermano.

43. Porque no es buen árbol el que da malos frutos; ni árbol malo el que da buen fruto.

44. Porque cada árbol por su fruto es conocido: que no cogen higos de los espinos, ni vendimian uvas de las zarzas.

45. El buen hombre del buen tesoro de su corazón saca bien; y el mal hombre del mal tesoro de su corazón saca mal; porque de la abundancia del corazón habla su boca.

46. ¿Por qué me llamáis, Señor, Señor, y no hacéis lo que digo?

47. Todo aquel que viene a mí, y oye mis palabras, y las hace, os enseñaré a quién es semejante:

48. Semejante es al hombre que edifica una casa, el cual cavó y ahondó, y puso el fundamento sobre la peña; y cuando vino una avenida, el río dio con ímpetu en aquella casa, mas no la pudo menear: porque estaba fundada sobre la peña.

49. Mas el que oyó y no hizo, semejante es al hombre que edificó su casa sobre tierra, sin fundamento; en la cual el río dio con ímpetu, y luego cayó; y fue grande la ruina de aquella casa.

## Lucas 7

 COMO acabó todas sus palabras oyéndole el pueblo, entró en Capernaúm.

2. Y el siervo de un centurión, al cual tenía él en estima, estaba enfermo y a punto de morir.

3. Y como oyó hablar de Jesús, envió a él a los ancianos de los Judíos, rogándole que viniese y librase a su siervo.

4. Y viniendo ellos a Jesús, le rogaron[66] con diligencia, diciéndole: Porque es digno de concederle esto;

[66] Versión original: rogáronle

5. Que ama nuestra nación, y él nos edificó una sinagoga.

6. Y Jesús fue con ellos. Mas como ya no estuviesen lejos de su casa, envió el centurión amigos a él, diciéndole: Señor, no te incomodes, que no soy digno que entres debajo de mi tejado;

7. Por lo cual ni aun me tuve por digno de venir a ti; mas di la palabra, y mi siervo será sano.

8. Porque también yo soy hombre puesto en potestad, que tengo debajo de mí soldados; y digo a éste: Ve, y va; y al otro: Ven, y viene; y a mi siervo: Haz esto, y lo hace.

9. Lo cual oyendo Jesús, se maravilló de él, y vuelto, dijo a las gentes que le seguían: Os digo que ni aun en Israel he hallado tanta fe.

10. Y vueltos a casa los que habían sido enviados, hallaron sano al siervo que había estado enfermo.

11. Y aconteció después, que él iba a la ciudad que se llama Naín, e iban con él muchos de sus discípulos, y gran compañía.

12. Y como llegó cerca de la puerta de la ciudad, he aquí que sacaban fuera a un difunto, unigénito de su madre, la cual también era viuda: y había con ella grande compañía de la ciudad.

13. Y como el Señor la vio, se compadeció[67] de ella, y le dice: No llores.

14. Y acercándose, tocó el féretro: y los que lo llevaban, pararon. Y dice: Mancebo, a ti digo, levántate.

15. Entonces se incorporó el que había muerto, y comenzó a hablar. Y le dio[68] a su madre.

16. Y todos tuvieron miedo, y glorificaban a Dios, diciendo: Que un gran profeta se ha levantado entre nosotros; y que Dios ha visitado a su pueblo.

17. Y salió esta fama de él por toda Judea, y por toda la tierra de alrededor.

18. Y sus discípulos dieron a Juan las nuevas de todas estas cosas: y llamó Juan a dos de sus discípulos,

19. Y envió a Jesús, diciendo: ¿Eres tú aquél que había de venir, o esperaremos a otro?

20. Y como los hombres vinieron a él, dijeron: Juan el Bautista nos ha enviado a ti, diciendo: ¿Eres tú aquél que había de venir, o esperaremos a otro?

21. Y en la misma hora sanó a muchos de enfermedades y plagas, y de espíritus malos; y a muchos ciegos dio la vista.

22. Y respondiendo Jesús, les dijo: Id, dad las nuevas a Juan de lo que habéis visto y oído: que los ciegos ven, los cojos andan, los leprosos son limpiados, los sordos oyen, los muertos resucitan, a los pobres es anunciado el evangelio:

23. Y bienaventurado es el que no fuere escandalizado en mí.

24. Y como se fueron los mensajeros de Juan, comenzó a hablar de Juan a las gentes: ¿Qué salisteis a ver al desierto? ¿una caña que es agitada por el viento?

25. Mas ¿qué salisteis a ver? ¿un hombre cubierto de vestidos delicados? He aquí, los que están en vestido precioso, y viven en delicias, en los palacios de los reyes están.

26. Mas ¿qué salisteis a ver? ¿un profeta? También os digo, y aun más que profeta.

27. Este es de quien está escrito: He aquí, envío mi mensajero delante de tu faz, El cual aparejará tu camino delante de ti.

28. Porque os digo que entre los nacidos de mujeres, no hay mayor profeta que Juan el Bautista: mas el más pequeño en el reino de los cielos es mayor que él.

29. Y todo el pueblo oyéndole, y los publicanos, justificaron a Dios, bautizándose con el bautismo de Juan.

30. Mas los Fariseos y los sabios de la ley, desecharon el consejo de Dios contra sí mismos, no siendo bautizados de él.

31. Y dice el Señor: ¿A quién, pues, compararé los hombres de esta generación, y a qué son semejantes?

32. Semejantes son a los muchachos sentados en la plaza, y que dan voces los unos a los otros, y dicen: Os tañimos con flautas, y no bailasteis: os endechamos, y no llorasteis.

33. Porque vino Juan el Bautista, que ni comía pan, ni bebía vino, y decís: Demonio tiene.

[67] Versión original: compadecióse
[68] Versión original: dióle

34. Vino el Hijo del hombre, que come y bebe, y decís: He aquí un hombre comilón, y bebedor de vino, amigo de publicanos y de pecadores.

35. Mas la sabiduría es justificada de todos sus hijos.

36. Y le rogó uno de los Fariseos, que comiese con él. Y entrado en casa del Fariseo, se sentó a la mesa.

37. Y he aquí una mujer que había sido pecadora en la ciudad, como entendió que estaba a la mesa en casa de aquel Fariseo, trajo un alabastro de ungüento,

38. Y estando detrás a sus pies, comenzó llorando a regar con lágrimas sus pies, y los limpiaba con los cabellos de su cabeza; y besaba sus pies, y los ungía con el ungüento.

39. Y como vio esto el Fariseo que le había convidado, habló entre sí, diciendo: Este, si fuera profeta, conocería quién y cuál es la mujer que le toca, que es pecadora.

40. Entonces respondiendo Jesús, le dijo: Simón, una cosa tengo que decirte. Y él dice: Di, Maestro.

41. Un acreedor tenía dos deudores: el uno le debía quinientos denarios, y el otro cincuenta.

42. Y no teniendo ellos de qué pagar, perdonó a ambos. Di, pues, ¿cuál de éstos le amará más?

43. Y respondiendo Simón, dijo: Pienso que aquél al cual perdonó más. Y él le dijo: Rectamente has juzgado.

44. Y vuelto a la mujer, dijo a Simón: ¿Ves esta mujer? Entré en tu casa, no diste agua para mis pies; mas ésta ha regado mis pies con lágrimas, y los ha limpiado con los cabellos.

45. No me diste beso, mas ésta, desde que entré, no ha cesado de besar mis pies.

46. No ungiste mi cabeza con óleo; mas ésta ha ungido con ungüento mis pies.

47. Por lo cual te digo que sus muchos pecados son perdonados, porque amó mucho; mas al que se perdona poco, poco ama.

48. Y a ella dijo: Los pecados te son perdonados.

49. Y los que estaban juntamente sentados a la mesa, comenzaron a decir entre sí: ¿Quién es éste, que también perdona pecados?

50. Y dijo a la mujer: Tu fe te ha salvado, ve en paz.

## Lucas 8

Y ACONTECIO después, que él caminaba por todas las ciudades y aldeas, predicando y anunciando el evangelio del reino de Dios, y los doce con él,

2. Y algunas mujeres que habían sido curadas de malos espíritus y de enfermedades: María, que se llamaba Magdalena, de la cual habían salido siete demonios,

3. Y Juana, mujer de Chuza, procurador de Herodes, y Susana, y otras muchas que le servían de sus haciendas.

4. Y como se juntó una grande compañía, y los que estaban en cada ciudad vinieron a él, dijo por una parábola:

5. Uno que sembraba, salió a sembrar su simiente; y sembrando, una parte cayó junto al camino, y fue hollada; y las aves del cielo la comieron.

6. Y otra parte cayó sobre la piedra; y nacida, se secó, porque no tenía humedad.

7. Y otra parte cayó entre las espinas; y naciendo las espinas juntamente, la ahogaron.

8. Y otra parte cayó en buena tierra, y cuando fue nacida, llevó fruto a ciento por uno. Diciendo estas cosas clamaba: El que tiene oídos para oír, oiga.

9. Y sus discípulos le preguntaron, diciendo, qué era está parábola.

10. Y él dijo: A vosotros es dado conocer los misterios del reino de Dios; mas a los otros por parábolas, para que viendo no vean, y oyendo no entiendan.

11. Es pues ésta la parábola: La simiente es la palabra de Dios.

12. Y los de junto al camino, éstos son los que oyen; y luego viene el diablo, y quita la palabra de su corazón, porque no crean y se salven.

13. Y los de sobre la piedra, son los que habiendo oído, reciben la palabra con

gozo; mas éstos no tienen raíces; que a tiempo creen, y en el tiempo de la tentación se apartan.

14. Y la que cayó entre las espinas, éstos son los que oyeron; mas yéndose, son ahogados de los cuidados y de las riquezas y de los pasatiempos de la vida, y no llevan fruto.

15. Mas la que en buena tierra, éstos son los que con corazón bueno y recto retienen la palabra oída, y llevan fruto en paciencia.

16. Ninguno que enciende la antorcha la cubre con vasija, o la pone debajo de la cama; mas la pone en un candelero, para que los que entran vean la luz.

17. Porque no hay cosa oculta, que no haya de ser manifestada; ni cosa escondida, que no haya de ser entendida, y de venir a luz.

18. Mirad pues cómo oís; porque a cualquiera que tuviere, le será dado; y a cualquiera que no tuviere, aun lo que parece tener le será quitado.

19. Y vinieron a él su madre y hermanos; y no podían llegar a el por causa de la multitud.

20. Y le fue dado aviso, diciendo: Tu madre y tus hermanos están fuera, que quieren verte.

21. El entonces respondiendo, les dijo: Mi madre y mis hermanos son los que oyen la palabra de Dios, y la ejecutan.

22. Y aconteció un día que él entró en un barco con sus discípulos, y les dijo: Pasemos a la otra parte del lago. Y partieron.

23. Pero mientras ellos navegaban, él se durmió. Y sobrevino una tempestad de viento en el lago; y henchían de agua, y peligraban.

24. Y llegándose a él, le despertaron, diciendo: ¡Maestro, Maestro, que perecemos! Y despertado él increpó al viento y a la tempestad del agua; y cesaron, y fue hecha bonanza.

25. Y les dijo: ¿Qué es de vuestra fe? Y atemorizados, se maravillaban, diciendo los unos a los otros: ¿Quién es éste, que aun a los vientos y al agua manda, y le obedecen?

26. Y navegaron a la tierra de los Gadarenos, que está delante de Galilea.

27. Y saliendo él a tierra, le vino al encuentro de la ciudad un hombre que tenía demonios ya de mucho tiempo; y no vestía vestido, ni estaba en casa, sino por los sepulcros.

28. El cual, como vio a Jesús, exclamó y se postró delante de él, y dijo a gran voz: ¿Qué tengo yo contigo, Jesús, Hijo del Dios Altísimo? Te ruego[69] que no me atormentes.

29. (Porque mandaba al espíritu inmundo que saliese del hombre: porque ya de mucho tiempo le arrebataba; y le guardaban preso con cadenas y grillos; mas rompiendo las prisiones, era agitado del demonio por los desiertos.)

30. Y le preguntó Jesús, diciendo: ¿Qué nombre tienes? Y él dijo: Legión. Porque muchos demonios habían entrado en él.

31. Y le rogaban que no les mandase ir al abismo.

32. Y había allí un hato de muchos puercos que pacían en el monte; y le rogaron que los dejase entrar en ellos; y los dejó.

33. Y salidos los demonios del hombre, entraron en los puercos; y el hato se arrojó de un despeñadero en el lago, y se ahogó[70].

34. Y los pastores, como vieron lo que había acontecido, huyeron, y yendo dieron aviso en la ciudad y por las heredades.

35. Y salieron a ver lo que había acontecido; y vinieron a Jesús, y hallaron sentado al hombre de quien habían salido los demonios, vestido, y en su juicio, a los pies de Jesús; y tuvieron miedo.

36. Y les contaron los que lo habían visto, cómo había sido salvado aquel endemoniado.

37. Entonces toda la multitud de la tierra de los Gadarenos alrededor, le rogaron que se fuese de ellos; porque tenían gran temor. Y él, subiendo en el barco, se volvió[71].

38. Y aquel hombre, de quien habían

[69] Versión original: ruégote
[70] Versión original: ahogóse
[71] Versión original: volvióse

salido los demonios, le rogó para estar con él; mas Jesús le despidió, diciendo:

39. Vuélvete a tu casa, y cuenta cuán grandes cosas ha hecho Dios contigo. Y él se fue, publicando por toda la ciudad cuán grandes cosas había hecho Jesús con él.

40. Y aconteció que volviendo Jesús, le recibió[72] la gente; porque todos le esperaban.

41. Y he aquí un varón, llamado Jairo, y que era príncipe de la sinagoga, vino, y cayendo a los pies de Jesús, le rogaba que entrase en su casa;

42. Porque tenía una hija única, como de doce años, y ella se estaba muriendo. Y yendo, le apretaba la compañía.

43. Y una mujer, que tenía flujo de sangre hacía ya doce años, la cual había gastado en médicos toda su hacienda, y por ninguno había podido ser curada,

44. Llegándose por las espaldas, tocó el borde de su vestido; y luego se estancó el flujo de su sangre.

45. Entonces Jesús dijo: ¿Quién es el que me ha tocado? Y negando todos, dijo Pedro y los que estaban con él: Maestro, la compañía te aprieta y oprime, y dices: ¿Quién es el que me ha tocado?

46. Y Jesús dijo: Me ha tocado alguien; porque yo he conocido que ha salido virtud de mí.

47. Entonces, como la mujer vio que no se había ocultado, vino temblando, y postrándose delante de él le declaró[73] delante de todo el pueblo la causa por qué le había tocado, y cómo luego había sido sana.

48. Y él dijo: Hija, tu fe te ha salvado: ve en paz.

49. Estando aún él hablando, vino uno del príncipe de la sinagoga a decirle: Tu hija es muerta, no des trabajo al Maestro.

50. Y oyéndolo Jesús, le respondió: No temas: cree solamente, y será salva.

51. Y entrado en casa, no dejó entrar a nadie consigo, sino a Pedro, y a

Jacobo, y a Juan, y al padre y a la madre de la moza.

52. Y lloraban todos, y la plañían. Y él dijo: No lloréis; no es muerta, sino que duerme.

53. Y hacían burla de él, sabiendo que estaba muerta.

54. Mas él, tomándola de la mano, clamó, diciendo: Muchacha, levántate.

55. Entonces su espíritu volvió, y se levantó luego: y él mando que le diesen de comer.

56. Y sus padres estaban atónitos; a los cuales él mandó, que a nadie dijesen lo que había sido hecho.

## Lucas 9

Y JUNTANDO a sus doce discípulos, les dio virtud y potestad sobre todos los demonios, y que sanasen enfermedades.

2. Y los envió a que predicasen el reino de Dios, y que sanasen a los enfermos.

3. Y les dice: No toméis nada para el camino, ni báculo, ni alforja, ni pan, ni dinero; ni tengáis dos vestidos cada uno.

4. Y en cualquiera casa en que entrareis, quedad allí, y de allí salid.

5. Y todos los que no os recibieren, saliéndoos de aquella ciudad, aun el polvo sacudid de vuestros pies en testimonio contra ellos.

6. Y saliendo, rodeaban por todas las aldeas, anunciando el evangelio, y sanando por todas partes.

7. Y oyó Herodes el tetrarca todas las cosas que hacía; y estaba en duda, porque decían algunos: Juan ha resucitado de los muertos;

8. Y otros: Elías ha aparecido; y otros: Algún profeta de los antiguos ha resucitado.

9. Y dijo Herodes: A Juan yo degollé: ¿quién pues será éste, de quien yo oigo tales cosas? Y procuraba verle.

10. Y vueltos los apóstoles, le contaron todas las cosas que habían hecho. Y tomándolos, se retiró aparte a un lugar desierto de la ciudad que se llama Betsaida.

11. Y como lo entendieron las gentes, le

[72] Versión original: recibióle
[73] Versión original: declaróle

siguieron; y él las recibió, y les hablaba del reino de Dios, y sanaba a los que tenían necesidad de cura.

12. Y el día había comenzado a declinar; y llegándose los doce, le dijeron: Despide a las gentes, para que yendo a las aldeas y heredades de alrededor, procedan a alojarse y hallen viandas; porque aquí estamos en lugar desierto.

13. Y les dice: Dadles vosotros de comer. Y dijeron ellos: No tenemos más que cinco panes y dos pescados, si no vamos nosotros a comprar viandas para toda esta compañía.

14. Y eran como cinco mil hombres. Entonces dijo a sus discípulos: Hacedlos sentar en ranchos, de cincuenta en cincuenta.

15. Y así lo hicieron, haciéndolos sentar a todos.

16. Y tomando los cinco panes y los dos pescados, mirando al cielo los bendijo, y partió, y dio a sus discípulos para que pusiesen delante de las gentes.

17. Y comieron todos, y se hartaron; y alzaron lo que les sobró, doce cestos de pedazos.

18. Y aconteció que estando él solo orando, estaban con él los discípulos; y les preguntó diciendo: ¿Quién dicen las gentes que soy?

19. Y ellos respondieron, y dijeron: Juan el Bautista; y otros, Elías; y otros, que algún profeta de los antiguos ha resucitado.

20. Y les dijo: ¿Y vosotros, quién decís que soy? Entonces respondiendo Simón Pedro, dijo: El Cristo de Dios.

21. Mas él, conminándolos, mandó que a nadie dijesen esto;

22. Diciendo: Es necesario que el Hijo del hombre padezca muchas cosas, y sea desechado de los ancianos, y de los príncipes de los sacerdotes, y de los escribas, y que sea muerto, y resucite al tercer día.

23. Y decía a todos: Si alguno quiere venir en pos de mí, niéguese a sí mismo, y tome su cruz cada día, y sígame.

24. Porque cualquiera que quisiere salvar su vida, la perderá; y cualquiera que perdiere su vida por causa de mí, éste la salvará.

25. Porque ¿qué aprovecha al hombre, si ganare todo el mundo, y sé pierda él a sí mismo, o corra peligro de sí?

26. Porque el que se avergonzare de mí y de mis palabras, de este tal el Hijo del hombre se avergonzará cuando viniere en su gloria, y del Padre, y de los santos ángeles.

27. Y os digo en verdad, que hay algunos de los que están aquí, que no gustarán la muerte, hasta que vean el reino de Dios.

28. Y aconteció como ocho días después de estas palabras, que tomó a Pedro y a Juan y a Jacobo, y subió al monte a orar.

29. Y entre tanto que oraba, la apariencia de su rostro se hizo otra, y su vestido blanco y resplandeciente.

30. Y he aquí dos varones que hablaban con él, los cuales eran Moisés y Elías;

31. Que aparecieron en majestad, y hablaban de su salida, la cual había de cumplir en Jerusalén.

32. Y Pedro y los que estaban con él, estaban cargados de sueño: y como despertaron, vieron su majestad, y a aquellos dos varones que estaban con él.

33. Y aconteció, que apartándose ellos de él, Pedro dice a Jesús: Maestro, bien es que nos quedemos aquí: y hagamos tres pabellones, uno para ti, y uno para Moisés, y uno para Elías; no sabiendo lo que se decía.

34. Y estando él hablando esto, vino una nube que los cubrió; y tuvieron temor entrando ellos en la nube.

35. Y vino una voz de la nube, que decía: Este es mi Hijo amado; a él oíd .

36. Y pasada aquella voz, Jesús fue hallado solo: y ellos callaron; y por aquellos días no dijeron nada a nadie de lo que habían visto.

37. Y aconteció al día siguiente, que apartándose ellos del monte, gran compañía les salió al encuentro.

38. Y he aquí, un hombre de la compañía clamó, diciendo: Maestro, te ruego que veas a mi hijo; que es el único que tengo:

39. Y he aquí un espíritu le toma, y de repente da voces; y le despedaza y hace echar espuma, y apenas se aparta de él quebrantándole.

40. Y rogué a tus discípulos que le echasen fuera, y no pudieron.

41. Y respondiendo Jesús, dice: ¡Oh generación infiel y perversa! ¿hasta cuándo tengo de estar con vosotros, y os sufriré? Trae tu hijo acá.

42. Y como aun se acercaba, el demonio le derribó y despedazó: mas Jesús increpó al espíritu inmundo, y sanó al muchacho, y se lo volvió a su padre.

43. Y todos estaban atónitos de la grandeza de Dios. Y maravillándose todos de todas las cosas que hacía, dijo a sus discípulos:

44. Poned vosotros en vuestros oídos estas palabras; porque ha de acontecer que el Hijo del hombre será entregado en manos de hombres.

45. Mas ellos no entendían esta palabra, y les era encubierta para que no la entendiesen; y temían preguntarle de esta palabra.

46. Entonces entraron en disputa, cuál de ellos sería el mayor.

47. Mas Jesús, viendo los pensamientos del corazón de ellos, tomó un niño, y le puso junto a sí,

48. Y les dice: Cualquiera que recibiere este niño en mí nombre, a mí recibe; y cualquiera que me recibiere a mí, recibe al que me envió; porque el que fuere el menor entre todos vosotros, éste será el grande.

49. Entonces respondiendo Juan, dijo: Maestro, hemos visto a uno que echaba fuera demonios en tu nombre; y se lo prohibimos, porque no sigue con nosotros.

50. Jesús le dijo: No se lo prohibáis; porque el que no es contra nosotros, por nosotros es.

51. Y aconteció que, como se cumplió el tiempo en que había de ser recibido arriba, él afirmó su rostro para ir a Jerusalén.

52. Y envió mensajeros delante de sí, los cuales fueron y entraron en una ciudad de los Samaritanos, para prevenirle.

53. Mas no le recibieron, porque era su traza de ir a Jerusalén.

54. Y viendo esto sus discípulos Jacobo y Juan, dijeron: Señor, ¿quieres que mandemos que descienda fuego del cielo, y los consuma, como hizo Elías?

55. Entonces volviéndose él, los reprendió, diciendo: Vosotros no sabéis de qué espíritu sois;

56. Porque el Hijo del hombre no ha venido para perder las almas de los hombres, sino para salvarlas. Y se fueron a otra aldea.

57. Y aconteció que yendo ellos, uno le dijo en el camino: Señor, te seguiré donde quiera que fueres.

58. Y le dijo Jesús: Las zorras tienen cuevas, y las aves de los cielos nidos; mas el Hijo del hombre no tiene donde recline la cabeza.

59. Y dijo a otro: Sígueme. Y él dijo: Señor, déjame que primero vaya y entierre a mi padre.

60. Y Jesús le dijo: Deja los muertos que entierren a sus muertos; y tú, ve, y anuncia el reino de Dios.

61. Entonces también dijo otro: Te seguiré, Señor; mas déjame que me despida primero de los que están en mi casa.

62. Y Jesús le dijo: Ninguno que poniendo su mano al arado mira atrás, es apto para el reino de Dios.

## Lucas 10

Y DESPUÉS de estas cosas, designó el Señor aun otros setenta, los cuales envió de dos en dos delante de sí, a toda ciudad y lugar a donde él había de venir.

2. Y les decía: La mies a la verdad es mucha, mas los obreros pocos; por tanto, rogad al Señor de la mies que envíe obreros a su mies.

3. Andad, he aquí yo os envío como corderos en medio de lobos.

4. No llevéis bolsa, ni alforja, ni calzado; y a nadie saludéis en el camino.

5. En cualquiera casa donde entrareis, primeramente decid: Paz sea a esta casa.

6. Y si hubiere allí algún hijo de paz, vuestra paz reposará sobre él; y si no, se volverá a vosotros.

7. Y posad en aquella misma casa, comiendo y bebiendo lo que os dieren; porque el obrero digno es de su salario. No os paséis de casa en casa.

8. Y en cualquiera ciudad donde entrareis, y os recibieren, comed lo que os pusieren delante;

9. Y sanad los enfermos que en ella hubiere, y decidles: Se ha llegado a vosotros el reino de Dios.

10. Mas en cualquier ciudad donde entrareis, y no os recibieren, saliendo por sus calles, decid:

11. Aun el polvo que se nos ha pegado de vuestra ciudad a nuestros pies, sacudimos en vosotros: esto empero sabed, que el reino de los cielos se ha llegado a vosotros.

12. Y os digo que los de Sodoma tendrán más remisión aquel día, que aquella ciudad.

13. ¡Ay de ti, Corazín! ¡Ay de ti, Betsaida! que si en Tiro y en Sidón hubieran sido hechas las maravillas que se han hecho en vosotras, ya días ha que, sentados en cilicio y ceniza, se habrían arrepentido.

14. Por tanto, Tiro y Sidón tendrán más remisión que vosotras en el juicio.

15. Y tú, Capernaúm, que hasta los cielos estás levantada, hasta los infiernos serás abajada.

16. El que a vosotros oye, a mí oye; y el que a vosotros desecha, a mí desecha; y el que a mí desecha, desecha al que me envió.

17. Y volvieron los setenta con gozo, diciendo: Señor, aun los demonios se nos sujetan en tu nombre.

18. Y les dijo: Yo veía a Satanás, como un rayo, que caía del cielo.

19. He aquí os doy potestad de hollar sobre las serpientes y sobre los escorpiones, y sobre toda fuerza del enemigo, y nada os dañará.

20. Mas no os gocéis de esto, que los espíritus se os sujetan; antes gozaos de que vuestros nombres están escritos en los cielos.

21. En aquella misma hora Jesús se alegró en espíritu, y dijo: Yo te alabo, oh Padre, Señor del cielo y de la tierra, que escondiste estas cosas a los sabios y entendidos, y las has revelado a los pequeños: así, Padre, porque así te agradó.

22. Todas las cosas me son entregadas de mi Padre: y nadie sabe quién sea el Hijo sino el Padre; ni quién sea el Padre, sino el Hijo, y a quien el Hijo lo quisiere revelar.

23. Y vuelto particularmente a los discípulos, dijo: Bienaventurados los ojos que ven lo que vosotros veis:

24. Porque os digo que muchos profetas y reyes desearon ver lo que vosotros veis, y no lo vieron; y oír lo que oís, y no lo oyeron.

25. Y he aquí, un doctor de la ley se levantó, tentándole y diciendo: Maestro, ¿haciendo qué cosa poseeré la vida eterna?

26. Y él dijo: ¿Qué está escrito de la ley? ¿cómo lees?

27. Y él respondiendo, dijo: Amarás al Señor tu Dios de todo tu corazón, y de toda tu alma, y de todas tus fuerzas, y de todo tu entendimiento; y a tu prójimo como a ti mismo.

28. Y le dijo: Bien has respondido: haz esto, y vivirás.

29. Mas él, queriéndose justificar a sí mismo, dijo a Jesús: ¿Y quién es mi prójimo?

30. Y respondiendo Jesús, dijo: Un hombre descendía de Jerusalén a Jericó, y cayó en manos de ladrones, los cuales le despojaron; e hiriéndole, se fueron, dejándole medio muerto.

31. Y aconteció, que descendió un sacerdote por aquel camino, y viéndole, se pasó de un lado.

32. Y asimismo un Levita, llegando cerca de aquel lugar, y viéndole, se pasó de un lado.

33. Mas un Samaritano que transitaba, viniendo cerca de él, y viéndole, fue movido a misericordia;

34. Y llegándose, vendó sus heridas, echando les aceite y vino; y poniéndole sobre su cabalgadura, le llevó[74] al mesón, y cuidó de él.

35. Y otro día al partir, sacó dos denarios, y los dio[75] al huésped, y le dijo: Cuídamele; y todo lo que de más gastares, yo cuando vuelva te lo pagaré.

36. ¿Quién, pues, de estos tres te parece que fue el prójimo de aquél que cayó en manos de los ladrones?

[74] Versión original: llevóle
[75] Versión original: diólos

37. Y él dijo: El que usó con él de misericordia. Entonces Jesús le dijo: Ve, y haz tú lo mismo.

38. Y aconteció que yendo, entró él en una aldea: y una mujer llamada Marta, le recibió en su casa.

39. Y ésta tenía una hermana que se llamaba María, la cual sentándose a los pies de Jesús, oía su palabra.

40. Empero Marta se distraía en muchos servicios; y sobreviniendo, dice: Señor, ¿no tienes cuidado que mi hermana me deja servir sola? Dile pues, que me ayude.

41. Pero respondiendo Jesús, le dijo: Marta, Marta, cuidadosa estás, y con las muchas cosas estás turbada:

42. Empero una cosa es necesaria; y María escogió la buena parte, la cual no le será quitada.

## Lucas 11

 ACONTECIO que estando él orando en un lugar, cuando acabó, uno de sus discípulos le dijo: Señor, enséñanos a orar, como también Juan enseñó a sus discípulos.

2. Y les dijo: Cuando oraréis, decid: Padre nuestro que estás en los cielos; sea tu nombre santificado. Venga tu reino. Sea hecha tu voluntad, como en el cielo, así también en la tierra.

3. El pan nuestro de cada día, danos lo hoy.

4. Y perdónanos nuestros pecados, porque también nosotros perdonamos a todos los que nos deben. Y no nos metas en tentación, mas líbranos del malo.

5. Les dijo también: ¿Quién de vosotros tendrá un amigo, e irá a él a media noche, y le dirá: Amigo, préstame tres panes,

6. Porque un amigo mío ha venido a mí de camino, y no tengo que ponerle delante;

7. Y el de dentro respondiendo, dijere: No me seas molesto; la puerta está ya cerrada, y mis niños están conmigo en cama; no puedo levantarme, y darte?

8. Os digo, que aunque no se levante a darle por ser su amigo, cierto por su

importunidad se levantará, y le dará todo lo que habrá menester.

9. Y yo os digo: Pedid, y se os dará; buscad, y hallaréis; llamad, y os será abierto.

10. Porque todo aquel que pide, recibe; y el que busca, halla; y al que llama, se abre.

11. ¿Y cuál padre de vosotros, si su hijo le pidiere pan, le dará una piedra?, ó, si pescado, ¿en lugar de pescado, le dará una serpiente?

12. O, si le pidiere un huevo, ¿le dará un escorpión?

13. Pues si vosotros, siendo malos, sabéis dar buenas dádivas a vuestros hijos, ¿cuánto más vuestro Padre celestial dará el Espíritu Santo a los que lo pidieren de él?

14. Y estaba él lanzando un demonio, el cual era mudo: y aconteció que salido fuera el demonio, el mudo habló y las gentes se maravillaron.

15. Mas algunos de ellos decían: En Beelzebú, príncipe de los demonios, echa fuera los demonios.

16. Y otros, tentando, pedían de él señal del cielo.

17. Mas él, conociendo los pensamientos de ellos, les dijo: Todo reino dividido contra sí mismo, es asolado; y una casa dividida contra sí misma, cae.

18. Y si también Satanás está dividido contra sí mismo, ¿cómo estará en pie su reino? porque decís que en Beelzebú echo yo fuera los demonios.

19. Pues si yo echo fuera los demonios en Beelzebú, ¿vuestros hijos en quién los echan fuera? Por tanto, ellos serán vuestros jueces.

20. Mas si por el dedo de Dios echo yo fuera los demonios, cierto el reino de Dios ha llegado a vosotros.

21. Cuando el fuerte armado guarda su atrio, en paz está lo que posee.

22. Mas si sobreviniendo otro más fuerte que él, le venciere, le toma todas sus armas en que confiaba, y reparte sus despojos.

23. El que no es conmigo, contra mí es; y el que conmigo no recoge, desparrama.

24. Cuando el espíritu inmundo saliere del hombre, anda por lugares secos,

buscando reposo; y no hallándolo, dice: Me volveré a mi casa de donde salí.

25. Y viniendo, la halla barrida y adornada.

26. Entonces va, y toma otros siete espíritus peores que él; y entrados, habitan allí: y lo postrero del tal hombre es peor que lo primero.

27. Y aconteció que diciendo estas cosas, una mujer de la compañía, levantando la voz, le dijo: Bienaventurado el vientre que te trajo, y los pechos que mamaste.

28. Y él dijo: Antes bienaventurados los que oyen la palabra de Dios, y la guardan.

29. Y juntándose las gentes a él, comenzó a decir: Esta generación mala es: señal busca, mas señal no le será dada, sino la señal de Jonás.

30. Porque como Jonás fue señal a los Ninivitas[76], así también será el Hijo del hombre a esta generación.

31. La reina del Austro se levantará en juicio con los hombres de esta generación, y los condenará; porque vino de los fines de la tierra a oír la sabiduría de Salomón; y he aquí más que Salomón en este lugar.

32. Los hombres de Nínive se levantarán en juicio con esta generación, y la condenarán; porque a la predicación de Jonás se arrepintieron; y he aquí más que Jonás en este lugar.

33. Nadie pone en oculto la antorcha encendida, ni debajo del almud, sino en el candelero, para que los que entran vean la luz.

34. La antorcha del cuerpo es el ojo: pues si tu ojo fuere simple, también todo tu cuerpo será resplandeciente; mas si fuere malo, también tu cuerpo será tenebroso.

35. Mira pues, si la lumbre que en ti hay, es tinieblas.

36. Así que, siendo todo tu cuerpo resplandeciente, no teniendo alguna parte de tinieblas, será todo luminoso, como cuando una antorcha de resplandor te alumbra.

37. Y luego que hubo hablado, le rogó[77]

un Fariseo que comiese con él: y entrado Jesús, se sentó a la mesa.

38. Y el Fariseo, como lo vio, se maravilló[78] de que no se lavó antes de comer.

39. Y el Señor le dijo: Ahora vosotros los Fariseos lo de fuera del vaso y del plato limpiáis; mas lo interior de vosotros está lleno de rapiña y de maldad.

40. Necios, ¿el que hizo lo de fuera, no hizo también lo de dentro?

41. Empero de lo que os resta, dad limosna; y he aquí todo os será limpio.

42. Mas ¡ay de vosotros, Fariseos! que diezmáis la menta, y la ruda, y toda hortaliza[79]; mas el juicio y la caridad de Dios pasáis de largo. Pues estas cosas era necesario hacer, y no dejar las otras.

43. ¡Ay de vosotros, Fariseos! que amáis las primeras sillas en las sinagogas, y las salutaciones en las plazas.

44. ¡Ay de vosotros, escribas y Fariseos, hipócritas! que sois como sepulcros que no se ven, y los hombres que andan encima no lo saben.

45. Y respondiendo uno de los doctores de la ley, le dice: Maestro, cuando dices esto, también nos afrentas a nosotros.

46. Y él dijo: ¡Ay de vosotros también, doctores de la ley! que cargáis a los hombres con cargas que no pueden llevar; mas vosotros ni aun con un dedo tocáis las cargas.

47. ¡Ay de vosotros! que edificáis los sepulcros de los profetas, y los mataron vuestros padres.

48. De cierto dais testimonio que consentís en los hechos de vuestros padres; porque a la verdad ellos los mataron, mas vosotros edificáis sus sepulcros.

49. Por tanto, la sabiduría de Dios también dijo: Enviaré a ellos profetas y apóstoles; y de ellos a unos matarán y a otros perseguirán;

50. Para que de esta generación sea

---

[76] Traducción alternativa: habitantes de Nínive
[77] Versión original: rogóle

[78] Versión original: maravillóse
[79] Versión original: hortliza. Traducción alternativa: toda clase de legumbres

demandada la sangre de todos los profetas, que ha sido derramada desde la fundación del mundo;

51. Desde la sangre de Abel, hasta la sangre de Zacarías, que murió entre el altar y el templo: así os digo, será demandada de esta generación.

52. ¡Ay de vosotros, doctores de la ley! que habéis quitado la llave de la ciencia; vosotros mismos no entrasteis, y a los que entraban impedisteis.

53. Y diciéndoles estas cosas, los escribas y los Fariseos comenzaron a apretar le en gran manera, y a provocarle a que hablase de muchas cosas;

54. Acechándole, y procurando cazar algo de su boca para acusarle.

## Lucas 12

N esto, juntándose muchas gentes, tanto que unos a otros se hollaban, comenzó a decir a sus discípulos, primeramente: Guardaos de la levadura de los Fariseos, que es hipocresía.

2. Porque nada hay encubierto, que no haya de ser descubierto; ni oculto, que no haya de ser sabido.

3. Por tanto, las cosas que dijisteis en tinieblas, a la luz serán oídas; y lo que hablasteis al oído en las cámaras, será pregonado en los terrados.

4. Mas os digo, amigos míos: No temáis de los que matan el cuerpo, y después no tienen más que hacer.

5. Mas os enseñaré a quién temáis: temed a aquel que después de haber quitado la vida, tiene poder de echar en la Infierno: así os digo: a éste temed.

6. ¿No se venden cinco pajarillos por dos blancas? pues ni uno de ellos está olvidado delante de Dios.

7. Y aun los cabellos de vuestra cabeza están todos contados. No temáis pues: de más estima sois que muchos pajarillos.

8. Y os digo que todo aquel que me confesare delante de los hombres, también el Hijo del hombre le confesará delante de los ángeles de Dios;

9. Mas el que me negare delante de los hombres, será negado delante de los ángeles de Dios.

10. Y todo aquel que dice palabra contra el Hijo del hombre, le será perdonado; mas al que blasfemare contra el Espíritu Santo, no le será perdonado.

11. Y cuando os trajeren a las sinagogas, y a los magistrados y potestades, no estéis solícitos cómo o qué hayáis de responder, o qué hayáis de decir;

12. Porque el Espíritu Santo os enseñará en la misma hora lo que será necesario decir.

13. Y le dijo uno de la compañía: Maestro, di a mi hermano que parta conmigo la herencia.

14. Mas él le dijo: Hombre, ¿quién me puso por juez o partidor sobre vosotros?

15. Y les dijo: Mirad, y guardaos de toda avaricia; porque la vida del hombre no consiste en la abundancia de los bienes que posee.

16. Y les refirió[80] una parábola, diciendo: La heredad de un hombre rico había llevado mucho;

17. Y él pensaba dentro de sí, diciendo: ¿qué haré, porque no tengo donde juntar mis frutos?

18. Y dijo: Esto haré: derribaré mis graneros, y los edificaré mayores, y allí juntaré todos mis frutos y mis bienes;

19. Y diré a mi alma: Alma, muchos bienes tienes almacenados para muchos años; repósate, come, bebe, huélgate.

20. Y le dijo Dios: Necio, esta noche vuelven a pedir tu alma; y lo que has prevenido, ¿de quién será?

21. Así es el que hace para sí tesoro, y no es rico en Dios.

22. Y dijo a sus discípulos: Por tanto os digo: No estéis afanosos de vuestra vida, qué comeréis; ni del cuerpo, qué vestiréis.

23. La vida más es que la comida, y el cuerpo que el vestido.

24. Considerad los cuervos, que ni siembran, ni siegan; que ni tienen cillero, ni granero; y Dios los alimenta. ¿Cuánto de más estima sois vosotros que las aves?

[80] Versión original: refirióles

25. ¿Y quién de vosotros podrá con afán añadir a su estatura un codo?

26. Pues si no podéis aun lo que es menos, ¿para qué estaréis afanosos de lo demás?

27. Considerad los lirios, cómo crecen: no labran, ni hilan; y os digo, que ni Salomón con toda su gloria se vistió como uno de ellos.

28. Y si así viste Dios a la hierba, que hoy está en el campo, y mañana es echada en el horno; ¿cuánto más a vosotros, hombres de poca fe?

29. Vosotros, pues, no procuréis qué hayáis de comer, o qué hayáis de beber: ni estéis en ansiosa perplejidad.

30. Porque todas estas cosas buscan las gentes del mundo; que vuestro Padre sabe que necesitáis estas cosas.

31. Mas procurad el reino de Dios, y todas estas cosas os serán añadidas.

32. No temáis, manada pequeña; porque al Padre ha placido daros el reino.

33. Vended lo que poseéis, y dad limosna; haceos bolsas que no se envejecen, tesoro en los cielos que nunca falta; donde ladrón no llega, ni polilla corrompe.

34. Porque donde está vuestro tesoro, allí también estará vuestro corazón.

35. Estén ceñidos vuestros lomos, y vuestras antorchas encendidas;

36. Y vosotros semejantes a hombres que esperan cuando su señor ha de volver de las bodas; para que cuando viniere, y llamare, luego le abran.

37. Bienaventurados aquellos siervos, a los cuales cuando el Señor viniere, hallare velando: de cierto os digo, que se ceñirá, y hará que se sienten a la mesa, y pasando les servirá.

38. Y aunque venga a la segunda vigilia, y aunque venga a la tercera vigilia, y los hallare así, bienaventurados son los tales siervos.

39. Esto empero sabed, que si supiese el padre de familia a qué hora había de venir el ladrón, velaría ciertamente, y no dejaría minar su casa.

40. Vosotros pues también, estad apercibidos; porque a la hora que no pensáis, el Hijo del hombre vendrá.

41. Entonces Pedro le dijo: Señor, ¿dices esta parábola a nosotros, o también a todos?

42. Y dijo el Señor: ¿Quién es el mayordomo fiel y prudente, al cual el señor pondrá sobre su familia, para que a tiempo les dé su ración?

43. Bienaventurado aquel siervo, al cual, cuando el señor viniere, hallare haciendo así.

44. En verdad os digo, que él le pondrá sobre todos sus bienes.

45. Mas si el tal siervo dijere en su corazón: Mi señor tarda en venir: y comenzare a herir a los siervos y a las criadas, y a comer y a beber y a embriagarse;

46. Vendrá el señor de aquel siervo el día que no espera, y a la hora que no sabe, y le apartará, y pondrá su parte con los infieles.

47. Porque el siervo que entendió la voluntad de su señor, y no se apercibió, ni hizo conforme a su voluntad, será azotado mucho.

48. Mas el que no entendió, e hizo cosas dignas de azotes, será azotado poco: porque a cualquiera que fue dado mucho, mucho será vuelto a demandar de él; y al que encomendaron mucho, más le será pedido.

49. Fuego vine a meter en la tierra: ¿y qué quiero, si ya está encendido?

50. Empero de bautismo me es necesario ser bautizado: y ¡cómo me angustio hasta que sea cumplido!

51. ¿Pensáis que he venido a la tierra a dar paz? No, os digo; mas disensión.

52. Porque estarán de aquí adelante cinco en una casa divididos; tres contra dos, y dos contra tres.

53. El padre estará dividido contra el hijo, y el hijo contra el padre; la madre contra la hija, y la hija contra la madre; la suegra contra su nuera, y la nuera contra su suegra.

54. Y decía también a las gentes: Cuando veis la nube que sale del poniente, luego decís: Agua viene; y es así.

55. Y cuando sopla el austro, decís: Habrá calor; y lo hay.

56. ¡Hipócritas! Sabéis examinar la faz del cielo y de la tierra; ¿y cómo no reconocéis este tiempo?

57. ¿Y por qué aun de vosotros mismos no juzgáis lo que es justo?

58. Pues cuando vas al magistrado con tu adversario, procura en el camino librarte de él; porque no te arrastre al juez, y el juez te entregue al alguacil, y el alguacil te meta en la cárcel.

59. Te digo que no saldrás de allá, hasta que hayas pagado hasta el último maravedí.

## Lucas 13

Y EN este mismo tiempo estaban allí unos que le contaban acerca de los Galileos, cuya sangre Pilato había mezclado con sus sacrificios.

2. Y respondiendo Jesús, les dijo: ¿Pensáis que estos Galileos, porque han padecido tales cosas, hayan sido más pecadores que todos los Galileos?

3. No, os digo; antes si no os arrepintiereis, todos pereceréis igualmente.

4. O aquellos dieciocho, sobre los cuales cayó la torre en Siloé, y los mató, ¿pensáis que ellos fueron más deudores que todos los hombres que habitan en Jerusalén?

5. No, os digo; antes si no os arrepintiereis, todos pereceréis asimismo.

6. Y dijo esta parábola: Tenía uno una higuera plantada en su viña, y vino a buscar fruto en ella, y no lo halló.

7. Y dijo al viñero: He aquí tres años ha que vengo a buscar fruto en esta higuera, y no lo hallo; córtala, ¿por qué ocupará aún la tierra?

8. El entonces respondiendo, le dijo: Señor, déjala aún este año, hasta que la excave, y estercole.

9. Y si hiciere fruto, bien; y si no, la cortarás después.

10. Y enseñaba en una sinagoga en sábado.

11. Y he aquí una mujer que tenía espíritu de enfermedad dieciocho años, y andaba agobiada, que en ninguna manera se podía enhestar.

12. Y como Jesús la vio, la llamó[81], y le dijo: Mujer, libre eres de tu enfermedad.

13. Y puso las manos sobre ella; y luego se enderezó, y glorificaba a Dios.

14. Y respondiendo el príncipe de la sinagoga, enojado de que Jesús hubiese curado en sábado, dijo a la compañía: Seis días hay en que es necesario obrar: en estos, pues, venid y sed curados, y no en días de sábado.

15. Entonces el Señor le respondió, y dijo: Hipócrita, cada uno de vosotros ¿no desata en sábado su buey o su asno del pesebre, y lo lleva a beber?

16. Y a esta hija de Abraham, que he aquí Satanás la había ligado dieciocho años, ¿no convino desatar la de esta ligadura en día de sábado?

17. Y diciendo estas cosas, se avergonzaban todos sus adversarios: mas todo el pueblo se gozaba de todas las cosas gloriosas que eran por él hechas.

18. Y dijo: ¿A qué es semejante el reino de Dios, y a qué le compararé?

19. Semejante es al grano de la mostaza, que tomándolo un hombre lo metió en su huerto; y creció, y fue hecho árbol grande, y las aves del cielo hicieron nidos en sus ramas.

20. Y otra vez dijo: ¿A qué compararé el reino de Dios?

21. Semejante es a la levadura, que tomó una mujer, y la escondió en tres medidas de harina, hasta que todo hubo fermentado.

22. Y pasaba por todas las ciudades y aldeas, enseñando, y caminando a Jerusalén.

23. Y le dijo uno: Señor, ¿son pocos los que se salvan? Y él les dijo:

24. Porfiad a entrar por la puerta angosta; porque os digo que muchos procurarán entrar, y no podrán.

25. Después que el padre de familia se levantare, y cerrare la puerta, y comenzareis a estar fuera, y llamar a la puerta, diciendo: Señor, Señor, ábrenos; y respondiendo os dirá: No os conozco de dónde seáis.

26. Entonces comenzaréis a decir: Delante de ti hemos comido y bebido, y en nuestras plazas enseñaste;

27. Y os dirá: Os digo[82] que no os

---

[81] Versión original: llamóla

[82] Versión original: dígoos

conozco de dónde seáis; apartaos de mí todos los obreros de iniquidad.

28. Allí será el llanto y el crujir de dientes, cuando viereis a Abraham, y a Isaac, y a Jacob, y a todos los profetas en el reino de Dios, y vosotros excluidos.

29. Y vendrán del Oriente y del Occidente, del Norte y del Mediodía, y se sentarán a la mesa en el reino de Dios.

30. Y he aquí, son postreros los que eran los primeros; y son primeros los que eran los postreros

31. Aquel mismo día llegaron unos de los Fariseos, diciéndole: Sal, y vete de aquí, porque Herodes te quiere matar.

32. Y les dijo: Id, y decid a aquella zorra: He aquí, echo fuera demonios y acabo sanidades hoy y mañana, y al tercer día soy consumado.

33. Empero es menester que hoy, y mañana, y pasado mañana camine; porque no es posible que profeta muera fuera de Jerusalén.

34. ¡Jerusalén, Jerusalén! que matas a los profetas, y apedreas a los que son enviados a ti: ¡cuántas veces quise juntar tus hijos, como la gallina sus pollos debajo de sus alas, y no quisiste!

35. He aquí, os es dejada vuestra casa desierta: y os digo que no me veréis hasta que venga tiempo cuando digáis: Bendito el que viene en nombre del Señor.

## Lucas 14

 ACONTECIO que entrando en casa de un príncipe de los Fariseos un sábado a comer pan, ellos le acechaban.

2. Y he aquí un hombre hidrópico estaba delante de él.

3. Y respondiendo Jesús, habló a los doctores de la ley y a los Fariseos, diciendo: ¿Es lícito sanar en sábado?

4. Y ellos callaron. Entonces él tomándole, le sanó, y le despidió.

5. Y respondiendo a ellos dijo: ¿El asno o el buey de cuál de vosotros caerá en algún pozo, y no lo sacará luego en día de sábado?

6. Y no le podían replicar a estas cosas.

7. Y observando cómo escogían los primeros asientos a la mesa, propuso una parábola a los convidados, diciéndoles:

8. Cuando fueres convidado de alguno a bodas, no te sientes en el primer lugar, no sea que otro más honrado que tú esté por él convidado,

9. Y viniendo el que te llamó a ti y a él, te diga: Da lugar a éste: y entonces comiences con vergüenza a tener el lugar último.

10. Mas cuando fueres convidado, ve, y siéntate en el postrer lugar; porque cuando viniere el que te llamó, te diga: Amigo, sube arriba: entonces tendrás gloria delante de los que juntamente se asientan a la mesa.

11. Porque cualquiera que se ensalza, será humillado; y el que se humilla, será ensalzado.

12. Y dijo también al que le había convidado: Cuando haces comida o cena, no llames a tus amigos, ni a tus hermanos, ni a tus parientes, ni a vecinos ricos; porque también ellos no te vuelvan a convidar, y te sea hecha compensación.

13. Mas cuando haces banquete, llama a los pobres, los mancos, los cojos, los ciegos;

14. Y serás bienaventurado; porque no te pueden retribuir; mas te será recompensado en la resurrección de los justos.

15. Y oyendo esto uno de los que juntamente estaban sentados a la mesa, le dijo: Bienaventurado el que comerá pan en el reino de los cielos.

16. El entonces le dijo: Un hombre hizo una grande cena, y convidó a muchos.

17. Y a la hora de la cena envió a su siervo a decir a los convidados: Venid, que ya está todo aparejado.

18. Y comenzaron todos a una a excusarse. El primero le dijo: He comprado una hacienda, y necesito salir y verla; te ruego que me des por excusado.

19. Y el otro dijo: He comprado cinco yuntas de bueyes, y voy a probarlos; te ruego que me des por excusado.

20. Y el otro dijo: Acabo de casarme, y por tanto no puedo ir.

21. Y vuelto el siervo, hizo saber estas cosas a su señor. Entonces enojado el padre de la familia, dijo a su siervo: Ve presto por las plazas y por las calles de la ciudad, y mete acá los pobres, los mancos, y cojos, y ciegos.

22. Y dijo el siervo: Señor, hecho es como mandaste, y aun hay lugar.

23. Y dijo el señor al siervo: Ve por los caminos y por los vallados, y fuérzalos a entrar, para que se llene mi casa.

24. Porque os digo que ninguno de aquellos hombres que fueron llamados, gustará mi cena.

25. Y muchas gentes iban con él; y volviéndose les dijo:

26. Si alguno viene a mí, y no aborrece a su padre, y madre, y mujer, e hijos, y hermanos, y hermanas, y aun también su vida, no puede ser mi discípulo.

27. Y cualquiera que no trae su cruz, y viene en pos de mí, no puede ser mi discípulo.

28. Porque ¿cuál de vosotros, queriendo edificar una torre, no cuenta primero sentado los gastos, si tiene lo que necesita para acabarla?

29. Porque después que haya puesto el fundamento, y no pueda acabarla, todos los que lo vieren, no comiencen a hacer burla de él,

30. Diciendo: Este hombre comenzó a edificar, y no pudo acabar.

31. ¿O cuál rey, habiendo de ir a hacer guerra contra otro rey, sentándose primero no consulta si puede salir al encuentro con diez mil al que viene contra él con veinte mil?

32. De otra manera, cuando aun el otro está lejos, le ruega por la paz, enviándole embajada.

33. Así pues, cualquiera de vosotros que no renuncia a todas las cosas que posee, no puede ser mi discípulo.

34. Buena es la sal; mas si aun la sal fuere desvanecida, ¿con qué se adobará?

35. Ni para la tierra, ni para el muladar es buena; fuera la arrojan. Quien tiene oídos para oír, oiga.

## Lucas 15

 Y SE llegaban a él todos los publicanos y pecadores a oírle.

2. Y murmuraban los Fariseos y los escribas, diciendo: Este a los pecadores recibe, y con ellos come.

3. Y él les propuso esta parábola, diciendo:

4. ¿Qué hombre de vosotros, teniendo cien ovejas, si perdiere una de ellas, no deja las noventa y nueve en el desierto, y va a la que se perdió, hasta que la halle?

5. Y hallada, la pone sobre sus hombros gozoso;

6. Y viniendo a casa, junta a los amigos y a los vecinos, diciéndoles: Dadme el parabién, porque he hallado mi oveja que se había perdido.

7. Os digo, que así habrá más gozo en el cielo de un pecador que se arrepiente, que de noventa y nueve justos, que no necesitan arrepentimiento.

8. ¿O qué mujer que tiene diez dracmas, si perdiere una dracma, no enciende el candil, y barre la casa, y busca con diligencia hasta hallarla?

9. Y cuando la hubiere hallado, junta las amigas y las vecinas, diciendo: Dadme el parabién, porque he hallado la dracma que había perdido.

10. Así os digo que hay gozo delante de los ángeles de Dios por un pecador que se arrepiente.

11. Y dijo: Un hombre tenía dos hijos;

12. Y el menor de ellos dijo a su padre: Padre, dame la parte de la hacienda que me pertenece: y les repartió la hacienda.

13. Y no muchos días después, juntándolo todo el hijo menor, partió lejos a una provincia apartada; y allí desperdició su hacienda viviendo perdidamente.

14. Y cuando todo lo hubo malgastado, vino una grande hambre en aquella provincia, y le comenzó[83] a faltar.

15. Y fue y se llegó a uno de los

[83] Versión original: comenzóle

ciudadanos de aquella tierra, el cual le envió a su hacienda para que apacentase los puercos.

16. Y deseaba henchir su vientre de las algarrobas que comían los puercos; mas nadie se las daba.

17. Y volviendo en sí, dijo: ¡Cuántos jornaleros en casa de mi padre tienen abundancia de pan, y yo aquí perezco de hambre!

18. Me levantaré, e iré a mi padre, y le diré: Padre, he pecado contra el cielo y contra ti;

19. Ya no soy digno de ser llamado tu hijo; hazme como a uno de tus jornaleros.

20. Y levantándose, vino a su padre. Y como aun estuviese lejos, violo su padre, y fue movido a misericordia, y corrió, y se echó[84] sobre su cuello, y le besó[85].

21. Y el hijo le dijo: Padre, he pecado contra el cielo, y contra ti, y ya no soy digno de ser llamado tu hijo.

22. Mas el padre dijo a sus siervos: Sacad el principal vestido, y vestidle; y poned un anillo en su mano, y zapatos en sus pies.

23. Y traed el becerro grueso, y matadlo, y comamos, y hagamos fiesta:

24. Porque este mi hijo muerto era, y ha revivido; se había[86] perdido, y es hallado. Y comenzaron a regocijarse.

25. Y su hijo el mayor estaba en el campo; el cual como vino, y llegó cerca de casa, oyó la sinfonía y las danzas;

26. Y llamando a uno de los criados, le preguntó qué era aquello.

27. Y él le dijo: Tu hermano ha venido; y tu padre ha muerto el becerro grueso, por haberle recibido salvo.

28. Entonces se enojó, y no quería entrar. Salió por tanto su padre, y le rogaba que entrase.

29. Mas él respondiendo, dijo al padre: He aquí tantos años te sirvo, no habiendo traspasado jamás tu mandamiento, y nunca me has dado un cabrito para gozarme con mis amigos:

30. Mas cuando vino éste tu hijo, que ha consumido tu hacienda con rameras, has matado para él el becerro grueso.

31. El entonces le dijo: Hijo, tú siempre estás conmigo, y todas mis cosas son tuyas.

32. Mas era menester hacer fiesta y holgar nos, porque este tu hermano muerto era, y ha revivido; se había perdido, y es hallado.

## Lucas 16

Y DIJO también a sus discípulos: Había un hombre rico, el cual tenía un mayordomo, y éste fue acusado delante de él como disipador de sus bienes.

2. Y le llamó, y le dijo: ¿Qué es esto que oigo de ti? Da cuenta de tu mayordomía, porque ya no podrás más ser mayordomo.

3. Entonces el mayordomo dijo dentro de sí: ¿Qué haré? que mi señor me quita la mayordomía. Cavar, no puedo; mendigar, tengo vergüenza.

4. Yo sé lo que haré para que cuando fuere quitado de la mayordomía, me reciban en sus casas.

5. Y llamando a cada uno de los deudores de su señor, dijo al primero: ¿Cuánto debes a mi señor?

6. Y él dijo: Cien barriles de aceite. Y le dijo: Toma tu obligación, y siéntate presto, y escribe cincuenta.

7. Después dijo a otro: ¿Y tú, cuánto debes? Y él dijo: Cien coros de trigo. Y él le dijo: Toma tu obligación, y escribe ochenta.

8. Y alabó el señor al mayordomo malo por haber hecho discretamente; porque los hijos de este siglo son en su generación más sagaces que los hijos de luz.

9. Y yo os digo: Haceos amigos de las riquezas de maldad, para que cuando faltareis, os reciban en las moradas eternas.

10. El que es fiel en lo muy poco, también en lo más es fiel: y el que en lo muy poco es injusto, también en lo más es injusto.

11. Pues si en las malas riquezas no

---

[84] Versión original: echóse
[85] Versión original: besóle
[86] Versión original: habíase

fuisteis fieles. ¿quién os confiará lo verdadero?

12. Y si en lo ajeno no fuisteis fieles, ¿quién os dará lo que es vuestro?

13. Ningún siervo puede servir a dos señores; porque o aborrecerá al uno y amará al otro, o se allegará al uno y menospreciará al otro. No podéis servir a Dios y a las riquezas.

14. Y oían también todas estas cosas los Fariseos, los cuales eran avaros, y se burlaban de él.

15. Y les dijo: Vosotros sois los que os justificáis a vosotros mismos delante de los hombres; mas Dios conoce vuestros corazones; porque lo que los hombres tienen por sublime, delante de Dios es abominación.

16. La ley y los profetas hasta Juan: desde entonces el reino de Dios es anunciado, y quienquiera se esfuerza a entrar en él.

17. Empero más fácil cosa es pasar el cielo y la tierra, que frustrarse un tilde de la ley.

18. Cualquiera que repudia a su mujer, y se casa con otra, adultera: y el que se casa con la repudiada del marido, adultera.

19. Había un hombre rico, que se vestía de púrpura y de lino fino, y hacía cada día banquete con esplendidez.

20. Había también un mendigo llamado Lázaro, el cual estaba echado a la puerta de él, lleno de llagas.

21. Y deseando hartarse de las migajas que caían de la mesa del rico; y aun los perros venían y le lamían las llagas.

22. Y aconteció que murió el mendigo, y fue llevado por los ángeles al seno de Abraham: y murió también el rico, y fue sepultado.

23. Y en el infierno alzó sus ojos, estando en los tormentos, y vio a Abraham de lejos, y a Lázaro en su seno.

24. Entonces él, dando voces, dijo: Padre Abraham, ten misericordia de mí, y envía a Lázaro que moje la punta de su dedo en agua, y refresque mi lengua; porque soy atormentado en esta llama.

25. Y le dijo Abraham: Hijo, acuérdate que recibiste tus bienes en tu vida, y Lázaro también males; mas ahora éste es consolado aquí, y tú atormentado.

26. Y además de todo esto, una grande sima está constituida entre nosotros y vosotros, que los que quisieren pasar de aquí a vosotros, no pueden, ni de allá pasar acá.

27. Y dijo: Te ruego pues, padre, que le envíes a la casa de mi padre;

28. Porque tengo cinco hermanos; para que les testifique, porque no vengan ellos también a este lugar de tormento.

29. Y Abraham le dice: A Moisés y a los profetas tienen: óiganlos.

30. El entonces dijo: No, padre Abraham: mas si alguno fuere a ellos de los muertos, se arrepentirán.

31. Mas Abraham le dijo: Si no oyen a Moisés y a los profetas, tampoco se persuadirán, si alguno se levantare de los muertos.

## Lucas 17

 A SUS discípulos dice: Imposible es que no vengan escándalos; mas ¡ay de aquél por quien vienen!

2. Mejor le fuera, si le pusiesen al cuello una piedra de molino, y le lanzasen en el mar, que escandalizar a uno de estos pequeñitos.

3. Mirad por vosotros: si pecare contra ti tu hermano, repréndele; y si se arrepintiere, perdónale.

4. Y si siete veces al día pecare contra ti, y siete veces al día se volviere a ti, diciendo, pésame, perdónale.

5. Y dijeron los apóstoles al Señor: Auméntanos la fe.

6. Entonces el Señor dijo: Si tuvieseis fe como un grano de mostaza, diréis a este sicómoro: Desarráigate, y plántate en el mar; y os obedecerá.

7. ¿Y quién de vosotros tiene un siervo que ara o apacienta, que vuelto del campo le diga luego: Pasa, siéntate a la mesa?

8. ¿No le dice antes: Adereza qué cene, y arremángate, y sírveme hasta que haya comido y bebido; y después de esto, come tú y bebe?

9. ¿Da gracias al siervo porque hizo lo

que le había sido mandado? Pienso que no.

10. Así también vosotros, cuando hubiereis hecho todo lo que os es mandado, decid: Siervos inútiles somos, porque lo que debíamos hacer, hicimos.

11. Y aconteció que yendo él a Jerusalén, pasaba por medio de Samaria y de Galilea.

12. Y entrando en una aldea, le vinieron[87] al encuentro diez hombres leprosos, los cuales se pararon de lejos,

13. Y alzaron la voz, diciendo: Jesús, Maestro, ten misericordia de nosotros.

14. Y como él los vio, les dijo: Id, mostraos a los sacerdotes. Y aconteció, que yendo ellos, fueron limpios.

15. Entonces uno de ellos, como se vio que estaba limpio, volvió, glorificando a Dios a gran voz;

16. Y se postró rostro en tierra[88] a sus pies, dándole gracias: y éste era Samaritano.

17. Y respondiendo Jesús, dijo: ¿No son diez los que fueron limpios? ¿Y los nueve dónde están?

18. ¿No hubo quien volviese y diese gloria a Dios sino este extranjero?

19. Y le dijo: Levántate, vete; tu fe te ha salvado.

20. Y preguntado por los Fariseos, cuándo había de venir el reino de Dios, les respondió y dijo: El reino de Dios no vendrá con advertencia;

21. Ni dirán: Helo aquí, o helo allí: porque he aquí el reino de Dios entre vosotros está.

22. Y dijo a sus discípulos: Tiempo vendrá, cuando desearéis ver uno de los días del Hijo del hombre, y no lo veréis.

23. Y os dirán: Helo aquí, o helo allí. No vayáis, ni sigáis.

24. Porque como el relámpago, relampagueando desde una parte de debajo del cielo, resplandece hasta la otra debajo del cielo, así también será el Hijo del hombre en su día.

25. Mas primero es necesario que padezca mucho, y sea reprobado de esta generación.

26. Y como fue en los días de Noé, así también será en los días del Hijo del hombre.

27. Comían, bebían, los hombres tomaban mujeres, y las mujeres maridos, hasta el día que entró Noé en el arca; y vino el diluvio, y destruyó a todos.

28. Asimismo también como fue en los días de Lot; comían, bebían, compraban, vendían, plantaban, edificaban;

29. Mas el día que Lot salió de Sodoma, llovió del cielo fuego y azufre, y destruyó a todos:

30. Como esto será el día en que el Hijo del hombre se manifestará.

31. En aquel día, el que estuviere en el terrado, y sus alhajas en casa, no descienda a tomarlas: y el que en el campo, asimismo no vuelva atrás.

32. Acordaos de la mujer de Lot.

33. Cualquiera que procurare salvar su vida, la perderá; y cualquiera que la perdiere, la salvará.

34. Os digo que en aquella noche estarán dos en una cama; el uno será tomado, y el otro será dejado.

35. Dos mujeres estarán moliendo juntas: la una será tomada, y la otra dejada.

36. Dos estarán en el campo; el uno será tomado, y el otro dejado.

37. Y respondiendo, le dicen: ¿Dónde, Señor? Y él les dijo: Donde estuviere el cuerpo, allá se juntarán también las águilas.

## Lucas 18

LES PROPUSO también una parábola sobre que es necesario orar siempre, y no desmayar,

2. Diciendo: Había un juez en una ciudad, el cual ni temía a Dios, ni respetaba a hombre.

3. Había también en aquella ciudad una viuda, la cual venía a él diciendo: Hazme justicia de mi adversario.

4. Pero él no quiso por algún tiempo; mas después de esto dijo dentro de

---

[87] Versión original: viniéronle
[88] Versión original: derribóse sobre el rostro

sí: Aunque ni temo a Dios, ni tengo respeto a hombre,

5. Todavía, porque esta viuda me es molesta, le haré justicia, porque al fin no venga y me muela.

6. Y dijo el Señor: oíd lo que dice el juez injusto.

7. ¿Y Dios no hará justicia a sus escogidos, que claman a él día y noche, ya que es paciente[89] para con[90] ellos?

8. Os digo que los defenderá presto. Empero cuando el Hijo del hombre viniere, ¿hallará fe en la tierra?

9. Y dijo también a unos que confiaban de sí como justos, y menospreciaban a los otros, esta parábola:

10. Dos hombres subieron al templo a orar: el uno Fariseo, el otro publicano.

11. El Fariseo, en pie, oraba consigo de esta manera: Dios, te doy gracias, que no soy como los otros hombres, ladrones, injustos, adúlteros, ni aun como este publicano;

12. Ayuno dos veces a la semana, doy diezmos de todo lo que poseo.

13. Mas el publicano estando lejos no quería ni aun alzar los ojos al cielo, sino que hería su pecho, diciendo: Dios, sé propicio a mí pecador.

14. Os digo que éste descendió a su casa justificado antes que el otro; porque cualquiera que se ensalza, será humillado; y el que se humilla, será ensalzado.

15. Y traían a él los niños para que los tocase; lo cual viendo los discípulos les reñían.

16. Mas Jesús llamándolos, dijo: Dejad los niños venir a mí, y no los impidáis; porque de tales es el reino de Dios.

17. De cierto os digo, que cualquiera que no recibiere el reino de Dios como un niño, no entrará en él.

18. Y le preguntó un príncipe, diciendo: Maestro bueno, ¿qué haré para poseer la vida eterna?

19. Y Jesús le dijo: ¿Por qué me llamas bueno? ninguno hay bueno sino sólo Dios.

20. Los mandamientos sabes: No matarás: No adulterarás: No hurtarás: No dirás falso testimonio: Honra a tu padre y a tu madre.

21. Y él dijo: Todas estas cosas he guardado desde mi juventud.

22. Y Jesús, oído esto, le dijo: Aun te falta una cosa: vende todo lo que tienes, y da a los pobres, y tendrás tesoro en el cielo; y ven, sígueme.

23. Entonces él, oídas estas cosas, se puso muy triste, porque era muy rico.

24. Y viendo Jesús que se había entristecido mucho, dijo: ¡Cuán dificultosamente entrarán en el reino de Dios los que tienen riquezas!

25. Porque más fácil cosa es entrar un camello por el ojo de una aguja, que un rico entrar en el reino de Dios.

26. Y los que lo oían, dijeron: ¿Y quién podrá ser salvo?

27. Y él les dijo: Lo que es imposible para con los hombres, posible es para Dios.

28. Entonces Pedro dijo: He aquí, nosotros hemos dejado las posesiones nuestras, y te hemos seguido.

29. Y él les dijo: De cierto os digo, que nadie hay que haya dejado casa, padres, o hermanos, o mujer, o hijos, por el reino de Dios,

30. Que no haya de recibir mucho más en este tiempo, y en el siglo venidero la vida eterna.

31. Y Jesús, tomando a los doce, les dijo: He aquí subimos a Jerusalén, y serán cumplidas todas las cosas que fueron escritas por los profetas, del Hijo del hombre.

32. Porque será entregado a las gentes, y será escarnecido, e injuriado, y escupido.

---

[89] Lucas 18:7: Este pasaje de la Biblia fue el más difícil de mantener lo más cerca posible a la traducción original, ya que la palabra longánimo o longánima (uso moderno de longánime) ahora significa «magnánimo, constante, generoso», de acuerdo a la Real Academia Española. Sin embargo la palabra griega de la cual deriva, es traducida generalmente como «paciencia» o «ser paciente». Por lo tanto, la mayoría (por no decir todas) las traducciones modernas han rescrito esta última línea de tal forma, que no se asemeja en sintaxis a la original. Sin embargo, la actualización que nosotros hemos empleado en la última línea de Lucas 18:7 deriva de la Biblia portuguesa João Ferreira de Almeida Atualizada, donde la palabra longánime y longanimidad han mantenido el mismo significado: «já que é longânimo para com eles?» (ya que es longánimo para con ellos). Al reemplazar la palabra «longânimo» con «paciencia» en la versión portuguesa, hemos podido asemejarnos lo más posible a la versión original.

[90] Versión original: «aunque sea longánime acerca de...» Longanimidad, del griego makrothumeo, significa «esperar con largura de ánimo» o comúnmente traducido a hoy en día como «ser paciente». Véase la Bibliografía y Notas Adicionales al fin de este libro para más información sobre la dificultad de actualizar este pasaje.

33. Y después que le hubieren azotado, le matarán: mas al tercer día resucitará.

34. Pero ellos nada de estas cosas entendían, y esta palabra les era encubierta, y no entendían lo que se decía.

35. Y aconteció que acercándose él a Jericó, un ciego estaba sentado junto al camino mendigando;

36. El cual como oyó la gente que pasaba, preguntó qué era aquello.

37. Y le dijeron[91] que pasaba Jesús Nazareno.

38. Entonces dio voces, diciendo: Jesús, Hijo de David, ten misericordia de mí.

39. Y los que iban delante, le reñían que callase; mas él clamaba mucho más: Hijo de David, ten misericordia de mí.

40. Jesús entonces parándose, mandó traerle a sí: y como él llegó, le preguntó,

41. Diciendo: ¿Qué quieres que te haga? Y él dijo: Señor, que vea.

42. Y Jesús le dijo: Ve, tu fe te ha hecho salvo.

43. Y luego vio, y le seguía, glorificando a Dios: y todo el pueblo como lo vio, dio a Dios alabanza.

## Lucas 19

Y HABIENDO entrado Jesús, iba pasando por Jericó;

2. Y he aquí un varón llamado Zaqueo, el cual era el principal de los publicanos, y era rico;

3. Y procuraba ver a Jesús quién fuese; mas no podía a causa de la multitud, porque era pequeño de estatura.

4. Y corriendo delante, se subió[92] a un árbol sicómoro para verle; porque había de pasar por allí.

5. Y como vino a aquel lugar Jesús, mirando, le vio, y le dijo: Zaqueo, date prisa, desciende, porque hoy es necesario que pose en tu casa.

6. Entonces él descendió de prisa, y le recibió gozoso.

7. Y viendo esto, todos murmuraban, diciendo que había entrado a posar con un hombre pecador.

8. Entonces Zaqueo, puesto en pie, dijo al Señor: He aquí, Señor, la mitad de mis bienes doy a los pobres; y si en algo he defraudado a alguno, lo vuelvo con el cuatro tanto.

9. Y Jesús le dijo: Hoy ha venido la salvación a esta casa; por cuanto él también es hijo de Abraham.

10. Porque el Hijo del hombre vino a buscar y a salvar lo que se había perdido.

11. Y oyendo ellos estas cosas, prosiguió Jesús y dijo una parábola, por cuanto estaba cerca de Jerusalén, y porque pensaban que luego había de ser manifestado el reino de Dios.

12. Dijo pues: Un hombre noble partió a una provincia lejos, para tomar para sí un reino, y volver.

13. Mas llamados diez siervos suyos, les dio diez minas, y les dijo: Negociad entre tanto que vengo.

14. Empero sus ciudadanos le aborrecían, y enviaron tras de él una embajada, diciendo: No queremos que éste reine sobre nosotros.

15. Y aconteció, que vuelto él, habiendo tomado el reino, mandó llamar a sí a aquellos siervos a los cuales había dado el dinero, para saber lo que había negociado cada uno.

16. Y vino el primero, diciendo: Señor, tu mina ha ganado diez minas.

17. Y él le dice: Está bien, buen siervo; pues que en lo poco has sido fiel, tendrás potestad sobre diez ciudades.

18. Y vino otro, diciendo: Señor, tu mina ha hecho cinco minas.

19. Y también a éste dijo: Tú también sé sobre cinco ciudades.

20. Y vino otro, diciendo: Señor, he aquí tu mina, la cual he tenido guardada en un pañuelo[93]:

21. Porque tuve miedo de ti, que eres hombre recio; tomas lo que no pusiste, y siegas lo que no sembraste.

22. Entonces él le dijo: Mal siervo, de tu boca te juzgo. Sabías que yo era hombre recio, que tomo lo que no puse, y que siego lo que no sembré;

23. ¿Por qué, no diste mi dinero al banco, y yo viniendo lo demandara con el logro?

---

[91] Versión original: dijéronle
[92] Versión original: subióse

[93] Versión original: pañizuelo

24. Y dijo a los que estaban presentes: Quitadle la mina, y dadla al que tiene las diez minas.

25. Y ellos le dijeron: Señor, tiene diez minas.

26. Pues yo os digo que a cualquiera que tuviere, le será dado; mas al que no tuviere, aun lo que tiene le será quitado.

27. Y también a aquellos mis enemigos que no querían que yo reinase sobre ellos, traedlos acá, y degolladlos delante de mí.

28. Y dicho esto, iba delante subiendo a Jerusalén.

29. Y aconteció, que llegando cerca de Betfagué, y de Betania, al monte que se llama de las Olivas, envió dos de sus discípulos,

30. Diciendo: Id a la aldea de enfrente; en la cual como entrareis, hallaréis un pollino atado, en el que ningún hombre se ha sentado jamás; desatadlo, y traedlo.

31. Y si alguien os preguntare, ¿por qué lo desatáis? le responderéis así: Porque el Señor lo ha menester.

32. Y fueron los que habían sido enviados, y hallaron como les dijo.

33. Y desatando ellos el pollino, sus dueños les dijeron: ¿Por qué desatáis el pollino?

34. Y ellos dijeron: Porque el Señor lo ha menester.

35. Y lo trajeron[94] a Jesús; y habiendo echado sus vestidos sobre el pollino, pusieron a Jesús encima.

36. Y yendo él tendían sus capas por el camino.

37. Y como llegasen ya cerca de la bajada del monte de las Olivas, toda la multitud de los discípulos, gozándose, comenzaron a alabar a Dios a gran voz por todas las maravillas que habían visto,

38. Diciendo: ¡Bendito el rey que viene en el nombre del Señor: paz en el cielo, y gloria en lo altísimo!

39. Entonces algunos de los Fariseos de la compañía, le dijeron: Maestro, reprende a tus discípulos.

40. Y él respondiendo, les dijo: Os digo que si éstos callaren, las piedras clamarán.

41. Y como llegó cerca viendo la ciudad, lloró sobre ella,

42. Diciendo: ¡Oh si también tú conocieses, a lo menos en este tu día, lo que toca a tu paz! mas ahora está encubierto de tus ojos.

43. Porque vendrán días sobre ti, que tus enemigos te cercarán con baluarte, y te pondrán cerco, y de todas partes te pondrán en estrecho,

44. Y te derribarán a tierra, y a tus hijos dentro de ti; y no dejarán sobre ti piedra sobre piedra; por cuanto no conociste el tiempo de tu visitación.

45. Y entrando en el templo, comenzó a echar fuera a todos los que vendían y compraban en él.

46. Diciéndoles: Escrito está: Mi casa, casa de oración es; mas vosotros la habéis hecho cueva de ladrones.

47. Y enseñaba cada día en el templo; mas los príncipes de los sacerdotes, y los escribas, y los principales del pueblo procuraban matarle.

48. Y no hallaban qué hacerle, porque todo el pueblo estaba suspenso oyéndole.

## Lucas 20

 Y ACONTECIO un día, que enseñando él al pueblo en el templo, y anunciando el evangelio, se llegaron[95] los príncipes de los sacerdotes y los escribas, con los ancianos:

2. Y le hablaron, diciendo: Dinos: ¿con qué potestad haces estas cosas? ¿ó quién es el que te ha dado esta potestad?

3. Respondiendo entonces Jesús, les dijo: Os preguntaré yo también una palabra; respondedme:

4. El bautismo de Juan, ¿era del cielo, o de los hombres?

5. Mas ellos pensaban dentro de sí, diciendo: Si dijéremos, del cielo, dirá: ¿Por qué, pues, no le creísteis?

6. Y si dijéremos, de los hombres, todo el pueblo nos apedreará: porque

---

[94] Versión original: trajéronlo

[95] Versión original: llegáronse

están ciertos que Juan era profeta.

7. Y respondieron que no sabían de dónde.

8. Entonces Jesús les dijo: Ni yo os digo con qué potestad hago estas cosas.

9. Y comenzó a decir al pueblo esta parábola: Un hombre plantó una viña, y la arrendó[96] a labradores, y se ausentó por mucho tiempo.

10. Y al tiempo, envió un siervo a los labradores, para que le diesen del fruto de la viña; mas los labradores le hirieron, y enviaron vacío.

11. Y volvió a enviar otro siervo; mas ellos a éste también, herido y afrentado, le enviaron vacío.

12. Y volvió a enviar al tercer siervo; mas ellos también a éste echaron herido.

13. Entonces el señor de la viña dijo: ¿Qué haré? Enviaré mi hijo amado: quizás cuando a éste vieren, tendrán respeto.

14. Mas los labradores, viéndole, pensaron entre sí, diciendo: Este es el heredero; venid, matémosle para que la heredad sea nuestra.

15. Y le echaron[97] fuera de la viña, y le mataron. ¿Qué pues, les hará el señor de la viña?

16. Vendrá, y destruirá a estos labradores, y dará su viña a otros. Y como ellos lo oyeron, dijeron: ¡Dios nos libre!

17. Mas él mirándolos, dice: ¿Qué pues es lo que está escrito: La piedra que condenaron los edificadores, Esta fue por cabeza de esquina?

18. Cualquiera que cayere sobre aquella piedra, será quebrantado; mas sobre el que la piedra cayere, le desmenuzará.

19. Y procuraban los príncipes de los sacerdotes y los escribas echarle mano en aquella hora, porque entendieron que contra ellos había dicho esta parábola: mas temieron al pueblo.

20. Y acechándole enviaron espías que se simulasen justos, para sorprenderle en palabras, para que le entregasen al principado y a la potestad del presidente.

[96] Versión original: arrendóla
[97] Versión original: echáronle

21. Los cuales le preguntaron, diciendo: Maestro, sabemos que dices y enseñas bien, y que no tienes respeto a persona; antes enseñas el camino de Dios con verdad.

22. ¿Nos es lícito dar tributo a César, o no?

23. Mas él, entendiendo la astucia de ellos, les dijo: ¿Por qué me tentáis?

24. Mostradme la moneda. ¿De quién tiene la imagen y la inscripción? Y respondiendo dijeron: De César.

25. Entonces les dijo: Pues dad a César lo que es de César; y lo que es de Dios, a Dios.

26. Y no pudieron reprender sus palabras delante del pueblo: antes maravillados de su respuesta, callaron.

27. Y llegándose unos de los Saduceos, los cuales niegan haber resurrección, le preguntaron,

28. Diciendo: Maestro, Moisés nos escribió: Si el hermano de alguno muriere teniendo mujer, y muriere sin hijos, que su hermano tome la mujer, y levante simiente a su hermano.

29. Fueron, pues, siete hermanos: y el primero tomó mujer, y murió sin hijos.

30. Y la tomó el segundo, el cual también murió sin hijos.

31. Y la tomó el tercero: asimismo también todos siete: y murieron sin dejar prole.

32. Y a la postre de todos murió también la mujer.

33. En la resurrección, pues, ¿mujer de cuál de ellos será? porque los siete la tuvieron por mujer.

34. Entonces respondiendo Jesús, les dijo: Los hijos de este siglo se casan, y son dados en casamiento:

35. Mas los que fueren tenidos por dignos de aquel siglo y de la resurrección de los muertos, ni se casan, ni son dados en casamiento:

36. Porque no pueden ya más morir: porque son iguales a los ángeles, y son hijos de Dios, cuando son hijos de la resurrección.

37. Y que los muertos hayan de resucitar, aun Moisés lo enseñó en el pasaje de la zarza, cuando llama al Señor: Dios de Abraham, y Dios de Isaac, y Dios de Jacob.

38. Porque Dios no es Dios de muertos, mas de vivos: porque todos viven a él.
39. Y respondiéndole unos de los escribas, dijeron: Maestro, bien has dicho.
40. Y no osaron más preguntarle algo.
41. Y él les dijo: ¿Cómo dicen que el Cristo es hijo de David?
42. Y el mismo David dice en el libro de los Salmos: Dijo el Señor a mi Señor: Siéntate a mi diestra,
43. Entre tanto que pongo tus enemigos por estrado de tus pies.
44. Así que David le llama Señor: ¿cómo pues es su hijo?
45. Y oyéndole todo el pueblo, dijo a sus discípulos:
46. Guardaos de los escribas, que quieren andar con ropas largas, y aman las salutaciones en las plazas, y las primeras sillas en las sinagogas, y los primeros asientos en las cenas;
47. Que devoran las casas de las viudas, poniendo por pretexto la larga oración: éstos recibirán mayor condenación.

## Lucas 21

 MIRANDO, vio a los ricos que echaban sus ofrendas en el gazofilacio.
2. Y vio también una viuda pobrecilla, que echaba allí dos blancas.
3. Y dijo: De verdad os digo, que esta pobre viuda echó más que todos:
4. Porque todos estos, de lo que les sobra echaron para las ofrendas de Dios; mas ésta de su pobreza echó todo el sustento que tenía.
5. Y a unos que decían del templo, que estaba adornado de hermosas piedras y dones, dijo:
6. Estas cosas que veis, días vendrán que no quedará piedra sobre piedra que no sea destruida.
7. Y le preguntaron, diciendo: Maestro, ¿cuándo será esto? ¿y qué señal habrá cuando estas cosas hayan de comenzar a ser hechas?
8. El entonces dijo: Mirad, no seáis engañados; porque vendrán muchos en mi nombre, diciendo: Yo soy; y, el tiempo está cerca: por tanto, no vayáis en pos de ellos.
9. Empero cuando oyereis guerras y sediciones, no os espantéis; porque es necesario que estas cosas acontezcan primero: mas no luego será el fin.
10. Entonces les dijo: Se levantará gente contra gente, y reino contra reino;
11. Y habrá grandes terremotos, y en varios lugares hambres y pestilencias: y habrá espantos y grandes señales del cielo.
12. Mas antes de todas estas cosas os echarán mano, y perseguirán, entregándoos a las sinagogas y a las cárceles, siendo llevados a los reyes y a los gobernadores por causa de mi nombre.
13. Y os será para testimonio.
14. Poned pues en vuestros corazones no pensar antes cómo habéis de responder:
15. Porque yo os daré boca y sabiduría, a la cual no podrán resistir ni contradecir todos los que se os opondrán.
16. Mas seréis entregados aun de vuestros padres, y hermanos, y parientes, y amigos; y matarán a algunos de vosotros.
17. Y seréis aborrecidos de todos por causa de mi nombre.
18. Mas un pelo de vuestra cabeza no perecerá.
19. En vuestra paciencia poseeréis vuestras almas.
20. Y cuando viereis a Jerusalén cercada de ejércitos, sabed entonces que su destrucción ha llegado.
21. Entonces los que estuvieren en Judea, huyan a los montes; y los que en medio de ella, váyanse; y los que estén en los campos, no entren en ella.
22. Porque estos son días de venganza: para que se cumplan todas las cosas que están escritas.
23. Mas ¡ay de las preñadas, y de las que crían en aquellos días! porque habrá apuro grande sobre la tierra e ira en este pueblo.
24. Y caerán a filo de espada, y serán llevados cautivos a todas las

naciones: y Jerusalén será hollada de las gentes, hasta que los tiempos de las gentes sean cumplidos.

25. Entonces habrá señales en el sol, y en la luna, y en las estrellas; y en la tierra angustia de gentes por la confusión del sonido de la mar y de las olas:

26. Secándose los hombres a causa del temor y expectación de las cosas que sobrevendrán a la redondez de la tierra: porque las virtudes de los cielos serán conmovidas.

27. Y entonces verán al Hijo del hombre, que vendrá en una nube con potestad y majestad grande.

28. Y cuando estas cosas comenzaren a hacerse, mirad, y levantad vuestras cabezas, porque vuestra redención está cerca.

29. Y les dijo una parábola: Mirad la higuera y todos los árboles:

30. Cuando ya brotan, viéndolo, de vosotros mismos entendéis que el verano está ya cerca.

31. Así también vosotros, cuando viereis hacerse estas cosas, entended que está cerca el reino de Dios.

32. De cierto os digo, que no pasará esta generación hasta que todo sea hecho.

33. El cielo y la tierra pasarán; mas mis palabras no pasarán.

34. Y mirad por vosotros, que vuestros corazones no sean cargados de glotonería y embriaguez, y de los cuidados de esta vida, y venga de repente sobre vosotros aquel día.

35. Porque como un lazo vendrá sobre todos los que habitan sobre la faz de toda la tierra.

36. Velad pues, orando en todo tiempo, que seáis tenidos por dignos de evitar todas estas cosas que han de venir, y de estar en pie delante del Hijo del hombre.

37. Y enseñaba de día en el templo; y de noche saliendo, estaba[98] en el monte que se llama de las Olivas.

38. Y todo el pueblo venía a él por la mañana, para oírle en el templo.

## Lucas 22

 ESTABA cerca el día de la fiesta de los panes sin levadura[99], que se llama la Pascua.

2. Y los príncipes de los sacerdotes y los escribas buscaban cómo le matarían; mas tenían miedo del pueblo.

3. Y entró Satanás en Judas, por sobrenombre Iscariote, el cual era uno del número de los doce;

4. Y fue, y habló con los príncipes de los sacerdotes, y con los magistrados, de cómo se lo entregaría.

5. Los cuales se holgaron, y concertaron de darle dinero.

6. Y prometió, y buscaba oportunidad para entregarle a ellos sin bulla.

7. Y vino el día de los panes sin levadura, en el cual era necesario matar la pascua.

8. Y envió a Pedro y a Juan, diciendo: Id, aparejadnos la pascua para que comamos.

9. Y ellos le dijeron: ¿Dónde quieres que aparejemos?

10. Y él les dijo: He aquí cuando entrareis en la ciudad, os encontrará un hombre que lleva un cántaro de agua: seguidle hasta la casa donde entrare,

11. Y decid al padre de la familia de la casa: El Maestro te dice: ¿Dónde está el aposento donde tengo de comer la pascua con mis discípulos?

12. Entonces él os mostrará un gran cenáculo aderezado; aparejad allí.

13. Fueron pues, y hallaron como les había dicho; y aparejaron la pascua.

14. Y como fue hora, se sentó a la mesa, y con él los apóstoles.

15. Y les dijo: En gran manera he deseado comer con vosotros esta pascua antes que padezca; .

16. Porque os digo que no comeré más de ella, hasta que se cumpla en el reino de Dios.

17. Y tomando el vaso, habiendo dado gracias, dijo: Tomad esto, y partidlo entre vosotros;

18. Porque os digo, que no beberé más

---

[98] Versión original: estábase

[99] Versión original: ázimos

del fruto de la vid, hasta que el reino de Dios venga.

19. Y tomando el pan, habiendo dado gracias, partió, y les dio, diciendo: Esto es mi cuerpo, que por vosotros es dado: haced esto en memoria de mí.

20. Asimismo también el vaso, después que hubo cenado, diciendo: Este vaso es el nuevo pacto en mi sangre, que por vosotros se derrama.

21. Con todo eso, he aquí la mano del que me entrega, conmigo en la mesa.

22. Y a la verdad el Hijo del hombre va, según lo que está determinado; empero ¡ay de aquél hombre por el cual es entregado!

23. Ellos entonces comenzaron a preguntar entre sí, cuál de ellos sería el que había de hacer esto.

24. Y hubo entre ellos una contienda, quién de ellos parecía ser el mayor.

25. Entonces él les dijo: Los reyes de las gentes se enseñorean de ellas; y los que sobre ellas tienen potestad, son llamados bienhechores:

26. Mas vosotros, no así: antes el que es mayor entre vosotros, sea como el más mozo; y el que es príncipe, como el que sirve.

27. Porque, ¿cuál es mayor, el que se sienta a la mesa, o el que sirve? ¿No es el que se sienta a la mesa? Y yo soy entre vosotros como el que sirve.

28. Empero vosotros sois los que habéis permanecido conmigo en mis tentaciones:

29. Yo pues os ordeno un reino, como mi Padre me lo ordenó a mí,

30. Para que comáis y bebáis en mi mesa en mi reino, y os sentéis sobre tronos juzgando a las doce tribus de Israel.

31. Dijo también el Señor: Simón, Simón, he aquí Satanás os ha pedido para zarandaros como a trigo;

32. Mas yo he rogado por ti que tu fe no falte: y tú, una vez vuelto, confirma a tus hermanos.

33. Y él le dijo: Señor, pronto estoy a ir contigo aun a cárcel y a muerte.

34. Y él dijo: Pedro, te digo que el gallo no cantará hoy antes que tú niegues tres veces que me conoces.

35. Y a ellos dijo: Cuando os envié sin bolsa, y sin alforja, y sin zapatos, ¿os faltó algo? Y ellos dijeron: Nada.

36. Y les dijo: Pues ahora, el que tiene bolsa, tómela, y también la alforja, y el que no tiene, venda su capa y compre espada.

37. Porque os digo, que es necesario que se cumpla todavía en mí aquello que está escrito: Y con los malos fue contado: porque lo que está escrito de mí, cumplimiento tiene.

38. Entonces ellos dijeron: Señor, he aquí dos espadas. Y él les dijo: Basta.

39. Y saliendo, se fue, como solía, al monte de las Olivas; y sus discípulos también le siguieron.

40. Y como llegó a aquel lugar, les dijo: Orad que no entréis en tentación.

41. Y él se apartó de ellos como un tiro de piedra; y puesto de rodillas oró,

42. Diciendo: Padre, si quieres, pasa este vaso de mí; empero no se haga mi voluntad, sino la tuya.

43. Y le apareció un ángel del cielo confortándole.

44. Y estando en agonía, oraba más intensamente: y fue su sudor como grandes gotas de sangre que caían hasta la tierra.

45. Y como se levantó de la oración, y vino a sus discípulos, los halló[100] durmiendo de tristeza;

46. Y les dijo: ¿Por qué dormís? Levantaos, y orad que no entréis en tentación.

47. Estando él aún hablando, he aquí una turba; y el que se llamaba Judas, uno de los doce, iba delante de ellos; y se acercó[101] a Jesús para besarlo.

48. Entonces Jesús le dijo: Judas, ¿con beso entregas al Hijo del hombre?

49. Y viendo los que estaban con él lo que había de ser, le dijeron: Señor, ¿heriremos a cuchillo?

50. Y uno de ellos hirió a un siervo del príncipe de los sacerdotes, y le quitó la oreja derecha.

51. Entonces respondiendo Jesús, dijo: Dejad hasta aquí. Y tocando su oreja, le sanó.

52. Y Jesús dijo a los que habían venido a él, los príncipes de los sacerdotes, y

---

[100] Versión original: hallólos
[101] Versión original: llegóse

los magistrados del templo, y los ancianos: ¿Como a ladrón habéis salido con espadas y con palos?

53. Habiendo estado con vosotros cada día en el templo, no extendisteis las manos contra mí; mas ésta es vuestra hora, y la potestad de las tinieblas.

54. Y prendiéndole le trajeron[102], y le metieron[103] en casa del príncipe de los sacerdotes. Y Pedro le seguía de lejos.

55. Y habiendo encendido fuego en medio de la sala, y sentándose todos alrededor, se sentó también Pedro entre ellos.

56. Y como una criada le vio que estaba sentado al fuego, se fijó[104] en él, y dijo: Y éste con él estaba.

57. Entonces él lo negó, diciendo: Mujer, no le conozco.

58. Y un poco después, viéndole otro, dijo: Y tú de ellos eras. Y Pedro dijo: Hombre, no soy.

59. Y como una hora pasada otro afirmaba, diciendo: Verdaderamente también éste estaba con él, porque es Galileo.

60. Y Pedro dijo: Hombre, no sé qué dices. Y luego, estando él aún hablando, el gallo cantó.

61. Entonces, vuelto el Señor, miró a Pedro: y Pedro se acordó de la palabra del Señor como le había dicho: Antes que el gallo cante, me negarás tres veces.

62. Y saliendo fuera Pedro, lloró amargamente.

63. Y los hombres que tenían a Jesús, se burlaban de él hiriéndole;

64. Y cubriéndole, herían su rostro, y le preguntaban[105], diciendo: Profetiza quién es el que te hirió.

65. Y decían otras muchas cosas injuriándole.

66. Y cuando fue de día, se juntaron los ancianos del pueblo, y los príncipes de los sacerdotes, y los escribas, y le trajeron a su concilio,

67. Diciendo: ¿Eres tú el Cristo? dínoslo. Y les dijo: Si os lo dijere, no creeréis;

68. Y también si os preguntare, no me responderéis, ni me soltaréis:

69. Mas después de ahora el Hijo del hombre se asentará a la diestra de la potencia de Dios.

70. Y dijeron todos: ¿Luego tú eres Hijo de Dios? Y él les dijo: Vosotros decís que yo soy.

71. Entonces ellos dijeron: ¿Qué más testimonio deseamos? porque nosotros lo hemos oído de su boca.

## Lucas 23

LEVANTANDOSE entonces toda la multitud de ellos, le llevaron[106] a Pilato.

2. Y comenzaron a acusarle, diciendo: A éste hemos hallado que pervierte la nación, y que veda dar tributo a César, diciendo que él es el Cristo, el rey.

3. Entonces Pilato le preguntó, diciendo: ¿Eres tú el Rey de los Judíos? Y respondiendo él, dijo: Tú lo dices.

4. Y Pilato dijo a los príncipes de los sacerdotes, y a las gentes: Ninguna culpa hallo en este hombre.

5. Mas ellos porfiaban, diciendo: Alborota al pueblo, enseñando por toda Judea, comenzando desde Galilea hasta aquí.

6. Entonces Pilato, oyendo de Galilea, preguntó si el hombre era Galileo.

7. Y como entendió que era de la jurisdicción de Herodes, le remitió a Herodes, el cual también estaba en Jerusalén en aquellos días.

8. Y Herodes, viendo a Jesús, se alegró[107] mucho, porque hacía mucho que deseaba verle; porque había oído de él muchas cosas, y tenía esperanza que le vería hacer alguna señal.

9. Y le preguntaba con muchas palabras; mas él nada le respondió:

10. Y estaban los príncipes de los sacerdotes y los escribas acusándole con gran porfía.

11. Mas Herodes con su corte le menospreció, y escarneció, vistiéndole de una ropa rica; y le volvió[108] a enviar a Pilato.

---

[102] Versión original: trajéronle
[103] Versión original: metiéronle
[104] Versión original: fijóse
[105] Versión original: preguntábanle

[106] Versión original: lleváronle
[107] Versión original: holgóse
[108] Versión original: volvióle

12. Y fueron hechos amigos entre sí Pilato y Herodes en el mismo día; porque antes eran enemigos entre sí.

13. Entonces Pilato, convocando los príncipes de los sacerdotes, y los magistrados, y el pueblo,

14. Les dijo: Me habéis presentado a éste por hombre que desvía al pueblo: y he aquí, preguntando yo delante de vosotros, no he hallado culpa alguna en este hombre de aquéllas de que le acusáis.

15. Y ni aun Herodes; porque os remití a él, y he aquí, ninguna cosa digna de muerte ha hecho.

16. Le soltaré, pues, castigado.

17. Y tenía necesidad de soltarles uno en cada fiesta.

18. Mas toda la multitud dio voces a una, diciendo: Quita a éste, y suéltanos a Barrabás:

19. (El cual había sido echado en la cárcel por una sedición hecha en la ciudad, y una muerte.)

20. Y les habló[109] otra vez Pilato, queriendo soltar a Jesús.

21. Pero ellos volvieron a dar voces, diciendo: Crucifícale, crucifícale.

22. Y él les dijo la tercera vez: ¿Pues qué mal ha hecho éste? Ninguna culpa de muerte he hallado en él: le castigaré, pues, y le soltaré.

23. Mas ellos instaban a grandes voces, pidiendo que fuese crucificado. Y las voces de ellos y de los príncipes de los sacerdotes crecían.

24. Entonces Pilato juzgó que se hiciese lo que ellos pedían;

25. Y les soltó a aquél que había sido echado en la cárcel por sedición y una muerte, al cual habían pedido; y entregó a Jesús a la voluntad de ellos.

26. Y llevándole, tomaron a un Simón Cireneo, que venía del campo, y le pusieron encima la cruz para que la llevase tras Jesús.

27. Y le seguía una grande multitud de pueblo, y de mujeres, las cuales le lloraban y lamentaban.

28. Mas Jesús, vuelto a ellas, les dice: Hijas de Jerusalén, no me lloréis a mí, mas llorad por vosotras mismas, y por vuestros hijos.

29. Porque he aquí vendrán días en que dirán: Bienaventuradas las estériles, y los vientres que no engendraron, y los pechos que no criaron.

30. Entonces comenzarán a decir a los montes: Caed sobre nosotros: y a los collados: Cubridnos.

31. Porque si en el árbol verde hacen estas cosas, ¿en el seco, qué se hará?

32. Y llevaban también con él otros dos, malhechores, a ser muertos.

33. Y como vinieron al lugar que se llama de la Calavera, le crucificaron allí, y a los malhechores, uno a la derecha, y otro a la izquierda.

34. Y Jesús decía: Padre, perdónalos, porque no saben lo que hacen. Y partiendo sus vestidos, echaron suertes.

35. Y el pueblo estaba mirando; y se burlaban de él los príncipes con ellos, diciendo: A otros hizo salvos: sálvese a sí, si éste es el Mesías, el escogido de Dios.

36. Escarnecían de él también los soldados, llegándose y presentándole vinagre,

37. Y diciendo: Si tú eres el Rey de los Judíos, sálvate a ti mismo.

38. Y había también sobre él un título escrito con letras griegas, y latinas, y hebraicas: ESTE ES EL REY DE LOS JUDIOS.

39. Y uno de los malhechores que estaban colgados, le injuriaba, diciendo: Si tú eres el Cristo, sálvate a ti mismo y a nosotros.

40. Y respondiendo el otro, le reprendió[110], diciendo: ¿Ni aun tú temes a Dios, estando en la misma condenación?

41. Y nosotros, a la verdad, justamente padecemos; porque recibimos lo que merecieron nuestros hechos: mas éste ningún mal hizo.

42. Y dijo a Jesús: Acuérdate de mí cuando vinieres a tu reino.

43. Entonces Jesús le dijo: De cierto te digo, que hoy estarás conmigo en el paraíso.

44. Y cuando era como la hora de sexta, fueron hechas tinieblas sobre toda la tierra hasta la hora de nona.

---

[109] Versión original: hablóles

[110] Versión original: reprendióle

45. Y el sol se obscureció: y el velo del templo se rompió por medio.

46. Entonces Jesús, clamando a gran voz, dijo: Padre, en tus manos encomiendo mi espíritu. Y habiendo dicho esto, espiró.

47. Y como el centurión vio lo que había acontecido, dio gloria a Dios, diciendo: Verdaderamente este hombre era justo.

48. Y toda la multitud de los que estaban presentes a este espectáculo, viendo lo que había acontecido, se volvían hiriendo sus pechos.

49. Mas todos sus conocidos, y las mujeres que le habían seguido desde Galilea, estaban lejos mirando estas cosas.

50. Y he aquí un varón llamado José, el cual era senador, varón bueno y justo,

51. (El cual no había consentido en el consejo ni en los hechos de ellos), de Arimatea, ciudad de la Judea, el cual también esperaba el reino de Dios;

52. Este llegó a Pilato, y pidió el cuerpo de Jesús.

53. Y quitado, lo envolvió en una sábana, y le puso en un sepulcro abierto en una peña, en el cual ninguno había aún sido puesto.

54. Y era día de la víspera de la Pascua; y estaba para rayar el sábado.

55. Y las mujeres que con él habían venido de Galilea, siguieron también y vieron el sepulcro, y cómo fue puesto su cuerpo.

56. Y vueltas, aparejaron drogas aromáticas y ungüentos; y reposaron el sábado, conforme al mandamiento.

## Lucas 24

 EL primer día de la semana, muy de mañana, vinieron al sepulcro, trayendo las drogas aromáticas que habían aparejado, y algunas otras mujeres con ellas.

2. Y hallaron la piedra revuelta del sepulcro.

3. Y entrando, no hallaron el cuerpo del Señor Jesús.

4. Y aconteció, que estando ellas espantadas de esto, he aquí se pararon junto a ellas dos varones con vestiduras resplandecientes;

5. Y como tuviesen ellas temor, y bajasen el rostro a tierra, les dijeron: ¿Por qué buscáis entre los muertos al que vive?

6. No está aquí, mas ha resucitado: acordaos de lo que os habló, cuando aun estaba en Galilea,

7. Diciendo: Es menester que el Hijo del hombre sea entregado en manos de hombres pecadores, y que sea crucificado, y resucite al tercer día.

8. Entonces ellas se acordaron de sus palabras,

9. Y volviendo del sepulcro, dieron nuevas de todas estas cosas a los once, y a todos los demás.

10. Y eran María Magdalena, y Juana, y María madre de Jacobo, y las demás con ellas, las que dijeron estas cosas a los apóstoles.

11. Mas a ellos les parecían como locura las palabras de ellas, y no las creyeron.

12. Pero levantándose Pedro, corrió al sepulcro: y como miró dentro, vio solos los lienzos echados; y se fue maravillándose de lo que había sucedido.

13. Y he aquí, dos de ellos iban el mismo día a una aldea que estaba de Jerusalén sesenta estadios, llamada Emaús.

14. E iban hablando entre sí de todas aquellas cosas que habían acaecido.

15. Y aconteció que yendo hablando entre sí, y preguntándose el uno al otro, el mismo Jesús se llegó, e iba con ellos juntamente.

16. Mas los ojos de ellos estaban embargados, para que no le conociesen.

17. Y les dijo: ¿Qué pláticas son estas que tratáis entre vosotros andando, y estáis tristes?

18. Y respondiendo el uno, que se llamaba Cleofas, le dijo: ¿Tú sólo peregrino eres en Jerusalén, y no has sabido las cosas que en ella han acontecido estos días?

19. Entonces él les dijo: ¿Qué cosas? Y ellos le dijeron: De Jesús Nazareno, el cual fue varón profeta, poderoso en obra y en palabra delante de Dios y de todo el pueblo;

20. Y cómo le entregaron los príncipes de los sacerdotes y nuestros príncipes a condenación de muerte, y le crucificaron.

21. Mas nosotros esperábamos que él era el que había de redimir a Israel: y ahora sobre todo esto, hoy es el tercer día que esto ha acontecido.

22. Aunque también unas mujeres de los nuestros nos han espantado, las cuales antes del día fueron al sepulcro:

23. Y no hallando su cuerpo, vinieron diciendo que también habían visto visión de ángeles, los cuales dijeron que él vive.

24. Y fueron algunos de los nuestros al sepulcro, y hallaron así como las mujeres habían dicho; más a él no le vieron.

25. Entonces él les dijo: ¡Oh insensatos, y tardos de corazón para creer todo lo que los profetas han dicho!

26. ¿No era necesario que el Cristo padeciera estas cosas, y que entrara en su gloria?

27. Y comenzando desde Moisés, y de todos los profetas, les declaraba[111] en todas las Escrituras lo que de él decían.

28. Y llegaron a la aldea a donde iban: y él hizo como que iba más lejos.

29. Mas ellos le detuvieron por fuerza, diciendo: Quédate con nosotros, porque se hace tarde, y el día ya ha declinado. Entró pues a estarse con ellos.

30. Y aconteció, que estando sentado con ellos a la mesa, tomando el pan, bendijo, y partió, y les dio[112].

31. Entonces fueron abiertos los ojos de ellos, y le conocieron; mas él se desapareció de los ojos de ellos.

32. Y decían el uno al otro: ¿No ardía nuestro corazón en nosotros, mientras nos hablaba en el camino, y cuando nos abría las Escrituras?

33. Y levantándose en la misma hora, se regresaron[113] a Jerusalén, y hallaron a los once reunidos, y a los que estaban con ellos.

34. Que decían: Ha resucitado el Señor verdaderamente, y ha aparecido a Simón.

35. Entonces ellos contaban las cosas que les habían acontecido en el camino, y cómo había sido conocido de ellos al partir el pan.

36. Y entre tanto que ellos hablaban estas cosas, él se puso en medio de ellos, y les dijo: Paz a vosotros.

37. Entonces ellos espantados y asombrados, pensaban que veían espíritu.

38. Mas él les dice: ¿Por qué estáis turbados, y suben pensamientos a vuestros corazones?

39. Mirad mis manos y mis pies, que yo mismo soy: palpad, y ved; que el espíritu ni tiene carne ni huesos, como veis que yo tengo.

40. Y en diciendo esto, les mostró las manos y los pies.

41. Y no creyéndolo aún ellos de gozo, y maravillados, les dijo: ¿Tenéis aquí algo de comer?

42. Entonces ellos le presentaron parte de un pez asado, y un panal de miel.

43. Y él tomó, y comió delante de ellos.

44. Y él les dijo: Estas son las palabras que os hablé, estando aún con vosotros: que era necesario que se cumpliesen todas las cosas que están escritas de mí en la ley de Moisés, y en los profetas, y en los salmos.

45. Entonces les abrió el sentido, para que entendiesen las Escrituras;

46. Y les dijo: Así está escrito, y así fue necesario que el Cristo padeciese, y resucitase de los muertos al tercer día;

47. Y que se predicase en su nombre el arrepentimiento y la remisión de pecados en todas las naciones, comenzando de Jerusalén.

48. Y vosotros sois testigos de estas cosas.

49. Y he aquí, yo enviaré la promesa de mi Padre sobre vosotros: mas vosotros asentad en la ciudad de Jerusalén, hasta que seáis investidos de potencia de lo alto.

50. Y los sacó[114] fuera hasta Betania, y alzando sus manos, los bendijo.

51. Y aconteció que bendiciéndolos, se fue de ellos; y era llevado arriba al cielo.

52. Y ellos, después de haberle adorado, se volvieron a Jerusalén con gran gozo;

53. Y estaban siempre en el templo, alabando y bendiciendo a Dios. Amén.

[111] Versión original: declarábales
[112] Versión original: dióles
[113] Versión original: tornáronse

[114] Versión original: sacólos

# El Evangelio según

# San Juan

## Juan 1

**E**N el principio era el Verbo, y el Verbo era con Dios, y el Verbo era Dios.

2. Este era en el principio con Dios.

3. Todas las cosas por él fueron hechas; y sin él nada de lo que es hecho, fue hecho.

4. En él estaba la vida, y la vida era la luz de los hombres.

5. Y la luz en las tinieblas resplandece; mas las tinieblas no la comprendieron.

6. Fue un hombre enviado de Dios, el cual se llamaba Juan.

7. Este vino por testimonio, para que diese testimonio de la luz, para que todos creyesen por él.

8. No era él la luz, sino para que diese testimonio de la luz.

9. Aquel era la luz verdadera, que alumbra a todo hombre que viene a este mundo.

10. En el mundo estaba, y el mundo fue hecho por él; y el mundo no le conoció.

11. A lo suyo vino, y los suyos no le recibieron.

12. Mas a todos los que le recibieron, les dio potestad de ser hechos hijos de Dios, a los que creen en su nombre:

13. Los cuales no son engendrados de sangre, ni de voluntad de carne, ni de voluntad de varón, mas de Dios.

14. Y aquel Verbo fue hecho carne, y habitó entre nosotros (y vimos su gloria, gloria como del unigénito del Padre), lleno de gracia y de verdad.

15. Juan dio testimonio de él, y clamó diciendo: Este es del que yo decía: El que viene tras mí, es antes de mí: porque es primero que yo.

16. Porque de su plenitud tomamos todos, y gracia por gracia.

17. Porque la ley por Moisés fue dada: mas la gracia y la verdad por Jesucristo fue hecha.

18. A Dios nadie le vio jamás: el unigénito Hijo, que está en el seno del Padre, él le declaró.

19. Y éste es el testimonio de Juan, cuando los Judíos enviaron de Jerusalén sacerdotes y Levitas, que le preguntasen: ¿Tú, quién eres?

20. Y confesó, y no negó; mas declaró: No soy yo el Cristo.

21. Y le preguntaron: ¿Qué pues? ¿Eres tú Elías? Dijo: No soy. ¿Eres tú el profeta? Y respondió: No.

22. Le dijeron: ¿Pues quién eres? para que demos respuesta a los que nos enviaron. ¿Qué dices de ti mismo?

23. Dijo: Yo soy la voz del que clama en el desierto: Enderezad el camino del Señor, como dijo Isaías profeta.

24. Y los que habían sido enviados eran de los Fariseos.

25. Y le preguntaron[115], y le dijeron: ¿Por qué pues bautizas, si tú no eres el Cristo, ni Elías, ni el profeta?

26. Y Juan les respondió, diciendo: Yo bautizo con agua; mas en medio de vosotros ha estado a quien vosotros no conocéis.

27. Este es el que ha de venir tras mí, el cual es antes de mí: del cual yo no soy digno de desatar la correa del zapato.

28. Estas cosas acontecieron en Betania[116], de la otra parte del Jordán, donde Juan bautizaba.

29. El siguiente día ve Juan a Jesús que venía a él, y dice: He aquí el Cordero de Dios, que quita el pecado del mundo.

30. Este es del que dije: Tras mí viene un varón, el cual es antes de mí: porque era primero que yo.

31. Y yo no le conocía; más para que fuese manifestado a Israel, por eso vine yo bautizando con agua.

32. Y Juan dio testimonio, diciendo: Vi al Espíritu que descendía del cielo como paloma, y reposó sobre él.

---

[115] Versión original: preguntáronle
[116] Traducción alternativa: Betábara

33. Y yo no le conocía; mas el que me envió a bautizar con agua, aquél me dijo: Sobre quien vieres descender el Espíritu, y que reposa sobre él, éste es el que bautiza con Espíritu Santo.

34. Y yo le vi, y he dado testimonio que éste es el Hijo de Dios.

35. El siguiente día otra vez estaba Juan, y dos de sus discípulos.

36. Y mirando a Jesús que andaba por allí, dijo: He aquí el Cordero de Dios.

37. Y le oyeron[117] los dos discípulos hablar, y siguieron a Jesús.

38. Y volviéndose Jesús, y viéndolos seguir le, les dijo: ¿Qué buscáis? Y ellos le dijeron: Rabí (que declarado quiere decir Maestro) ¿dónde moras?

39. Les dijo: Venid y ved. Vinieron, y vieron donde moraba, y se quedaron[118] con él aquel día: porque era como la hora de las diez.

40. Era Andrés, hermano de Simón Pedro, uno de los dos que habían oído de Juan, y le habían seguido.

41. Este halló primero a su hermano Simón, y le dijo: Hemos hallado al Mesías (que declarado es, el Cristo).

42. Y le trajo a Jesús. Y mirándole Jesús, dijo: Tú eres Simón, hijo de Jonás: tú serás llamado Cefas (que quiere decir, Piedra).

43. El siguiente día quiso Jesús ir a Galilea, y halla a Felipe, al cual dijo: Sígueme.

44. Y era Felipe de Betsaida, la ciudad de Andrés y de Pedro.

45. Felipe halló a Natanael, y le dijo: Hemos hallado a aquel de quien escribió Moisés en la ley, y los profetas: a Jesús, el hijo de José, de Nazaret.

46. Y le dijo Natanael: ¿De Nazaret puede haber algo de bueno? Le dijo Felipe: Ven y ve.

47. Jesús vio venir a sí a Natanael, y dijo de él: He aquí un verdadero Israelita, en el cual no hay engaño.

48. Le dijo Natanael: ¿De dónde me conoces? Respondió Jesús, y le dijo: Antes que Felipe te llamara, cuando estabas debajo de la higuera te vi.

49. Respondió Natanael, y le dijo: Rabí, tú eres el Hijo de Dios; tú eres el Rey de Israel.

50. Respondió Jesús y le dijo: ¿Porque te dije, te vi debajo de la higuera, crees? cosas mayores que éstas verás.

51. Y le dijo: De cierto, de cierto os digo: De aquí adelante veréis el cielo abierto, y los ángeles de Dios que suben y descienden sobre el Hijo del hombre.

## Juan 2

AL tercer día se hicieron[119] unas bodas en Caná de Galilea; y estaba allí la madre de Jesús. 2. Y fue también llamado Jesús y sus discípulos a las bodas.

3. Y faltando el vino, la madre de Jesús le dijo: Vino no tienen.

4. Y le dijo Jesús: ¿Qué tengo yo contigo, mujer? aun no ha venido mi hora.

5. Su madre dice a los que servían: Haced todo lo que os dijere.

6. Y estaban allí seis tinajuelas de piedra para agua, conforme a la purificación de los Judíos, que cabían en cada una dos o tres cántaros.

7. Les dijo Jesús: Llenad[120] estas tinajuelas de agua. Y las llenaron[121] hasta arriba.

8. Y les dijo: Sacad ahora, y presentad al maestresala. Y se las presentaron[122].

9. Y como el maestresala gustó el agua hecha vino, que no sabía de dónde era (mas no lo sabían los sirvientes que habían sacado el agua), el maestresala llama al esposo,

10. Y le dijo: Todo hombre pone primero el buen vino, y cuando están satisfechos, entonces lo que es peor; mas tú has guardado el buen vino hasta ahora.

11. Este principio de señales hizo Jesús en Caná de Galilea, y manifestó su gloria; y sus discípulos creyeron en él.

12. Después de esto descendió a Capernaúm, él, y su madre, y hermanos, y discípulos; y estuvieron allí no muchos días.

117 Versión original: oyéronle
118 Versión original: quedáronse

119 Versión original: hiciéronse
120 Versión original: henchid
121 Versión original: e hinchiéronlas
122 Versión original: presentáronle

13. Y estaba cerca la Pascua de los Judíos; y subió Jesús a Jerusalén.
14. Y halló en el templo a los que vendían bueyes, y ovejas, y palomas, y a los cambiadores sentados.
15. Y hecho un azote de cuerdas, los echó[123] a todos del templo, y las ovejas, y los bueyes; y derramó los dineros de los cambiadores, y trastornó las mesas;
16. Y a los que vendían las palomas, dijo: Quitad de aquí esto, y no hagáis la casa de mi Padre casa de mercado.
17. Entonces se acordaron sus discípulos que está escrito: El celo de tu casa me comió.
18. Y los Judíos respondieron, y le dijeron: ¿Qué señal nos muestras de que haces esto?
19. Respondió Jesús, y les dijo: Destruid este templo, y en tres días lo levantaré.
20. Dijeron luego los Judíos: En cuarenta y seis años fue este templo edificado, ¿y tú en tres días lo levantarás?
21. Mas él hablaba del templo de su cuerpo.
22. Por tanto, cuando resucitó de los muertos, sus discípulos se acordaron que había dicho esto; y creyeron a la Escritura, y a la palabra que Jesús había dicho.
23. Y estando en Jerusalén en la Pascua, en el día de la fiesta, muchos creyeron en su nombre, viendo las señales que hacía.
24. Mas el mismo Jesús no se confiaba a sí mismo de ellos, porque él conocía a todos,
25. Y no tenía necesidad que alguien le diese testimonio del hombre; porque él sabía lo que había en el hombre.

## Juan 3

 HABIA un hombre de los Fariseos que se llamaba Nicodemo, príncipe de los Judíos.
2. Este vino a Jesús de noche, y le dijo: Rabí, sabemos que has venido de Dios por maestro; porque nadie puede hacer estas señales que tú haces, si no fuere Dios con él.

[123] Versión original: echólos

3. Respondió Jesús, y le dijo: De cierto, de cierto te digo, que el que no naciere otra vez, no puede ver el reino de Dios.
4. Le dijo Nicodemo: ¿Cómo puede el hombre nacer siendo viejo? ¿puede entrar otra vez en el vientre de su madre, y nacer?
5. Respondió Jesús: De cierto, de cierto te digo, que el que no naciere de agua y del Espíritu, no puede entrar en el reino de Dios.
6. Lo que es nacido de la carne, carne es; y lo que es nacido del Espíritu, espíritu es.
7. No te maravilles de que te dije: Os es necesario nacer otra vez.
8. El viento de donde quiere sopla, y oyes su sonido; mas ni sabes de dónde viene, ni a dónde vaya: así es todo aquel que es nacido del Espíritu.
9. Respondió Nicodemo, y le dijo: ¿Cómo puede esto hacerse?
10. Respondió Jesús, y le dijo: ¿Tú eres el maestro de Israel, y no sabes esto?
11. De cierto, de cierto te digo, que lo que sabemos hablamos, y lo que hemos visto, testificamos; y no recibís nuestro testimonio.
12. Si os he dicho cosas terrenas, y no creéis, ¿cómo creeréis si os dijere las celestiales?
13. Y nadie subió al cielo, sino el que descendió del cielo, el Hijo del hombre, que está en el cielo.
14. Y como Moisés levantó la serpiente en el desierto, así es necesario que el Hijo del hombre sea levantado;
15. Para que todo aquel que en él creyere, no se pierda, sino que tenga vida eterna.
16. Porque de tal manera amó Dios al mundo, que ha dado a su Hijo unigénito, para que todo aquel que en él cree, no se pierda, mas tenga vida eterna.
17. Porque no envió Dios a su Hijo al mundo, para que condene al mundo, mas para que el mundo sea salvo por él.
18. El que en él cree, no es condenado; mas el que no cree, ya es condenado, porque no creyó en el nombre del unigénito Hijo de Dios.

19. Y esta es la condenación: porque la luz vino al mundo, y los hombres amaron más las tinieblas que la luz; porque sus obras eran malas.

20. Porque todo aquel que hace lo malo, aborrece la luz y no viene a la luz, porque sus obras no sean redargüidas.

21. Mas el que obra verdad, viene a la luz, para que sus obras sean manifestadas que son hechas en Dios.

22. Pasado esto, vino Jesús con sus discípulos a la tierra de Judea; y estaba allí con ellos, y bautizaba.

23. Y bautizaba también Juan en Enón junto a Salín, porque había allí muchas aguas; y venían, y eran bautizados.

24. Porque Juan, no había sido aún puesto en la cárcel.

25. Y hubo cuestión entre los discípulos de Juan y los Judíos acerca de la purificación.

26. Y vinieron a Juan, y le dijeron: Rabí, el que estaba contigo de la otra parte del Jordán, del cual tú diste testimonio, he aquí bautiza, y todos vienen a él.

27. Respondió Juan, y dijo: No puede el hombre recibir algo, si no le fuere dado del cielo.

28. Vosotros mismos me sois testigos que dije: Yo no soy el Cristo, sino que soy enviado delante de él.

29. El que tiene la esposa, es el esposo; mas el amigo del esposo, que está en pie y le oye, se goza grandemente de la voz del esposo; así pues, este mi gozo es cumplido.

30. A él conviene crecer, mas a mí menguar.

31. El que de arriba viene, sobre todos es: el que es de la tierra, terreno es, y cosas terrenas habla: el que viene del cielo, sobre todos es.

32. Y lo que vio y oyó, esto testifica: y nadie recibe su testimonio.

33. El que recibe su testimonio, éste signó que Dios es verdadero.

34. Porque el que Dios envió, las palabras de Dios habla: porque no da Dios el Espíritu por medida.

35. El Padre ama al Hijo, y todas las cosas dio en su mano.

36. El que cree en el Hijo, tiene vida eterna; mas el que es incrédulo al Hijo, no verá la vida, sino que la ira de Dios está sobre él.

## Juan 4

 E manera que como Jesús entendió que los Fariseos habían oído que Jesús hacía y bautizaba más discípulos que Juan,

2. (Aunque Jesús no bautizaba, sino sus discípulos),

3. Dejó a Judea, y fuese otra vez a Galilea.

4. Y era menester que pasase por Samaria.

5. Vino, pues, a una ciudad de Samaria que se llamaba Sicar, junto a la heredad que Jacob dio a José su hijo.

6. Y estaba allí la fuente de Jacob. Pues Jesús, cansado del camino, así se sentó a la fuente. Era como la hora de sexta.

7. Vino una mujer de Samaria a sacar agua: y Jesús le dice: Dame de beber.

8. (Porque sus discípulos habían ido a la ciudad a comprar de comer.)

9. Y la mujer Samaritana le dice: ¿Cómo tú, siendo Judío, me pides a mí de beber, que soy mujer Samaritana? porque los Judíos no se tratan con los Samaritanos.

10. Respondió Jesús y le dijo: Si conocieses el don de Dios, y quién es el que te dice: Dame de beber: tú pedirías de él, y él te daría agua viva.

11. La mujer le dice: Señor, no tienes con qué sacarla, y el pozo es hondo: ¿de dónde, pues, tienes el agua viva?

12. ¿Eres tú mayor que nuestro padre Jacob, que nos dio este pozo, del cual él bebió, y sus hijos, y sus ganados?

13. Respondió Jesús y le dijo: Cualquiera que bebiere de esta agua, volverá a tener sed;

14. Mas el que bebiere del agua que yo le daré, para siempre no tendrá sed: mas el agua que yo le daré, será en él una fuente de agua que salte para vida eterna.

15. La mujer le dice: Señor, dame esta agua, para que no tenga sed, ni venga acá a sacarla.

16. Jesús le dice: Ve, llama a tu marido, y ven acá.

17. Respondió la mujer, y dijo: No tengo marido. Le dijo Jesús: Bien has dicho, No tengo marido;

18. Porque cinco maridos has tenido: y el que ahora tienes no es tu marido; esto has dicho con verdad.

19. Le dijo la mujer: Señor, me parece[124] que tú eres profeta.

20. Nuestros padres adoraron en este monte, y vosotros decís que en Jerusalén es el lugar donde es necesario adorar.

21. Le dijo Jesús: Mujer, créeme, que la hora viene, cuando ni en este monte, ni en Jerusalén adoraréis al Padre.

22. Vosotros adoráis lo que no sabéis; nosotros adoramos lo que sabemos: porque la salud viene de los Judíos.

23. Mas la hora viene, y ahora es, cuando los verdaderos adoradores adorarán al Padre en espíritu y en verdad; porque también el Padre tales adoradores busca que adoren.

24. Dios es Espíritu; y los que le adoran, en espíritu y en verdad es necesario que adoren.

25. Le dijo la mujer: Sé que el Mesías ha de venir, el cual se dice el Cristo: cuando él viniere nos declarará todas las cosas.

26. Le dijo Jesús: Yo soy, que hablo contigo.

27. Y en esto vinieron sus discípulos, y se maravillaron[125] de que hablaba con mujer; mas ninguno dijo: ¿Qué preguntas? ó, ¿Qué hablas con ella?

28. Entonces la mujer dejó su cántaro, y fue a la ciudad, y dijo a aquellos hombres:

29. Venid, ved un hombre que me ha dicho todo lo que he hecho: ¿si quizás es éste el Cristo?

30. Entonces salieron de la ciudad, y vinieron a él.

31. Entre tanto los discípulos le rogaban, diciendo: Rabí, come.

32. Y él les dijo: Yo tengo una comida que comer, que vosotros no sabéis.

33. Entonces los discípulos decían el uno al otro: ¿Si le habrá traído alguien de comer?

34. Les dijo Jesús: Mi comida es que haga la voluntad del que me envió, y que acabe su obra.

35. ¿No decís vosotros: Aun hay cuatro meses hasta que llegue la siega? He aquí os digo: Alzad vuestros ojos, y mirad las regiones, porque ya están blancas para la siega.

36. Y el que siega, recibe salario, y allega fruto para vida eterna; para que el que siembra también goce, y el que siega.

37. Porque en esto es el dicho verdadero: Que uno es el que siembra, y otro es el que siega.

38. Yo os he enviado a segar lo que vosotros no labrasteis: otros labraron, y vosotros habéis entrado en sus labores.

39. Y muchos de los Samaritanos de aquella ciudad creyeron en él por la palabra de la mujer, que daba testimonio, diciendo: Que me dijo todo lo que he hecho.

40. Viniendo pues los Samaritanos a él, le rogaron que se quedase allí: y se quedó allí dos días.

41. Y creyeron muchos más por la palabra de él.

42. Y decían a la mujer: Ya no creemos por tu dicho; porque nosotros mismos hemos oído, y sabemos que verdaderamente éste es el Salvador del mundo, el Cristo.

43. Y dos días después, salió de allí, y se fue a Galilea.

44. Porque el mismo Jesús dio testimonio de que el profeta en su tierra no tiene honra.

45. Y como vino a Galilea, los Galileos le recibieron, vistas todas las cosas que había hecho en Jerusalén en el día de la fiesta: porque también ellos habían ido a la fiesta.

46. Vino pues Jesús otra vez a Caná de Galilea, donde había hecho el vino del agua. Y había en Capernaúm uno del rey, cuyo hijo estaba enfermo.

47. Este, como oyó que Jesús venía de Judea a Galilea, fue a él, y le rogaba[126]

---

[124] Versión original: paréceme
[125] Versión original: maravilláronse

[126] Versión original: rogábale

que descendiese, y sanase a su hijo,
porque se comenzaba a morir.

48. Entonces Jesús le dijo: Si no viereis
señales y milagros no creeréis.

49. El del rey le dijo: Señor, desciende
antes que mi hijo muera.

50. Le dijo Jesús: Ve, tu hijo vive. Y el
hombre creyó a la palabra que Jesús
le dijo, y se fue.

51. Y cuando ya él descendía, los siervos
le salieron a recibir, y le dieron
nuevas, diciendo: Tu hijo vive.

52. Entonces él les preguntó a qué hora
comenzó a estar mejor. Y le dijeron:
Ayer a las siete le dejó la fiebre.

53. El padre entonces entendió, que
aquella hora era cuando Jesús le dijo:
Tu hijo vive; y creyó él y toda su casa.

54. Esta segunda señal volvió Jesús a
hacer, cuando vino de Judea a Galilea.

## Juan 5

 ESPUÉS de estas cosas, era un
día de fiesta de los Judíos, y
subió Jesús a Jerusalén.
2.   Y hay en Jerusalén a la
puerta del ganado un estanque, que
en hebraico es llamado Betesda, el
cual tiene cinco portales.

3.  En éstos yacía multitud de enfermos,
ciegos, cojos, secos, que estaban
esperando el movimiento del agua.

4.  Porque un ángel descendía a cierto
tiempo al estanque, y revolvía el agua;
y el que primero descendía en el
estanque después del movimiento del
agua, era sano de cualquier
enfermedad que tuviese.

5.  Y estaba allí un hombre que había
treinta y ocho años que estaba
enfermo.

6.  Como Jesús vio a éste echado, y
entendió que ya había mucho tiempo,
le dijo: ¿Quieres ser sano?

7.  Señor, le respondió el enfermo, no
tengo hombre que me meta en el
estanque cuando el agua fuere
revuelta; porque entre tanto que yo
vengo, otro antes de mí ha
descendido.

8.  Le dijo Jesús: Levántate, toma tu
lecho, y anda.

9.  Y luego aquel hombre fue sano, y
tomó su lecho, y anduvo[127]. Y era
sábado aquel día.

10. Entonces los Judíos decían a aquel
que había sido sanado: Sábado es: no
te es lícito llevar tu lecho.

11. Les respondió: El que me sanó, él
mismo me dijo: Toma tu lecho y anda.

12. Le preguntaron entonces: ¿Quién es el
que te dijo: Toma tu lecho y anda?

13. Y el que había sido sanado, no sabía
quién fuese; porque Jesús se había
apartado de la gente que estaba en
aquel lugar.

14. Después le halló Jesús en el templo, y
le dijo: He aquí, has sido sanado; no
peques más, porque no te venga
alguna cosa peor.

15. El se fue, y dio aviso a los Judíos, que
Jesús era el que le había sanado.

16. Y por esta causa los Judíos perseguían
a Jesús, y procuraban matarle, porque
hacía estas cosas en sábado.

17. Y Jesús les respondió: Mi Padre hasta
ahora obra, y yo obro.

18. Entonces, por tanto, más procuraban
los Judíos matarle, porque no sólo
quebrantaba el sábado, sino que
también a su Padre llamaba Dios,
haciéndose igual a Dios.

19. Respondió entonces Jesús, y les dijo:
De cierto, de cierto os digo: No puede
el Hijo hacer nada de sí mismo, sino
lo que viere hacer al Padre: porque
todo lo que él hace, esto también
hace el Hijo juntamente.

20. Porque el Padre ama al Hijo, y le
muestra todas las cosas que él hace; y
mayores obras que éstas le mostrará,
de suerte que vosotros os maravilléis.

21. Porque como el Padre levanta los
muertos, y les da vida, así también el
Hijo a los que quiere da vida.

22. Porque el Padre a nadie juzga, mas
todo el juicio dio al Hijo;

23. Para que todos honren al Hijo como
honran al Padre. El que no honra al
Hijo, no honra al Padre que le envió.

24. De cierto, de cierto os digo: El que
oye mi palabra, y cree al que me ha
enviado, tiene vida eterna; y no
vendrá a condenación, mas pasó de
muerte a vida.

---

[127] Versión original: e íbase

25. De cierto, de cierto os digo: Vendrá hora, y ahora es, cuando los muertos oirán la voz del Hijo de Dios: y los que oyeren vivirán.

26. Porque como el Padre tiene vida en sí mismo, así dio también al Hijo que tuviese vida en sí mismo:

27. Y también le dio poder de hacer juicio, en cuanto es el Hijo del hombre.

28. No os maravilléis de esto; porque vendrá hora, cuando todos los que están en los sepulcros oirán su voz;

29. Y los que hicieron bien, saldrán a resurrección de vida; mas los que hicieron mal, a resurrección de condenación.

30. No puedo yo de mí mismo hacer nada: como oigo, juzgo: y mi juicio es justo; porque no busco mi voluntad, mas la voluntad del que me envió, del Padre.

31. Si yo doy testimonio de mí mismo, mi testimonio no es verdadero.

32. Otro es el que da testimonio de mí; y sé que el testimonio que da de mí, es verdadero.

33. Vosotros enviasteis a Juan, y él dio testimonio a la verdad.

34. Empero yo no tomo el testimonio de hombre; mas digo esto, para que vosotros seáis salvos.

35. El era antorcha que ardía y alumbraba: y vosotros quisisteis recrearos por un poco a su luz.

36. Mas yo tengo mayor testimonio que el de Juan: porque las obras que el Padre me dio que cumpliese, las mismas obras que yo hago, dan testimonio de mí, que el Padre me haya enviado.

37. Y el que me envió, el Padre, él ha dado testimonio de mí. Ni nunca habéis oído su voz, ni habéis visto su parecer.

38. Ni tenéis su palabra permanente en vosotros; porque al que él envió, a éste vosotros no creéis.

39. Escudriñad las Escrituras, porque a vosotros os parece que en ellas tenéis la vida eterna; y ellas son las que dan testimonio de mí.

40. Y no queréis venir a mí, para que tengáis vida.

41. Gloria de los hombres no recibo.

42. Mas yo os conozco, que no tenéis amor de Dios en vosotros.

43. Yo he venido en nombre de mi Padre, y no me recibís: si otro viniere en su propio nombre, a aquél recibiréis.

44. ¿Cómo podéis vosotros creer, pues tomáis la gloria los unos de los otros, y no buscáis la gloria que de sólo Dios viene?

45. No penséis que yo os tengo de acusar delante del Padre; hay quien os acusa, Moisés, en quien vosotros esperáis.

46. Porque si vosotros creyeseis a Moisés, creeríais a mí; porque de mí escribió él.

47. Y si a sus escritos no creéis, ¿cómo creeréis a mis palabras?

## Juan 6

 ASADAS estas cosas, se fue Jesús a la otra parte de la mar de Galilea, que es de Tiberias.

2. Y le seguía[128] grande multitud, porque veían sus señales que hacía en los enfermos.

3. Y subió Jesús a un monte, y se sentó allí con sus discípulos.

4. Y estaba cerca la Pascua, la fiesta de los Judíos.

5. Y como alzó Jesús los ojos, y vio que había venido a él grande multitud, dice a Felipe: ¿De dónde compraremos pan para que coman éstos?

6. Mas esto decía para probarle; porque él sabía lo que había de hacer.

7. Le respondió Felipe: Doscientos denarios de pan no les bastarán, para que cada uno de ellos tome un poco.

8. Le dijo uno de sus discípulos, Andrés, hermano de Simón Pedro:

9. Un muchacho está aquí que tiene cinco panes de cebada y dos pececillos; ¿mas qué es esto entre tantos?

10. Entonces Jesús dijo: Haced recostar la gente. Y había mucha hierba en aquel lugar: y se recostaron[129] como número de cinco mil varones.

11. Y tomó Jesús aquellos panes, y habiendo dado gracias, repartió a los

---

[128] Versión original: seguíale
[129] Versión original: recostáronse

discípulos, y los discípulos a los que estaban recostados: asimismo de los peces, cuanto querían.

12. Y como fueron saciados, dijo a sus discípulos: Recoged los pedazos que han quedado, porque no se pierda nada.

13. Cogieron pues, e hinchieron doce cestas de pedazos de los cinco panes de cebada, que sobraron a los que habían comido.

14. Aquellos hombres entonces, como vieron la señal que Jesús había hecho, decían: Este verdaderamente es el profeta que había de venir al mundo.

15. Y entendiendo Jesús que habían de venir para arrebatarle, y hacerle rey, volvió a retirarse al monte, él solo.

16. Y como se hizo tarde, descendieron sus discípulos a la mar;

17. Y entrando en un barco, venían de la otra parte de la mar hacia Capernaúm. Y era ya oscuro, y Jesús no había venido a ellos.

18. Y se levantaba[130] la mar con un gran viento que soplaba.

19. Y como hubieron navegado como veinticinco o treinta estadios, ven a Jesús que andaba sobre la mar, y se acercaba al barco: y tuvieron miedo.

20. Mas él les dijo: Yo soy; no tengáis miedo.

21. Ellos entonces gustaron recibirle en el barco: y luego el barco llegó a la tierra donde iban.

22. El día siguiente, la gente que estaba de la otra parte de la mar, como vio que no había allí otra navecilla sino una, y que Jesús no había entrado con sus discípulos en ella, sino que sus discípulos se habían ido solos;

23. Y que otras navecillas habían arribado de Tiberias junto al lugar donde habían comido el pan después de haber el Señor dado gracias;

24. Como vio pues la gente que Jesús no estaba allí, ni sus discípulos, entraron ellos en las navecillas, y vinieron a Capernaúm buscando a Jesús.

25. Y hallándole de la otra parte de la mar, le dijeron: Rabí, ¿cuándo llegaste acá?

26. Les respondió[131] Jesús, y dijo; De cierto, de cierto os digo, que me buscáis, no porque habéis visto las señales, sino porque comisteis el pan y os hartasteis.

27. Trabajad no por la comida que perece, mas por la comida que a vida eterna permanece, la cual el Hijo del hombre os dará: porque a éste señaló el Padre, que es Dios.

28. Y le dijeron: ¿Qué haremos para que obremos las obras de Dios?

29. Respondió Jesús, y les dijo: Esta es la obra de Dios, que creáis en el que él ha enviado.

30. Le dijeron entonces: ¿Qué señal pues haces tú, para que veamos, y te creamos? ¿Qué obras?

31. Nuestros padres comieron el maná en el desierto, como está escrito: Pan del cielo les dio a comer.

32. Y Jesús les dijo: De cierto, de cierto os digo: No os dio Moisés pan del cielo; mas mi Padre os da el verdadero pan del cielo.

33. Porque el pan de Dios es aquel que descendió del cielo y da vida al mundo.

34. Y le dijeron: Señor, danos siempre este pan.

35. Y Jesús les dijo: Yo soy el pan de vida: el que a mí viene, nunca tendrá hambre; y el que en mí cree, no tendrá sed jamás.

36. Mas os he dicho, que aunque me habéis visto, no creéis.

37. Todo lo que el Padre me da, vendrá a mí; y al que a mí viene, no le hecho fuera.

38. Porque he descendido del cielo, no para hacer mi voluntad, mas la voluntad del que me envió.

39. Y esta es la voluntad del que me envió, del Padre: Que todo lo que me diere, no pierda de ello, sino que lo resucite en el día postrero.

40. Y esta es la voluntad del que me ha enviado: Que todo aquel que ve al Hijo, y cree en él, tenga vida eterna: y yo le resucitaré en el día postrero.

41. Murmuraban entonces de él los Judíos, porque había dicho: Yo soy el pan que descendí del cielo.

42. Y decían: ¿No es éste Jesús, el hijo de José, cuyo padre y madre nosotros conocemos? ¿cómo, pues, dice éste: Del cielo he descendido?

[130] Versión original: levantábase
[131] Versión original: respondióles

43. Y Jesús respondió, y les dijo: No murmuréis entre vosotros.

44. Ninguno puede venir a mí, si el Padre que me envió no le trajere; y yo le resucitaré en el día postrero.

45. Escrito está en los profetas: Y serán todos enseñados de Dios. Así que, todo aquel que oyó del Padre, y aprendió, viene a mí.

46. No que alguno haya visto al Padre, sino aquel que vino de Dios, éste ha visto al Padre.

47. De cierto, de cierto os digo: El que cree en mí, tiene vida eterna.

48. Yo soy el pan de vida.

49. Vuestros padres comieron el maná en el desierto, y son muertos.

50. Este es el pan que desciende del cielo, para que el que de él comiere, no muera.

51. Yo soy el pan vivo que he descendido del cielo: si alguno comiere de este pan, vivirá para siempre; y el pan que yo daré es mi carne, la cual yo daré por la vida del mundo.

52. Entonces los Judíos contendían entre sí, diciendo: ¿Cómo puede éste darnos su carne a comer?

53. Y Jesús les dijo: De cierto, de cierto os digo: Si no comiereis la carne del Hijo del hombre, y bebiereis su sangre, no tendréis vida en vosotros.

54. El que come mi carne y bebe mi sangre, tiene vida eterna: y yo le resucitaré en el día postrero.

55. Porque mi carne es verdadera comida, y mi sangre es verdadera bebida.

56. El que come mi carne y bebe mi sangre, en mí permanece, y yo en él.

57. Como me envió el Padre viviente, y yo vivo por el Padre, asimismo el que me come, él también vivirá por mí.

58. Este es el pan que descendió del cielo: no como vuestros padres comieron el maná, y son muertos: el que come de este pan, vivirá eternamente.

59. Estas cosas dijo en la sinagoga, enseñando en Capernaúm.

60. Y muchos de sus discípulos oyendo lo, dijeron: Dura es esta palabra: ¿quién la puede oír?

61. Y sabiendo Jesús en sí mismo que sus discípulos murmuraban de esto, les dijo: ¿Esto os escandaliza?

62. ¿Pues qué, si viereis al Hijo del hombre que sube donde estaba primero?

63. El espíritu es el que da vida; la carne nada aprovecha: las palabras que yo os he hablado, son espíritu y son vida.

64. Mas hay algunos de vosotros que no creen. Porque Jesús desde el principio sabía quiénes eran los que no creían, y quién le había de entregar.

65. Y dijo: Por eso os he dicho que ninguno puede venir a mí, si no le fuere dado del Padre.

66. Desde esto, muchos de sus discípulos volvieron atrás, y ya no andaban con él.

67. Dijo entonces Jesús a los doce: ¿Queréis vosotros iros también?

68. Y le respondió Simón Pedro: Señor, ¿á quién iremos? tú tienes palabras de vida eterna.

69. Y nosotros creemos y conocemos que tú eres el Cristo, el Hijo de Dios viviente.

70. Jesús le respondió: ¿No he escogido yo a vosotros doce, y uno de vosotros es diablo?

71. Y hablaba de Judas Iscariote, hijo de Simón, porque éste era el que le había de entregar, el cual era uno de los doce.

## Juan 7

 PASADAS estas cosas andaba Jesús en Galilea: que no quería andar en Judea, porque los Judíos procuraban matarle.

2. Y estaba cerca la fiesta de los Judíos, la de los tabernáculos.

3. Y le dijeron sus hermanos: Pásate de aquí, y vete a Judea, para que también tus discípulos vean las obras que haces.

4. Que ninguno que procura ser claro, hace algo en oculto. Si estas cosas haces, manifiéstate al mundo.

5. Porque ni aun sus hermanos creían en él.

6. Les dijo entonces Jesús: Mi tiempo aun no ha venido; mas vuestro tiempo siempre está presto.

7. No puede el mundo aborreceros a vosotros; mas a mí me aborrece,

porque yo doy testimonio de él, que sus obras son malas.

8. Vosotros subid a esta fiesta; yo no subo aún a esta fiesta, porque mi tiempo aun no es cumplido.

9. Y habiéndoles dicho esto, se quedó[132] en Galilea.

10. Mas como sus hermanos hubieron subido, entonces él también subió a la fiesta, no manifiestamente, sino como en secreto.

11. Y le buscaban[133] los Judíos en la fiesta, y decían: ¿Dónde está aquél?

12. Y había grande murmullo de él entre la gente: porque unos decían: Bueno es; y otros decían: No, antes engaña a las gentes.

13. Mas ninguno hablaba abiertamente de él, por miedo de los Judíos.

14. Y al medio de la fiesta subió Jesús al templo, y enseñaba.

15. y se maravillaban[134] los Judíos, diciendo: ¿Cómo sabe éste letras, no habiendo aprendido?

16. Les respondió Jesús, y dijo: Mi doctrina no es mía, sino de aquél que me envió.

17. El que quisiere hacer su voluntad, conocerá de la doctrina si viene de Dios, o si yo hablo de mí mismo.

18. El que habla de sí mismo, su propia gloria busca; mas el que busca la gloria del que le envió, éste es verdadero, y no hay en él injusticia.

19. ¿No os dio Moisés la ley, y ninguno de vosotros hace la ley? ¿Por qué me procuráis matar?

20. Respondió la gente, y dijo: Demonio tienes: ¿quién te procura matar?

21. Jesús respondió, y les dijo: Una obra hice, y todos os maravilláis.

22. Cierto, Moisés os dio la circuncisión (no porque sea de Moisés, mas de los padres); y en sábado circuncidáis al hombre.

23. Si recibe el hombre la circuncisión en sábado, para que la ley de Moisés no sea quebrantada, ¿os enojáis conmigo porque en sábado hice sano todo un hombre?

24. No juzguéis según lo que parece, mas juzgad justo juicio.

25. Decían entonces unos de los de Jerusalén: ¿No es éste al que buscan para matarlo?

26. Y he aquí, habla públicamente, y no le dicen nada; ¿si habrán entendido verdaderamente los príncipes, que éste es el Cristo?

27. Mas éste, sabemos de dónde es: y cuando viniere el Cristo, nadie sabrá de dónde sea.

28. Entonces clamaba Jesús en el templo, enseñando y diciendo: Y a mí me conocéis, y sabéis de dónde soy: y no he venido de mí mismo; mas el que me envió es verdadero, al cual vosotros no conocéis.

29. Yo le conozco, porque de él soy, y él me envió.

30. Entonces procuraban prenderle; mas ninguno puso en él mano, porque aun no había venido su hora.

31. Y muchos del pueblo creyeron en él, y decían: El Cristo, cuando viniere, ¿hará más señales que las que éste hace?

32. Los Fariseos oyeron a la gente que murmuraba de él estas cosas; y los príncipes de los sacerdotes y los Fariseos enviaron servidores que le prendiesen.

33. Y Jesús dijo: Aun un poco de tiempo estaré con vosotros, e iré al que me envió.

34. Me buscaréis, y no me hallaréis; y donde yo estaré, vosotros no podréis venir.

35. Entonces los Judíos dijeron entre sí: ¿A dónde se ha de ir éste que no le hallemos? ¿Se ha de ir a los esparcidos entre los Griegos, y a enseñar a los Griegos?

36. ¿Qué dicho es éste que dijo: Me buscaréis, y no me hallaréis; y donde yo estaré, vosotros no podréis venir?

37. Mas en el postrer día grande de la fiesta, Jesús se ponía en pie y clamaba, diciendo: Si alguno tiene sed, venga a mí y beba.

38. El que cree en mí, como dice la Escritura, ríos de agua viva correrán de su vientre.

39. (Y esto dijo del Espíritu que habían de recibir los que creyesen en él: pues aun no había venido el Espíritu Santo;

[132] Versión original: quedóse
[133] Versión original: buscábanle
[134] Versión original: maravillábanse

porque Jesús no estaba aún glorificado.)

40. Entonces algunos de la multitud, oyendo este dicho, decían: Verdaderamente éste es el profeta.

41. Otros decían: Este es el Cristo. Algunos empero decían: ¿De Galilea ha de venir el Cristo?

42. ¿No dice la Escritura, que de la simiente de David, y de la aldea de Belén, de donde era David, vendrá el Cristo?

43. Así que había disensión entre la gente acerca de él.

44. Y algunos de ellos querían prenderle; mas ninguno echó sobre él manos.

45. Y los ministriles vinieron a los principales sacerdotes y a los Fariseos; y ellos les dijeron: ¿Por qué no le trajisteis?

46. Los ministriles respondieron: Nunca ha hablado hombre así como este hombre.

47. Entonces los Fariseos les respondieron: ¿Estáis también vosotros engañados?

48. ¿Ha creído en él alguno de los príncipes, o de los Fariseos?

49. Mas estos comunales que no saben la ley, malditos son.

50. Les dijo Nicodemo (el que vino a él de noche, el cual era uno de ellos):

51. ¿Juzga nuestra ley a hombre, si primero no oyere de él, y entendiere lo que ha hecho?

52. Respondieron y le dijeron: ¿Eres tú también Galileo? Escudriña y ve que de Galilea nunca se levantó profeta.

53. Y se fue cada uno a su casa.

## Juan 8

Y JESÚS se fue al monte de las Olivas.

2. Y por la mañana volvió al templo, y todo el pueblo vino a él: y sentado él, los enseñaba.

3. Entonces los escribas y los Fariseos le traen una mujer tomada en adulterio; y poniéndola en medio,

4. Le dijeron: Maestro, esta mujer ha sido tomada en el mismo hecho, adulterando;

5. Y en la ley Moisés nos mandó apedrear a las tales: tú pues, ¿qué dices?

6. Mas esto decían tentándole, para poder acusarle. Empero Jesús, inclinado hacia abajo, escribía en tierra con el dedo.

7. Y como perseverasen preguntándole, se enderezó[135], y les dijo: El que de vosotros esté sin pecado, arroje contra ella la piedra el primero.

8. Y volviéndose a inclinar hacia abajo, escribía en tierra.

9. Oyendo, pues, ellos, redargüidos de la conciencia, se salían uno a uno, comenzando desde los más viejos hasta los postreros: y quedó solo Jesús, y la mujer que estaba en medio.

10. Y enderezándose Jesús, y no viendo a nadie más que a la mujer, le dijo: ¿Mujer, dónde están los que te acusaban? ¿Ninguno te ha condenado?

11. Y ella dijo: Señor, ninguno. Entonces Jesús le dijo: Ni yo te condeno: vete, y no peques más.

12. Y les habló Jesús otra vez, diciendo: Yo soy la luz del mundo: el que me sigue, no andará en tinieblas, mas tendrá la lumbre de la vida.

13. Entonces los Fariseos le dijeron: Tú de ti mismo das testimonio: tu testimonio no es verdadero.

14. Respondió Jesús, y les dijo: Aunque yo doy testimonio de mí mismo, mi testimonio es verdadero, porque sé de dónde he venido y a dónde voy; mas vosotros no sabéis de dónde vengo, y a dónde voy.

15. Vosotros según la carne juzgáis; mas yo no juzgo a nadie.

16. Y si yo juzgo, mi juicio es verdadero; porque no soy solo, sino yo y el que me envió, el Padre.

17. Y en vuestra ley está escrito que el testimonio de dos hombres es verdadero.

18. Yo soy el que doy testimonio de mí mismo: y da testimonio de mí el que me envió, el Padre.

19. Y le decían[136]: ¿Dónde está tu Padre? Respondió Jesús: Ni a mí me conocéis,

---

135 Versión original: enderezóse
136 Versión original: decíanle

ni a mi Padre; si a mí me conocieseis, a mi Padre también conocierais.

20. Estas palabras habló Jesús en el lugar de las limosnas, enseñando en el templo: y nadie le prendió; porque aun no había venido su hora.

21. Y les dijo otra vez Jesús: Yo me voy, y me buscaréis, mas en vuestro pecado moriréis: a donde yo voy, vosotros no podéis venir.

22. Decían entonces los Judíos: ¿Acaso se matará[137] a sí mismo, que dice: A donde yo voy, vosotros no podéis venir?

23. Y les decía: Vosotros sois de abajo, yo soy de arriba; vosotros sois de este mundo, yo no soy de este mundo.

24. Por eso os dije que moriréis en vuestros pecados: porque si no creyereis que yo soy, en vuestros pecados moriréis.

25. Y le decían: ¿Tú quién eres? Entonces Jesús les dijo: El que al principio también os he dicho.

26. Muchas cosas tengo que decir y juzgar de vosotros: mas el que me envió, es verdadero: y yo, lo que he oído de él, esto hablo en el mundo.

27. Mas no entendieron que él les hablaba del Padre.

28. Les dijo pues, Jesús: Cuando levantareis al Hijo del hombre, entonces entenderéis que yo soy, y que nada hago de mí mismo; mas como el Padre me enseñó, esto hablo.

29. Porque el que me envió, conmigo está; no me ha dejado solo el Padre; porque yo, lo que a él agrada, hago siempre.

30. Hablando él estas cosas, muchos creyeron en él.

31. Y decía Jesús a los Judíos que le habían creído: Si vosotros permaneciereis en mi palabra, seréis verdaderamente mis discípulos;

32. Y conoceréis la verdad, y la verdad os libertará.

33. Y le respondieron[138]: Simiente de Abraham somos, y jamás servimos a nadie: ¿cómo dices tú: Seréis libres?

34. Jesús les respondió: De cierto, de

cierto os digo, que todo aquel que hace pecado, es siervo de pecado.

35. Y el siervo no queda en casa para siempre: el hijo queda para siempre.

36. Así que, si el Hijo os libertare, seréis verdaderamente libres.

37. Sé que sois simiente de Abraham, mas procuráis matarme, porque mi palabra no cabe en vosotros.

38. Yo hablo lo que he visto cerca del Padre; y vosotros hacéis lo que habéis oído cerca de vuestro padre.

39. Respondieron y le dijeron: Nuestro padre es Abraham. Les dijo Jesús: Si fuerais hijos de Abraham, las obras de Abraham haríais.

40. Empero ahora procuráis matarme, hombre que os he hablado la verdad, la cual he oído de Dios: no hizo esto Abraham.

41. Vosotros hacéis las obras de vuestro padre. Le dijeron entonces: Nosotros no somos nacidos de fornicación; un padre tenemos, que es Dios.

42. Jesús entonces les dijo: Si vuestro padre fuera Dios, ciertamente me amaríais: porque yo de Dios he salido, y he venido; que no he venido de mí mismo, mas él me envió.

43. ¿Por qué no reconocéis mi lenguaje? porque no podéis oír mi palabra.

44. Vosotros de vuestro padre el diablo sois, y los deseos de vuestro padre queréis cumplir. Él, homicida ha sido desde el principio, y no permaneció en la verdad, porque no hay verdad en él. Cuando habla mentira, de suyo habla; porque es mentiroso, y padre de mentira.

45. Y porque yo digo verdad, no me creéis.

46. ¿Quién de vosotros me redarguye de pecado? Pues si digo verdad, ¿por qué vosotros no me creéis?

47. El que es de Dios, las palabras de Dios oye: por esto no las oís vosotros, porque no sois de Dios.

48. Respondieron entonces los Judíos, y le dijeron: ¿No decimos bien nosotros, que tú eres Samaritano, y tienes demonio?

49. Respondió Jesús: Yo no tengo demonio, antes honro a mi Padre; y vosotros me habéis deshonrado.

---

[137] Versión original: Hase de matar
[138] Versión original: respondiéronle

50. Y no busco mi gloria: hay quien la busque, y juzgue.

51. De cierto, de cierto os digo, que el que guardare mi palabra, no verá muerte para siempre.

52. Entonces los Judíos le dijeron: Ahora conocemos que tienes demonio. Abraham murió, y los profetas, y tú dices: El que guardare mi palabra, no gustará muerte para siempre.

53. ¿Eres tú mayor que nuestro padre Abraham, el cual murió? y los profetas murieron: ¿quién te haces a ti mismo?

54. Respondió Jesús: Si yo me glorifico a mí mismo, mi gloria es nada: mi Padre es el que me glorifica; el que vosotros decís que es vuestro Dios;

55. Y no le conocéis: mas yo le conozco; y si dijere que no le conozco, seré como vosotros mentiroso: mas le conozco, y guardo su palabra.

56. Abraham vuestro padre se gozó por ver mi día; y lo vio, y se gozó.

57. Le dijeron entonces los Judíos: Aun no tienes cincuenta años, ¿y has visto a Abraham?

58. Les dijo Jesús: De cierto, de cierto os digo: Antes que Abraham fuese, yo soy.

59. Tomaron entonces piedras para tirarle: mas Jesús se encubrió, y salió del templo; y atravesando por medio de ellos, se fue.

### Juan 9

 PASANDO Jesús, vio un hombre ciego desde su nacimiento.

2. Y le preguntaron sus discípulos, diciendo: Rabí, ¿quién pecó, éste o sus padres, para que naciese ciego?

3. Respondió Jesús: Ni éste pecó, ni sus padres: mas para que las obras de Dios se manifiesten en él.

4. Me conviene[139] obrar las obrar del que me envió, entre tanto que el día dura: la noche viene, cuando nadie puede obrar.

5. Entre tanto que estuviere en el mundo, luz soy del mundo.

6. Esto dicho, escupió en tierra, e hizo lodo con la saliva, y untó con el lodo sobre los ojos del ciego,

7. Y le dijo: Ve, lávate en el estanque de Siloé (que significa, si lo interpretares, Enviado). Y fue entonces, y se lavó[140], y volvió viendo.

8. Entonces los vecinos, y los que antes le habían visto que era ciego, decían: ¿no es éste el que se sentaba y mendigaba?

9. Unos decían: Este es; y otros: A él se parece. El decía: Yo soy.

10. Y le dijeron: ¿Cómo te fueron abiertos los ojos?

11. Respondió él y dijo: El hombre que se llama Jesús, hizo lodo, y me untó los ojos, y me dijo: Ve al Siloé, y lávate: y fui, y me lavé, y recibí la vista.

12. Entonces le dijeron: ¿Dónde está aquél? El dijo: No sé.

13. Llevaron a los Fariseos al que antes había sido ciego.

14. Y era sábado cuando Jesús había hecho el lodo, y le había abierto los ojos.

15. Y le volvieron[141] a preguntar también los Fariseos de qué manera había recibido la vista. Y él les dijo: Me puso[142] lodo sobre los ojos, y me lavé, y veo.

16. Entonces unos de los Fariseos decían: Este hombre no es de Dios, que no guarda el sábado. Otros decían: ¿Cómo puede un hombre pecador hacer estas señales? Y había disensión entre ellos.

17. Vuelven a decir al ciego: ¿Tú, qué dices del que te abrió los ojos? Y él dijo: Que es profeta.

18. Mas los Judíos no creían de él, que había sido ciego, y hubiese recibido la vista, hasta que llamaron a los padres del que había recibido la vista;

19. Y les preguntaron[143], diciendo: ¿Es éste vuestro hijo, el que vosotros decís que nació ciego? ¿Cómo, pues, ve ahora?

20. Les respondieron[144] sus padres y

---

[139] Versión original: conviéneme
[140] Versión original: lavóse
[141] Versión original: volviéronle
[142] Versión original: púsome
[143] Versión original: preguntáronles
[144] Versión original: respondiéronles

dijeron: Sabemos que éste es nuestro hijo, y que nació ciego:

21. Mas cómo vea ahora, no sabemos; o quién le haya abierto los ojos, nosotros no lo sabemos; él tiene edad, preguntadle a él; él hablará de sí.

22. Esto dijeron sus padres, porque tenían miedo de los Judíos: porque ya los Judíos habían resuelto que si alguno confesase ser él el Mesías, fuese fuera de la sinagoga.

23. Por eso dijeron sus padres: Edad tiene, preguntadle a él.

24. Así que, volvieron a llamar al hombre que había sido ciego, y le dijeron: Da gloria a Dios: nosotros sabemos que este hombre es pecador.

25. Entonces él respondió, y dijo: Si es pecador, no lo sé: una cosa sé, que habiendo yo sido ciego, ahora veo.

26. Y le volvieron a decir: ¿Qué te hizo? ¿Cómo te abrió los ojos?

27. Les respondió: Ya os lo he dicho, y no habéis atendido: ¿por qué lo queréis otra vez oír? ¿queréis también vosotros haceros sus discípulos?

28. Y le ultrajaron, y dijeron: Tú eres su discípulo; pero nosotros discípulos de Moisés somos.

29. Nosotros sabemos que a Moisés habló Dios: mas éste no sabemos de dónde es.

30. Respondió aquel hombre, y les dijo: Por cierto, maravillosa cosa es ésta, que vosotros no sabéis de dónde sea, y a mí me abrió los ojos.

31. Y sabemos que Dios no oye a los pecadores: mas si alguno es temeroso de Dios, y hace su voluntad, a éste oye.

32. Desde el siglo no fue oído, que abriese alguno los ojos de uno que nació ciego.

33. Si éste no fuera de Dios, no pudiera hacer nada.

34. Respondieron, y le dijeron: En pecados eres nacido todo, ¿y tú nos enseñas? Y le echaron fuera.

35. Oyó Jesús que le habían echado fuera; y hallándole, le dijo: ¿Crees tú en el Hijo de Dios?

36. Respondió él, y dijo: ¿Quién es, Señor, para que crea en él?

37. Y le dijo Jesús: Y le has visto, y el que habla contigo, él es.

38. Y él dice: Creo, Señor; y le adoró[145].

39. Y dijo Jesús: Yo, para juicio he venido a este mundo: para que los que no ven, vean; y los que ven, sean cegados.

40. Y ciertos de los Fariseos que estaban con él oyeron esto, y le dijeron: ¿Somos nosotros también ciegos?

41. Les dijo Jesús: Si fuerais ciegos, no tuvierais pecado: mas ahora porque decís, Vemos, por tanto vuestro pecado permanece.

## Juan 10

 E cierto, de cierto os digo: El que no entra por la puerta en el corral de las ovejas, mas sube por otra parte, el tal es ladrón y robador.

2. Mas el que entra por la puerta, el pastor de las ovejas es.

3. A éste abre el portero, y las ovejas oyen su voz: y a sus ovejas llama por nombre, y las saca.

4. Y como ha sacado fuera todas las propias, va delante de ellas; y las ovejas le siguen, porque conocen su voz.

5. Mas al extraño no seguirán, antes huirán de él: porque no conocen la voz de los extraños.

6. Esta parábola les dijo Jesús; mas ellos no entendieron qué era lo que les decía.

7. Les volvió[146], pues, Jesús a decir: De cierto, de cierto os digo: Yo soy la puerta de las ovejas.

8. Todos los que antes de mí vinieron, ladrones son y robadores; mas no los oyeron las ovejas.

9. Yo soy la puerta: el que por mí entrare, será salvo; y entrará, y saldrá, y hallará pastos.

10. El ladrón no viene sino para hurtar, y matar, y destruir: yo he venido para que tengan vida, y para que la tengan en abundancia.

11. Yo soy el buen pastor: el buen pastor su vida da por las ovejas.

---

145 Versión original: adoróle
146 Versión original: volvióles

12. Mas el asalariado, y que no es el pastor, de quien no son propias las ovejas, ve al lobo que viene, y deja las ovejas, y huye, y el lobo las arrebata, y esparce las ovejas.

13. Así que, el asalariado, huye, porque es asalariado, y no tiene cuidado de las ovejas.

14. Yo soy el buen pastor; y conozco mis ovejas, y las mías me conocen.

15. Como el Padre me conoce, y yo conozco al Padre; y pongo mi vida por las ovejas.

16. También tengo otras ovejas que no son de este redil; aquéllas también me conviene traer, y oirán mi voz; y habrá un rebaño, y un pastor.

17. Por eso me ama el Padre, porque yo pongo mi vida, para volverla a tomar.

18. Nadie me la quita, mas yo la pongo de mí mismo. Tengo poder para ponerla, y tengo poder para volverla a tomar. Este mandamiento recibí de mi Padre.

19. Y volvió a haber disensión entre los Judíos por estas palabras.

20. Y muchos de ellos decían: Demonio tiene, y está fuera de sí; ¿para qué le oís?

21. Decían otros: Estas palabras no son de endemoniado: ¿puede el demonio abrir los ojos de los ciegos?

22. Y se hacía la fiesta de la dedicación en Jerusalén; y era invierno;

23. Y Jesús andaba en el templo por el portal de Salomón.

24. Y le rodearon[147] los Judíos y le dijeron: ¿Hasta cuándo nos has de turbar el alma? Si tú eres el Cristo, dínoslo abiertamente.

25. Les respondió Jesús: Os lo he dicho, y no creéis: las obras que yo hago en nombre de mi Padre, ellas dan testimonio de mí;

26. Mas vosotros no creéis, porque no sois de mis ovejas, como os he dicho.

27. Mis ovejas oyen mi voz, y yo las conozco, y me siguen;

28. Y yo les doy vida eterna y no perecerán para siempre, ni nadie las arrebatará de mi mano.

29. Mi Padre que me las dio, mayor que todos es y nadie las puede arrebatar de la mano de mi Padre.

30. Yo y el Padre una cosa somos.

31. Entonces volvieron a tomar piedras los Judíos para apedrearle.

32. Les respondió Jesús: Muchas buenas obras os he mostrado de mi Padre, ¿por cuál obra de esas me apedreáis?

33. Le respondieron los Judíos, diciendo: Por buena obra no te apedreamos, sino por la blasfemia; y porque tú, siendo hombre, te haces Dios.

34. Les respondió Jesús: ¿No está escrito en vuestra ley: Yo dije, Dioses sois?

35. Si dijo, dioses, a aquellos a los cuales fue hecha palabra de Dios (y la Escritura no puede ser quebrantada);

36. ¿A quien el Padre santificó y envió al mundo, vosotros decís: Tú blasfemas, porque dije: Hijo de Dios soy?

37. Si no hago obras de mi Padre, no me creáis.

38. Mas si las hago, aunque a mí no creáis, creed a las obras; para que conozcáis y creáis que el Padre está en mí, y yo en el Padre.

39. Y procuraban otra vez prenderle; mas él se salió de sus manos;

40. Y se volvió tras el Jordán, a aquel lugar donde primero había estado bautizando Juan; y se quedó[148] allí.

41. Y muchos venían a él, y decían: Juan, a la verdad, ninguna señal hizo; mas todo lo que Juan dijo de éste, era verdad.

42. Y muchos creyeron allí en él.

## Juan 11

 STABA entonces enfermo uno llamado Lázaro, de Betania, la aldea de María y de Marta su hermana.

2. (Y María, cuyo hermano Lázaro estaba enfermo, era la que ungió al Señor con ungüento, y limpió sus pies con sus cabellos)

3. Enviaron, pues, sus hermanas a él, diciendo: Señor, he aquí, el que amas está enfermo.

4. Y oyéndolo Jesús, dijo: Esta enfermedad no es para muerte, mas por gloria de Dios, para que el Hijo de Dios sea glorificado por ella.

---

[147] Versión original: rodeáronle

[148] Versión original: estúvose

5. Y amaba Jesús a Marta, y a su hermana, y a Lázaro.

6. Como oyó pues que estaba enfermo, se quedó aún dos días en aquel lugar donde estaba.

7. Luego, después de esto, dijo a los discípulos: Vamos a Judea otra vez.

8. Le dijeron los discípulos: Rabí, ahora procuraban los Judíos apedrearte, ¿y otra vez vas allá?

9. Respondió Jesús: ¿No tiene el día doce horas? El que anduviere de día, no tropieza, porque ve la luz de este mundo.

10. Mas el que anduviere de noche, tropieza, porque no hay luz en él.

11. Dicho esto, les dijo después: Lázaro nuestro amigo duerme; mas voy a despertarle del sueño.

12. Dijeron entonces sus discípulos: Señor, si duerme, salvo estará.

13. Mas esto decía Jesús de la muerte de él: y ellos pensaron que hablaba del reposar del sueño.

14. Entonces, pues, Jesús les dijo claramente: Lázaro es muerto;

15. Y me alegro[149] por vosotros, que yo no haya estado allí, para que creáis: mas vamos a él.

16. Dijo entonces Tomás, el que se dice el Dídimo, a sus condiscípulos: Vamos también nosotros, para que muramos con él.

17. Vino pues Jesús, y halló que había ya cuatro días que estaba en el sepulcro.

18. Y Betania estaba cerca de Jerusalén, como quince estadios;

19. Y muchos de los Judíos habían venido a Marta y a María, a consolarlas de su hermano.

20. Entonces Marta, como oyó que Jesús venía, salió a encontrarle; mas María se estuvo en casa.

21. Y Marta dijo a Jesús: Señor, si hubieses estado aquí, mi hermano no fuera muerto;

22. Mas también sé ahora, que todo lo que pidieres de Dios, te dará Dios.

23. Le dijo Jesús: Resucitará tu hermano.

24. Marta le dice: Yo sé que resucitará en la resurrección en el día postrero.

25. Le dijo Jesús: Yo soy la resurrección y la vida: el que cree en mí, aunque esté muerto, vivirá.

26. Y todo aquel que vive y cree en mí, no morirá eternamente. ¿Crees esto?

27. Le dijo: Sí Señor; yo he creído que tú eres el Cristo, el Hijo de Dios, que has venido al mundo.

28. Y esto dicho, se fue, y llamó en secreto a María su hermana, diciendo: El Maestro está aquí y te llama.

29. Ella, como lo oyó, se levanta[150] prestamente y viene a él.

30. (Que aun no había llegado Jesús a la aldea, mas estaba en aquel lugar donde Marta le había encontrado.)

31. Entonces los Judíos que estaban en casa con ella, y la consolaban, como vieron que María se había levantado prestamente, y había salido, la siguieron[151], diciendo: Va al sepulcro a llorar allí.

32. Mas María, como vino donde estaba Jesús, viéndole, se derribó[152] a sus pies, diciéndole: Señor, si hubieras estado aquí, no fuera muerto mi hermano.

33. Jesús entonces, como la vio llorando, y a los Judíos que habían venido juntamente con ella llorando, se conmovió en espíritu, y se turbó[153],

34. Y dijo: ¿Dónde le pusisteis? Le dicen[154]: Señor, ven, y ve.

35. Y lloró Jesús.

36. Dijeron entonces los Judíos: Mirad cómo le amaba.

37. Y algunos de ellos dijeron: ¿No podía éste que abrió los ojos al ciego, hacer que éste no muriera?

38. Y Jesús, conmoviéndose otra vez en sí mismo, vino al sepulcro. Era una cueva, la cual tenía una piedra encima.

39. Dice Jesús: Quitad la piedra. Marta, la hermana del que se había muerto, le dice: Señor, hiede ya, que es de cuatro días.

40. Jesús le dice: ¿No te he dicho que, si creyeres, verás la gloria de Dios?

---

[149] Versión original: huélgome

[150] Versión original: levántase
[151] Versión original: siguiéronla
[152] Versión original: derribóse. Traducción alternativa: se arrojó, se postro.
[153] Versión original: turbóse
[154] Versión original: dicenle

41. Entonces quitaron la piedra de donde el muerto había sido puesto. Y Jesús, alzando los ojos arriba, dijo: Padre, gracias te doy que me has oído.

42. Que yo sabía que siempre me oyes; mas por causa de la compañía que está alrededor, lo dije, para que crean que tú me has enviado.

43. Y habiendo dicho estas cosas, clamó a gran voz: Lázaro, ven fuera.

44. Y el que había estado muerto, salió, atadas las manos y los pies con vendas; y su rostro estaba envuelto en un sudario. Les dijo Jesús: Desatadle, y dejadle ir.

45. Entonces muchos de los Judíos que habían venido a María, y habían visto lo que había hecho Jesús, creyeron en él.

46. Mas algunos de ellos fueron a los Fariseos, y les dijeron[155] lo que Jesús había hecho.

47. Entonces los pontífices y los Fariseos juntaron concilio, y decían: ¿Qué hacemos? porque este hombre hace muchas señales.

48. Si le dejamos así, todos creerán en él: y vendrán los Romanos, y quitarán nuestro lugar y la nación.

49. Y Caifás, uno de ellos, sumo pontífice de aquel año, les dijo: Vosotros no sabéis nada;

50. Ni pensáis que nos conviene que un hombre muera por el pueblo, y no que toda la nación se pierda.

51. Mas esto no lo dijo de sí mismo; sino que, como era el sumo pontífice de aquel año, profetizó que Jesús había de morir por la nación:

52. Y no solamente por aquella nación, mas también para que juntase en uno los hijos de Dios que estaban derramados.

53. Así que, desde aquel día consultaban juntos de matarle.

54. Por tanto, Jesús ya no andaba manifiestamente entre los Judíos; mas se fue de allí a la tierra que está junto al desierto, a una ciudad que se llama Efraín y estaba allí con sus discípulos

55. Y la Pascua de los Judíos estaba cerca: y muchos subieron de aquella tierra a Jerusalén antes de la Pascua, para purificarse;

56. Y buscaban a Jesús, y hablaban los unos con los otros estando en el templo. ¿Qué os parece, que no vendrá a la fiesta?

57. Y los pontífices y los Fariseos habían dado mandamiento, que si alguno supiese dónde estuviera, lo manifestase, para que le prendiesen.

## Juan 12

JESÚS, seis días antes de la Pascua, vino a Betania, donde estaba Lázaro, que había sido muerto, al cual había resucitado de los muertos.

2. Y le hicieron[156] allí una cena y Marta servía, y Lázaro era uno de los que estaban sentados a la mesa juntamente con él.

3. Entonces María tomó una libra de ungüento de nardo líquido de mucho precio, y ungió los pies de Jesús, y limpió sus pies con sus cabellos: y la casa se llenó del olor del ungüento.

4. Y dijo uno de sus discípulos, Judas Iscariote, hijo de Simón, el que le había de entregar:

5. ¿Por qué no se ha vendido este ungüento por trescientos dineros, y se dio a los pobres?

6. Mas dijo esto, no por el cuidado que él tenía de los pobres: sino porque era ladrón, y tenía la bolsa, y traía lo que se echaba en ella.

7. Entonces Jesús dijo: Déjala; para el día de mi sepultura ha guardado esto;

8. Porque a los pobres siempre los tenéis con vosotros, mas a mí no siempre me tenéis.

9. Entonces mucha gente de los Judíos entendió que él estaba allí; y vinieron no solamente por causa de Jesús, mas también por ver a Lázaro, al cual había resucitado de los muertos.

10. Consultaron asimismo los príncipes de los sacerdotes, de matar también a Lázaro;

11. Porque muchos de los Judíos iban y creían en Jesús por causa de él.

12. El siguiente día, mucha gente que había venido a la fiesta, como oyeron

---

[155] Versión original: le dijerons

[156] Versión original: e hiciéronle

que Jesús venía a Jerusalén,

13. Tomaron ramos de palmas, y salieron a recibirle, y clamaban: ¡Hosanna, Bendito el que viene en el nombre del Señor, el Rey de Israel!

14. Y halló Jesús un asnillo, y se sentó sobre él, como está escrito:

15. No temas, hija de Sión: he aquí tu Rey viene, sentado sobre un pollino de asna.

16. Estas cosas no las entendieron sus discípulos de primero: empero cuando Jesús fue glorificado, entonces se acordaron de que estas cosas estaban escritas de él, y que le hicieron estas cosas.

17. Y la gente que estaba con él, daba testimonio de cuando llamó a Lázaro del sepulcro, y le resucitó de los muertos.

18. Por lo cual también había venido la gente a recibirle, porque había oído que él había hecho esta señal;

19. Mas los Fariseos dijeron entre sí: ¿Veis que nada aprovecháis? he aquí, el mundo se va tras de él.

20. Y había ciertos Griegos de los que habían subido a adorar en la fiesta:

21. Estos pues, se llegaron a Felipe, que era de Betsaida de Galilea, y le rogaron, diciendo: Señor, querríamos ver a Jesús.

22. Vino Felipe, y lo dijo[157] a Andrés: Andrés entonces, y Felipe, lo dicen a Jesús.

23. Entonces Jesús les respondió, diciendo: La hora viene en que el Hijo del hombre ha de ser glorificado.

24. De cierto, de cierto os digo, que si el grano de trigo no cae en la tierra y muere, él solo queda; mas si muriere, mucho fruto lleva.

25. El que ama su vida, la perderá; y el que aborrece su vida en este mundo, para vida eterna la guardará.

26. Si alguno me sirve, sígame: y donde yo estuviere, allí también estará mi servidor. Si alguno me sirviere, mi Padre le honrará.

27. Ahora está turbada mi alma; ¿y qué diré? Padre, sálvame de esta hora. Mas por esto he venido en esta hora.

28. Padre, glorifica tu nombre. Entonces vino una voz del cielo: Y lo he glorificado, y lo glorificaré otra vez.

29. Y la gente que estaba presente, y había oído, decía que había sido trueno. Otros decían: Un ángel le ha hablado.

30. Respondió Jesús, y dijo: No ha venido esta voz por mi causa, mas por causa de vosotros.

31. Ahora es el juicio de este mundo: ahora el príncipe de este mundo será echado fuera.

32. Y yo, si fuere levantado de la tierra, a todos traeré a mí mismo.

33. Y esto decía dando a entender de qué muerte había de morir.

34. Le respondió la gente: Nosotros hemos oído de la ley, que el Cristo permanece para siempre: ¿cómo pues dices tú: Conviene que el Hijo del hombre sea levantado? ¿Quién es este Hijo del hombre?

35. Entonces Jesús les dice: Aun por un poco estará la luz entre vosotros: andad entre tanto que tenéis luz, porque no os sorprendan las tinieblas; porque el que anda en tinieblas, no sabe dónde va.

36. Entre tanto que tenéis la luz, creed en la luz, para que seáis hijos de luz. Estas cosas habló Jesús, y se fue, y se escondió[158] de ellos.

37. Empero habiendo hecho delante de ellos tantas señales, no creían en él.

38. Para que se cumpliese el dicho que dijo el profeta Isaías: ¿Señor, quién ha creído a nuestro dicho? ¿Y el brazo del Señor, a quién es revelado?

39. Por esto no podían creer, porque otra vez dijo Isaías:

40. Cegó los ojos de ellos, y endureció su corazón; Porque no vean con los ojos, y entiendan de corazón, Y se conviertan, Y yo los sane.

41. Estas cosas dijo Isaías cuando vio su gloria, y habló de él.

42. Con todo eso, aun de los príncipes, muchos creyeron en él; mas por causa de los Fariseos no lo confesaban, por no ser echados de la sinagoga.

43. Porque amaban más la gloria de los

---

[157] Versión original: díjolo     [158] Versión original: escondióse

hombres que la gloria de Dios.

44. Mas Jesús clamó y dijo: El que cree en mí, no cree en mí, sino en el que me envió;

45. Y el que me ve, ve al que me envió.

46. Yo la luz he venido al mundo, para que todo aquel que cree en mí no permanezca en tinieblas.

47. Y el que oyere mis palabras, y no las creyere, yo no le juzgo; porque no he venido a juzgar al mundo, sino a salvar al mundo.

48. El que me desecha, y no recibe mis palabras, tiene quien le juzgue: la palabra que he hablado, ella le juzgará en el día postrero.

49. Porque yo no he hablado de mí mismo; mas el Padre que me envió, él me dio mandamiento de lo que he de decir, y de lo que he de hablar.

50. Y sé que su mandamiento es vida eterna: así que, lo que yo hablo, como el Padre me lo ha dicho, así hablo.

## Juan 13

**A**NTES de la fiesta de la Pascua, sabiendo Jesús que su hora había venido para que pasase de este mundo al Padre, como había amado a los suyos que estaban en el mundo, los amó[159] hasta el fin.

2. Y la cena acabada, como el diablo ya había metido en el corazón de Judas, hijo de Simón Iscariote, que le entregase,

3. Sabiendo Jesús que el Padre le había dado todas las cosas en las manos, y que había salido de Dios, y a Dios iba,

4. Se levanta de la cena, y se quita[160] su ropa[161], y tomando una toalla, se la ciñó[162].

5. Luego puso agua en un lebrillo[163], y comenzó a lavar los pies de los discípulos, y a limpiarlos con la toalla con que estaba ceñido.

6. Entonces vino a Simón Pedro; y Pedro le dice: ¿Señor, tú me lavas los pies?

7. Respondió Jesús, y le dijo: Lo que yo hago, tú no entiendes ahora; mas lo entenderás después.

8. Le dijo Pedro: No me lavarás los pies jamás. Le respondió Jesús: Si no te lavare, no tendrás parte conmigo.

9. Le dijo Simón Pedro: Señor, no sólo mis pies, mas aun las manos y la cabeza.

10. Le dijo Jesús: El que está lavado, no necesita sino que lave los pies, mas está todo limpio: y vosotros limpios estáis, aunque no todos.

11. Porque sabía quién le había de entregar; por eso dijo: No estáis limpios todos.

12. Así que, después que les hubo lavado los pies, y tomado su ropa, volviéndose a sentar a la mesa, les dijo: ¿Sabéis lo que os he hecho?

13. Vosotros me llamáis, Maestro, y, Señor: y decís bien; porque lo soy.

14. Pues si yo, el Señor y el Maestro, he lavado vuestros pies, vosotros también debéis lavar los pies los unos a los otros.

15. Porque ejemplo os he dado, para que como yo os he hecho, vosotros también hagáis.

16. De cierto, de cierto os digo: El siervo no es mayor que su señor, ni el apóstol es mayor que el que le envió.

17. Si sabéis estas cosas, bienaventurados seréis, si las hiciereis.

18. No hablo de todos vosotros: yo sé los que he elegido: mas para que se cumpla la Escritura: El que come pan conmigo, levantó contra mí su calcañar.

19. Desde ahora os lo digo antes que se haga, para que cuando se hiciere, creáis que yo soy.

20. De cierto, de cierto os digo: El que recibe al que yo enviare, a mí recibe; y el que a mí recibe, recibe al que me envió.

21. Como hubo dicho Jesús esto, fue conmovido en el espíritu, y protestó, y dijo: De cierto, de cierto os digo, que uno de vosotros me ha de entregar.

22. Entonces los discípulos se miraban[164] los unos a los otros, dudando de quién decía.

---

[159] Versión original: amólos
[160] Versión original: quítase
[161] Traducción alternativa: manto
[162] Versión original: ciñóse. Traducción alternativa: se la ató a la cintura
[163] Recipiente de barro.

[164] Versión original: mirábanse

23. Y uno de sus discípulos, al cual Jesús amaba, estaba recostado en el seno de Jesús.

24. A éste, pues, hizo señas Simón Pedro, para que preguntase quién era aquél de quien decía.

25. El entonces recostándose sobre el pecho de Jesús, le dijo: Señor, ¿quién es?

26. Respondió Jesús: Aquél es, a quien yo diere el pan mojado. Y mojando el pan, lo dio a Judas Iscariote, hijo de Simón.

27. Y tras el bocado Satanás entró en él. Entonces Jesús le dice: Lo que haces, haz lo más presto.

28. Mas ninguno de los que estaban a la mesa entendió a qué propósito le dijo esto.

29. Porque los unos pensaban, por que Judas tenía la bolsa, que Jesús le decía: Compra lo que necesitamos para la fiesta: ó, que diese algo a los pobres.

30. Como él pues hubo tomado el bocado, luego salió: y era ya noche.

31. Entonces como él salió, dijo Jesús: Ahora es glorificado el Hijo del hombre, y Dios es glorificado en él.

32. Si Dios es glorificado en él, Dios también le glorificará en sí mismo, y luego le glorificará.

33. Hijitos, aun un poco estoy con vosotros. Me buscaréis; mas, como dije a los Judíos: Donde yo voy, vosotros no podéis venir; así digo a vosotros ahora.

34. Un mandamiento nuevo os doy: Que os améis unos a otros: como os he amado, que también os améis los unos a los otros.

35. En esto conocerán todos que sois mis discípulos, si tuviereis amor los unos con los otros.

36. Le dijo Simón Pedro: Señor, ¿adónde vas? Le respondió Jesús: Donde yo voy, no me puedes ahora seguir; mas me seguirás después.

37. Le dijo Pedro: Señor, ¿por qué no te puedo seguir ahora? mi alma pondré por ti.

38. Le respondió Jesús: ¿Tu alma pondrás por mí? De cierto, de cierto te digo: No cantará el gallo, sin que me hayas negado tres veces.

## Juan 14

 O se turbe vuestro corazón; creéis en Dios, creed también en mí.

2. En la casa de mi Padre muchas moradas hay: de otra manera os lo hubiera dicho: voy, pues, a preparar lugar para vosotros.

3. Y si me fuere, y os aparejare lugar, vendré otra vez, y os tomaré a mí mismo: para que donde yo estoy, vosotros también estéis.

4. Y sabéis a dónde yo voy; y sabéis el camino.

5. Le dijo Tomás: Señor, no sabemos a dónde vas: ¿cómo, pues, podemos saber el camino?

6. Jesús le dice: Yo soy el camino, y la verdad, y la vida: nadie viene al Padre, sino por mí.

7. Si me conocieseis, también a mi Padre conocierais: y desde ahora le conocéis, y le habéis visto.

8. Le dijo Felipe: Señor, muéstranos el Padre, y nos basta.

9. Jesús le dice: ¿Tanto tiempo ha que estoy con vosotros, y no me has conocido, Felipe? El que me ha visto, ha visto al Padre; ¿cómo, pues, dices tú: Muéstranos el Padre?

10. ¿No crees que yo soy en el Padre, y el Padre en mí? Las palabras que yo os hablo, no las hablo de mí mismo: mas el Padre que está en mí, él hace las obras.

11. Creedme que yo soy en el Padre, y el Padre en mí: de otra manera, creedme por las mismas obras.

12. De cierto, de cierto os digo: El que en mí cree, las obras que yo hago también él las hará; y mayores que éstas hará; porque yo voy al Padre.

13. Y todo lo que pidiereis al Padre en mi nombre, esto haré, para que el Padre sea glorificado en el Hijo.

14. Si algo pidiereis en mi nombre, yo lo haré.

15. Si me amáis, guardad mis mandamientos;

16. Y yo rogaré al Padre, y os dará otro Consolador, para que esté con vosotros para siempre:

17. Al Espíritu de verdad, al cual el mundo no puede recibir, porque no le ve, ni le conoce: mas vosotros le conocéis; porque está con vosotros, y será en vosotros.

18. No os dejaré huérfanos: vendré a vosotros.

19. Aun un poquito, y el mundo no me verá más; empero vosotros me veréis; porque yo vivo, y vosotros también viviréis.

20. En aquel día vosotros conoceréis que yo estoy en mi Padre, y vosotros en mí, y yo en vosotros.

21. El que tiene mis mandamientos, y los guarda, aquél es el que me ama; y el que me ama, será amado de mi Padre, y yo le amaré, y me manifestaré a él.

22. Le dijo Judas, no el Iscariote: Señor, ¿qué hay porque te hayas de manifestar a nosotros, y no al mundo?

23. Respondió Jesús, y le dijo: El que me ama, mi palabra guardará; y mi Padre le amará, y vendremos a él, y haremos con él morada.

24. El que no me ama, no guarda mis palabras: y la palabra que habéis oído, no es mía, sino del Padre que me envió.

25. Estas cosas os he hablado estando con vosotros.

26. Mas el Consolador, el Espíritu Santo, al cual el Padre enviará en mi nombre, él os enseñará todas las cosas, y os recordará todas las cosas que os he dicho.

27. La paz os dejo, mi paz os doy: no como el mundo la da, yo os la doy. No se turbe vuestro corazón, ni tenga miedo.

28. Habéis oído cómo yo os he dicho: Voy, y vengo a vosotros. Si me amaseis, ciertamente os gozaríais, porque he dicho que voy al Padre: porque el Padre mayor es que yo.

29. Y ahora os lo he dicho antes que se haga; para que cuando se hiciere, creáis.

30. Ya no hablaré mucho con vosotros: porque viene el príncipe de este mundo; mas no tiene nada en mí.

31. Empero para que conozca el mundo que amo al Padre, y como el Padre me dio el mandamiento, así hago. Levantaos, vamos de aquí,

## Juan 15

Y O soy la vid verdadera, y mi Padre es el labrador.

2. Todo pámpano que en mí no lleva fruto, le quitará: y todo aquel que lleva fruto, le limpiará, para que lleve más fruto.

3. Ya vosotros sois limpios por la palabra que os he hablado.

4. Estad en mí, y yo en vosotros. Como el pámpano no puede llevar fruto de sí mismo, si no estuviere en la vid; así ni vosotros, si no estuviereis en mí.

5. Yo soy la vid, vosotros los pámpanos: el que está en mí, y yo en él, éste lleva mucho fruto; porque sin mí nada podéis hacer.

6. El que en mí no estuviere, será echado fuera como mal pámpano, y se secará; y los cogen, y los echan en el fuego, y arden.

7. Si estuviereis en mí, y mis palabras estuvieren en vosotros, pedid todo lo que quisiereis, y os será hecho.

8. En esto es glorificado mi Padre, en que llevéis mucho fruto, y seáis así mis discípulos.

9. Como el Padre me amó, también yo os he amado: estad en mi amor.

10. Si guardareis mis mandamientos, estaréis en mi amor; como yo también he guardado los mandamientos de mi Padre, y estoy en su amor.

11. Estas cosas os he hablado, para que mi gozo esté en vosotros, y vuestro gozo sea cumplido.

12. Este es mi mandamiento: Que os améis los unos a los otros, como yo os he amado.

13. Nadie tiene mayor amor que este, que ponga alguno su vida por sus amigos.

14. Vosotros sois mis amigos, si hiciereis las cosas que yo os mando.

15. Ya no os llamaré siervos, porque el siervo no sabe lo que hace su señor: mas os he llamado amigos, porque todas las cosas que oí de mi Padre, os he hecho notorias.

16. No me elegisteis vosotros a mí, mas yo os elegí a vosotros; y os he puesto para que vayáis y llevéis fruto, y vuestro fruto permanezca: para que

todo lo que pidiereis del Padre en mi nombre, él os lo dé.

17. Esto os mando: Que os améis los unos a los otros.

18. Si el mundo os aborrece, sabed que a mí me aborreció antes que a vosotros.

19. Si fuerais del mundo, el mundo amaría lo suyo; mas porque no sois del mundo, antes yo os elegí del mundo, por eso os aborrece el mundo.

20. Acordaos de la palabra que yo os he dicho: No es el siervo mayor que su señor. Si a mí me han perseguido, también a vosotros perseguirán: si han guardado mi palabra, también guardarán la vuestra.

21. Mas todo esto os harán por causa de mi nombre, porque no conocen al que me ha enviado.

22. Si no hubiera venido, ni les hubiera hablado, no tendrían pecado, mas ahora no tienen excusa de su pecado.

23. El que me aborrece, también a mi Padre aborrece.

24. Si no hubiese hecho entre ellos obras cuales ningún otro ha hecho, no tendrían pecado; mas ahora, y las han visto, y me aborrecen a mí y a mi Padre.

25. Mas para que se cumpla la palabra que está escrita en su ley: Que sin causa me aborrecieron.

26. Empero cuando viniere el Consolador, el cual yo os enviaré del Padre, el Espíritu de verdad, el cual procede del Padre, él dará testimonio de mí.

27. Y vosotros daréis testimonio, porque estáis conmigo desde el principio.

## Juan 16

**E**STAS cosas os he hablado, para que no os escandalicéis. 2. Os echarán de los sinagogas; y aun viene la hora, cuando cualquiera que os matare, pensará que hace servició a Dios.

3. Y estas cosas os harán, porque no conocen al Padre ni a mí.

4. Mas os he dicho esto, para que cuando aquella hora viniere, os acordéis que yo os lo había dicho. Esto empero no os lo dije al principio, porque yo estaba con vosotros.

5. Mas ahora voy al que me envió; y ninguno de vosotros me pregunta: ¿Adónde vas?

6. Antes, porque os he hablado estas cosas, tristeza ha henchido vuestro corazón.

7. Empero yo os digo la verdad: Os es necesario que yo vaya: porque si yo no fuese, el Consolador no vendría a vosotros; mas si yo fuere, os le enviaré.

8. Y cuando él viniere redargüirá al mundo de pecado, y de justicia, y de juicio:

9. De pecado ciertamente, por cuanto no creen en mí;

10. Y de justicia, por cuanto voy al Padre, y no me veréis más;

11. Y de juicio, por cuanto el príncipe de este mundo es juzgado.

12. Aun tengo muchas cosas que deciros, mas ahora no las podéis llevar.

13. Pero cuando viniere aquel Espíritu de verdad, él os guiará a toda verdad; porque no hablará de sí mismo, sino que hablará todo lo que oyere, y os hará saber las cosas que han de venir.

14. El me glorificará: porque tomará de lo mío, y os lo hará saber.

15. Todo lo que tiene el Padre, mío es: por eso dije que tomará de lo mío, y os lo hará saber.

16. Un poquito, y no me veréis; y otra vez un poquito, y me veréis: porque yo voy al Padre.

17. Entonces dijeron algunos de sus discípulos unos a otros: ¿Qué es esto que nos dice: Un poquito, y no me veréis; y otra vez un poquito, y me veréis: y, por que yo voy al Padre?

18. Decían pues: ¿Qué es esto que dice: Un poquito? No entendemos lo que habla.

19. Y conoció Jesús que le querían preguntar, y les dijo: ¿Preguntáis entre vosotros de esto que dije: Un poquito, y no me veréis, y otra vez un poquito, y me veréis?

20. De cierto, de cierto os digo, que vosotros lloraréis y lamentaréis, y el mundo se alegrará: empero aunque vosotros estaréis tristes, vuestra tristeza se tornará en gozo.

21. La mujer cuando pare, tiene dolor, porque es venida su hora; mas después que ha parido un niño, ya no

se acuerda de la angustia, por el gozo de que haya nacido un hombre en el mundo.

22. También, pues, vosotros ahora ciertamente tenéis tristeza; mas otra vez os veré, y se gozará vuestro corazón, y nadie quitará de vosotros vuestro gozo.

23. Y aquel día no me preguntaréis nada. De cierto, de cierto os digo, que todo cuanto pidiereis al Padre en mi nombre, os lo dará.

24. Hasta ahora nada habéis pedido en mi nombre: pedid, y recibiréis, para que vuestro gozo sea cumplido.

25. Estas cosas os he hablado en proverbios: la hora viene cuando ya no os hablaré por proverbios, pero claramente os anunciaré del Padre.

26. Aquel día pediréis en mi nombre: y no os digo, que yo rogaré al Padre por vosotros;

27. Pues el mismo Padre os ama, porque vosotros me amasteis, y habéis creído que yo salí de Dios.

28. Salí del Padre, y he venido al mundo: otra vez dejo el mundo, y voy al Padre.

29. Le dijeron sus discípulos: He aquí, ahora hablas claramente, y ningún proverbio dices.

30. Ahora entendemos que sabes todas las cosas, y no necesitas que nadie te pregunte: en esto creemos que has salido de Dios.

31. Les respondió Jesús: ¿Ahora creéis?

32. He aquí, la hora viene, y ha venido, que seréis esparcidos cada uno por su parte, y me dejaréis solo: mas no estoy solo, porque el Padre está conmigo.

33. Estas cosas os he hablado, para que en mí tengáis paz. En el mundo tendréis aflicción: mas confiad, yo he vencido al mundo.

## Juan 17

 STAS cosas habló Jesús, y levantados los ojos al cielo, dijo: Padre, la hora es llegada; glorifica a tu Hijo, para que también tu Hijo te glorifique a ti;

2. Como le has dado la potestad de toda carne, para que dé vida eterna a todos los que le diste.

3. Esta empero es la vida eterna: que te conozcan el solo Dios verdadero, y a Jesucristo, al cual has enviado.

4. Yo te he glorificado en la tierra: he acabado la obra que me diste que hiciese.

5. Ahora pues, Padre, glorifícame tú cerca de ti mismo con aquella gloria que tuve cerca de ti antes que el mundo fuese.

6. He manifestado tu nombre a los hombres que del mundo me diste: tuyos eran, y me los diste, y guardaron tu palabra.

7. Ahora han conocido que todas las cosas que me diste, son de ti;

8. Porque las palabras que me diste, les he dado; y ellos las recibieron, y han conocido verdaderamente que salí de ti, y han creído que tú me enviaste.

9. Yo ruego por ellos: no ruego por el mundo, sino por los que me diste; porque tuyos son:

10. Y todas mis cosas son tus cosas, y tus cosas son mis cosas: y he sido glorificado en ellas.

11. Y ya no estoy en el mundo; mas éstos están en el mundo, y yo a ti vengo. Padre santo, a los que me has dado, guárdalos por tu nombre, para que sean una cosa, como también nosotros.

12. Cuando estaba con ellos en el mundo, yo los guardaba en tu nombre; a los que me diste, yo los guardé, y ninguno de ellos se perdió, sino el hijo de perdición; para que la Escritura se cumpliese.

13. Mas ahora vengo a ti; y hablo esto en el mundo, para que tengan mi gozo cumplido en sí mismos.

14. Yo les he dado tu palabra; y el mundo los aborreció, porque no son del mundo, como tampoco yo soy del mundo.

15. No ruego que los quites del mundo, sino que los guardes del mal.

16. No son del mundo, como tampoco yo soy del mundo.

17. Santifícalos en tu verdad: tu palabra es verdad.

18. Como tú me enviaste al mundo, también los he enviado al mundo.

19. Y por ellos yo me santifico a mí mismo, para que también ellos sean santificados en verdad.

20. Mas no ruego solamente por éstos, sino también por los que han de creer en mí por la palabra de ellos.

21. Para que todos sean una cosa; como tú, oh Padre, en mí, y yo en ti, que también ellos sean en nosotros una cosa: para que el mundo crea que tú me enviaste.

22. Y yo, la gloria que me diste les he dado; para que sean una cosa, como también nosotros somos una cosa.

23. Yo en ellos, y tú en mí, para que sean consumadamente una cosa; que el mundo conozca que tú me enviaste, y que los has amado, como también a mí me has amado.

24. Padre, aquellos que me has dado, quiero que donde yo estoy, ellos estén también conmigo; para que vean mi gloria que me has dado: por cuanto me has amado desde antes de la constitución del mundo.

25. Padre justo, el mundo no te ha conocido, mas yo te he conocido; y éstos han conocido que tú me enviaste.

26. Y yo les he manifestado tu nombre, y lo manifestaré aún; para que el amor con que me has amado, esté en ellos, y yo en ellos.

## Juan 18

 OMO Jesús hubo dicho estas cosas, salió[165] con sus discípulos tras el arroyo de Cedrón, donde estaba un huerto, en el cual entró Jesús y sus discípulos.

2. Y también Judas, el que le entregaba, sabía aquel lugar; porque muchas veces Jesús se juntaba allí con sus discípulos.

3. Judas pues tomando una compañía, y ministros de los pontífices y de los Fariseos, vino allí con linternas y antorchas, y con armas.

4. Empero Jesús, sabiendo todas las cosas que habían de venir sobre él, salió delante, y les dijo: ¿A quién buscáis?

5. Le respondieron: A Jesús Nazareno.

Les dijo Jesús; Yo soy (Y estaba también con ellos Judas, el que le entregaba.)

6. Y como les dijo, Yo soy, volvieron atrás, y cayeron en tierra.

7. Les volvió, pues, a preguntar: ¿A quién buscáis? Y ellos dijeron: A Jesús Nazareno.

8. Respondió Jesús: Os he dicho que yo soy: pues si a mi buscáis, dejad ir a éstos.

9. Para que se cumpliese la palabra que había dicho: De los que me diste, ninguno de ellos perdí.

10. Entonces Simón Pedro, que tenía espada, la sacó[166], e hirió al siervo del pontífice, y le cortó la oreja derecha. Y el siervo se llamaba Malco.

11. Jesús entonces dijo a Pedro: Mete tu espada en la vaina: el vaso que el Padre me ha dado, ¿no lo tengo de beber?

12. Entonces la compañía y el tribuno, y los ministros de los Judíos, prendieron a Jesús y le ataron,

13. Y le llevaron primeramente a Anás; porque era suegro de Caifás, el cual era pontífice de aquel año.

14. Y era Caifás el que había dado el consejo a los Judíos, que era necesario que un hombre muriese por el pueblo.

15. Y seguía a Jesús Simón Pedro, y otro discípulo. Y aquel discípulo era conocido del pontífice, y entró con Jesús al atrio del pontífice;

16. Mas Pedro estaba fuera a la puerta. Y salió aquel discípulo que era conocido del pontífice, y habló a la portera, y metió dentro a Pedro.

17. Entonces la criada portera dijo a Pedro: ¿No eres tú también de los discípulos de este hombre? Dice él: No soy.

18. Y estaban en pie los siervos y los ministros que habían allegado las ascuas; porque hacía frío, y se calentaban[167]: y estaba también con ellos Pedro en pie, calentándose.

19. Y el pontífice preguntó a Jesús acerca de sus discípulos y de su doctrina.

---

[165] Versión original: salióse

[166] Versión original: sacóla
[167] Versión original: calentábanse

20. Jesús le respondió: Yo manifiestamente he hablado al mundo: yo siempre he enseñado en la sinagoga y en el templo, donde se juntan todos los Judíos, y nada he hablado en oculto.

21. ¿Qué me preguntas a mí? Pregunta a los que han oído, qué les haya yo hablado: he aquí, ésos saben lo que yo he dicho.

22. Y como él hubo dicho esto, uno de los criados que estaba allí, dio una bofetada a Jesús, diciendo: ¿Así respondes al pontífice?

23. Le respondió Jesús: Si he hablado mal, da testimonio del mal: y si bien, ¿por qué me hieres?

24. Y Anás le había enviado atado a Caifás pontífice.

25. Estaba pues Pedro en pie calentándose. Y le dijeron: ¿No eres tú de sus discípulos? El negó, y dijo: No soy.

26. Uno de los siervos del pontífice, pariente de aquél a quien Pedro había cortado la oreja, le dice: ¿No te vi yo en el huerto con él?

27. Y negó Pedro otra vez: y luego el gallo cantó.

28. Y llevaron a Jesús de Caifás al pretorio: y era por la mañana: y ellos no entraron en el pretorio por no ser contaminados, sino que comiesen la pascua.

29. Entonces salió Pilato a ellos fuera, y dijo: ¿Qué acusación traéis contra este hombre?

30. Respondieron y le dijeron: Si éste no fuera malhechor, no te le habríamos entregado.

31. Les dijo entonces Pilato: Tomadle vosotros, y juzgadle según vuestra ley. Y los Judíos le dijeron: A nosotros no es lícito matar a nadie:

32. Para que se cumpliese el dicho de Jesús, que había dicho, dando a entender de qué muerte había de morir.

33. Así que, Pilato volvió a entrar en el pretorio, y llamó a Jesús, y le dijo: ¿Eres tú el Rey de los Judíos?

34. Le respondió Jesús: ¿Dices tú esto de ti mismo, o te lo han dicho otros de mí?

35. Pilato respondió: ¿Soy yo Judío? Tu gente, y los pontífices, te han entregado a mí: ¿qué has hecho?

36. Respondió Jesús: Mi reino no es de este mundo: si de este mundo fuera mi reino, mis servidores pelearían para que yo no fuera entregado a los Judíos: ahora, pues, mi reino no es de aquí.

37. Le dijo entonces Pilato: ¿Luego rey eres tu? Respondió Jesús: Tu dices que yo soy rey. Yo para esto he nacido, y para esto he venido al mundo, para dar testimonio a la verdad. Todo aquél que es de la verdad, oye mi voz.

38. Le dijo Pilato: ¿Qué cosa es verdad? Y como hubo dicho esto, salió otra vez a los Judíos, y les dijo: Yo no hallo en él ningún crimen.

39. Empero vosotros tenéis costumbre, que os suelte uno en la Pascua: ¿queréis, pues, que os suelte al Rey de los Judíos?

40. Entonces todos dieron voces otra vez, diciendo: No a éste, sino a Barrabás. Y Barrabás era ladrón.

## Juan 19

ASI que, entonces tomó Pilato a Jesús, y le azotó.

2. Y los soldados entretejieron de espinas una corona, y la pusieron sobre su cabeza, y le vistieron de una ropa de grana;

3. Y decían: ¡Salve, Rey de los Judíos! y le daban[168] bofetadas.

4. Entonces Pilato salió otra vez fuera, y les dijo: He aquí, os le traigo fuera, para que entendáis que ningún crimen hallo en él.

5. Y salió Jesús fuera, llevando la corona de espinas y la ropa de grana. Y les dijo Pilato: He aquí el hombre.

6. Y como le vieron los príncipes de los sacerdotes, y los servidores, dieron voces diciendo: Crucifícale, crucifícale. Les dijo Pilato: Tomadle vosotros, y crucificadle; porque yo no hallo en él el crimen.

7. Le respondieron los Judíos: Nosotros tenemos ley, y según nuestra ley debe morir, porque se hizo Hijo de Dios.

8. Y como Pilato oyó esta palabra, tuvo más miedo.

[168] Versión original: dábanle de

9. Y entró otra vez en el pretorio, y dijo a Jesús: ¿De dónde eres tú? Mas Jesús no le dio respuesta.

10. Entonces le dijo Pilato: ¿A mí no me hablas? ¿no sabes que tengo potestad para crucificarte, y que tengo potestad para soltarte?

11. Respondió Jesús: Ninguna potestad tendrías contra mí, si no te fuese dado de arriba: por tanto, el que a ti me ha entregado, mayor pecado tiene.

12. Desde entonces procuraba Pilato soltarle; mas los Judíos daban voces, diciendo: Si a éste sueltas, no eres amigo de César: cualquiera que se hace rey, a César contradice.

13. Entonces Pilato, oyendo este dicho, llevó fuera a Jesús, y se sentó en el tribunal en el lugar que se dice Litóstrotos[169], y en hebreo Gabata.

14. Y era la víspera de la Pascua, y como la hora de sexta. Entonces dijo a los Judíos: He aquí vuestro Rey.

15. Mas ellos dieron voces: Quita, quita, crucifícale. Les dijo Pilato: ¿A vuestro Rey he de crucificar? Respondieron los pontífices: No tenemos rey sino a César.

16. Así que entonces lo entregó a ellos para que fuese crucificado. Y tomaron a Jesús, y le llevaron.

17. Y llevando su cruz, salió al lugar que se dice de la Calavera, y en hebreo, Gólgota;

18. Donde le crucificaron, y con él otros dos, uno a cada lado, y Jesús en medio.

19. Y escribió también Pilato un título, que puso encima de la cruz. Y el escrito era: JESÚS NAZARENO, REY DE LOS JUDIOS.

20. Y muchos de los Judíos leyeron este título: porque el lugar donde estaba crucificado Jesús era cerca de la ciudad: y estaba escrito en hebreo, en griego, y en latín.

21. Y decían a Pilato los pontífices de los Judíos: No escribas, Rey de los Judíos: sino, que él dijo: Rey soy de los Judíos.

22. Respondió Pilato: Lo que he escrito, he escrito.

23. Y como los soldados hubieron crucificado a Jesús, tomaron sus vestidos, e hicieron cuatro partes (para cada soldado una parte); y la túnica; mas la túnica era sin costura, toda tejida desde arriba.

24. Y dijeron entre ellos: No la partamos, sino echemos suertes sobre ella, de quién será; para que se cumpliese la Escritura, que dice: Partieron para sí mis vestidos, Y sobre mi vestidura echaron suertes. Y los soldados hicieron esto.

25. Y estaban junto a la cruz de Jesús su madre, y la hermana de su madre, María mujer de Cleofas, y María Magdalena.

26. Y como vio Jesús a la madre, y al discípulo que él amaba, que estaba presente, dice a su madre: Mujer, he ahí tu hijo.

27. Después dice al discípulo: He ahí tu madre. Y desde aquella hora el discípulo la recibió consigo.

28. Después de esto, sabiendo Jesús que todas las cosas eran ya cumplidas, para que la Escritura se cumpliese, dijo: Sed tengo.

29. Y estaba allí un vaso lleno de vinagre: entonces ellos hinchieron una esponja de vinagre, y rodeada a un hisopo, se la llegaron a la boca.

30. Y como Jesús tomó el vinagre, dijo: Consumado es. Y habiendo inclinado la cabeza, dio el espíritu.

31. Entonces los Judíos, por cuanto era la víspera de la Pascua, para que los cuerpos no quedasen en la cruz en el sábado, pues era el gran día del sábado, rogaron a Pilato que se les quebrasen las piernas, y fuesen quitados.

32. Y vinieron los soldados, y quebraron las piernas al primero, y asimismo al otro que había sido crucificado con él.

33. Mas cuando vinieron a Jesús, como le vieron ya muerto, no le quebraron las piernas:

34. Empero uno de los soldados le abrió el costado con una lanza, y luego salió sangre y agua.

35. Y el que lo vio, da testimonio, y su testimonio es verdadero: y él sabe que dice verdad, para que vosotros también creáis.

---

[169] Traducción alternativa: Empedrado, Enlosado

36. Porque estas cosas fueron hechas para que se cumpliese la Escritura: Hueso no quebrantaréis de él.

37. Y también otra Escritura dice: Mirarán al que traspasaron.

38. Después de estas cosas, José de Arimatea, el cual era discípulo de Jesús, mas secreto por miedo de los Judíos, rogó a Pilato que pudiera quitar el cuerpo de Jesús: y se lo permitió[170] Pilato. Entonces vino, y quitó el cuerpo de Jesús.

39. Y vino también Nicodemo, el que antes había venido a Jesús de noche, trayendo un compuesto de mirra y de áloes, como cien libras.

40. Tomaron pues el cuerpo de Jesús, y lo envolvieron[171] en lienzos con especias, como es costumbre de los Judíos sepultar.

41. Y en aquel lugar donde había sido crucificado, había un huerto; y en el huerto un sepulcro nuevo, en el cual aun no había sido puesto ninguno.

42. Allí, pues, por causa de la víspera de la Pascua de los Judíos, porque aquel sepulcro estaba cerca, pusieron a Jesús.

## Juan 20

Y EL primer día de la semana, María Magdalena vino de mañana, siendo aún oscuro, al sepulcro; y vio la piedra quitada del sepulcro.

2. Entonces corrió, y vino a Simón Pedro, y al otro discípulo, al cual amaba Jesús, y les dice: Han llevado al Señor del sepulcro, y no sabemos dónde le han puesto.

3. Y salió Pedro, y el otro discípulo, y vinieron al sepulcro.

4. Y corrían los dos juntos; mas el otro discípulo corrió más presto que Pedro, y llegó primero al sepulcro.

5. Y bajándose a mirar, vio los lienzos echados; mas no entró.

6. Llegó luego Simón Pedro siguiéndole, y entró en el sepulcro, y vio los lienzos echados,

7. Y el sudario, que había estado sobre su cabeza, no puesto con los lienzos, sino envuelto en un lugar aparte.

8. Y entonces entró también el otro discípulo, que había venido primero al sepulcro, y vio, y creyó.

9. Porque aun no sabían la Escritura, que era necesario que él resucitase de los muertos.

10. Y volvieron los discípulos a los suyos.

11. Empero María estaba fuera llorando junto al sepulcro: y estando llorando, bajó[172] a mirar el sepulcro;

12. Y vio dos ángeles en ropas blancas que estaban sentados, el uno a la cabecera, y el otro a los pies, donde el cuerpo de Jesús había sido puesto.

13. Y le dijeron: Mujer, ¿por qué lloras? Les dijo: Porque se han llevado a mi Señor, y no sé dónde le han puesto.

14. Y como hubo dicho esto, se volvió atrás, y vio a Jesús que estaba allí; mas no sabía que era Jesús.

15. Le dijo Jesús: Mujer, ¿por qué lloras? ¿á quién buscas? Ella, pensando que era el hortelano, le dijo: Señor, si tú lo has llevado, dime dónde lo has puesto, y yo lo llevaré.

16. Le dijo Jesús: ¡María! Volviéndose ella, le dijo: ¡Raboni! que quiere decir, Maestro.

17. Le dijo Jesús: No me toques: porque aun no he subido a mi Padre: mas ve a mis hermanos, y diles: Subo a mi Padre y a vuestro Padre, a mi Dios y a vuestro Dios.

18. Fue María Magdalena dando las nuevas a los discípulos de que había visto al Señor, y que él le había dicho estas cosas.

19. Y como fue tarde aquel día, el primero de la semana, y estando las puertas cerradas donde los discípulos estaban juntos por miedo de los Judíos, vino Jesús, y se puso[173] en medio, y les dijo: Paz a vosotros.

20. Y como hubo dicho esto, les mostró[174] las manos y el costado. Y los discípulos se gozaron viendo al Señor.

21. Entonces les dijo Jesús otra vez: Paz a

---

[170] Versión original: permitióselo
[171] Versión original: envolviéronlo
[172] Versión original: bajóse
[173] Versión original: púsose
[174] Versión original: mostróles

vosotros: como me envió el Padre, así también yo os envío.

22. Y como hubo dicho esto, sopló, y les dijo: Tomad el Espíritu Santo:

23. A los que remitiereis los pecados, les son remitidos: a quienes los retuviereis, serán retenidos.

24. Empero Tomás, uno de los doce, que se dice el Dídimo, no estaba con ellos cuando Jesús vino.

25. Le dijeron pues los otros discípulos: Al Señor hemos visto. Y él les dijo: Si no viere en sus manos la señal de los clavos, y metiere mi dedo en el lugar de los clavos, y metiere mi mano en su costado, no creeré.

26. Y ocho días después, estaban otra vez sus discípulos dentro, y con ellos Tomás. Vino Jesús, las puertas cerradas, y se puso en medio, y dijo: Paz a vosotros.

27. Luego dice a Tomás: Mete tu dedo aquí, y ve mis manos: y alarga acá tu mano, y métela en mi costado: y no seas incrédulo, sino fiel.

28. Entonces Tomás respondió, y le dijo: ¡Señor mío, y Dios mío!

29. Le dijo Jesús: Porque me has visto, Tomás, creíste: bienaventurados los que no vieron y creyeron.

30. Y también hizo Jesús muchas otras señales en presencia de sus discípulos, que no están escritas en este libro.

31. Estas empero son escritas, para que creáis que Jesús es el Cristo, el Hijo de Dios; y para que creyendo, tengáis vida en su nombre.

## Juan 21

 DESPUÉS se manifestó Jesús otra vez a sus discípulos en la mar de Tiberias; y se manifestó[175] de esta manera.

2. Estaban juntos Simón Pedro, y Tomás, llamado al Dídimo, y Natanael, el que era de Caná de Galilea, y los hijos de Zebedeo, y otros dos de sus discípulos.

3. Les dijo Simón: A pescar voy. Le dijeron: Vamos nosotros también contigo. Fueron, y subieron en una barca; y aquella noche no cogieron nada.

4. Y venida la mañana, Jesús se puso a la ribera: mas los discípulos no entendieron que era Jesús.

5. Y les dijo: Mozos, ¿tenéis algo de comer? Le respondieron: No.

6. Y él les dice: Echad la red a la mano derecha del barco, y hallaréis. Entonces la echaron, y no la podían en ninguna manera sacar, por la multitud de los peces.

7. Entonces aquel discípulo, al cual amaba Jesús, dijo a Pedro: El Señor es. Y Simón Pedro, como oyó que era el Señor, se ciñó[176] la ropa, porque estaba desnudo, y se echó a la mar.

8. Y los otros discípulos vinieron con el barco (porque no estaban lejos de tierra sino como doscientos codos), trayendo la red de peces.

9. Y como descendieron a tierra, vieron ascuas puestas, y un pez encima de ellas, y pan.

10. Les dijo Jesús; Traed de los peces que cogisteis ahora.

11. Subió Simón Pedro, y trajo la red a tierra, llena de grandes peces, ciento cincuenta y tres: y siendo tantos, la red no se rompió.

12. Les dijo Jesús: Venid, comed. Y ninguno de los discípulos osaba preguntarle: ¿Tú, quién eres? sabiendo que era el Señor.

13. Viene pues Jesús, y toma el pan, y les da; y asimismo del pez.

14. Esta era ya la tercera vez que Jesús se manifestó a sus discípulos, habiendo resucitado de los muertos.

15. Y cuando hubieron comido, Jesús dijo a Simón Pedro: Simón, hijo de Jonás, ¿me amas más que estos? Le dijo; Sí Señor: tú sabes que te amo. Le dijo: Apacienta mis corderos.

16. Le vuélve a decir la segunda vez: Simón, hijo de Jonás, ¿me amas? Le respónde: Sí, Señor: tú sabes que te amo. Le dijo: Apacienta mis ovejas.

17. Le dijo la tercera vez: Simón, hijo de Jonás, ¿me amas? Se entristeció[177]

---

[175] Versión original: manifestóse

[176] Versión original: ciñóse
[177] Versión original: entristecióse

Pedro de que le dijese la tercera vez: ¿Me amas? y le dijo: Señor, tú sabes todas las cosas; tú sabes que te amo. Le dijo Jesús: Apacienta mis ovejas.

18. De cierto, de cierto te digo: Cuando eras más mozo, te ceñías, e ibas donde querías; mas cuando ya fueres viejo, extenderás tus manos, y te ceñirá otro, y te llevará a donde no quieras.

19. Y esto dijo, dando a entender con qué muerte había de glorificar a Dios. Y dicho esto, le dijo: Sígueme.

20. Volviéndose Pedro, ve a aquel discípulo al cual amaba Jesús, que seguía, el que también se había recostado a su pecho en la cena, y le había dicho: Señor, ¿quién es el que te ha de entregar?

21. Así que Pedro vio a éste, dice a Jesús: Señor, ¿y éste, qué?

22. Le dijo Jesús: Si quiero que él quede hasta que yo venga, ¿qué a ti? Sígueme tú.

23. Salió entonces este dicho entre los hermanos, que aquel discípulo no había de morir. Mas Jesús no le dijo, No morirá; sino: Si quiero que él quede hasta que yo venga ¿qué a ti?

24. Este es aquel discípulo que da testimonio de estas cosas, y escribió estas cosas: y sabemos que su testimonio es verdadero.

25. Y hay también otras muchas cosas que hizo Jesús, que si se escribiesen cada una por sí, ni aun en el mundo pienso que cabrían los libros que se habrían de escribir. Amén.